# 财产与责任保险（第二版）

Property and Liability Insurance

李加明 编著

北京大学出版社
PEKING UNIVERSITY PRESS

图书在版编目(CIP)数据

财产与责任保险/李加明编著. —2 版. —北京:北京大学出版社,2020.11
21 世纪经济与管理规划教材. 保险学系列
ISBN 978-7-301-31782-2

Ⅰ. ①财… Ⅱ. ①李… Ⅲ. ①财产保险—高等学校—教材②责任保险—高等学校—教材 Ⅳ. ①F840.6

中国版本图书馆 CIP 数据核字(2020)第 203178 号

| | |
|---|---|
| 书　　　名 | 财产与责任保险(第二版) |
| | CAICHAN YU ZEREN BAOXIAN(DI-ER BAN) |
| 著作责任者 | 李加明　编著 |
| 责 任 编 辑 | 任京雪　徐　冰 |
| 标 准 书 号 | ISBN 978-7-301-31782-2 |
| 出 版 发 行 | 北京大学出版社 |
| 地　　　址 | 北京市海淀区成府路 205 号　100871 |
| 网　　　址 | http://www.pup.cn |
| 微信公众号 | 北京大学经管书苑(pupembook) |
| 电 子 信 箱 | em@pup.cn |
| 电　　　话 | 邮购部 010-62752015　发行部 010-62750672　编辑部 010-62752926 |
| 印 刷 者 | 北京虎彩文化传播有限公司 |
| 经 销 者 | 新华书店 |
| | 787 毫米×1092 毫米　16 开本　24 印张　592 千字 |
| | 2012 年 1 月第 1 版 |
| | 2020 年 11 月第 2 版　2021 年 11 月第 2 次印刷 |
| 定　　　价 | 64.00 元 |

未经许可,不得以任何方式复制或抄袭本书之部分或全部内容。
版权所有,侵权必究
举报电话:010-62752024　电子信箱:fd@pup.pku.edu.cn
图书如有印装质量问题,请与出版部联系,电话:010-62756370

# 丛书出版前言

作为一家综合性的大学出版社,北京大学出版社始终坚持为教学科研服务,为人才培养服务。呈现在您面前的这套"21世纪经济与管理规划教材"是由我国经济与管理领域颇具影响力和潜力的专家学者编写而成,力求结合中国实际,反映当前学科发展的前沿水平。

"21世纪经济与管理规划教材"面向各高等院校经济与管理专业的本科生,不仅涵盖了经济与管理类传统课程的教材,还包括根据学科发展不断开发的新兴课程教材;在注重系统性和综合性的同时,注重与研究生教育接轨、与国际接轨,培养学生的综合素质,帮助学生打下扎实的专业基础和掌握最新的学科前沿知识,以满足高等院校培养精英人才的需要。

针对目前国内本科层次教材质量参差不齐、国外教材适用性不强的问题,本系列教材在保持相对一致的风格和体例的基础上,力求吸收国内外同类教材的优点,增加支持先进教学手段和多元化教学方法的内容,如增加课堂讨论素材以适应启发式教学,增加本土化案例及相关知识链接,在增强教材可读性的同时给学生进一步学习提供指引。

为帮助教师取得更好的教学效果,本系列教材以精品课程建设标准严格要求各教材的编写,努力配备丰富、多元的教辅材料,如电子课件、习题答案、案例分析要点等。

为了使本系列教材具有持续的生命力,我们将积极与作者沟通,争取每三年左右对教材进行一次修订。无论您是教师还是学生,您在使用本系列教材的过程中,如果发现任何问题或者有任何意见或建议,欢迎及时与我们联系(发送邮件至 em@pup.cn)。我们会将您的宝贵意见或建议及时反馈给作者,以便修订再版时进一步完善教材内容,更好地满足教师教学和学生学习的需要。

最后,感谢所有参与编写和为我们出谋划策提供帮助的专家学者,以及广大使用本系列教材的师生,希望本系列教材能够为我国高等院校经管专业教育贡献绵薄之力。

北京大学出版社<br>经济与管理图书事业部

# 第二版前言

在人类社会的发展进程中，人们长期受到各种自然灾害和意外事故的侵袭。近年来，飓风、台风、龙卷风、冰雹、冰冻、洪水、高温、干旱、火灾、海啸、地震、病虫草害等自然灾害以及车祸、空难等意外事故给人类带来了巨大的财产损失。财产与责任保险具有经济补偿、弥补损失、社会救济等功能，在减少灾害损失、构建和谐社会方面起着不可替代的作用。

财产与责任保险作为保险学的一门重要学科，是以财产保险经济关系和民事责任损害赔偿为研究对象的学科。随着我国市场经济体制的日益完善，以及对风险管理要求的日益提高，人们对财产与责任保险的研究和人才的培养提出了新的要求。《中华人民共和国民法典》的颁布（如第一千一百六十六条"行为人造成他人民事权益损害，不论行为人有无过错，法律规定应当承担侵权责任的，依照其规定"）会在责任保险领域引起更多的索赔，使得保险公司遭受大量的诉讼，进而影响损失赔偿的变化，最终影响保险定价和保险责任准备金的变化。基于此，有关财产与责任保险的理论研究和教材建设需要与时俱进。为了不断地更新教材内容，以适应新形势下培养专业人才和社会各界学习之需，本书吸收了近年来财产与责任保险理论和实践的最新发展及现有国内外教材的精华部分，对第一版进行了修订，并力求保持原有特色。

第一，创新体系。近年来，我国财产保险业的理论和实践取得了长足的发展，这迫切需要对目前财产保险类教材的相关内容进行更新。本书体现了我国财产保险业理论和实践的最新成果，包括编者在此方面原创性的研究成果，形成了崭新的知识体系。

第二，结构合理。目前，许多保险学教材内容繁多，章节体系庞大且涉及面广，不太适合本科教学课时的要求。本书在讲解基础知识和原理之外，还适度地将财产与责任保险体系内容加以较全面的概括。

第三，教辅相联。本书将教材内容与大量的辅助学习资料相联系，如延伸阅读、趣味阅读、知识积累等。这些辅助学习资料不仅可以拓展学生的知识面，还可以激发学生对财产与责任保险的兴趣。

第四,教学相长。在内容上,既注重基本理论的研究,又注意吸纳国内外保险界最新研究成果与应用技术,充分考虑我国保险工作近期的新情况,按最新法律法规的规范融合各章的理论和知识;在分析方法上,注意定性分析与定量分析相结合,理论与实务兼备,并且强调案例分析。每章都有相匹配的讨论案例、基础知识题、实践操作题和探索研究题,充分体现了"厚基础、宽口径"的本科教育理念。

本书以适用财产保险公司对保险人才的培养为理念,力求条理清晰,重点突出,结构严谨,深入浅出,恰当地运用案例分析,帮助读者理解有关问题。本书适合高等院校保险专业、金融专业及有关专业本科学生作为教材使用,同时也适合需要学习财产与责任保险基础知识的有关人士参考使用。

本书是一个团队工作的结晶,缺少任何人的努力都无法完成。全书由李加明老师提出写作大纲和负责最后的审稿、修改和补充工作,并对全书进行了总纂。各章具体分工如下:李加明老师编写第一章、第三章、第四章;蒋晓妍老师编写第二章;唐淑君老师编写第五章;王军老师编写第六章;李子耀老师编写第七章;雷冬嫦老师编写第八章;孙晓扬老师编写第九章;陈美桂老师编写第十章;郑军老师编写第十一章;郑圆老师编写第十二章。

本书是根据各位老师所授专业课的特长编写而成的,能较好地发挥各位老师的专业水准,但也可能引起写作风格的不一致,更由于财产标的与责任承担形式仍处于不断发展的过程,本书难免有一叶障目、以偏概全之处,敬请读者不吝指正。

编　者

2020 年 7 月

# 目 录

## 第一编　财产与责任保险基础理论

### 第一章　财产与财产保险概述 …………………………………………………… 3
第一节　财产保险的研究对象、任务与内容 ………………………………… 5
第二节　财产与财产保险的定义 ……………………………………………… 7
第三节　财产保险的分类 ……………………………………………………… 18
第四节　财产保险的形成及发展 ……………………………………………… 23

### 第二章　责任风险与责任保险概述 …………………………………………… 30
第一节　责任风险概述 ………………………………………………………… 31
第二节　责任保险概述 ………………………………………………………… 33
第三节　责任保险的基本特征 ………………………………………………… 39
第四节　责任保险的分类 ……………………………………………………… 41
第五节　责任保险的历史沿革 ………………………………………………… 45

### 第三章　财产与责任保险合同 …………………………………………………… 49
第一节　财产与责任保险合同的概念和特征 ………………………………… 52
第二节　财产与责任保险合同的形式 ………………………………………… 53
第三节　财产与责任保险合同的内容 ………………………………………… 56
第四节　财产保险合同的订立、变更与终止 ………………………………… 74

### 第四章　财产与责任保险的基本原则 ………………………………………… 80
第一节　保险利益原则 ………………………………………………………… 83
第二节　诚信原则 ……………………………………………………………… 87
第三节　近因原则 ……………………………………………………………… 98
第四节　赔偿责任原则 ………………………………………………………… 101

第五节　权益转让原则 …………………………………………………… 104
　　第六节　分摊原则 ………………………………………………………… 110
　　第七节　优先保护受害第三人利益原则 ………………………………… 117

# 第二编　财产与责任保险险种结构

## 第五章　普通财产保险 ……………………………………………………… 123
　　第一节　火灾保险导论 …………………………………………………… 124
　　第二节　企业财产保险 …………………………………………………… 128
　　第三节　家庭财产保险 …………………………………………………… 133
　　第四节　机器损坏保险 …………………………………………………… 136
　　第五节　营业中断保险 …………………………………………………… 139

## 第六章　运输工具保险 ……………………………………………………… 145
　　第一节　机动车辆保险 …………………………………………………… 147
　　第二节　船舶保险 ………………………………………………………… 158
　　第三节　飞机保险 ………………………………………………………… 163

## 第七章　工程保险 …………………………………………………………… 171
　　第一节　工程保险概述 …………………………………………………… 173
　　第二节　建筑工程保险 …………………………………………………… 174
　　第三节　安装工程保险 …………………………………………………… 180
　　第四节　科技工程保险 …………………………………………………… 187

## 第八章　货物运输保险 ……………………………………………………… 191
　　第一节　货物运输保险概述 ……………………………………………… 192
　　第二节　海洋货物运输保险 ……………………………………………… 194
　　第三节　国内货物运输保险 ……………………………………………… 197

## 第九章　责任保险和信用与保证保险 ……………………………………… 203
　　第一节　公众责任保险 …………………………………………………… 204
　　第二节　产品责任保险 …………………………………………………… 212
　　第三节　雇主责任保险 …………………………………………………… 218
　　第四节　职业责任保险 …………………………………………………… 225
　　第五节　环境责任保险 …………………………………………………… 231
　　第六节　第三者责任保险 ………………………………………………… 233
　　第七节　信用保险 ………………………………………………………… 236
　　第八节　保证保险 ………………………………………………………… 242

# 第三编 财产与责任保险运营

## 第十章 财产与责任保险产品设计 ………………………………… 251
- 第一节 保险产品 ………………………………………………… 252
- 第二节 财产与责任保险产品设计 ……………………………… 256
- 第三节 财产与责任保险产品设计的策略和程序 ……………… 263
- 第四节 财产与责任保险费率的厘定 …………………………… 271
- 第五节 财产保险的准备金 ……………………………………… 283
- 第六节 偿付能力 ………………………………………………… 290

## 第十一章 财产与责任保险经营过程 ……………………………… 302
- 第一节 财产保险的展业与承保 ………………………………… 303
- 第二节 财产与责任保险的理赔 ………………………………… 310
- 第三节 保险事故现场查勘 ……………………………………… 331

## 第十二章 财产与责任保险欺诈及其防范 ………………………… 351
- 第一节 财产与责任保险欺诈概述 ……………………………… 352
- 第二节 财产与责任保险欺诈成因 ……………………………… 357
- 第三节 财产与责任保险欺诈防范 ……………………………… 361

**参考文献** ………………………………………………………………… 371

21世纪经济与管理规划教材
保险学系列

# 第一编

# 财产与责任保险基础理论

第一章　财产与财产保险概述
第二章　责任风险与责任保险概述
第三章　财产与责任保险合同
第四章　财产与责任保险的基本原则

# 第一章　财产与财产保险概述

> **学习目标**
>
> - 了解财产保险的研究对象、任务与内容和结构
> - 了解财产的一般界定和分类
> - 了解财产保险的特征、属性与存在基础
> - 掌握财产保险的形成及发展
> - 掌握财产保险的职能与作用
> - 重点掌握财产保险的含义和分类
> - 重点掌握财产保险与人身保险、政府救灾的区别
> - 综合运用：能够运用所学知识分析我国目前财产保险分类的适应性问题

## 导读案例

**【案情简介】**

2014年4月30日，C物流公司就其保管的A电器公司的空调向B保险公司投保了财产综合险，保险合同约定按照"账面余额"确定保险价值；2015年4月4日，C物流公司库房、库存空调及其他散货因火灾被烧毁；2015年11月，B保险公司经查勘定损，针对受损货物无争议部分根据C物流公司的指示向A电器公司进行了赔付，涉案货物增值税部分未予赔付；2016年5月3日，原告A电器公司起诉B保险公司，要求赔付增值税损失及相应利息。

**【争议焦点】**

1. 涉案保险合同约定的"账面余额"是否包含增值税进项税额？

原告主张：C物流公司是代原告保管财产，作为投保人账面余额只能显示保管数量，被告在保险时并没有释明账面余额为会计法上的账面余额，也没有指明是投保人之外第三人（即原告）的账面余额，以及账面余额应包含原告购买涉案货物支付的增值税部分。

被告反驳：根据会计核算规则，存货的账面余额不可能包括增值税。

2. 原告因火灾致损货物是否产生相应的增值税损失？

原告主张：根据税法相关规定，增值税抵扣是以销项税抵扣进项税，案涉火灾事故必然导致原告该部分货物不能销售，无法产生销项税，原告也因此无法对该部分货物增值税进行抵扣，而增值税发票上的金额原告已支付之前的卖家，被告应赔偿由此产生的损失。

被告反驳：根据《中华人民共和国增值税暂行条例》第十条第（二）项的规定，"非正常

损失"的购进货物及相关应税劳务的进项税额不得从销项税额中抵扣;根据《中华人民共和国增值税暂行条例实施细则》第二十四条的规定,条例第十条第(二)项所称"非正常损失"是指因管理不善造成被盗、丢失、霉烂变质的损失;本次保险标的货物损失原因"火灾"不属于法律法规列明的"非正常损失"范围,依法可以抵扣。既然 A 电器公司可以依法向税务机关抵扣上述增值税,只是出于自身原因未能前往办理抵扣,根据财产保险损害补偿原则,该损失不应由保险公司予以赔付。

**【判决结果】**

一审法院认定事实:2014 年 4 月 30 日,C 物流公司作为投保人向被告 B 保险公司投保了财产综合险并交纳了相应保费,被告 B 保险公司出具《财产综合险(2009 版)保险单》对前述投保情况予以确认。该《财产综合险(2009 版)保险单》主要载明:①保险标的项目为库存商品,保险标的地址为重庆市九龙坡区华岩陶瓷市场内;②保险金额为 1 500 万元,以出险时的账面余额确定保险价值;③经投保人申请,本保险出险时,第一受益人为 A 电器公司,受益份额为 80%,第二受益人为 C 物流公司,受益份额为 20%;④每次事故免赔额为 2 000 元或损失金额的 10%,二者以高者为准;⑤保险期间自 2014 年 5 月 1 日零时起至 2015 年 4 月 30 日二十四时止。

2015 年 1 月 12 日,原告与 C 物流公司签订《仓储物流合同》,约定原告委托 C 物流公司承担原告商品的物流仓储、配送、发往全国各个地区,仓储地址位于重庆市九龙坡区华岩陶瓷市场内。

2015 年 4 月 4 日,重庆市九龙坡区华岩陶瓷市场内发生火灾,原告 A 电器公司存放在该市场内的库存商品被烧毁。2015 年 4 月 16 日,原告 A 电器公司与 C 物流公司签订《保险受益转让协议》,约定 C 物流公司将保险单载明的受益份额 20% 无偿转让给 A 电器公司,并通知保险人。2015 年 10 月 28 日,C 物流公司与 B 保险公司达成赔偿协议,主要约定:①经双方协商,对 2015 年 4 月 4 日火灾事故受损空调无争议的不含增值税部分定损金额为 11 771 634.79 元,扣除 10% 免赔后金额为 10 594 471.31 元,保险公司按照该金额(10 594 471.31元)赔付 A 电器公司;②其余争议部分待查找到增值税不能抵扣的相关证明资料后再谈判商议。庭审中,原告自认:原告已抵扣的增值税发票一部分为涉案火灾致损货物,另一部分为已销售货物,无法具体区分。

为查明案件事实,法院就火灾致损货物相应增值税能否抵扣或转出事宜向重庆市国税局去函咨询;重庆市国税局复函称:《中华人民共和国增值税暂行条例》第十条第(二)项规定,非正常损失的购进货物及相关的应税劳务的进项税额不得从销项税额中抵扣。《财政部、国家税务总局关于修改〈中华人民共和国增值税暂行条例实施细则〉和〈中华人民共和国营业税暂行条例实施细则〉的决定》(财政部 国家税务总局令第 65 号)第二十四条规定,《中华人民共和国增值税暂行条例》第十条第(二)项所称非正常损失,是指因管理不善造成货物被盗、丢失、霉烂变质的损失。

一审法院判决结果。关于争议焦点 1,法院认为:原告、被告对"账面余额"有两种不同的解释,根据《中华人民共和国保险法》第三十条"不利解释原则"的规定,应做出有利于被保险人和受益人的解释,"账面余额"应包含增值税。关于争议焦点 2,法院认为:首先,《中华人民共和国增值税暂行条例》明确了进项税额不得从销项税额中抵扣的项目,这些项目均不包含因火灾致损货物;其次,原告未提交证据证实其因火灾致损货物相应增值税发票(进项税额)不能进行正常抵扣;最后,原告自认已经将部分因火灾致损货物相应的增值税发票进行了抵扣。结合前述理由,原告A电器公司未提交充分证据证实因火灾致损货物产生了相应的增值税部分损失,应承担不利后果,驳回原告诉讼请求。

二审法院认定事实及判决结果。A电器公司以一审法院适用法律不当提起上诉,二审法院查明事实与一审一致。关于争议焦点1,二审法院认为:关于投保范围的问题,双方保险合同载明的投保范围系库存产品的账面余额,而按照《小企业会计准则》第十二条的规定,小企业取得的存货,应当按照成本核算。外购存货的成本包括购买价项、相关税费、运输费、装卸费、保险费以及在外购存货过程中发生的其他直接费用,但不包含按照税法规定可以抵扣的增值税进项税额。因而,在双方没有特别约定的情况下,按照会计准则,库存产品的账面余额应当不包含增值税进项税额。上诉人A电器公司认为其投保的库存产品的账面余额包含了增值税,应当举示证据予以证明,而上诉人没有举示充分证据证明该库存产品的成本(即投保范围)包含了增值税进项税额。关于争议焦点2,二审法院认为:由于增值税系滚动抵扣,不能与购进货物一一对应,而上诉人又自认对该火灾致损货物进行了部分增值税抵扣;同时,重庆市国税局向法院复函,明确《中华人民共和国增值税暂行条例》规定的非正常损失购进货物不得抵扣进项税额的情形不包括火灾损失。因而,在没有进行税务最终核损的情况下,上诉人举示的火灾货物损失的依据仍不足以证明其实际产生了增值税损失以及损失的具体金额。一审法院以证据不足判决驳回上诉人一审诉讼请求并无不当,二审维持原判。

 **案例详情链接**

王永分.财产保险是否应当赔付"受损财产增值税进项税额"[EB/OL].(2019-01-24)[2020-08-31].http://chsh.sinoins.com/2019-01/24/content_282145.htm,有删改。

 **你是不是有下面的疑问**

1. 什么是财产?
2. 财产保险到底是怎么一回事?
3. 财产保险如何影响我们的生活?
4. 财产保险主要有什么产品?

## 第一节　财产保险的研究对象、任务与内容

### 一、财产保险的研究对象

科学以事物的运动规律为研究对象,财产保险则以物质财产和经济利益在保险领域的运动规律为研究对象,这决定了财产保险是以财产保险风险的运动规律为研究对象的科学。

财产保险所研究的关于物质财产和经济利益在保险领域的运动规律包括如下方面:

(一)财产保险业务配置所形成的宏观经济活动与微观经济活动规律

财产保险业务是社会经济生活不可缺少的服务环节,也是保险业务的重要组成部分。财产保险本身在长期的社会服务活动和保险事业发展的实践中,通过科学的业务配置,形成了财产保险业务在宏观经济活动和微观经济活动中的运动规律。财产保险业务涉及的经济活动包括两方面的内容:从宏观上看,是保险主体(保险人)与保险客体(被保险人)由于财产保险业务配置形式和方法的不同变化对社会经济生活产生的影响,从而揭示财产保险产生的客观条件以及财产保险在社会经济生活中的地位和作用,对于明确财产保险在社会主义市场经济发展中的功能有着重要意义;从微观上看,是不同的财产保险业务之间的保险责任或保险条件的调整与变化对财产保险业务本身的影响,从而揭示财产保险业务之间相互配合、相互衔接、相互促进的关系,对于合理发挥财产保险的保障功能、实现保险资源的充分利用有着积极意义。

(二)财产保险业务运营所形成的经济利益再分配规律

由于保险活动处于社会产品分配体系中的再分配环节,在财产保险业务运营实践中,保险主体与保险客体之间、经济上相互独立的各个保险主体之间、各种经济形式的保险客体之间形成了经济利益再分配规律。从宏观上看,这种经济利益再分配的运动涉及保险公司与政府税收、保险公司与被保险人、保险公司之间和被保险人之间的经济关系;从微观上看,这种经济利益再分配的运动还影响各项财产保险业务的组合与衔接,决定保险业务围绕公司经济利益和部门经济利益所建立的协调关系。

(三)财产保险业务各组成要素之间的经济数量变动规律

财产保险作为一种经济行为,由很多要素构成,诸要素之间的变化和调整都会对财产保险业务产生影响,从而改变其服务的内容和发展方向。从宏观上看,财产保险所服务的社会环境发生变化,就会使某些赖以生存的财产保险业务产生量的变化,进一步导致质的改变;从微观上看,根据财产保险业务运营的需要,调整构成财产保险业务的具体要素,如减少或增加保险责任项目、变更保险费率等都会使财产保险业务发生量的变化。

**二、财产保险的研究任务**

财产保险的研究任务与财产保险的研究对象存在密切的联系。财产保险的研究对象制约着财产保险的研究任务,而财产保险的研究任务是财产保险的研究对象的具体反映。财产保险的研究任务主要体现在以下三个方面:

(1)揭示财产保险业务配置所形成的各种经济活动产生、发展和变化的规律,阐明财产保险在社会经济生活中的地位和作用,为财产保险的发展奠定理论基础。

(2)揭示财产保险业务运营所形成的经济利益再分配规律,阐明财产保险业务运营过程中的内部矛盾与外部矛盾,为正确处理财产保险业务的各种矛盾提供基本的原则与方法。

(3)揭示财产保险业务各组成要素之间的经济数量变动规律,阐明各种要素与财产保险业务发展的数量关系,为财产保险业务发展的科学预测和决策提供最佳模式与方法。

### 三、财产保险的研究内容和结构

（一）财产保险的研究内容

财产保险的研究内容与研究对象是既有联系又有区别的两个概念。二者之间的联系在于：一方面，财产保险的研究内容由研究对象决定；另一方面，财产保险的研究对象通过研究内容得到具体的表现。二者之间的区别在于：一方面，具体科学的研究对象只能是某一现象领域中某种特殊事物的运动规律，一门科学只能有一个研究对象，即财产保险的研究对象只能是关于物质财产和经济利益在保险领域的运动规律；另一方面，具体科学所涉及的内容是多方面的，研究对象是关于事物现象的高度抽象概括，研究内容是关于事物现象的多层次、多角度的具体剖析。

（二）财产保险的研究结构

财产保险的研究结构是由研究对象、研究任务和研究内容决定的，包括财产保险的基础理论、实质财产保险、无形财产保险、财产保险公司运行四个方面。这四个方面是相互联系的一个整体，从研究财产保险的基本含义、内容和性质入手，理解财产保险的基础理论；然后根据财产保险业务发展的历史脉络，遵循由简单到复杂、由一般到具体的业务演化过程，学习实质财产保险、无形财产保险，达到真正全面地掌握财产保险的目的。

## 第二节 财产与财产保险的定义

### 一、财产的一般界定

汉语中的"财产"一词源于《汉书·食货志》。既然财产是隶属于社会团体或社会个体的物质财富，表明从财产形成那天起就与其所有权密切相关。

马克思说：财产最初无非意味着这样一种关系，人把他的生产的自然条件看作属于他的，看作自己的，看作与他自身存在一起产生的前提。我们从这个论述中可以看出：①财产是一种关系；②排他性；③占有；④同时存在。

英国学者 C. E. 霍尔认为：财产的一般含义包括人们可能拥有的一切东西，但从保险的意义上说，它只用来指可能被意外事故损毁或破坏的物质东西。[①] 这个定义只涉及人们有权拥有和支配的有形财产，而未涉及人们所有或有权占有的那些无形的、非物质财产。

我国保险学家许谨良认为：财产是金钱、财物及民事权利、义务的总和。[②] 这是一种广义上的定义，它包括有形和无形两类财产，是目前学术界最普遍接受的观点。

### 二、财产的分类

（一）按形式，一般将财产分为有形财产和无形财产

大陆法系国家基本遵循古罗马的传统，将财产权的客体分为有体物和无体物，即有形财产和无形财产。凡能感触到的物是有体物，凡无形体但有金钱价值的各种权利为无体

---

① ［英］C. E. 霍尔.财产保险——风险的估计与控制［M］.谢盛金,田志刚,译.北京:中国金融出版社,1990:4.
② 许谨良,陆熊.财产和责任保险［M］.上海:复旦大学出版社,1993:1.

物。英美法系直接将财产分为有形财产和无形财产。有形财产包括土地和某些可以作为所有物占有的有体财产。

无形财产大体分为三类：①诉讼物，这是一种只有通过诉讼才能主张和执行的财产权，如银行存款、债权、股票，以及专利、商标、商号、著作权等知识产权；②承继物，这是一种通过承继关系实现的财产权，如与土地、房屋、矿藏、树木有联系的权利，属于土地的一部分或附着于土地的权利，以及地役权、土地收益权和租金；③附属物，这是一种附着于财产和人类社会行为过程的财产权，如机器设备的正常使用所产生的直接收益或机器设备的毁损所造成的间接损失，人类的社会行为损害他人财产、身体后因必须依法承担损害赔偿责任而额外增加的经济支出。

（二）按使用性质，一般将财产分为生产性财产和消费性财产

生产性财产用于生产中占有的对象，用于财富的直接生产与增值，包括实物财产和非实物财产。

消费性财产用于生产之外占有的对象，主要包括个人、社会或集体的消费。

（三）按经济运动方式，一般将财产分为动产和不动产

动产是指营运过程中要在空间上发生转移的财产，如生产资料等。

不动产是指不能移动或移动后会引起性质、形态发生变化的财产，如建筑物等。

（四）按在再生产中的功能，一般将财产分为固定资产和流动资产

固定资产是指使用年限较长、单位价值较高，并在使用中保持原有实物形态的资产。它是保险公司承保的主要保源之一。固定资产的基本特征表现在：①使用年限超过一年或长于一年的一个经营周期，且在使用过程中保持原来的物质形态不变；②使用寿命是有限的（土地除外）；③用于生产经营活动，而不是为了出售。保险公司承保的固定资产种类繁多、规格不一，为了加强管理、便于核算，有必要对其进行科学、合理的分类。根据管理的不同需要，可以对固定资产进行不同的分类，主要有以下几种：①按固定资产的经济用途分类，可分为经营用固定资产和非经营用固定资产。②按固定资产的使用情况分类，可分为使用中固定资产、未使用固定资产和不需用固定资产。③按固定资产的所有权分类，可分为自有固定资产和租入固定资产。④按固定资产的工程技术特点分类，可分为机器设备、土地和房屋建筑物。

流动资产是指可以在一年内或者超过一年的一个营业周期内变现或耗用的资产。主要包括：①货币性质的资金，包括库存现金、银行存款。②实物性质的存货，是指处于企业供、产、销各环节的流动性实物资产，包括原材料、燃料、包装物、低值易耗品、委托加工材料、在途材料、在制品、自制半成品、产成品、发出商品等。③债权性质的应收及预付账款、有价证券、应收票据。应收账款是指由于销售商品或供给劳务而发生的应收未收款项；预付账款是指由于订购商品或劳务而发生的预先支付给对方的款项；有价证券是指持有者能够随时到证券交易所交易，并换取现金的债券和股票；应收票据是指一种可由持票人自由转让的书面支付凭证或信用凭证，凭证上载明付款日期、地点、金额，是一种无条件支付货币的流通证券。

**趣味阅读**

### 保险与钢笔的"姻缘"

钢笔,是现代人忠实的朋友,是人们书写和交流的基本工具,没有它,人们的学习、工作和生活就会有诸多不便。然而,您可知道自来水钢笔是如何发明的?您可知道它与保险的一段"姻缘"吗?

说来话长,在自来水钢笔问世之前,我国及东方人多用祖先发明的毛笔书写和交流,而西方人则沿用羽毛制作的羽毛笔蘸墨水书写。1881年的一天,美国纽约一家保险公司代理人华特门先生,正高兴地与一位投保人签订一笔经过艰苦努力争取而来的巨额保险业务合同,手中羽毛笔上的墨水不慎滴到已签署的保险合同上面,更不巧的是,他手边一份干净的合同都没有,只好急忙跑到保险公司去拿。但当他汗流浃背地取来空白合同时,这笔巨额生意已被同行以更优惠的条件抢去了,华特门既气愤又无奈。

华特门是个勤于思考的人,这件事情没有使他气馁,而是决心研制一种方便实用的笔,以解决大家的书写之忧。经过千余个日日夜夜的实验、探索和不断改进,华特门先生克服了众多困难,终于在1884年制造出了小巧玲珑、轻便耐用的新颖自来水钢笔。他的这一发明,不仅给自己带来了经济收益,而且为人类的文化交流做出了巨大贡献。后来,经过几代人的不断革新,自来水钢笔更加精美、实用,并很快普及到世界各国。

资料来源:唐金成.世界保险趣论[M].西安:西北大学出版社,1994。

### 三、财产保险的概念

财产保险是指以各种财产物资和有关利益为保险标的,以补偿被保险人的经济损失为基本目的的一种社会化经济补偿制度。作为现代保险业的两大部类之一,财产保险通过各保险公司的市场化经营,客观上满足着人类社会除自然人的身体与生命之外的各种风险保障需求,是当代社会不可缺少的一种风险管理机制和经济补偿制度。这个定义基本上揭示了财产保险的科学内涵:

(1) 财产保险的对象是财产或利益的保障问题。这表明了财产保险的自然属性是为物质财产和经济利益提供保险保障,揭示了财产保险的本质就是通过特殊的经营手段处理物质财产和经济利益所面临的风险集中与分散的问题。这里所说的财产泛指一切可以用货币衡量价值的物质,利益则包括财产价值的变化对财产所有人的经济活动所造成的影响和人们的社会活动对他人的经济生活所造成的影响两个方面。

(2) 财产保险的标的必须是能够用货币衡量价值的财产或利益。货币是社会商品交换发展的产物,货币的价值尺度功能使财产保险建立了赖以衡量保险标的价值的标准,表明了财产保险与慈善行为和社会救济的区别,揭示了财产保险的社会属性。所以,无法用货币衡量价值的财产或利益不能成为财产保险的标的,如空气、江河、国有土地、矿藏、政府信用和人的生命与身体机能等。

(3) 财产保险是受法律约束的特殊的服务活动。财产保险是对可以用货币衡量价值的财产和利益提供保险保障的服务活动,揭示了财产保险自然属性的又一项重要内容。

财产保险的这种服务是围绕物质财产和经济利益展开的,在法律允许的经营范围内为社会提供多种形式的保障服务。

(4) 财产保险属于商业活动的范畴,符合商品经营的一般原则。财产保险是由经过国家金融管理部门和工商管理部门严格审批的经济组织——保险公司经营的业务,表明了财产保险是作为独立经济实体的商业活动而存在的,揭示了财产保险社会属性的又一项重要内容。所以,商业保险与社会保险存在本质的区别,财产保险是商业保险的重要组成部分,是社会商业活动不可缺少的重要环节。

### 四、财产保险的特征、属性与存在基础

**(一) 财产保险的特征**

1. 财产风险的特殊性

财产保险所要处理的风险是多种多样的,各种自然灾害、意外事故、法律责任及信用行为均可作为财产保险承保的风险和保险责任。在财产保险中,风险事故的发生表现出不同的形态,既包括暴风、暴雨、泥石流、滑坡、洪水等自然灾害,又包括火灾、爆炸、碰撞、盗窃、违约等意外事故。风险事故造成的损失,既包括直接的物质损失、赔偿责任,又包括间接的费用损失、利润损失等。

2. 保险标的的特殊性

广义的财产保险以财产及有关的经济利益和损害赔偿责任为保险标的。按标的具体存在的形态,通常可分为有形财产、无形财产或有关利益。有形财产是指厂房、机器设备、机动车辆、船舶、货物、家用电器等;无形财产或有关利益是指各种费用、产权、预期利润、信用、责任等。狭义的财产保险标的仅指有形财产中的一部分普通财产,如企业财产保险标的、家庭财产保险标的、机动车辆保险标的等。财产保险标的必须是可以用货币衡量价值的财产或利益,而无法用货币衡量价值的财产或利益不能作为财产保险标的,如空气、江河、国有土地等。

3. 保险利益的特殊性

在财产保险中,财产损失保险是最基本的一类业务。财产损失保险与人身保险相比,其保险利益的特殊性体现在以下三个方面:

(1) 就保险利益的产生而言,财产损失保险的保险利益产生于人与物之间的关系,即投保人与保险标的之间的关系;人身保险的保险利益则产生于人与人之间的关系。

(2) 就保险利益的量的限定而言,在财产损失保险中,保险利益有量的限定,不仅要考虑投保人对保险标的有没有保险利益,还要考虑保险利益的额度大小,投保人对保险标的的保险利益仅限于保险标的的实际价值,因此保险金额必须以财产实际价值为限,保险金额超过财产实际价值的部分将因投保人无保险利益而无效;人身保险的保险利益,除债权人与债务人之间的保险利益外,一般没有量的限定。

(3) 就保险利益的时效而言,一般情况下,财产损失保险的保险利益要求从保险合同订立到损失发生的全过程都存在,在财产损失保险中,保险利益不仅是订立保险合同的前提条件,而且是维持保险合同效力、保险人支付赔款的条件,一旦投保人对保险标的丧失

保险利益,即使发生保险事故,保险人也不负赔偿责任;人身保险的保险利益仅要求在保险合同订立之时存在即可,当发生保险事故时,投保人对保险标的(即被保险人)丧失保险利益,并不影响保险合同的效力。

4. 保险金额确定的特殊性

财产保险保险金额的确定一般参照保险标的的实际价值,或者根据投保人的实际需要,参照最大可能损失、最大可预期损失,确定其购买的财产保险的保险金额。确定保险金额的依据即为保险价值,保险人和投保人在保险价值限度以内,按照投保人对保险标的存在的保险利益程度确定保险金额,作为保险人承担赔偿责任的最高限额。由于各种财产都可依据客观存在的质量和数量计算或估计其实际价值,因此理论上财产保险保险金额的确定具有客观依据。

5. 保险期限的特殊性

大部分财产保险的保险期限较短。通常,普通财产保险的保险期限为1年或者1年以内,并且保险期限就是保险人实际承担保险责任的期限。不过,也有一些特殊的情况。例如在工程保险中,尽管保险单上有一个列明的保险期限,但保险人实际承担保险责任的起止点往往要根据工程的具体情况确定,即受到承保风险的区间限制。一般根据工程的具体情况,保险责任的起止点可以向前追溯至运输期和制造期,向后延至试车期、保证期和潜在缺陷保证期,即工程保险的保险期限实际上包括了运输期、制造期、主工期、试车期、保证期和潜在缺陷保证期。在货物运输保险和船舶保险中,保险期限实际上是一个空间范围。例如,我国海上货物运输保险保险期限的确定依据是"仓至仓条款",即保险人对被保险货物所承担责任的空间范围是从货物运离保险单载明的起运港发货人的仓库开始,一直到货物运抵保险单载明的目的港收货人的仓库为止;在远洋船舶航程保险中,保险期限以保险单上载明的航程为准,即自起运港到目的港为保险责任的起讫期限。

6. 保险合同的特殊性

不同于人身保险合同,财产保险合同属于损失补偿合同,保险人只有在合同约定的保险事故发生并造成被保险人的财产损失时才承担经济补偿责任,而且补偿额度以被保险人的经济利益恢复到损失以前的状况为限,绝不允许被保险人获得额外利益。因此,在财产保险合同中,尽管可能出现超额保险、不足额保险,也可能出现重复保险的现象,但是保险人在赔付过程中都会按照损失补偿原则进行处理。例如,对重复保险进行损失分摊;对不足额保险实行比例赔付;对因第三者的行为而导致被保险人遭受保险责任范围内的损失,保险人先行赔偿,再依法行使代位追偿权。

(二) 财产保险的社会属性和自然属性

从保险学的经济意义上考察,财产保险具有社会属性和自然属性。离开社会属性,不可能揭示财产保险存在的社会价值;离开自然属性,不可能反映财产保险的本质内涵。从社会发展和进化的角度分析,人们对财产的观念与认识是随着社会剩余产品和商品经济萌芽的出现而形成的。在原始社会,人们没有财产所有权的意识,大千世界的物质财富由所有人群共有,不同的群居团体按照先到先得的自然竞争法则拥有并享用物质财富的优先权。当社会剩余产品和商品经济萌芽出现以后,人们产生了对财产的占有权,并且逐渐将财产所有权通过法律的形式予以确认和保障。人们为了保全财产所有权指向标的所蕴含的经济价值,开始通过商业保险的方式予以完成。所以,研究与讨论财产保险的社会属性和自然属性,必须结合财产所有权进行考虑,同时这种财产所有权不是空泛地存在,而是具体落实到每个社会群体和社会个体。否则,任何关于财产保险特征的研究和讨论都是没有意义的,这也是财产保险和其他有关财产保障或财产保全行为相区别的重要内容。

（三）财产保险的存在基础

保险是商品经济发展到一定阶段的客观产物,保险产生的社会条件是商品经济的存在,保险产生的经济条件是社会剩余产品的出现,保险产生的自然条件是社会财富面临不可预测的意外风险,财产保险作为一种经济行为具有存在和发展的客观必然性。因此,商品经济、剩余产品和风险的客观性是财产保险的存在基础。

**五、财产保险的职能与作用**

（一）财产保险的职能

1. 学术界的不同观点

众所周知,财产保险是利用经济手段组织经济补偿、适应社会经济发展客观需要和符合商品经济发展规律的有效的防灾防损措施。然而,在对待财产保险具有何种职能的问题上,学术界众说纷纭、莫衷一是。

（1）单一职能论者认为,对被保险人保险利益的损失进行经济补偿是财产保险的唯一职能。

（2）双重职能论者认为,财产保险兼具补偿损失和筹集资金的职能。

（3）多重职能论者认为,财产保险具有补偿损失、筹集资金、分散风险、防灾防损、融通资金、稳定社会等多种职能。

（4）主次职能论者认为,财产保险的职能可以分为基本职能(或主要职能)与派生职能(或其他职能)两类,实质上仍是多重职能,只不过把多重职能进行主次划分。这种观点一般认为,组织经济补偿和分散风险是财产保险的基本职能,融通资金(或投资)、防灾防损等是从基本职能中派生出来的次要职能;在次要职能的数量上,不同的人又略有差异。

2. 组织经济补偿是财产保险的单一职能

我们认为,职能是事物本质的要求和体现,也是社会分工赋予每一个部门或行业的职责及其所要达到的目标。从财产保险的产生和发展实践来看,组织经济补偿是财产保险的单一职能和目标。理由在于:

（1）财产保险的产生是因为社会需要专门的行业来承担起组织经济补偿的责任,这是社会分工的需要而非其他。

（2）财产保险承保人筹集资金是为了组织经济补偿,并非为筹资而筹资;至于国家的筹资职能,应是社会分工赋予财政税务部门的任务。

（3）财产保险承保人开展防灾防损业务是为了提高自身经济效益和更好地组织经济补偿,防灾防损工作的好坏,关系到赔款支出的多少和能否承担起全部损失补偿职责,并非国家或社会强制保险人承担防灾防损的任务,因为这种任务还有防汛、防火等多个社会职能部门来承担。

(4) 财产保险承保人融通资金是为了积聚保险基金、稳定企业财务和应付重大灾害及货币贬值,不存在为融资而融资之职能,因为融资是社会赋予银行、信托(即金融业)的专有职能。

由上可见,筹集资金、防灾防损、融通资金都是保险人为了组织经济补偿而采取的必要手段,而分散风险、稳定社会则是保险人组织经济补偿后所产生的客观效果,它们都是社会分工赋予其他部门或行业的职能。持双重或多重职能论者,显然混淆了财产保险的目的和手段及效果之间的关系,因为目的只有一个,手段却可以有多种,效果也可有多项。

强调财产保险的单一职能,不仅是因为财产保险的自身性质所决定的,而且是因为任何夸大财产保险职能的理论都会把财产保险的发展引向歧途。例如,我国对保险业的高税收政策就是在决策者将筹集资金当成保险职能的条件下形成的;如果把融通资金看作保险的职能,那么必然会侵害金融业的权益,造成混乱局面;如果说防灾防损是保险的职能,就意味着保险人必须承担这项义务,即必须肩负起社会的减灾工作,而这是保险人无法做到的;至于稳定社会,则是社会分工赋予国家安全、公安等部门的职能,保险人并无稳定社会的当然职责和义务,事实上也只能在保险业务范围内起一定的作用。因此,财产保险只具有组织经济补偿的单一职能。当然,强调单一职能,并不意味着保险人不能从事筹资、融资、防灾防损等工作,而是必须开展这些工作,因为没有这些工作,组织经济补偿的职能就无法履行。因此,筹资、融资、防灾防损等均是保险人组织经济补偿的必要手段和前提条件,无碍于保险人在履行职能的基础上做好其他工作。

(二) 财产保险的作用

财产保险的发展,必然对社会经济的发展产生深远的影响,其主要作用表现如下:

(1) 能够补偿被保险人的经济损失,维持社会再生产的顺利进行。无论是社会主义国家还是资本主义国家,自然灾害和各种意外事故都是难以避免的,因此财产保险在当代对各国都是必需的。建立了财产保险基金,保险人就可以对遭灾受损的被保险人进行及时的经济补偿,受灾单位就能够及时恢复已毁损的财产或利益,从而保障生产和经营的持续进行,有利于整个国民经济的协调发展。

(2) 有利于用经济手段管理经济,完善企业的经济核算,深化经济改革。过去,我国对企业遭受灾害事故的财产损失往往在企业资产中核销,或者用无偿拨款的办法对受灾企业进行补偿,这不仅缩小了企业的生产规模,而且加重了国家的财政负担;同时,这种办法还造成企业不能正确反映产品的客观价值,从而影响企业的经济核算,有些企业因为国家统包灾害事故造成的损失,从而对企业生产经营中的安全管理掉以轻心;等等。随着经济体制改革的不断深化,企业自主权逐步得到落实,国家财政也不再核销企业因灾造成的特别损失。为了准确核算企业的经营成果,准确核算产品的成本和反映产品的实际价值,企业不仅要对活劳动和物化劳动的损耗进行核算,还要对无形的损耗和可能因各种灾害事故发生所造成的损失进行核算。因此,国家明确规定,企业的保险费列入成本开支范围,这意味着由企业独立承担一切风险。企业参加财产保险,把不确定的危险转化为固定的少量的保险费,其财产物资及利益就得到了保险保障,生产经营成本看似有所增加,但经营会由此而稳定;同时,保险费计入成本,必然促进企业完善经济核算,加强经营管理,降低其他费用以达到竞争取胜的目的,最终形成平等的竞争环境和机制。

(3) 有利于加强防灾防损,减少灾害事故的发生和物质财富的损失。财产保险的社会职能是补偿财产物资及有关利益的损失,尽快恢复生产和生活。但是,从社会的角度看,财产的毁损总是社会总产品的减少和灭失,是社会财富的损失。因此,保险人应将防灾防损工作摆在重要的位置上。一方面,财产保险作为善后措施,是国家防灾抗险体系的重要组成部分,防灾防损也是保险部门的任务之一;另一方面,防灾防损工作的好坏,直接关系到保险赔款支出的多寡,直接影响到保险人的经济效益和风险承受能力。因此,保险人必然要关心危险发生的频率和可能的损害后果,并采取相应的措施事先加以防范。此外,保险人经营的既然是各种风险,必然具备认识、防控灾害事故发生的丰富经验,从而可以为投保人提供防灾防损建议,指导其防灾防损工作。

(4) 有利于稳定政府财政。财产保险承保人对投保单位的经济补偿,保证了其按计划生产和经营,从而保障了政府财政收入来源免受灾害事故的损害;同时,通过保险转嫁风险,避免了政府财政支出受灾害事故的冲击,减轻了政府财政压力。此外,保险人积聚的保险基金为国民经济的发展和财政收入的稳定增长做出了贡献,起到了经济杠杆的作用。

(5) 有利于安定城乡居民的日常生活,稳定社会秩序。城乡居民参加财产保险后,免除了生产、生活方面的风险之忧,避免了灾后要靠国家救济、单位扶持、亲友帮助、民间借贷等连锁反应,从而有利于稳定社会秩序。

(6) 能增加就业机会,促进第三产业发展。一方面,财产保险的发展必然要增设机构和网点,从而为社会提供了更多的就业岗位和机会,在一定程度上减轻了剩余劳动力的安置压力;另一方面,我国第三产业在国民经济中占比偏小,而保险业的发展本身就壮大了第三产业,对于调整国民经济产业结构、完善我国经济的社会化服务体系,均有着直接的、积极的影响。

总之,财产保险实践表明,它在我国社会经济发展中占有重要地位,发挥着不可替代的作用,是一项有功于国、有益于民的好事业,要加以大力发展;同时,财产保险发展实践又丰富了财产保险理论的研究内容,推动了财产保险理论研究的发展和进步。

###  保险谜语

清朝雍正皇帝,鉴于其父康熙皇帝先立太子及诸皇子争夺皇位的教训,秘密拟定皇位继承人诏书一式两份,一份带在身边、一份封在匣内,放在乾清宫"正大光明"扁的后边,以求绝密。待自己死后,由顾命大臣共同打开匣子,取出身边秘藏的一份,会同廷臣一同验看,由秘密拟定的继承人即位。

雍正皇帝的这个传位办法,恰巧隐射了两个金融名词,聪明的读者,你能猜出来吗?

### 六、财产保险与人身保险、政府救灾的区别

#### (一) 财产保险与人身保险的区别

财产保险与人身保险是构成整个保险业的两个独立的部类,它们在经营和运作方面存在较大的区别。

1. 保险标的的区别

一方面,财产保险的标的是法人或自然人所拥有的各种物质财产和有关利益,财产保险是对被保险人体现在这种物质上的利益的保险;而人身保险的标的是自然人的身体与生命。另一方面,财产保险的标的,无论是归法人所有还是归自然人所有,均有客观而具体的价值标准,均可以用货币来衡量价值,保险客户可以通过财产保险获得充分补偿;而人身保险的标的是无法用货币来计价的,保险客户在遭到人身伤害时只能通过保险受益,而不可能得到充分补偿(医疗费用是一个例外,因为医疗费用是有客观计价标准的)。

2. 风险管理的区别

在风险管理方面,财产保险主要强调对物质财产及有关利益风险的管理,保险标的的风险集中,保险人通常要采用分保或再保险的方式进一步分散风险;而人身保险一般只强调被保险人身体健康,因每个自然人的投保金额均可以控制,保险金额相对要小得多,对保险人的业务经营及财务状况的稳定性构不成威胁,从而无须以再保险作为接受业务的条件。例如,每一笔卫星保险业务都是风险高度集中的,其保险金额往往数以亿元计,任何保险公司要想独立承保此类业务都意味着巨大的风险,一旦发生保险事故,就会对保险人造成重大的打击。再如,飞机保险、船舶保险、各种工程保险、地震保险等,均需要通过再保险才能使风险在更大范围内得以分散,进而维护保险人业务经营和财务状况的稳定。

3. 费率依据的区别

财产保险费率是根据保险标的所面临的各种风险的大小及损失率的高低来确定的,需要采用大数法则;而人身保险费率则以经验生命表为主要确定依据,同时必须考虑利率水平和投资收益水平。因此,在保险经营实践中,保险费率的使用是否适当,前者取决于保险人对各种保险事故的预测是否与各种保险事故的实际发生频率和损害程度相一致,后者则取决于保险人对经验生命表、利率水平、投资收益水平的推算是否准确。

4. 被保险人获偿权益的区别

当保险事故发生以后,财产保险讲求损失补偿原则,强调保险人必须按照保险合同的规定履行赔偿义务,同时也不允许被保险人通过保险获得额外利益,从而不但适用权益转让原则,而且适用重复保险损失分摊和损余折抵赔款等原则;而人身保险只讲求被保险人依法受益,除医疗费用重复给付或赔偿不被允许外,并不限制被保险人获得多份合法的赔偿金,不存在多家保险公司分摊给付保险金的问题,也不存在第三者致被保险人伤残、死亡而向第三者代位追偿的问题。

还需要指出的是,虽然短期性人身保险业务的保险对象与人寿保险业务具有一致性,均是自然人的身体与生命,但在保险经营实践中,其业务性质和经营规则与一般财产保险

业务相一致。这种一致性包括：一是在业务性质上，二者均具有赔偿性，即保险人在短期性人身保险业务或短期性健康险业务中承担的是与一般财产保险业务一样的赔偿责任，而非与人寿保险业务一样的受益责任；二是在经营规则上，短期性人身保险业务的财务核算、准备金提取与一般财产保险业务具有一致性，而与人寿保险业务相异；三是在保险费交纳上，短期性人身保险业务与一般财产保险业务均强调一次性交清，而人寿保险业务则要求投保人按规定的标准分期顺月交费；四是在保险期限上，短期性人身保险业务与一般财产保险业务一样，保险期限不超过1年，有的业务甚至是一次性保险（如旅行意外保险），而人寿保险业务的保险期限均是长期性的；五是在业务功能上，短期性人身保险业务只具有保险功能，而人寿保险业务则兼具保险、储蓄与投资功能。可见，短期性人身保险业务既与人寿保险业务具有相似的一面，更与一般财产保险业务具有相通性。在区别财产保险业务与人身保险业务时，应当充分注意这一点。

（二）财产保险与政府救灾的区别

与财产保险相通的是，政府救灾也对灾害事故造成的损失进行经济上的补偿。从历史的角度来讲，救灾作为我国古老的灾害补偿措施，已经历了漫长的发展过程，并迄今仍然是必要的灾害补偿制度。然而，作为两种不同性质的灾害补偿机制，财产保险与政府救灾之间又存在根本区别。

1. 业务性质的区别

财产保险业务是商业性保险业务，即保险公司完全按照市场经济的价值规律、竞争规律，并在双方自愿成交的条件下开展业务，保险公司开办财产保险业务的直接目的是为投资者赢取尽可能丰厚的利润，是一种纯粹的企业行为；政府救灾则是政府依据有关社会保障方面的法律、法规规定开展的灾害补偿工作，目的在于帮助遭灾的社会成员度过生存危机期，以安定灾区社会秩序，完全是一项社会保障制度和一种政府行为。可见，虽然财产保险与政府救灾客观上都可以为遭灾的社会成员提供经济补偿，但二者的性质与直接目的是不同的。

2. 经办主体的区别

财产保险业务的经办主体是依照我国《保险法》及相关法律、法规的规定，由国家保险管理机关和工商部门审批的各类财产保险公司，它们由投资者集股成立，并接受国家保险管理机关的管理与监督。因此，财产保险业务的经办主体纯粹是与工商企业性质一致的保险公司，它们承担着向政府财政纳税的义务。而经办救灾业务的主体则是政府救灾部门或政府授权的机构，它们直接接受各级政府的财政拨款，承担着政府救济灾民的职责，是政府机构序列中的有机组成部分。经办主体的差异及其与政府财政的不同关系，进一步表明财产保险与政府救灾是两种不同性质的经济补偿制度。

3. 权利义务关系的区别

在财产保险中，保险公司与保险客户之间是平等的、双向的权利义务关系，即保险客户若想获得有关财产物资或利益的风险保障，就必须参加有关的财产保险，并按照一定的费率标准向保险公司交纳保险费，保险公司遵循的是保险客户多投多保、少投少保、不投不保的原则；而在政府救灾中，提供救济与接受救济双方的权利义务关系具有单向性，即政府承担着向遭灾的社会成员提供救济的法定义务,遭灾的社会成员则享受着接受救济的法定权利而无须承担交费义务。因此,财产保险体现的是有偿的经济保障关系,政府救灾体现的则是无偿的社会救济关系。

4. 保障内容的区别

在保障内容方面,财产保险除了自然人的身体与生命属于人身保险而不保,可以保障投保人的各种财产损失和利益损失风险,对投保人的财产及有关利益的保障可以是全面而充分的;而政府救灾虽然也对遭灾的社会成员出险受伤的医疗问题给予有限的救助,但不保遭灾社会成员的有关利益,所保障的物品亦有明显限制,仅限于遭灾社会成员的吃饭、衣被、住房等生存必需资料。可见,财产保险更能为社会成员提供全方位的风险保险服务。

5. 保障对象的区别

财产保险的保障对象包括任何法人团体和城乡居民家庭或个人,即任何法人团体和城乡居民家庭或个人均可以向保险公司投保并获得相应的风险保障;而政府救灾的保障对象只限于城乡居民家庭而将法人团体排除在外,主要是为农村社会成员提供有限的灾害保障。

6. 保障水平的区别

财产保险按照大数法则和损失概率确定保险费率,通过向众多的保险客户筹集保险基金,能够为保险客户提供高水平的风险保障;而政府救灾单纯依靠财政拨款,只能帮助遭灾的家庭或个人解除灾后生存危机,提供最基本的保障。经济基础雄厚与薄弱之别,使财产保险和政府救灾的保障水平出现悬殊的差异。

7. 是否适应灾害发生规律的区别

各种自然灾害与不幸事故的发生是不确定的,在时间上、空间上均存在不平衡性。例如,某年发生大灾害,下一年度不一定发生;某地发生大灾害,另一地方可能不发生。对此,财产保险通过社会化的保险资金筹集手段,并逐年积累形成日益雄厚的保险基金,完全可以适应各种灾害事故年度间分布的不平衡,同时通过再保险的手段使各种灾害风险在尽可能大的范围乃至国际范围内分散。可见,财产保险能够适应各种灾害事故不平衡发生的规律。而政府救灾只能通过年度财政预算拨款进行,其救灾预算拨款受政府财力和拨款计划的制约,救灾拨款的有计划性显然无法适应灾害发生的年度不平衡性,而灾害事故的地区发生不平衡又往往与当地政府的财政实力无直接关联,实践中容易出现救灾工作无法满足需要的现象。

由此可见,财产保险确实是一种科学的风险分散机制与经济补偿制度,应当加以大力发展,并最终成为全体法人团体、城乡居民家庭或个人转嫁各种财产损失风险、法律风险、信用风险等不可或缺的工具。而政府救灾仍然会在国家的社会保障体系中占有相应的地位,因为保险公司的业务性质决定了总有一部分业务或风险其不能承保,总有一部分社会成员尤其是低收入家庭缺乏风险保障,仍然需要由政府承担起最起码的灾害保障责任。从灾后补偿的时间出发,即使是发达国家,当遇到大的自然灾害时,也是政府承担紧急救济义务,因为保险公司的理赔要按照一定的程序进行,需要一定的时间。因此,财产保险与政府救灾作为现代社会灾害保障的两个层次，都具有必要性，只不过财产保险制度本身的优越性决定了它应当承担起灾害补偿的主要任务。

 **"荒谬"的保险趣闻**

投保火险的雪茄

北卡罗来纳州一名律师买了一盒极为稀有且昂贵的雪茄，还为雪茄投保了火险。他在一个月内把这些顶级雪茄抽完了，提出要保险公司赔偿的要求。在申诉中，律师说雪茄在"一连串的小火"中受损。保险公司当然不愿意赔偿，理由是此人是以正常方式抽完雪茄。结果，律师告上法院还赢了这场官司。

法官在判决时表示，他同意律师的说法，认为此项申诉虽然非常荒谬，但是律师手上的确有保险公司同意承保的保单，证明保险公司保证赔偿任何火险，且保单中没有明确指出何类"火"不在保险范围内，因此保险公司必须赔偿。与其忍受漫长且费用高昂的上诉过程，保险公司决定接受这项判决，并赔偿了 1.5 万美元的雪茄"火险"。

以下才是最精彩的地方：保险公司将支票兑现之后，马上报警将律师逮捕，罪名是涉嫌 24 起"纵火案"。根据他自己先前的申诉和证词，这名律师立即以"蓄意烧毁已投保之财产"的罪名被定罪，要入狱服刑 24 个月并罚款 2.4 万美元。以上是真实的故事，并且获选为"近期犯罪律师竞赛奖"的第一名。这种事，也只有在美国才会发生。

资料来源：盘点史上五大最荒谬的保险趣闻［EB/OL］.（2016-09-04）［2020-08-31］.https://wenku.baidu.com/view/6ba11681f242336c1fb95e7e.html，有删改。

## 第三节　财产保险的分类

财产保险的具体险别名称往往根据历史习惯而定，例如海上保险是按照危险发生的地域来命名，火灾保险是按照风险事故的种类来命名，汽车、飞机保险则是按照保险标的来命名。

### 一、理论上财产保险的分类

理论上，财产保险的分类是根据财产保险业务经营和管理的需要而形成的。由于财产保险本身具有商业属性，其分类方法就应该比较客观、全面地反映这种商业活动的基本内容和形式。

#### （一）按照保险标的内容进行分类

随着社会的发展和科学技术的进步，物质财产或经济利益的内容和形式更加丰富多彩，从而使财产保险标的种类繁多。为了在财产保险产品的设计过程中根据保险标的的性质，有的放矢地设计保险责任和有关的保险条件，可以按照保险标的内容进行科学的分类。

1. 物质财产保险

物质财产就是人类劳动所形成的各种具体的、有形的商品。它包括如下项目：

（1）各种固定资产和流动资产，如房屋、机器设备、仓储物质和居民生活用具等。可以为这些物质财产提供保险保障的业务有企业财产保险和家庭财产保险等。

（2）各种运输工具，即各种在陆地、江河、海洋和天空从事非军事性活动的运输工具，如汽车、火车、船舶和飞机等。可以为这些物质财产提供保险保障的业务有机动车辆保险、船舶保险和飞机保险等。

（3）各种处于运输过程中的货物，即以各种运输工具为载体的、处于运输过程的各种货物。可以为这些物质财产提供保险保障的业务有公路货物运输保险和远洋货物运输保险等。

（4）各种处于修建、安装过程中的工程项目及可能由本身固有危险造成损失的机器和设备等。可以为这些物质财产提供保险保障的业务有建筑工程保险、安装工程保险和机器损坏保险等。

（5）各种处于生长期或收获期的粮食作物、经济作物和人工饲养的牲畜、家禽或经济动物等。可以为这些物质财产提供保险保障的业务有生长期农作物保险、收获期农作物保险、大牲畜保险和经济动物保险等。

2. 经济利益财产保险

经济利益是指由于物质财产的损失对其所有者派生的利益损失，或者由于人类本身的社会行为对他人的财产、利益或人身造成损害而必须承担的经济赔偿责任。它包括如下项目：

（1）各种由于物质财产的损失对其所有者派生的利益损失，即由于企业财产保险、船舶保险或机器损坏保险等保险业务保险责任的形成，使被保险人除要面对保险标的本身的损失外，还可能面临由于保险标的的损失引起的各种间接损失，即各种经济利益损失。可以为这种经济利益损失提供保险保障的业务有作为各种物质财产保险附加保险业务的营业中断保险、利润损失保险或运费保险等。

（2）各种由于被保险人的社会行为对他人的财产、利益或人身造成损害而必须承担的经济赔偿责任。由于被保险人必须承担这种经济赔偿责任，因此这对被保险人而言属于一种经济利益损失。可以为这种经济利益损失提供保险保障的业务有产品责任保险、职业责任保险、公众责任保险、雇主责任保险、第三者责任保险等。

（3）各种具有担保或保证性质的行为所引起的经济利益损失。可以为这种经济利益损失提供保险保障的业务有保证保险和信用保险。

（二）按照保险标的性质进行分类

按照保险标的性质进行分类，便于在进行财产保险业务设计和开发过程中，明确基本的设计和开发思路，划清不同的财产保险业务界限。

1. 积极型财产保险

所谓积极型财产保险业务，是指财产保险业务所保障的标的是具体的物质财产或经济利益，是一种已经存在的、现实的物质财产或经济利益。一旦这种保险标的发生了损失，就是被保险人的物质财产或经济利益的直接损失，而被保险人投保这种财产保险业务的原始动机是主动维护自己的物质财产和经济利益的安全。积极型财产保险可以分为有形的物质财产保险和实际的经济利益保险。有形的物质财产保险又可以分为狭义的物质财产保险和相对广义的物质财产保险。狭义的物质财产保险有企业财产保险和家庭财产保险等。相对广义的物质财产保险是与广义的物质财产保险相对而言的。广义的物质财产保险泛指一切可以用货币衡量价值的物质财产和经济利益的保险行为；相对广义的物质财产保险则专指一切有形的物质财产保险业务，如运输工具保险、货物运输保险和农业保险等。实际的经济利益是指被保险人在经济活动中已经拥有和存在的各种现实的或预期的经济收益，被保险人投保这种保险以维护自己固有的经济利益。实际的经济利益保险主要有各种附加在物质财产保险上的间接损失保险和保证保险、信用保险等。

2. 消极型财产保险

消极型财产保险业务的保险标的专指由于被保险人的社会行为对他人的财产、利益或人身造成损害而必须承担的经济赔偿责任。被保险人是在一种被动的状态下投保这种保险业务的，往往在保险责任发生之前很难准确量化这种保险标的的损失程度。由于消极型财产保险业务的特殊性，这种业务的风险管理和经济核算对保险人而言通常要比经营积极型财产保险业务更为复杂。

（三）按照风险内容进行分类

按照风险内容进行分类，主要是将影响人类生活的、比较重大的风险作为财产保险业务设计与开发的重点，如火灾保险、洪水保险、地震保险和产品责任保险等。即使在实际的财产保险业务设计与开发过程中，将综合风险责任代替单一风险责任，也是按照风险内容进行的合理归类，如自然灾害保险和意外事故保险等。

（四）按照保险标的价值进行分类

在设计与开发财产保险业务的过程中，如何确定保险标的的价值，使保险标的的实际价值得到准确的反映，是保险人需要认真思考的问题。按照保险标的价值进行分类，正是解决这个问题的可行方法。

1. 定值保险

定值保险主要适用于保险标的价值很难准确确定或保险标的的价值变动幅度较大的财产保险业务。通过定值的方式形成保险双方当事人都可以接受的保险金额，使投保标的在向保险标的转化的过程中，其实际价值不会发生太大的变化，从而切实地保障被保险人的利益。例如，古玩、字画、艺术品和处于运输过程中的货物等，都可以采取定值保险的方式予以承保。

2. 不定值保险

不定值保险是财产保险业务的主要形式，它按照物质财产的市场价值或账面原值确定保险标的的实际价值，并且在此基础上确定保险标的的保险金额，不需要保险双方当事人协商保险标的的实际价值。例如，企业财产保险和家庭财产保险都采取不定值保险的方式予以承保。

## 二、保险实务中财产保险的分类

现代保险事业的发展,使得财产保险业务的设计与开发必须面对范围广泛的物质财产和经济利益的保障问题,于是出现了按照保险标的名称命名的财产保险业务,如机动车辆保险和机器损坏保险等;出现了按照人们的社会行为命名的财产保险业务,如职业责任保险和公众责任保险等。所以,了解财产保险业务的种类,不是简单地熟悉各种财产保险业务的名称,而是深入地认识目前存在的各种财产保险业务的种类,从中发现财产保险业务形成和变化的历史渊源,学会适应社会经济发展的需要,在财产保险业务设计与开发的过程中不断推陈出新,促进保险事业的进步与革命。

### (一) 火灾保险

火灾保险是指专门承保因火灾及其他自然灾害所引起的保险标的损失的财产保险业务。

(1) 企业财产保险。承保各类企事业单位和团体法人合法拥有、使用、占用或保管的物质财产,以及由于物质财产的损失可能派生的经济利益。

(2) 家庭财产保险。承保国内公民或拥有长期居住权的城乡居民合法拥有、使用、占用或保管的物质财产。

### (二) 运输保险

运输保险是指专门承保各种运输工具和运输过程中的货物由于自然灾害或意外事故遭受的损失及涉及的第三者责任损失的财产保险业务。

(1) 汽车保险。承保汽车及各种机动车辆本身的损失、第三者责任损失和机动车辆所载司乘人员的人身伤害。

(2) 船舶保险。承保各种具备适航条件的船舶本身的损失以及由于碰撞责任导致的船东应承担的赔偿责任。

(3) 飞机保险。承保各种民用飞机的机身损失、第三者责任损失和航空公司应承担的旅客法定责任。

(4) 内陆货物运输保险。承保内陆水运、陆运和空运的各种货物的损失以及由于货物的损失可能派生的经济利益损失。

(5) 海上货物运输保险。承保各种通过海上、陆上和航空等交通工具从事国际贸易过程中的各种货物的损失以及由于货物的损失可能派生的经济利益损失。

(6) 邮包保险。承保各种通过国内外邮政机构邮发的邮包或邮件的损失以及由于邮包或邮件的损失可能派生的经济利益损失。

(7) 货物运输保险的特约保险。这是为扩大货物运输保险的保障范围而特别设计和开发的承保项目,如盗窃险、提货不着险、淡水雨淋险、钩损险等。

### (三) 工程保险

工程保险是指专门承保各种处于施工、安装、维修、运转过程中的保险标的由于自然灾害和意外事故造成的物质财产与经济利益损失的财产保险业务。

(1) 建筑工程保险。承保各类建筑工程由于自然灾害和意外事故造成的损失以及由于工程项目本身对第三者造成财产和人身损害而由被保险人承担的经济赔偿责任。

(2) 安装工程保险。承保各类安装工程由于自然灾害和意外事故造成的损失以及由于工程项目本身对第三者造成财产和人身损害而应由被保险人承担的经济赔偿责任。

(3) 机器损坏保险。承保机器因设计制造或安装错误、工人或技术人员操作错误，以及各种机械、技术事故而造成的损失。

(4) 船舶建造保险。承保从原材料运至建造工地直到船舶下水的全过程中，由于自然灾害、意外事故、设备故障、设计错误、潜在缺陷、清除残骸等对船舶建造工程造成的损失以及有关的费用，包括被保险人对第三者应该承担的经济赔偿责任。

(5) 海上钻井平台保险。承保海上石油开采过程中由于自然灾害、意外事故、设备故障、设计错误、潜在缺陷、清除残骸等对钻井设备及钻井工程造成的损失以及有关的费用，包括被保险人对第三者应该承担的经济赔偿责任。

(6) 航天保险。承保火箭和各种航天器在创造、发射和在轨运行中可能出现的各种风险造成的人身伤害与财产损失。

（四）责任保险、保证保险、信用保险

(1) 责任保险。根据民事损害赔偿责任，承保被保险人对第三者的人身伤害或财产损失应该承担的经济赔偿责任以及有关的费用。

(2) 保证保险。根据被保证人的要求，承保因被保证人违约但被保证人无力履行对权利人的承诺而使权利人遭受的经济损失。

(3) 信用保险。根据权利人的要求，承保因被保证人违约而使权利人遭受的经济损失。

（五）农业保险

农业保险是指以各种通过种植或养殖方式生产的农业产品所遭受的自然灾害和意外事故为保险责任的保险项目。

(1) 生长期农作物保险。承保处于生长过程中的各类农作物由于各种自然灾害而造成的损失。

(2) 收获期农作物保险。承保已经收获并进入晾、晒和扬场阶段的农作物，在晾、晒和扬场过程中由于各种自然灾害和意外事件而造成的损失。

(3) 经济作物保险。承保各种需要特殊种植和管理的具有较高经济价值的农作物在生长或收获过程中由于各种自然灾害和意外事件而造成的损失。

(4) 家畜、家禽保险。承保各种家畜和家禽在生长或成熟过程中由于各种自然灾害和意外事件而造成的损失。

(5) 经济动物保险。承保各种在人工饲养条件下繁殖与生长的具有较高经济价值的动物由于自然灾害和意外事故而造成的损失。

## 典型实例

### 保险电影与电影保险

眼下保险题材类的电影不少，可拍电影本身也很需要保险。在国外，电影保险已经相当普遍。

通常，电影开拍前就得花不少钱，如选聘导演和主要演员，租用场地，建造布景，制作服装、道具……万一后来发生事故使拍片计划受阻，前面的投资就会付之东流。因此，在制片的早期阶段就要考虑保险问题。

有时还没开机，导演或男女主角中的某一位就因疾病或车祸告假，从而打乱原定计划，即使只一两星期，损失亦相当可观。要是再找不到适当的人替代，拍片计划说不定就得告吹。投保"人选保险"就能妥善解决这类问题。一旦发生前述情况，由此造成的全部经济损失就可以从保险公司得到赔偿。当然，保险公司在承保这类风险时，一般要求对合同上列明的"关键人员"进行健康检查，对于他们已有的严重疾病，将通过特别规定（如除外责任或免赔额）予以剔除。

布景、服装、道具等需要投保"财产一切险"。这样，包括水、火、风、雷等各种自然灾害和意外事故造成的直接物质损失，以及为重置这些物品而使拍片延期的损失，就都可以由保险公司承担。至于价值不菲的摄影机、音响、照明等设备的投保，更是不应犹豫。保险公司在承保这类贵重物品时，当然也会非常小心谨慎，通常要规定免赔额和赔偿限额。

至于开机前大量购进的电影胶片，应专门投保"胶片保险"，以防损坏和丢失。这种保险还负责胶片在贮存、使用和加工过程中人为错误引起的各种损失，保险公司承担重拍的费用。有些特技拍摄和剪辑的风险很大，保险公司往往需要收取相当高的保费才肯承保。

拍摄电影使用的场地通常要签订租用合同，合同上一般规定电影公司要投保拍片期间的"房屋保险"和"公众责任保险"，后者负责承保因拍摄不慎而给周围环境和群众造成的损害，其保险责任限额有的高达数百万美元。

如果需要出国拍摄，那么工会或演员协会通常还要求给有关人员投保"人身意外保险""短期人寿保险""行李保险"和"医疗费用保险"，以保障他们在国外的安全。

要是户外拍摄的镜头很多，天气理想与否会成为一项决定因素，就有必要投保"天气保险"或"理想摄影条件保险"。比如在政治动乱的国家拍片，可能还需要投保"政治风险保险"。

一些已有的保险，如汽车保险，在拍摄过程中还需加保电影风险。因为一般的汽车保险都规定"排演"为除外责任。

需要注意的是，制片人投保以后如果需临时改变计划从事比较危险的活动，如计划搭乘飞机去某地，那么应随时通知保险公司，获得保险公司的同意后方能行事；不然的话，出了事情就可能得不到赔偿。

资料来源：唐金成.世界保险趣论[M].西安：西北大学出版社，1994。

## 第四节 财产保险的形成及发展

财产保险是人们在长期处理有关物质财产和经济利益所面临的风险的过程中总结与发展起来的一门经济学科。财产保险也和其他学科的形成过程一样，经历了实践—认识—再实践—再认识的过程。

## 一、财产保险的形成

早期的财产保险主要是针对建筑物可能面临的火灾损失和从事海上运输的货物与船舶的损失而采取的风险转嫁措施。火灾保险是财产保险业务中最古老的项目。直到现在,人们在研究财产保险业务运作的过程时,仍然将火灾保险作为学习财产保险实务的入门基础。

早在公元前两千年的巴比伦时代,著名的《罕默拉比法典》就出现了有关火灾保险的规定。到了中世纪的欧洲各国,火灾保险已经成为有组织的社会经济行为。欧洲的近代史记载了许多有关这方面的史实。但是,当时人们并没有从科学的意义上认识火灾保险行为,究其根源,主要有如下方面的原因:首先,早期社会基本上为封建领主经济,一方面,社会的产业结构非常简单,集中的商品价值有限,自给自足的自然经济形态使人们习惯于通过"自保"的方式建立防范风险的物资储备,缺乏对火灾保险进行深入研究的经济动机;另一方面,由于社会财产多数集中在国王、封建领主和奴隶主手中,多数人没有财产的所有权,与社会财富的安全缺少利害关系,缺乏探讨火灾保险的社会动机。其次,早期社会还没有形成对风险分散与集中的数理认识,火灾保险或者是因国王或领主的命令而举办,或者是规模有限的行会或宗族的互助行为,缺乏通过商业经营方式建立保险公司的社会和经济基础,不可能在全社会范围内将火灾保险作为一种经济事业进行有目的的深层次的思考。

正是由于人们在商业交易过程中开始将如何处理火灾风险作为一种买卖行为加以考虑,才有了近代商业性财产保险业务的出现和现代财产保险市场的形成。所以,人类早期关于财产保险的实践对于财产保险事业的发展具有重要的意义,也是我们在研究财产保险过程中必须予以注意的内容。

到了公元前916年,《罗地安海商法》明文规定:"凡因减轻船只载重投弃入海的货物,如为全体利益而损失的,须由全体分摊。"这就是著名的"共同海损"原则。

一般认为,古希腊的海上借贷是海上保险的前身。海上借贷是指船东或货主在起运航行之前,向金融业者融通资金,若船舶和货物在航海中遭遇海难,则视其损失程度,可免除部分或全部债务责任;若船货安全抵达目的地,则偿还本金和利息。由于海上航行风险大,因而这种借款的利率也特别高,当时一般借款的利率为6%,而这种海上借款的利率则高达12%,高出的6%相当于支付的保险费。

在1370年7月12日热那亚的一份公证书中,可见到世界上最早关于"空买卖契约"的记录。按照契约的规定,风险负担费由船货主于契约签订时以定金形式支付给资本主,若船货安全到达目的地,则契约无效;若中途发生风险事故,则买卖契约生效,由资本主支付给船货主一定金额以做补偿。可见,这种契约与现代保险已相差无几。

15世纪初,意大利地中海沿岸诸港口城市早已是海上贸易中心,最早的海上保险单便出现在佛罗伦萨,它载明承保海上风险,包括天灾、火灾等造成的财产损失。随着海上贸易中心的转移,海上保险的有关制度也随之由意大利经葡萄牙、西班牙于16世纪传入荷兰、英国和德国。

近代财产保险业的发展,可以说是以火灾保险业和海上保险业的并驾齐驱为特征的。1666年伦敦城的大火是火灾保险史上的重大事件。1666年9月2日,伦敦市皇家面包店因烘炉过热而起火,火势失去控制,燃烧了5天,有13 200户住宅被焚毁,占全市房屋的85%以上,受灾面积达400多英亩,20多万人无家可归,估计损失达1 000万英镑以上。正是这场大火,使人们深刻认识到火灾保险的重要性。

1667年,牙科医生巴蓬按海上保险承保办法,创办了为建筑物提供火灾保险的营业所。1680年,巴蓬与其他三人合股成立火灾保险公司,根据租金计算保险费,并规定木质结构的房屋相较砖瓦结构的房屋,保险费要增加一倍。这种按照房屋风险程度分类收取保险费的方法,便是现代火灾保险差别费率的起源。1710年,英国的灭火器专家拍维创立了伦敦保险公司,后更名为太阳火灾保险公司,开始承保不动产以外的动产险。1752年,美国科学家富兰克林成立了费城房产火灾分摊保险公司,开始强调风险分摊的意义。

近代海上保险业的发展与英国海上保险业的发展是紧密相连的。1688年,劳埃德在英国伦敦的塔街开设了一家咖啡馆,因咖啡馆附近是一些与航海贸易有关的单位,咖啡馆很快成为船主、船员、商人、经纪人、保险人等聚集的场所。后来,劳埃德鼓励保险人在咖啡馆开办保险业务,该咖啡馆遂成为伦敦海上保险的总会。1692年,劳埃德咖啡馆迁至伦巴第街,并正式组成"劳合社"。1774年,劳合社又迁至伦敦皇家交易所,成为英国海上保险业的中心。英国劳合社曾是世界上最著名的保险市场,也是世界海上保险中心。1990年年底,该社共有社员31 300人,共同组成400多个辛迪加,承保能力在1988年就已达到110亿英镑。

1858年,英国出现了锅炉保险,揭开了工程保险的序幕。1880年,英国通过了《雇主责任保险法》,标志着现代责任保险的形成。1888年,美国签发了第一张汽车保险单,预示着机动车辆保险的开端。

进入20世纪,随着现代工业和科技的迅速发展,承保范围急剧扩大,从只承保海上运输风险和建筑物的火灾风险,扩展到承保一切自然灾害、意外事故、财产物资和利益损失;新的险种也不断涌现,如石油综合保险、卫星保险、核电站保险、金融保险等。

## 二、我国财产保险的形成与发展

### (一)我国财产保险的历史萌芽

中华民族有着悠久的历史,中华文化对于世界的进步做出了重大的贡献。在财产保险理论的建设和发展过程中,中华民族的祖先也给后人留下了许多有研究价值的课题。美国学者克络科博士和另一位美国学者通过对保险历史起源的深入研究与考证后,在1974年出版的一部名为《保险展望》(*Perspective of Insurance*)的著作中,认为远在上古时代的中国商人就已经运用风险分散原理从事长江货运,货主将每次运送的货物分散装载于数船之上以避免危险的集中,从而减轻过险滩水急河段可能遭遇的财产损失。

中华民族的先人关于建立后备的思想在公元前11世纪的西周时期就相当普遍,人们认为存储物质以备将来不时之用是立国安邦之本。据《礼记·王制》所述:"国无九年之蓄,曰不足;无六年之蓄,曰急;无三年之蓄,曰国非其国也。"春秋时期著名的政治家范蠡认为,"知斗则修备,时用则知物",掌握了这两点,则"万货之情可得而观矣"(《史记·货殖列传》)。这是告诫人们,只注重"知斗则修备",而不懂得运用天时的变化,就会缺乏充足的物资;只知"时用则知物",而不懂得修备,就会有物资节余而被浪费掉。所以,平时要留有经济上的储备,以应天时之变动对于经济的需求。

古人建立经济后备的目的是要谋求安定的社会经济生活。这一点在《礼记·礼运》中得到完整的反映:"大道之行也,天下为公。选贤与能,讲信修睦,故人不独亲其亲,不独子其子,使老有所终,壮有所用,幼有所长,鳏、寡、孤、独、废疾者皆有所养。"这是我国古代人民谋求幸福生活的崇高信念,也是古代保险思想的核心之所在。但是,由于中国封建政治制度的制约,商品经济的发展受到很大的限制,人们只知道自觉或不自觉地将保险原理应用于经济活动,却没有将保险作为一种经济现象去深一步地实践,对保险的认识和研究也就被禁锢在萌芽之中。

(二) 我国近代财产保险事业的形成

19世纪初,完成工业革命的西方资本主义国家开始对东方的经济侵略,外商保险业作为保障资本输出和经济侵略的工具进入中国。据《英国西方企业对中国和日本等远东经济的发展》一书记载:"在中国创办的第一家保险公司是W. S. 达卫森(W. S. Davidson)1805年在广州成立的'广东保险会社'(Canton Insurance Society)……此后,怡和洋行收买了该会社,并且更名为'谏当保险公司'(Canton Insurance Company Ltd.),这也是英国商人在中国领土上开办的第一家经营水险和火险的保险公司,它使中国民众第一次接触到了现代商业保险业务。"1835年,英商广州宝顺洋行设立了"于仁洋面保安行"(Union Insurance of Canton),这是一家在当时影响较大的专门经营海上货物运输保险业务的保险公司。据清朝同治年间出版的《汇报》记载:"盖昔日中国与外国通商始于广东省城,前50年有富商在广东开张宝顺行,其人于贸易一道,甚有智慧,故创一保险公司,以保他人货物,免货主被险而亏本。自此至今,获利甚多,三年一分,凡沾股份,其利信从。"从19世纪初到19世纪中叶,仅英国商人就在中国开设了总资本达57万英镑的7家保险公司,这些为外国资本经济侵略提供保险服务的保险公司使中国的封建经济体制受到了严重冲击。正如英国出版的《商业报告:1862—1864》所指出的:"中国的帆船正在迅速从商业航线上消失,中国商人不再雇佣帆船了;海上保险的原则消灭了中国的帆船。'你能保险吗?'几乎是所有中国商人必然要问的一个问题。"

第一次鸦片战争后,中国的有识之士开始从西方发达国家寻找改革和富国强兵之策,"师夷长技以制夷"。1842年,中国思想家魏源在其著名的《海国图志》中,第一次向国人介绍了西方的火险、水险和寿险。1859年,被晋封为太平天国"开朝精忠军师顶天扶朝纲干王"的洪仁玕在《资政新篇》中阐述了兴办保险的思想。在此之后,许多著名的中国近代知识分子纷纷著书立说,宣传西方的保险思想,倡导建立中国人的保险公司。如郑观应的《盛世危言》(1861年)、钟天伟的《扩充实务十条》(1888年)、陈织的《保险集资说》(1896年)等著作都用一定篇幅阐述了保险原理和保险对促进中国经济发展与抵御西方经济侵略的作用,为中国民族保险业在19世纪末期的崛起进行了理论和思想上的必要准备。1865年5月25日,上海华商义和公司保险行成立,这是中国第一家民族保险企业。由于这家保险行规模较小,只经营货物保险业务,并没有对外商保险业务构成威胁。1873年1月17日,由清政府支持洋务派建立的官督商办的中国近代第一家大型航运企业——上海轮船招商局开始营业。1875年招商局开始策划成立保险招商局自理保险业务。1875年12月28日,由唐廷枢和徐润发起组织的当时颇具规模的民族保险企业——保险招商局宣告成立。1876年7月,由保险招商局的创建者集资25万两白银,开设隶属保险招商局的仁和水险公司。随着保险业务的扩大,招商局于1885年将保险招商局改组为业务独立的"仁和"和"济和"两家保险公司。1887年,这两家公司又合并为拥有股本100万两白银的"仁济和水火险公司",承保轮船招商局所有的船舶、货栈和货物运输保险业务。1906年,清政府颁布了中国历史上第一部以国家名义制定的《火险章程》,制定了一系列涉及房屋、船舶、货物保险的标准保险单,表明统一财产保险单证格式已经列入国家对保险业监管的范畴。1910年,清政府法律馆制定了中国历史上第一部保险法规《保险业章程草案》,并且在1911年颁布的大清商律草案中,第一次用国家立法的形式以"损害保险营业"章节规定了财产保险业务运作的基本规则。

19世纪末到20世纪初,是中国民族保险业发展的时期,从中国工商企业注册制度出现后的1904年到1911年,经清政府批准注册成立的民族保险企业就有8家。在这个时期,中国开始出现保险行业自律组织。1907年,在上海由9家华商保险公司联合成立了"华商火险公会",以抗衡洋商的"上海火险公会"。辛亥革命以后,半封建半殖民地经济的发展,刺激了民族保险业的兴起,从1912年到1927年,经北洋政府批准成立的民族保险企业有31家,民族保险业的资本总额达1 000万两白银。1915年,由袁世凯政府财政总长周学熙创建的中国实业银行投资建立的永宁保险行成立,开中国的银行兼营保险之先例,并且由此出现了近代中国的保险业长期由银行资本控制、保险业务成为银行"副业"的局面。到抗日战争前夕,中国民族保险业发展迅速,有关保险科学的研究也开始展开。20世纪20年代,西方的保险理论开始成为中国财经学科教学的一项内容,1925年王效文撰写的《保险学》一书由商务印书馆出版,经济学家马寅初在序中指出:"吾国向无所谓保险学;有之,自本书始。"尽管当时的中国保险市场在很大程度上受制于外国保险公司,但是在传播保险思想和开展保险教育方面,民族保险业者仍然进行了积极的开拓,希望提高全民族的保险意识,达到摆脱外商保险业强权控制的局面。1935年,作为中国第一家保险学术机构的中国保险学会成立,该组织的宗旨就是"研究保险学理,促进保险事业",并且建议政府支持开办保险教育课程,倡导从事保险理论与实务的研究。

(三) 我国现代财产保险事业的发展

1949年3月1日,由东北人民政府组建的全国第一家人民保险机构"新华保险公司"成立,1949年9月召开了第一次全国保险会议,确定国家保险的方针是"保护国家财产、保障生产安全、促进物资交流、提高人民福利"。1949年10月20日,中国人民保险公司成立,宣告了中华人民共和国保险事业历史纪元的开始。中华人民共和国成立初期的国内保险业务主要以企业财产保险为主,后来逐步扩展到汽车保险、货物运输保险、家庭财产保险和农业保险。同时,通过颁布法规的形式在全国范围内开展了针对国家机关、国有企业、合作社、船舶和铁路车辆的强制财产保险。当时的业务研究主要围绕企业财产保险的承保和理赔工作展开。1954年,全国保险从业人员开始学习苏联出版的保险理论著作,并全面研究现代保险理论,同时也片面地接受了将保险作为财政后备的观点。1958年10月,在西安召开的国务院财贸会议认为,人民公社化以后保险的作用已经消失，决定除了保留部分国外业务，所有的国内业务在保险责任期满后不得续保，长期性业务开始办理退保手续。有150余年发展历史的中国保险市场第一次被人为地强行关闭。

1979年，中国人民银行组建了专门部门开始实施管理和监督保险行业的职能。1980年1月1日，中国人民保险公司恢复办理国内财产保险业务，宣告中断二十余年的中国商业保险业务开始恢复运营。1986年，新疆生产建设兵团组建的新疆兵团保险公司成立。1988年3月，股份制形式的中国平安保险公司成立。1990年，交通银行投资的中国太平洋保险公司开始营业。1992年，区域性的天安财产保险公司和大众财产保险公司在上海成立，中国保险市场多元化竞争的格局开始形成。1993年，美国国际集团（AIG）下属的美亚保险公司（AIU）获准在上海浦东设立营业机构，中国财产保险市场在封闭近四十年后又重新向世界开放。1995年10月1日，《中华人民共和国保险法》（以下简称《保险法》）的实施使中国保险事业的发展步入法制化和规范化的轨道。《保险法》规定实行财产保险和人身保险分业经营，通过法律手段终止了中华人民共和国成立以来保险公司一直实行财产保险和人身保险混业经营的历史。中国人民保险公司在1996年5月改组为中国人民保险（集团）公司，分设中保财产保险有限公司、中保人寿保险有限公司和中保再保险有限公司。1996年8月，专营财产保险业务的华泰财产保险有限公司、华安财产保险有限公司、永安财产保险有限公司分别在北京、深圳和西安成立。1998年，中国保险监督管理委员会成立，取代了中国人民银行监督和管理保险市场的全部职能。同年，中国人民保险（集团）公司宣布解体，分别成立了专营财产保险业务的中国人民保险公司、专营人身保险业务的中国人寿保险公司、专营再保险业务的中国再保险公司和专营海外业务的香港中国保险集团。2001年，中国专营进出口信用保险业务的政策性保险公司——中国进出口保险公司成立。2001年12月11日，中国成为世界贸易组织的成员，中国保险市场开始全面开放。

 **本章讨论案例**

有三个运用"善意之火"和"恶意之火"的概念判定承保责任的英美火险判例。

判例一，炼制的糖因制糖厂房温度过高受损索赔案。

奥斯廷是英国一家制糖厂的业主，他以自己厂内的财产向承保人德鲁投保火灾保险。在双方签订的保险合同中，载明承保人负责赔偿的范围为"被保险人放置在制糖厂房中的原料及用具因火灾而遭受的一切损失"。被保险人奥斯廷的制糖厂房有七层楼，有一根暖气管从楼的底层直通到楼顶，这是为制糖厂房加热用的。暖气管的顶部有个盖子，此盖在夜间必须关上以便在炉灶里的火熄灭后继续保存热量，第二天清晨盖子必须打开以避免制糖厂房的温度过高。奥斯廷有一天因为疏忽，忘了按照生产操作程序在清晨打开暖气管的顶盖，结果由于缺乏必要的通风，制糖厂房内的温度过高，致使正在炼制的糖受到损失。他以损失属于火险保险单的承保范围为由向法院起诉，要求承保人赔偿损失。

判例二，藏于帽盒内的首饰被扔进火炉受损索赔案。

勒梅住在美国的得克萨斯州，作为一名家庭主妇，为使自己的家庭财产得到保险保障，她向信任保险公司投保了火灾保险。因为担心家中值钱的财物容易被人发现而失窃,平日勒梅总是将自己不常佩戴的一些首饰藏在一个普通帽盒里的衬纸下,并把帽盒放在衣橱内。这些首饰总共价值2 500美元。一天,她的仆人清扫房间,由于不知道帽盒中藏有首饰,清扫时把帽盒当作垃圾顺手扔进了生着火的壁炉里,勒梅的那些首饰由此被火焚毁。事故发生后,勒梅作为被保险人向信任保险公司提出索赔,要求按照保险单的约定赔偿其损失,但被后者拒绝。

判例三,为防止壁炉架上的废纸燃烧致使戒指掉入炉内受损索赔案。

同样是家庭主妇的沃尔森住在美国的南卡罗来纳州,为了获得保险保障,她成了美洲殖民地保险公司的火险客户。一天在家中,沃尔森发现一团被她随手扔在壁炉架上的废纸因炉架温度过高而燃烧了起来,为了防止废纸继续燃烧殃及室内其他物品,她就用手边的毛巾将废纸拨入壁炉中。沃尔森忘了在这之前,她曾把一枚戒指放在纸团上,等她察觉自己的粗心却为时已晚。由于美洲殖民地保险公司拒绝了被保险人沃尔森的损失赔偿请求,沃尔森遂向州法院起诉,状告保险公司。

【讨论的问题】

1. 什么叫火灾?构成火灾必须具备哪些条件?你是否了解英美两国对火灾的解释?
2. 你知道美国对两种火的概念的划分吗?什么叫"善意之火"?什么叫"恶意之火"?
3. 依你看,法院对这三起索赔案会做出怎样的判决?分析如此判决的理由。

 **复习思考题**

【基础知识题】

1. 如何理解财产的含义和分类?
2. 财产保险与人身保险的区别是什么?
3. 简述财产保险的作用。
4. 财产保险理论上和实务中主要有哪些险种?
5. 简述我国财产保险发展的历程。

【实践操作题】

1. 浏览中国人民财产保险股份有限公司网站(http://www.epicc.com.cn),了解该公司财产保险业务的开展情况,列举其主要的财产保险业务类型。
2. 浏览中国银保监会官方网站(http://www.cbirc.gov.cn),了解保险行业要闻、保险机构信息、保险统计数据、保险监管、保险常识等。

【探索研究题】

1. 分析我国财产保险公司业务发展的现状及对策。
2. 比较我国不同类型财产保险公司的发展路径。
3. 分析我国财产保险公司目前存在的潜在风险及如何化解。
4. 分析我国专业财产保险公司的营销对策。

# 第二章 责任风险与责任保险概述

**学习目标**

- 了解责任风险的概念、特征
- 掌握责任保险的概念、基本特征
- 掌握责任保险与其他保险的区别
- 掌握责任保险的功能、作用与分类
- 了解责任保险的历史沿革
- 综合运用:能够运用所学知识分析企业责任风险及其化解之道

 **导读案例**

2007年6月15日,广东九江大桥因"南挂机035"运砂船撞击坍塌,造成4辆汽车坠江,肇事船上2人受轻伤,另有9人失踪。大桥的坍塌造成了巨大的经济损失。九江大桥业主广东省佛开高速公路有限公司(以下简称"佛开高速")投保了保险金额为2.8亿元的财产一切险和保险金额为300万元的公众责任险。对于保险公司是否应当赔付财产一切险的问题,基本上没有异议。问题的关键是,保险公司是否应当赔付公众责任险?

公众责任险是专门为公共场所人员伤亡或财产损失而设计的。作为一种责任保险,公众责任险的核心在于被保险人在承担其应承担的责任时,由保险人承担一种替代责任。如果佛开高速依法承担了责任,保险公司就必须承担责任。所以,关键是被保险人(佛开高速)是否应承担责任。作为一个重要的运输通道(九江大桥),佛开高速理应具有预见到可能会发生船桥碰撞以及保证船桥碰撞时大桥不会坍塌的义务,由此应承担相应的责任。最终,保险公司赔付给佛开高速3亿多元人民币,佛开高速的损失得到部分分担。

 **案例详情链接**

广东佛山九江大桥被撞断裂[EB/OL].(2007-06-15)[2020-08-31].http://news.163.com/special/00012AIP/jiujiang0600615.html,有删改。

 **你是不是有下面的疑问**

1. 什么是责任保险?

2. 责任保险与其他保险的区别是什么?
3. 如何在工作和生活中做好风险控制?

由于人类社会的进步、科学技术的发展和法制观念的强化,责任风险引起人们越来越多的重视。为了稳定生产经营、安定日常生活,正确地预见、克服、处理好责任风险具有重要意义。目前,责任保险越来越成为人们分散责任风险和消化经济损失的首选手段,并已成为当今世界上广受重视的、有极大发展潜力的一项保险业务。在我国,随着法制的不断健全,近年来责任保险也在飞速发展。

# 第一节 责任风险概述

## 一、责任风险的概念和特征

(一) 责任风险的概念

由于疏忽、过失行为致第三人损害,应由行为人(加害人)对受害人负损害赔偿责任,这种对第三人可能发生的损害赔偿责任风险,即为一般所称的责任风险。

责任风险从其发生因素来看,一般可归纳为以下三种:①直接责任风险,主要是指企业和个人由于自身的行为或财产所有权或代别人保管财产而产生的经济索赔;②转嫁的责任风险,是指非直接肇事但应为直接肇事者承担的风险;③合同责任风险,是指根据书面合同或口头协议,同意承担另一方的法律责任。

(二) 责任风险的特征

责任风险的特征突出表现在两个方面:一是责任风险与财产风险相比具有更大的不确定性;二是责任风险越来越成为人们关注的重要风险。

1. 责任风险与财产风险相比具有更大的不确定性

责任风险引起的损害赔偿,不同于财产风险那样有一个较具体的赔偿金额可以定量,通常是不存在上限的;责任风险的损害赔偿包罗万象,涉及面极广,包括他人的财产损失及由此产生的后果损失、人身伤害及由此产生的精神伤害等。责任风险大部分的损害赔偿责任难以有标准去量化,而且涉及世界各国的法律对损害赔偿的规定。例如,大型客机出于技术或天气原因坠落,其机身损失可能达数千万美元,可能造成的乘客及他人人身伤害和财产损失的赔偿可能更加巨大。国际上因产品、交通、医疗事故等引起的索赔中,责任者被法院判处巨额赔偿的情况司空见惯,例如在美国著名的石棉赔案中,法院判处责任者几亿美元的赔款。

**拓展阅读**

**美国石棉赔案与保险**

石棉(asbestos)是一组硬度高而柔软性好的自然矿物质纤维的统称。这些纤维可分成细线进行纺织，同时具有防热、防腐蚀、不导电的特点，被广泛应用于各行各业。石棉纤维物质容易变成充满细微颗粒的粉尘，弥漫于空气中或附着于衣物上。这些颗粒纤维容易被人吸入或吞食进体内，从而引起严重的健康问题。

在美国的责任险领域，石棉赔案占了很大的比例。石棉因危害面广、给人身造成的疾病潜伏期长、法庭判决的赔付金额高而闻名于世。它不仅使石棉产品的制造商和销售商纷纷破产，还让保险公司和再保险公司受到重创，有些保险公司已处于清算过程。

有关石棉的赔款有逐年增长的趋势。环境损失和理算费用方面的已决赔款从1995年的20亿美元上升到1996年的22亿美元，增幅为11%；而石棉损失和理算费用方面的已决赔款从1995年的13亿美元上升到1996年的20亿美元，增幅为58%。

根据美国2001年的一项报告，在财产险和意外险领域，保险业将迎来一个新的石棉损失索赔高峰期，累计赔款可能会达到650亿美元之巨，大大高于A.M.Best公司1997年400亿美元的估计。A.M.Best公司对环境损失最大索赔达560亿美元的估计维持不变。该公司预测，有关石棉和环境的赔款给保险业造成的最大损失可能会达到1 210美元，这比过去960亿美元（=400+560）的估计高出26%。对财产险和意外险业务来说，历史上已发生的损失和赔款余额方面，石棉损失索赔已经超过环境损失索赔，成为最主要、最困难的集团诉讼。

资料来源：任文殊.美国石棉赔案与保险[J].中国保险管理干部学院学报,2001(5):41-42。

2. 责任风险的地位日益凸现

从责任风险发生的总趋势和对企业及个人带来的损失程度来看，责任风险已成为世界各国，尤其是经济发达国家普遍关注的重大风险之一。从我国的现实情况看，近年来，责任风险越来越受到人们的重视。①法制建设日趋成熟，我国以前所未有的速度进行着法律、法规的建设，更注重与尊重个人的合法权益，各种法律责任风险随之产生；②公众法治思想、索赔意识不断增强，人们懂得在遭受他人侵害时借助法律手段保护自己，使责任方承担损害赔偿责任；③现代工业、科学技术日新月异，在给人们的物质生活带来巨大变化的同时，也给人们的生活带来更巨大、潜在的风险，给新技术、新材料、新工艺的使用者和制造商带来巨大的潜在责任风险；④人们生活水平的提高以及物价指数的上升，也导致对财产损失、人身伤害和由此失去劳动能力的经济赔偿额日趋升高。

## 二、民事责任的概念、特征和构成要件

### （一）民事责任的概念

民事责任是民事法律责任的简称，是指民事主体在民事活动中，因实施了民事违法行为，根据民法所应承担的对其不利的民事法律后果，或者基于法律特别规定而应承担的民事法律责任。民事责任属于法律责任的一种，是保障民事权利和民事义务得以实现的重要措施，是民事主体因违反民事义务所应承担的民事法律后果，它主要是一种民事救济手段，旨在使受害人被侵犯的权益得以恢复。民事责任主要由三部分内容构成，即缔约过失责任、违约责任、侵权责任。

### （二）民事责任的特征

1. 强制性

民事责任的强制性是其区别于道德责任和其他社会责任的基本标志。民事责任的强制性主要表现为以下两点：

（1）在民事主体违反合同、不履行其他义务或者由于过错侵害国家、集体财产，侵害他人财产、人身时，法律规定应当承担民事责任。

（2）在民事主体不主动承担民事责任时，通过国家有关权力机关强制其承担责任，履行民事义务。

2. 财产性

民事责任以财产责任为主，以非财产责任为辅。一方不履行民事义务的行为，给他方造成财产和精神上的损失，通常通过财产性赔偿的方式予以恢复。但是仅有财产责任不足以弥补受害人的损失，因此法律也规定了一些辅助性的非财产责任。

3. 补偿性

民事责任以弥补民事主体所受的损失为限。就违约责任而言，旨在使当事人的利益达到合同获得适当履行的状态；就侵权责任而言，旨在使当事人的利益恢复到受损害以前的状态。

### （三）民事责任的构成要件

1. 损害事实的客观存在

损害是指因一定的行为或事件而使民事主体的权利遭受某种不利的影响。权利主体只有在受损害的情况下才能请求法律救援。

2. 行为的违法性

这是指违反法律禁止性或命令性规定。除法律有特别规定之外，行为人只应对自己的违法行为承担法律责任。

3. 违法行为与损害事实的因果关系

民事责任构成要件的因果关系是指行为人的行为及其物件与损害事实存在前因后果的必然联系。

4. 行为人的过错

行为人的过错是指行为人在实施违法行为时所具备的心理状态，是构成民事责任的主观要件。

## 第二节 责任保险概述

### 一、责任保险的概念

我国《保险法》第六十五条第四款规定："责任保险是指以被保险人对第三者依法应负

的赔偿责任为保险标的的保险。"这是我国法律目前关于责任保险最权威的定义。依据《保险法》的这条规定,责任保险是当被保险人对第三者负损害赔偿责任时,由保险人承担赔偿责任,向被保险人或第三者赔偿保险金的一种保险,因此又称第三者责任保险。从这个定义来看,责任保险并不仅仅是为狭隘的个体利益服务的。责任保险更深层次的社会意义或公益价值在于保险的保护范围扩展到因事故受到损害的第三者,从而超越了保险人与被保险人之间的保险合同关系,而使第三者享受到保险所带来的利益。

责任保险定义中的保险标的有三个层次的含义:

(1) 责任的负担以法律、法规的规定为基础。此处的责任是指法定责任,即依法应负的责任。按照法律、法规的规定没有责任的,不构成保险标的。法律、法规包括现行所有有效的国家法律、行政法规和相关的地方法规。任何社会组织或企业内部任何类型的规定都不能成为承担法定责任的基础。但是以法律、法规的规定为基础,并不是必须有法院的判决书,只能说是以法院的判决书为准。在介绍了责任保险以后,往往会使一些人产生误解,就是保险责任的范围决定了法定赔偿责任的范围,投保的责任范围越宽,自己承担的法定责任就越大。这是完全错误的。被保险人对第三者承担的赔偿责任是法律规定的,保险人承担的对被保险人的保险赔偿责任是根据保险合同确定的。虽然后者以前者为基础,但两者的概念是绝对有区别的,通常的情况是两者不完全重合。

(2) 法定责任是指被保险人对第三者应负的责任。第三者是指除保险合同双方以外的所有第三方。只有在第三者的人身或财产受到被保险人的影响时,才可能产生法律责任。如果被保险人自己的人身或财产受到自己的影响,那么是不产生法律责任的。法律规范的目的是要求所有社会成员不能损害其他成员的合法利益,不可能要求行为人自己赔偿自己——这在逻辑上也是无法成立的。所以,责任保险不负责属于被保险人自己所有的财产损失和行为人自己的人身伤害。

(3) 保险标的所包含的法定责任是赔偿责任。在法律上,赔偿的含义不仅限于经济赔偿,也就是除货币赔偿、实物赔偿以外还可以有其他方式,比如修复受损财产、履行特定义务等。责任保险能够承担的赔偿责任是经济赔偿,包括货币方式和实物方式的赔偿,特殊情况下也可以采用恢复(修复、重置)受损财产的方式。赔偿以外的其他法律责任(比如刑事责任)不能作为责任保险的标的,这也是与不能损害公众利益的要求相一致的。

由此可见,责任保险的保险责任和民事损害的赔偿责任既有联系又有区别,是不能完全等同的。一方面,责任保险承保的责任主要是被保险人的过失行为所致的风险责任,即被保险人的故意行为通常是绝对除外不保的风险责任,这一经营特点决定了责任保险承保的责任范围明显小于民事损害赔偿的责任范围;另一方面,在被保险人的要求下并经过保险人的同意,责任保险又可以承保超越民事损害赔偿责任范围的风险。这种无过错责任虽然超出了一般民事损害赔偿的责任范围,但保险人通常将其纳入承保责任范围。

责任保险的保险责任,一般包括以下两项内容:

(1) 被保险人依法对造成他人人身伤害或财产损失应承担的经济赔偿责任。

(2) 因赔偿纠纷引起的由被保险人支付的诉讼、律师费用及其他事先经过保险人同意支付的费用。

## 二、责任保险与法律的关系

人类社会的进步带来了法律制度的不断完善,责任保险就是责任风险的客观存在和社会发展到一定阶段的产物,如果没有民事责任制度,就不存在转嫁责任风险的需要,也就不会产生责任保险。

(一) 责任保险承保的标的

责任保险承保的标的是民事责任,与刑事责任、行政责任不同的是,追究民事责任的目的在于补偿受害人的损失,并不是惩罚行为人,因为对民事责任中的责任方的制裁是通过补偿受害人的损失来实现的。民事责任具有财产性、补偿性、恢复原状等特点,这与刑事责任中的没收财产、罚金或行政处罚是不同的。因为负有民事责任的人,还可能同时负有刑事责任或行政责任,除要对其造成的民事责任承担补偿、恢复责任外,还要承担刑事责任或行政责任。而刑事责任或行政责任中对违法人的经济惩罚,如没收财产、罚金和罚款归国家所有,对受害人的损失不具有经济补偿和恢复的作用。应该说,民事责任所具有的财产性、补偿性、恢复原状等特点与保险责任的财产性质、补偿性质相联系,从而构成开展责任保险业务的法律依据。责任保险承保的标的是被保险人对第三者依照法律或合同约定应承担的民事损害赔偿责任。但责任保险承保的民事损害赔偿责任与民法范畴完全意义上的民事损害赔偿责任是有所区别的,并非被保险人在民事活动中承担的一切民事损害赔偿责任就是责任保险范畴,责任保险的保险责任外延大于民法范畴完全意义上的民事损害赔偿责任。

民事责任有:非合同责任(侵权责任)——公众责任保险
　　　　　　合同责任(违约责任)——医疗责任保险
　　　　　　其他责任(无过错责任)——雇主责任保险

1. 责任保险承保的侵权责任

责任保险承保的侵权责任包括一般侵权责任和特殊侵权责任(过错责任和无过错责任)。

第一,一般侵权责任。从侵权人的主观意识来看,责任保险只承保一般侵权中的过失责任,故意责任则属于责任免除。过失责任是指被保险人因任何疏忽或过失违反法律规定的应尽义务而致使他人人身伤害或财产损失,对受害人应承担的赔偿责任。过失责任可由作为或不作为构成。例如,交通事故致人死亡,这就是作为;医生在做手术时,该做的术前检查没有做,导致医疗事故的发生,这就是不作为。又如道路施工,夜间应设置红灯、路障,因行为人未设置而造成他人损害事件的发生,这就是消极不作为的违法行为。从侵权的对象来看,民事责任中的侵权责任是对财产所有权及其有关的财产权、知识产权或人身权的侵犯所承担的法律责任。但是,责任保险只承保侵权责任中的侵犯财产所有权及其有关的财产权和人身权所承担的法律责任。

第二,特殊侵权责任(无过错责任)。无过错责任是特殊的民事责任,不论侵权人有无过错,只要有损害结果或事实发生且该结果非受害人故意所致,根据法律均需对他人受到的损害负赔偿责任。法学上的这一原则实际上是为了使公众得到更充分的安全保障。例如,一些国家把核电站引起的放射性污染责任、雇主责任、产品责任都确定为无过错责任,《中华人民共和国民法典》(以下简称《民法典》)也有相关的规定。民法意义上的损害赔偿责任主要是基于侵权人的过错而产生。但《民法典》也规定,没有过错但法律规定应当承担民事责任的,应当承担民事责任,即无过错而仍需承担民事赔偿责任。因此,责任保险承保的标的不能等同于一般民事损害赔偿责任,其中还包括无过错责任应承担的民事损害赔偿责任。

2. 责任保险承保的合同责任

承保依合同约定一方需对另一方或他人承担的民事损害赔偿责任的合同责任,对于保险人来说风险极大且难以控制。所以,责任保险一般不承保合同责任,但经过谨慎选择对承保条件加以限制并在保险合同中加以特别约定的,保险人也可以予以承保。合同责任分为直接责任与间接责任。直接责任是指合同一方违反规定的义务造成另一方损害所应承担的法律赔偿责任。例如,承运人根据货物运输合同应当向托运人提供合格的运输工具以保证货物的安全运输,若承运人未提供合格的运输工具而致货物受损,则承运人应向托运人赔偿货物损失。承运人责任保险承保的就是这种直接责任的合同责任。雇主责任保险承保的雇主依据劳动合同约定对雇员伤害的赔偿责任,也属于直接责任。间接责任是指合同一方根据合同规定对另一方造成他人(第三者)损害所应承担的法律赔偿责任,这是一种无条件的替代责任。例如,在建筑施工的过程中,建筑工人在工作期间的过失行为造成他人损害,工程所有人应承担赔偿责任。职业责任保险承保的是间接责任。

对于责任保险承保的标的,目前尚有这样一种观点:责任保险合同还可以承保被保险人与保险人约定的责任。责任保险合同除承保被保险人的上述责任外,还可以与被保险人约定承保其他责任。例如,根据民法的规定,行为人因不可抗力或紧急避险而给他人造成损害时,可以免除或部分免除民事赔偿责任。但是,被保险人根据业务需要承担的赔偿责任,经与保险人协商同意的,可以作为责任保险合同的标的。

(二)责任保险的法律依据

责任保险合同是民事合同的一种,适用于《民法典》,但由于责任保险范围与民事责任范围不一致,它不同于一般的民事合同。

责任保险合同,首先是一种合同,是一种双务合同、有偿合同、射幸合同、附合与约定共存的合同。因合同条款多为保险人事先制定,又称格式条款,适用于《民法典》。然而责任保险自身的特殊性决定了其法律依据还有《保险法》。

(三)责任保险的保险事故成立的要件

责任保险的保险事故成立的要件包括:

(1)损害事实或违约事实存在,即被保险人对第三者造成人身伤害或财产损失,以及被保险人的违约行为造成合同另一方经济损失;

(2)赔偿责任须为民事性质(包括合同责任);

(3)受害人向侵权人(被保险人)提出索赔要求;

(4)被保险人原则上已依照法律规定或合同约定向第三者(受害人)支付赔偿金。

只有以上四个要件同时具备,才能构成责任保险人对保险责任的承担。若仅有损害事实或违约事实的存在,受害人没有对被保险人提出赔偿请求或放弃索赔权利,则不能构成责任保险的保险事故。

### 三、责任保险与其他保险的区别

（一）责任保险与物质损失保险的区别

根据我国《保险法》第九十五条的规定,责任保险属于财产保险业务范围,但又不同于一般的物质损失保险。物质损失保险只有在保险事故造成有形财产的损失时,才产生保险赔偿责任;责任保险的赔偿责任可以来源于非有形财产的损失,比如职业责任保险的律师责任。物质损失保险承保的仅仅是物质损失,责任保险经常包括对人身伤害的赔偿责任。物质损失保险的损失事件造成的是被保险人自己的财产损失;责任保险的损失事件造成的是被保险人以外的其他方的人身伤害和财产损失。

（二）责任保险与保证保险的区别

责任保险负责的是被保险人对第三者造成损失的法定赔偿责任,即被保险人应该承担的法律责任;保证保险负责的则是第三者的行为给被保险人造成的损失,即被保险人依法应该得到的赔偿。两者的赔付方向正好相反。

（三）责任保险与人身保险的区别

从广义角度来说,责任保险属于财产保险的范畴,与人身保险相比,虽然都把人身伤害作为保险事故,但两者有着本质的不同,其区别可以做如下界定：

（1）两者的保险标的不同。责任保险的保险标的是被保险人对第三者的经济赔偿责任;人身保险的保险标的则是被保险人的身体和生命。

（2）人身保险的被保险人只能是自然人,责任保险的被保险人可以是自然人也可以是法人。责任保险的投保人只对自己的行为可能造成的后果具有保险利益,人身保险的投保人对符合法律规定的其他人也具有保险利益。

（3）在责任保险中,只有当被保险人对第三者依法(或合同)负有经济赔偿责任时,保险人才对被保险人负赔偿责任,即必须是被保险人以外的其他第三者的人身伤害或财产损失事件才能构成责任保险的保险事故;而在人身保险中,只要是保险责任范围内的事故造成被保险人死亡或伤残,保险人就要负赔偿责任,即必须是被保险人的人身伤害才能构成人身保险的保险事故。

（4）责任保险的保险人赔款后依法享有代位求偿权,即保险人可以向其他责任方追偿,当被保险人本身作为责任方时,保险人不能行使追偿权,因为责任保险的目的就是替负有责任的被保险人承担赔偿责任;人身保险的保险人无代位求偿权,被保险人自己仍然保留向责任方索赔的权利——即使责任方是支付保险费的投保人,但事先另有约定的除外,因为人身保险(被保险人以外)投保人的投保行为本身并不能免除其自身的法律赔偿责任。

### 四、责任保险的管理功能

责任保险的管理功能主要有以下四项：

第一,责任保险提供了责任人的赔偿能力。在损害事故中,由于赔偿能力的不同,受害人被不同财力的自然人、法人加害时的获偿情况是不相同的。被富人伤害要比被穷人伤害幸运得多,因为富人可以拿出更多的钱补偿受害人。第三者责任保险的出现有利于改变这种不公平的状况,被保险人因过失致人损害而应当承担的赔偿责任属于保险范围,保险人应当承担赔偿责任。责任保险对于提高被保险人承担民事损害赔偿责任的能力具有显著的价值。当无辜的受害人被被保险人过失伤害或致死时,受害人或其亲属可以从保险公司获得相当金额的赔偿。当侵害人没有能力支付赔偿金时,保险公司的这笔赔偿金无异于雪中送炭。

第二,责任保险保证了受害人的赔偿利益。保险人在承担赔偿责任时,应当尽量合理注意照顾受害人的赔偿利益,在受害人接受被保险人实际赔偿之前,保险人不得向被保险人给付全部或部分保险赔偿金。在很多国家,如英国,机动车事故的受害人甚至可以取得对保险人的直接请求权,即保险人在被保险人致人损害而应当承担赔偿责任时,有权依照保险合同的约定或者法律的规定,直接向受害人给付保险赔偿金。我国现行立法规定了受害人的直接请求权,保险人可以依照法律的规定和合同的约定,直接向受害人赔偿保险金。鉴于这样的制度设计,责任保险可以确保受害人获得一定的赔偿,所体现的公共利益色彩较为浓厚。总体来看,在现代责任保险制度中,受害人的利益因责任保险而得到特别的尊重,这已经成为责任保险法律制度的发展趋势。

第三,责任保险具有强化风险管理、预防灾害发生的功能。保险人在承保责任保险后,有义务和责任向被保险人提供防灾防损的风险管理服务。保险人利用自身风险管理的经验,借助社会有关力量,督促被保险人采取相关措施以减少损害事故的发生。有人担心,被保险人投保责任保险之后,保险人将依照合同约定履行赔偿责任,这是否会导致被保险人玩忽职守、疏于管理?应当指出的是,这样的认识是对责任保险机制的误解。在责任保险中,保险人与投保人签订责任保险合同是有条件的,投保人和被保险人的防范责任与义务等均在保险单中做出了明确规定,在保险合同履行过程中,保险人有权根据保险合同的规定对被保险人进行监督检查。同时,保险人对危险的条件、状态等进行评估,可以采取承保、拒保、调整保费等不同方法,从而强化被保险人的守法意识,避免或减少保险事故的发生。

第四,责任保险是社会稳定器和经济助推器。通过责任保险制度,可以推动风险管理制度的完善,并且在保险事故发生后,责任人有更强的赔偿能力,而受害人可以获得更多的经济补偿。在我国社会主义市场经济体制下,责任保险制度对和谐各方关系、安定社会秩序、促进经济发展无疑具有重大的意义。同时,责任保险也有利于改变事无巨细、大包大揽的行政管理模式,使得责任保险这种社会互济互利的制度得以普及和发展。

### 五、责任保险的作用

在一个多世纪的发展过程中,责任保险在各国都起到了积极的作用。

(一)责任保险可以转嫁单位或个人的民事损害赔偿责任,保障生产、生活正常进行

任何企业、团体或家庭、个人在从事各项活动时都不能完全避免责任事故发生的可能

性,而各种法律、法规关于民事损害赔偿责任的规定又使其承担赔偿责任成为可能。因此,我们必须耗费一定的人力、物力、财力,采取各种措施,以备随时可能发生的索赔。参加责任保险,交纳少量的保险费,将这种不确定的责任风险转嫁给保险公司,对经营单位和个人来讲,可免除后顾之忧,从而有效地保持生活的安定和维持社会生产的正常进行。

(二)责任保险可以保障受害人得到足够的补偿,切实维护受害人权益

尽管法律宏观上保障受害人权益,但受害人得到经济补偿数额的多少或能否得到经济补偿,还要取决于致害人的经济承受能力。对于这种赔偿责任,有的致害人能够全部承担,有的只能承担一部分,有的则根本无法承担。同时,刑事责任仅是对致害人的事后惩罚,对受害人无法给予经济补偿。责任保险则可以弥补这方面的不足,由保险人承担赔偿责任,能够可靠地保障受害人的经济利益。

(三)责任保险有利于加强法制建设,保证有关法律的贯彻执行

国家通过法律对造成他人损害的致害单位或个人进行制裁,包括判定致害人经济赔偿并对严重的触犯刑律的致害人给予刑事处罚。但如前所述,由于致害单位或个人的赔偿能力不大相同,遇有重大责任事故,绝非个别单位或个人能承担,如果无力支付经济赔偿,那么即使有法律规定,受害人的利益仍得不到充分保障。只有采取法律制裁与经济措施相结合的办法,才能更好地维护法律的尊严,保证法律得到贯彻执行。

(四)在我国,责任保险还具有改善投资环境、促进对外开放的特殊意义

对外开放是我国的基本国策之一,而吸引外资更是进行国内建设和加强国际合作所必需。一方面,国际经济交往中均有投保责任保险的惯例,如果我国不开办各种责任保险,就无法打消外商来华投资的疑虑,不利于引进外资;另一方面,损害事故的受害人大多是我方的单位或个人,办理各种责任保险,也是维护我国和我国人民利益的一项有益措施。

由此可见,我国应积极开展责任保险业务,努力拓宽保险的服务领域,使责任保险能够充分发挥应有的作用,促进社会经济生活的稳定和发展。

## 第三节 责任保险的基本特征

责任保险与一般财产保险相比,共同点是均以大数法则为数理基础,经营原则一致,经营方式相近(除部分法定险种以外),均是对被保险人经济利益损失进行补偿。然而,作为一类独特的保险业务,责任保险在产生与发展的基础、补偿对象、承保标的、承保方式、赔偿处理等方面又有着自己明显的特征。

### 一、责任保险产生与发展的基础的特征

一般财产保险产生与发展的基础,是自然风险和社会风险的客观存在及商品经济的产生与发展;一般人寿保险产生与发展的基础,是社会经济发展和社会成员生活水平的不断提高;而责任保险产生与发展的基础,不仅是各种民事法律风险的客观存在和社会生产力达到了一定的阶段,而且是人类社会的进步带来了法律制度的不断完善,其中法律制度

的健全和完善是责任保险产生与发展的最直接的基础。

人们在社会中的行为都在法律制度的一定规范之内,因触犯法律而造成他人人身伤害或财产损失时必须承担经济赔偿责任。所以,只有存在对某种行为以法律形式确认为应负经济赔偿责任时,有关单位或个人才会想到通过保险转嫁这种风险,责任保险的必要性才会被人们认识、接受;只有规定对各种责任事故中的致害人进行严厉处罚的法律原则,即从契约责任、疏忽责任到绝对或严格责任原则,才会促使可能发生责任事故的有关各方自觉地参加各种责任保险。事实上,当今世界上责任保险最发达的国家和地区,必定同时是各种民事法律制度最完备、最健全的国家和地区。这表明了责任保险产生与发展的基础是健全的法律制度,尤其是民法和各种专门的民事法律与经济法律制度。

### 二、责任保险补偿对象的特征

在一般财产保险与各种人身保险的经营实践中,保险人的补偿对象都是被保险人或受益人,赔款或保险金也是完全归被保险人或受益人所有,均不会涉及第三者。而责任保险与此不同,其直接补偿对象虽然也是与保险人签订责任保险合同的被保险人,但被保险人无损失则保险人亦无须补偿;被保险人的利益损失又首先表现为以被保险人的行为导致第三者的利益损失为基础,即第三者利益损失客观存在并依法应由被保险人负责赔偿时才会产生被保险人的利益损失。因此,尽管责任保险中保险人的赔款是支付给被保险人的,但这种赔款实质上是对被保险人之外的受害人(即第三者)的补偿,是直接保障被保险人利益、间接保障受害人利益的一种双重保障机制。

### 三、责任保险承保标的的特征

一般财产保险承保的均是有实体的各种财产物资,人身保险承保的则是自然人的身体,两者均可以在承保时确定一个保险金额作为保险人的最高赔偿限额。而责任保险承保的则是各种民事法律风险,是没有实体的标的。

对每一个投保责任保险的人而言,其责任风险可能是数十元,也可能是数十亿元,这在事先是无法预料的,保险人对所承保的各种责任风险及其导致的经济赔偿责任也无法采用保险金额的方式来确定。但若在责任保险中没有赔偿额度的限制,则保险人自身会陷入经营风险。因此,保险人在承保责任保险时,通常对每一种责任保险业务规定若干等级的赔偿限额,由被保险人自行选择,被保险人选定的赔偿限额便是保险人承担赔偿责任的最高限额,超过限额的经济赔偿责任只能由被保险人自行承担。可见,责任保险承保标的是没有实体的各种民事法律风险,保险人承担的责任只能采用赔偿限额的方式确定。

### 四、责任保险承保方式的特征

责任保险承保方式具有多样化的特征。从责任保险的经营实践来看,保险人在承保时一般根据业务种类或被保险人的要求,可以采用独立承保、附加承保或与其他保险业务组合承保的方式承保业务。

在独立承保方式下,保险人签发专门的责任保险单,它与特定的标的物损失没有保险意义上的直接联系,而是完全独立操作的保险业务,如公众责任保险、产品责任保险等。

采取独立承保方式承保的责任保险业务,是责任保险的主要业务来源。

在附加承保方式下,保险人签发责任保险单的前提是被保险人必须参加一般财产保险,即一般财产保险是主险,责任保险则是没有独立地位的附加险。如建筑工程保险中的第三者责任保险,一般被称为建筑工程保险附加第三者责任保险,附加承保的责任保险在业务性质和业务处理方面,与独立承保的各种责任保险是完全一致的,不同的只是承保的形式。

在组合承保方式下,责任保险业务既不必签订单独的责任保险合同,又无须签订附加或特约条款,只需要参加该财产保险便使相应的责任风险得到保险保障,如综合性的舰艇保险就是由船舶的责任保险与船舶的财产保险组合而成的,即船舶的责任保险仅作为综合性的舰艇保险中的一类保险责任予以承保。

### 五、责任保险赔偿处理的特征

与一般财产保险和人身保险相比,责任保险的赔偿要复杂得多。其一,每一起责任保险赔案的出现,均以被保险人对第三者的损害应依法承担经济赔偿责任为前提条件,必然涉及受害的第三者,从而表明责任保险的赔偿处理并非像一般财产保险或人身保险赔案一样只是保险双方的事情;其二,责任保险的承保以法律制度的规范为基础,责任保险赔案的处理也是以法院的判决或执法部门的裁决为依据,从而需要更全面地运用法律制度;其三,责任保险中是由保险人代替致害人承担对受害人的赔偿责任,被保险人对各种责任事故处理的态度往往关系到保险人的利益,从而使保险人具有参与处理责任事故的权利;其四,责任保险赔款最后并非归被保险人所有,实际上支付给了受害人。可见,责任保险的赔偿处理具有自己明显的特色。

## 第四节 责任保险的分类

### 一、责任保险分类的意义

责任保险发展至今,受到广泛重视,成为社会经济活动中必不可少的组成部分。保险人不仅根据不同的行业及各个行业不同的需要,设计、制定了许多责任保险的保险单供客户选择投保,还按照每个客户的具体要求,专门设计出符合客户需要的责任保险单予以承保。这说明人们经过长期的思考,出于实用与管理的目的,对责任保险业务从学理上、法律上和业务管理上进行了多种多样的划分与归类。这是人们的智慧结晶,它为人们更科学地掌握有关责任保险的种类提供了一种途径。具体来讲,责任保险分类具有以下几个方面的意义。

1. 有利于加深对责任保险的认识和掌握

分类是人类认识事物和进行科学研究的基本方法。世界上的种种事物,都有其共性与个性。共性是归纳事物的根据,个性则是区分事物的依据,分类是通过对事物的共性与个性的对比分析进行归纳和区分。通过分类,可以加深对客观事物的认识和理解,并逐步掌握事物相互对立、相互依存又相互转化的规律,如动物学和植物学的分类。责任保险的分类也是如此,按照实用的目的,对多种多样的责任保险险种进行分类,既能使我们从微观上更好地认识各类责任保险的个性特征,又能使我们从宏观上把握各类责任保险的共性,并在此基础上正确认识某类保险在整个保险行业中的地位和作用。这对认识和掌握责任保险业务发展变化规律,改进保险业务经营具有重要的意义。

2. 有利于加强对责任保险的法律管理

各国政府为了加强对保险业的管理,以立法的形式对保险业进行分类,并根据不同业务的特点,从资本金、经营范围、财务管理和资金运用等方面,制定了不同的规范与要求。对责任保险的法律管理更是如此。

3. 有利于改进责任保险企业的经营

对责任保险进行恰当的科学分类,有利于保险企业根据不同险种、险别的特点制定经营策略和规范,实行统筹规划、系统管理和科学管理,并有利于拓展责任保险的新领域及开展新险种。在内部业务管理上,保险企业可以根据业务性质分设不同的业务部门,业务量大的部门可以再分几类,业务量小的部门可以进行合并。

## 二、责任保险的分类

### (一) 按照实施方式分类

按照实施方式,责任保险可以分为自愿责任保险和强制责任保险。

1. 自愿责任保险

自愿责任保险是双方当事人在平等互利、协商一致、自愿订立的基础上形成的保险关系,对投保人来说,有权决定是否参加保险,有权选择保险人,有权选择所需要的险种和保险金额,甚至有权解除保险合同等;对保险人来说,有权选择投保人(被保险人),有权决定部分条款内容,有权变更保险合同,在特定的情况下有权解除保险合同。日常生活中最常见的自愿责任保险是产品责任保险、公众责任保险等。

2. 强制责任保险

强制责任保险是指依照国家的法律规定,投保人(被保险人)必须向保险人投保而成立的责任保险。强制责任保险是对保险领域契约自由的限制,只能基于法律的特别规定而设立,投保人(被保险人)有投保责任保险的义务。若有必要,法律可以规定保险人对强制责任保险有接受投保的义务。但是,强制责任保险并非自动发生效力的责任保险,它必须借助责任保险合同的缔结发生效力;除个别情况外,投保人(被保险人)应当与保险人订立责任保险合同,强制责任保险因合同的缔约而在保险人和被保险人之间发生效力。在我国,最典型的强制责任保险是机动车交通事故责任强制保险(简称"交强险")。

### (二) 按照保单的独立性分类

按照保单是否独立,责任保险可以分为独立的责任保险与附加的责任保险。前者是由保险人出立专门保单的保险,后者是从属于某种财产保险且共用一张保单的保险。这种附加的责任保险往往以构成各种财产保险的组成部分或附加责任的方式承保,其特点是责任保险与财产保险密切结合,投保人必须投保财产基本险,才能使责任风险得到保保障。例如,船舶的责任风险一般作为碰撞责任列入基本保险单的保险责任范围,只要投保船舶保险,其责任风险就同时得到保障。再如,建筑工程、安装工程的第三者责任保险,一般作为附加责任予以承保。

(三) 按照承保的内容分类

对于此种分类有几种不同的见解,一般而言,我们将责任保险按照承保内容不同,分为以下几类:

(1) 公众责任保险。承保被保险人在固定场所或地点从事生产、经营或其他活动时,因意外事故而造成他人人身伤害或财产损失依法应承担的经济赔偿责任。不同场所的责任保险可以有不同的内容和条件,主要险种有场所责任保险、电梯责任保险、承包人责任保险、承运人责任保险、个人责任保险等。

(2) 产品责任保险。承保制造者、销售者、修理者因产品缺陷而造成消费者、用户或其他人人身伤害或财产损失依法应承担的经济赔偿责任。

(3) 雇主责任保险。承保雇主对雇员在受雇期间的人身伤害依法律或劳动(雇佣)合同而应承担的经济赔偿责任。

(4) 职业责任保险。承保各种专业技术人员因职业(或工作)上的疏忽或过失造成他人人身伤害或财产损失而应承担的经济赔偿责任,主要险种有医疗责任保险、律师责任保险、会计师责任保险、建筑师责任保险、设计师责任保险、兽医责任保险。

(5) 环境责任保险。承保被保险人因污染环境造成第三者人身伤害或财产损失而应承担的经济赔偿责任,以及依法应由被保险人承担的治理污染责任,是公众责任保险的一种特殊形态。

(6) 第三者责任保险。承保被保险人的运输工具、建筑安装工程等因意外事故造成第三者人身伤害或财产损失而引起的经济赔偿责任。它也可归为公众责任保险范畴,但承保方式有差异,即第三者责任保险通常采用附加承保方式,主要险种有机动车第三者责任保险、船舶碰撞保险、飞机保险、工程项目保险。

(四) 按照责任发生的原因分类

责任风险在很大程度上与民法有关。按照责任发生的原因,责任保险可以分为基于合同的责任保险和基于侵权的责任保险。

1. 基于合同的责任保险

合同责任一般不作为责任保险的承保对象,但被保险人可以与保险人约定将合同责任纳入承保对象,被保险人的下列损失、费用和责任,保险人不负责赔偿:被保险人与他人签订协议约定的责任,但应由被保险人承担的法律责任不在此列。被保险人根据协议所承担的责任是合同责任,这些责任基于合同规定可能会增加被保险人的法律责任,保险人不承担这些额外责任。但是在没有协议存在而被保险人需对他人承担这种法律责任时,保险人应予负责。如果投保人要求加保合同责任,那么应将所有合同责任向保险人申报,并提供合同副本,保险人据以决定是否加保。

合同责任保险承保被保险人因违反合同规定而依法应承担的赔偿责任。主要的险种如下:

（1）货运合同责任保险。承保承运人因未履行提供适航船只义务造成托运人货物损失而应承担的赔偿责任。

（2）用工合同责任保险。承保雇佣合同规定的雇主对雇员在雇佣期间遭受人身伤害应承担的赔偿责任。

（3）旅行社责任保险。承保旅游合同规定的因被保险人的疏忽或过失造成被保险人接待的境内外旅游者遭受人身伤害或财产损失而应承担的赔偿责任。

（4）其他合同责任保险。

2. 基于侵权的责任保险

大量重大的责任风险是由侵权引起的。侵权是指因违反法律规定的责任而造成他人人身伤害或财产损失的违法行为，对于因侵权而造成的损害，各国的法律一般都规定侵权行为人要给予受害人损害赔偿金。基于侵权的分类，可将责任保险分为以下几类：

（1）过失责任保险。基于过失侵权，承保被保险人因疏忽或过失行为对他人造成人身伤害或财产损失而依法应承担的赔偿责任，主要的险种有场所责任保险、机动车第三者责任保险、职业责任保险、个人责任保险、其他过失责任保险。

（2）无过失责任保险。所谓无过失责任（即绝对责任和严格责任），是指一个人无论有无过失或疏忽，凡致使他人人身伤害、财产损失或利益丧失的，都要承担赔偿责任。例如，我国《民法典》第一千二百零二条规定，因产品存在缺陷造成他人损害的，生产者应当承担侵权责任。第一千二百二十九条规定，因污染环境、破坏生态造成他人损害的，侵权人应当承担侵权责任。第一千二百四十五条规定，饲养的动物造成他人损害的，动物饲养人或者管理人应当承担侵权责任；但是，能够证明损害是因被侵权人故意或者重大过失造成的，可以不承担或者减轻责任。

而基于故意侵权产生的赔偿责任，不属于责任保险的承保对象。对被保险人因故意侵权而造成的损害加以赔偿，是有悖于社会正义和法制与道德规范的，是不能容忍的，各国一般规定故意侵权产生的责任作为责任免除。我国《中国人民财产保险股份有限公司公众责任保险条款》第四条规定，下列原因造成的损失、费用和责任，保险人不负责赔偿：被保险人及其代表的故意或重大过失行为。

（五）按照保险人承担保险责任的基础分类

按照保险人承担保险责任的基础，责任保险可以分为索赔型责任保险和事故型责任保险。

1. 索赔型责任保险

索赔型责任保险是指保险人以第三者向被保险人请求索赔的事实发生在责任保险单的有效期间为条件，向被保险人承担保险给付责任的保险，而不论被保险人致人损害的行为或事故是否发生在责任保险单的有效期间。

2. 事故型责任保险

事故型责任保险是指保险人仅以被保险人致人损害的行为或事故发生在责任保险单的有效期间为条件，向被保险人承担保险给付责任的保险，而不论第三者的索赔是否发生在责任保险单的有效期间。

索赔型责任保险与事故型责任保险的区别主要有三点：

（1）保险责任承担的判断基点不同。前者以被保险人在保险期间受到索赔为承担保险责任的基础，而不论被保险人致人损害的行为或事故是否发生在保险期间；后者以被保险人致人损害的行为或事故发生在保险期间为承担保险责任的基础，而不论保险期间是否发生索赔的事实。

（2）保险责任有无溯及力不同。前者所约定的保险责任具有无限的溯及力，而后者不具有任何溯及力。

（3）承保的风险不同。前者承保的风险是第三者提出的索赔；后者承保的风险是事故本身，一旦事故发生，保险责任开始附随于该事故。

依照我国保险实务所使用的责任保险条款，保险人和投保人（被保险人）所约定的责任保险一般为事故型责任保险。

## 第五节　责任保险的历史沿革

### 一、责任保险的产生与发展

责任保险在保险领域是随着财产保险的发展而产生的一种新型、独成体系的保险业务。责任保险的历史并不长，起源于19世纪初期的欧美国家，第二次世界大战结束以后才得到发展。虽然发展的时间远远短于海上保险和火灾保险，但目前已经成为具有相当规模和影响力的保险险种，并将在未来的保险市场上扮演重要的角色。

在工业化时期，先是有工业事故，后是有交通事故、公害、制造物缺陷等发生，所引起的损害赔偿大量增加，且伴有赔偿数额大的特点；而该时期社会的另一个特点是，古典自由主义思想衰落，代之而来的是法治国家思想兴起。有此社会基础为背景，责任保险开始出现并发展起来。1855年，英国铁路乘客保险公司首次向铁路部门提供铁路承运人责任保险；1875年，英国伦敦暨地方铁路客车公司发行用于马车意外事故的第三者责任保险单，这是现代汽车第三者责任保险的前身；1880年，英国通过雇主责任法令并成立雇主责任保险公司，负责承担雇主对雇员在工作中因意外伤害所负的赔偿责任并承接电梯责任保险，成为公众责任保险的开端；1885年，英国医疗保健联盟对医生的相互保障承担责任；1890年，英国海上事故保险公司就啤酒含砷引起的第三者中毒，向特许售酒商提供保险，这是较早的产品责任保险；1896年，英国北方意外保险公司对药剂师开错处方的过失提供职业损害补偿，开职业责任保险之先河。据有关资料记载，承包人责任保险始于1886年，升降梯责任保险始于1888年，制造业责任保险始于1892年，业主房东住户责任保险始于1894年，契约责任保险始于1900年，运动责任保险始于1915年，会计师责任保险始于1923年，个人责任保险始于1932年，农民及店主责任保险始于1948年。

责任保险在开办初期曾引起激烈争论，一些人认为责任保险代替致害人承担赔偿责任有违法律宗旨及社会道德准则，甚至认为责任保险是鼓励犯罪，会产生极大的社会负作用。为此，责任保险的发展屡遭挫折。最终因责任保险对被保险人的故意行为、违法行为是不予承保的且承保的仅限于民事经济赔偿责任,对被保险人应负的刑事责任不承担任何赔偿责任的有关约定,在转嫁被保险人的责任风险的同时也使受害人的权益得到及时的保障而逐步得到人们和社会的认可。进入20世纪70年代,随着法律制度的不断完善、人们生活水平的提高及索赔意识的增强,责任保险获得全面、迅速的发展,成为现代经济不可缺少的组成部分和保险业务中的主流险种之一。近三十年来,责任保险在世界范围内得到迅速发展,成为财产保险中的重要险种。在美国,责任保险保费收入占非寿险保费收入的50%左右,在欧洲发达国家占35%左右。责任保险的发展有赖于国家或地区经济实力的增强、法制的完善、公众自我保护意识的提高、保险经营技术的改进等诸多因素。

由此可见,作为一类独立存在的保险业务,责任保险的产生依赖于两个必不可少的条件:一是法律制度的不断完善;二是民事责任风险的客观存在。尽管责任保险与其他险种相比还年轻,但它的发展十分迅速,这是城镇化进程中企业活动增加,尤其是制造业和交通运输业高度发展的必然结果。责任保险是当前国际上受到人们广泛重视的一项业务,特别是在经济发达国家,责任保险已成为保险公司的主要业务种类。

**二、我国责任保险的发展历程**

在我国,责任保险始于20世纪50年代的汽车公众安全责任保险,不久即因"弊多利少,副作用大"而较其他国内保险业务提前四年停办。现在的责任保险是从1979年以后逐渐发展起来的,经过几十年的艰难探索,责任保险经历了从无到有的发展历程,虽然取得了一定的成果,但和保险发达国家相比,甚至是和东南亚国家相比,我国的责任保险在整个财产保险业务中所占的比重过低,还没有发挥出在社会经济发展中应有的作用。

西方保险界认为,保险业可以划分为三个大的发展阶段:第一阶段是传统的海上保险和火灾保险(后来扩展到一切财产保险);第二阶段是人寿保险;第三阶段是责任保险。保险业由承保物质利益风险扩展到承保人身风险后,必然会扩展到承保各种法律风险,这是被西方保险业发展证明了的客观规律。

近年来,虽然社会给予责任保险更多的关注,保险业界在发展责任保险方面也做了很多工作,但责任保险尚未深入社会生活的各个角落,离社会的要求还很远。同时,我国责任保险发展不仅仅是占整个财产保险业务的比重过低的问题,地区经济发展的不平衡也致使责任保险发展差异较大。越是经济发达的地区,责任保险占整个财产保险业务的比重越大;越是经济欠发达的地区,责任保险占整个财产保险业务的比重越小。地区经济发展的不平衡给保险公司开发责任保险产品和服务带来了很多不便。

目前,我国责任保险的发展还不是很充分。从国际责任保险市场的发展趋势来看,责任保险越来越成为财产保险中非常重要的一类,占财产保险保费的份额会越来越大;保险技术逐步提高,向综合保障过渡,各险种之间的界限趋于模糊。责任保险的发展与宏观经济形势有着很大的相关性。我国经济发展趋势为责任保险的发展创造了一个较好的条件。随着经济的发展,公众法律意识、自我意识的提高,人们对责任保险的需求越来越大;政府对转变经济增长模式的需要,也要求责任保险市场迅速发展。在这种有利的宏观环境下,必将迎来责任保险迅速发展的时期。保险公司应该加强对责任保险的研究,改进责任保险技术,培养精通责任保险、法律知识以及与责任保险有关的专业知识的人才,只有这样,才能在未来的发展中立于不败之地。

## 本章讨论案例

上海市南汇区的史老太有两个儿子,她与大儿子徐先生的关系甚好,想要立一份遗嘱,待自己百年之后,将所有财产交给徐先生一个人继承。2001年12月25日,史老太病重,她派人找到上海市某律师事务所,约定由该所律师代为书写遗嘱,并支付1 000元代理费。次日,该所指派律师宋某具体办理。宋某携带根据史老太意愿草拟的遗嘱来到史老太家,将遗嘱内容读给史老太听,又告知史老太代书遗嘱需要两位见证人,除律师自己外,还需一位见证人。史老太表示可以请徐先生的舅舅作为另一见证人。随后,史老太在遗嘱上签字按手印,宋某也签了名。过了几日,宋某和徐先生一起拿着这份遗嘱到徐先生舅舅家里,宋某告知这份遗嘱是史老太的真实意思,徐先生的舅舅便在遗嘱上签了名。2002年3月10日,史老太病逝。丧事完毕,徐先生即持遗嘱将父亲、弟弟告上法庭,要求继承母亲的全部遗产。

上海市南汇区法院经审理认为,该份代书遗嘱不符合法定遗嘱条件,应当认定为无效遗嘱。因为按照《中华人民共和国继承法》(现已废止)第十七条的规定,"代书遗嘱应当有两个以上见证人在场见证,由其中一人代书,注明年、月、日,并由代书人、其他见证人和遗嘱人签名"。而本案中,徐先生的舅舅作为见证人并没有在场见证,而是事后"补证",所以该份遗嘱无效,最后判决史老太的遗产按照法定继承的方式由徐先生、其父、其弟三人均分。眼见本该由自己一人独得的财产被三人"瓜分",徐先生愤而将律师事务所告上法庭。

现在了解的情况是,2004年2月18日,上海市律师协会与平安财产保险公司上海分公司订立协议,为上海市律师协会所属的全部律师事务所统一投保律师执业责任保险统保保险,年投保费180万元。投保协议约定:注册执业律师在中国境内代表律师事务所为委托人办理律师业务时,由于过失行为违反《中华人民共和国律师法》或律师委托合同的约定,致使委托人遭受经济损失的,依法应由律师事务所承担经济赔偿责任,律师事务所在保险期内提出索赔的,保险公司应负责赔偿。保险期限从2004年2月18日中午12时起至2005年2月17日中午12时止。并有一条特殊约定条款,"协议的追溯期为保险起始日往前5年"。

【讨论的问题】

1. 律师事务所在代书遗嘱这个法律行为上有无存在过错并造成对方损失,是否构成违约?

2. 律师事务所与保险公司存在责任保险合同关系,在代书遗嘱上的职业事故是否属于两者间责任保险合同的保险责任范围?

3. 如果需要的话,你认为保险公司应该承担多少赔偿责任?

 复习思考题

【基础知识题】

1. 试比较责任保险与一般财产保险的异同。
2. 简述责任保险的概念和特征。

3. 简述责任保险的标的。

4. 试述责任保险的保险事故成立要件。

5. 试述责任保险的分类。

【实践操作题】

1. 浏览长安责任保险股份有限公司网站（http：//www.capli.com.cn），了解公司发展过程，列举公司架构。

2. 浏览中国人民财产保险股份有限公司网站（http：//www.epicc.com.cn），了解公司责任保险业务的开展情况，列举主要的责任保险业务类型。

【探索研究题】

1. 我国责任保险发展的困境到底是什么？如何化解？

2. 责任保险在开办初期曾引起激烈争论，一些人认为责任保险代替致害人承担赔偿责任有违法律宗旨和社会道德准则，甚至认为责任保险是鼓励犯罪。保险公司如何通过产品设计应对这种质疑？

# 第三章　财产与责任保险合同

### 学习目标

- 了解财产与责任保险合同的含义
- 了解财产与责任保险合同的形式
- 掌握财产与责任保险合同条款解释的主体和类型
- 掌握财产与责任保险应收保费及其危害行为
- 掌握财产与责任保险期限的确定
- 重点掌握财产与责任保险合同的主要内容
- 重点掌握财产与责任保险保额的确定
- 重点掌握财产与责任保险合同的条款
- 重点掌握定值保险合同和不定值保险合同
- 重点掌握财产与责任保险合同变更、终止和解除
- 综合运用：能够运用所学知识分析我国目前财产与责任保险合同分类的适应性问题

### 导读案例

**出险后不履行及时通知义务是否属于保险免赔范围**

【案情简介】

清西大道建设工程指挥部与清远市清新区清西道路工程建设有限公司是发包方与承包方的关系。清西大道建设工程指挥部为投保人和被保险人，在中国人民财产保险股份有限公司清远市分公司投保了建筑工程一切险，被保险工程名称为S354线清新太平镇至三坑段一级公路（二期）扩建工程，工程地址为清远市清新区太平镇三坑镇，保障项目含物质损失及第三者责任，其中第三者责任项下人身伤害保险金额为30万元/人，保险期限自2013年9月3日起至2015年3月2日止。2014年4月27日，案外人杨金娣在涉案工程围蔽路段因清远市清新区清西道路工程建设有限公司施工人员推车掉头被撞倒在地，事故发生时，清西大道建设工程指挥部认为杨金娣受伤并不严重，未及时报警保险。后因杨金娣病情严重，其子邓少毅于2014年7月2日到清远市公安局三坑派出所报警。此后，清远市清新区清西道路工程建设有限公司与杨金娣及其近亲属达成书面协议，支付杨金娣赔偿款973 000元。清西大道建设工程指挥部依据保险合同向中国人民财产保险股份有

限公司清远市分公司索赔 30 万元,但中国人民财产保险股份有限公司清远市分公司以清西大道建设工程指挥部未及时报警为由,拒绝赔付。清西大道建设工程指挥部遂诉至法院,要求中国人民财产保险股份有限公司清远市分公司赔偿保险金 30 万元。

【争议焦点】

1. 本案事故是否属于承保的保险责任事故范围。
2. 投保人未履行及时通知义务能否免除保险人的赔偿责任。

【法院裁判要旨】

广东省清远市清城区人民法院经审理认为:保险事故发生后,清西大道建设工程指挥部作为投保人及被保险人,理应按照保险条款约定履行及时通知的义务。本案事故发生在 2014 年 4 月 27 日,而公安部门接到报案的时间是 2014 年 7 月 2 日,在此长达两个多月的期间内,清西大道建设工程指挥部既未通知公安部门,又未向中国人民财产保险股份有限公司清远市分公司报险,导致公安部门及保险公司均无法查实事故发生时的真实情况,也无法对事故发生的原因、性质及造成的损失进行认定。根据我国保险法及双方保险合同的规定,投保人、被保险人知道保险事故发生后,应当及时通知保险人。清西大道建设工程指挥部认为事故发生时杨金娣的伤情并不严重而没有报警、报险的说法,不能对抗被保险人及时通知保险人的法定义务,故中国人民财产保险股份有限公司清远市分公司对于清西大道建设工程指挥部所主张的 30 万元损失不承担赔偿责任。

广东省清远市清城区人民法院依照《中华人民共和国保险法》第二十一条之规定,做出如下判决:

驳回清西大道建设工程指挥部的诉讼请求。

清西大道建设工程指挥部不服一审判决,提出上诉。广东省清远市中级人民法院经审理认为:清西大道建设工程指挥部虽提供了清远市公安局三坑派出所的《证明》《协议书》《事故调查笔录》《无法认定保险责任通知书》为证,但《证明》只是证实受害人杨金娣之子邓少毅到派出所报警所陈述的情况,并无派出所对事故进行调查核实的内容,无法证明事故发生的性质、原因和经过;《协议书》只是清远市清新区清西道路工程建设有限公司与杨金娣签署的一份文件,未经中国人民财产保险股份有限公司清远市分公司确认,对其不产生约束力;《事故调查笔录》于 2015 年 5 月 8 日制作,距事发已有一年多,不足以证明事发经过;《无法认定保险责任通知书》也不能证明本案事故是保险责任事故。又因事故双方当事人没有及时报警报险,致使本案事故的性质、原因和损失程度难以确定,故清西大道建设工程指挥部要求中国人民财产保险股份有限公司清远市分公司支付保险金 30 万元没有事实和法律依据。

广东省清远市中级人民法院依照《中华人民共和国民事诉讼法》第一百七十条第一款第(一)项的规定,做出如下判决:

驳回上诉,维持原判。

【法官后语】

随着经济的发展,商业保险已成为人民生活不可或缺的一部分,在密密麻麻的保险合同格式条款中,投保人往往只注意保险利益而忽略其应尽的义务,致使投保人被拒赔后向保险公司索赔的纠纷时有发生。

本案中,双方保险合同已明确约定:"投保人、被保险人知道保险事故发生后,被保险人应该立即通知保险人,并书面说明事故发生的原因、经过和损失情况;故意或者因重大过失未及时通知,致使保险事故的性质、原因、损失程度等难以确定的,保险人对无法确定的部分,不承担赔偿责任,但保险人通过其他途径已经及时知道或者应当及时知道保险事故发生的除外。"该约定实质上也是保险人以书面形式对《中华人民共和国保险法》第二十一条做出的明确提示,清西大道建设工程指挥部作为投保人及被保险人,其在保险单盖章确认的行为应视为保险人履行了明确说明义务。但本案公安机关接到报案的时间距事故发生足有两月多,保险人已很难确定本案事故是否属于保险责任事故范围,清西大道建设工程指挥部显然违反了保险条款及《中华人民共和国保险法》规定的及时通知义务,这不仅是对合同约定义务的违反,也是对法定义务的违反,故保险人有权对无法确定的损失部分免赔。

法律规定投保人、被保险人的及时通知义务,主要目的是利于保险人及时勘查现场、确定事故责任及核定损失,也能及时排除是否存在肇事逃逸、酒驾、毒驾等免赔情形。因此,法律在规定了保险人明确说明义务的同时,也规定了投保人、被保险人的及时通知义务,充分体现了合同的平等性及法律的公正性。

 **案例详情链接**

国家法官学院案例开发研究中心.中国法院2019年度案例:保险纠纷[M].北京:中国法制出版社,2019.

 **你是不是有下面的疑问**

1. 什么是财产保险合同?什么是责任保险合同?
2. 财产保险单到底起什么样的作用?
3. 什么是财产与责任保险合同的特别约定条款?
4. 什么是财产与责任保险合同的格式条款?它对保险判案有什么影响?
5. 当财产与责任保险合同发生纠纷时应该如何处理?

合同是双方的法律行为,依法成立的合同具有法律约束力,非依照法律或经当事人协议不得变更。任何一方无合法原因不履行或不完全履行合同义务时,另一方有权请求履行或解除合同,并有权就由此造成的损失向责任方索赔。《中华人民共和国保险法》第十条规定:"保险合同是投保人与保险人约定保险权利义务关系的协议。"《中华人民共和国保险法》第二章"保险合同"中对保险合同和财产保险合同均有较详细的规定。现根据这些法规以及国内外保险实务的通行做法阐述财产与责任保险合同。

# 第一节　财产与责任保险合同的概念和特征

## 一、财产保险合同的概念

1. 理论上对财产保险合同的定义

（1）财产保险合同①是投保方为使自己的财产和利益得到安全保障，向保险方支付保险费，保险方在发生保险事故时负赔偿责任的协议。

（2）财产保险合同②是以财产及有关利益为保险标的的保险合同。

2. 法规对财产保险合同的定义

《中华人民共和国财产保险合同条例》（以下简称《财产保险合同条例》）第五条定义：投保方提出投保要求，填具投保单，经与保险方商定交付保险费办法，并经保险方签章承保后，保险合同即告成立，保险方应根据保险合同及时向投保方出具保险单或者保险凭证。

3.本书定义

财产与责任保险是投保人和保险人按照约定对被保险人的财产损失、民事责任以及其他损失承担赔偿责任的书面协议。

## 二、财产保险合同的特征

1. 财产保险合同是以约定不可抗力为保险人履约动因的合同

我国《民法典》第一百八十条规定，不可抗力是不能预见、不能避免且不能克服的客观情况。不可抗力既包括自然原因的灾害，又包括社会原因的事故。其中，大部分自然灾害属于财产保险的责任范围，亦有部分社会事故属于财产保险的附加险范围。因此，不可抗力造成的财产损失是财产保险的履约动因。而其他类合同则刚好相反，我国《民法典》第五百九十条规定，当事人一方因不可抗力不能履行合同的，根据不可抗力的影响，部分或者全部免除责任，但是法律另有规定的除外。因不可抗力不能履行合同的，应当及时通知对方，以减轻可能给对方造成的损失，并应当在合理期限内提供证明。

2. 财产保险合同是不得以被保险人过失抗辩的合同

根据民法原理，因自身的过错导致既得利益的丧失是无从补偿的，即使是混合过错形成的，也按过失相抵原则分摊。财产保险中，保险人不得以保险事故系被保险人过失而拒赔，被保险人过失所致自身财产利益损失或赔偿责任依约由保险人承担，这是其他经济合同所不具备的。如英国《1906 年海上保险法》第 55 条规定：除非保单另有规定，对与承保风险最相近的原因造成的损失，即使这些损失没有船长和船员的错误行为或过失则不会发生，保险人也负责任。

---

① 高健中.财产保险与法律应用[M].济南:山东大学出版社,1993.
② 王绪瑾.财产保险[M].2 版.北京:北京大学出版社,2017.

3. 财产保险合同是平衡利益的合同

（1）对象要求：不出险时的精神支柱利益与出险时合同规定的实质补偿利益的平衡。

（2）目的要求：单个合同标的遭受约定损失时的价值由绝对多数合同均衡得以补偿。

 拓展阅读

**化解投保陷阱有4招**

对于保险，很多人是又爱又恨。因为保险能提供风险保障，所以对之青睐有加；可是其中掺杂着太多的误导、欺诈、条款理解难等不和谐音符，又让人对其恨得牙痒痒。

基于保险产品的无形性和销售过程中存在的诸多不规范，我们特此收集了各种典型案例，以及市民普遍存在的投保误区，给消费者提个醒：4招化解保险"陷阱"。

招式1：不厌其烦，反复比较

多掌握一些保险常识，多比较几家保险公司不同的保险产品。对于自己看不懂的条款，哪怕只是稍有疑虑，也一定要向代理人提出，这一方面可明确条款内容，另一方面也可看出代理人的专业素质。

招式2：留存证据，以防万一

代理人在向消费者推销保险时，往往会做出一些承诺。消费者先应问清楚保单上的哪个条款做出了这样的承诺，并要求其在合同上以附加条款的形式注明并签字，必要时还可录音。

招式3：掌握"武器"，合理维权

如果投保后与保险公司发生纠纷，则消费者可先与保险公司协商和解；如果不能解决问题，还可请消费者委员会调解，也可提请仲裁机构仲裁，必要时可向人民法院提起诉讼。

招式4：善用条款，保护权益

在保险合同中，有些条款对消费者权益进行了保护，如犹豫期条款、合同无效条款等。如果签订保单还没超过10天，那么消费者完全可到保险公司退还所交保费；倘若超过10天，那么退回来的保费可能连两三成也不到。

资料来源：根据网络资料整理。

## 第二节 财产与责任保险合同的形式

### 一、投保单

投保单又称"要保书"或"投保申请书"，是投保人申请保险的一种书面形式。

### 二、保险单

保险单是保险双方订立保险合同的书面证明。

保险单的基本内容有：①签订保险合同的当事人；②保险标的；③保险事故种类；④保险期限与保险责任开始的日期；⑤保险费率与保险费；⑥保险金额；⑦保险条款；⑧订约年月日；⑨其他。

保险单还有另外两种形式：暂保单和预约保险单。

1. 暂保单

暂保单是保险人出立正式保险单以前签发的临时凭证。暂保单只在保险人的分支机构接受承保又须请示上级公司或保险代理人争取到业务又未办妥保险单的情况下采用。

暂保单的内容包括保险标的、保险责任范围、保险金额以及订约双方的有关权利和义务。暂保单的格式如下：

**暂保单**

根据_____的要求，×××保险公司同意在被保险人提交投保单之后和本公司签发正式保险单之前，按下述条件予以承保。

被保险人：

险别：

保险起止时间：

保险标的：

保险标的地址：

保险金额：

每次事故免赔额：

费率：

保险费：

使用条款：

其他条件：

兹声明，本暂保单的有效期至××年×月×日×时终止，被保险人应在本暂保单终止前7天内向本公司递交有关附属材料（如保险标的的实际明细内容）。

本公司收到后，在2天内出具正式保险单。

出具正式保险单以前，如发生损失，本公司的责任以正式保险单所载各项条件为准，并在正式保险单签发的被保险人支付约定的保险费后，才能支付赔款。

本暂保单在签发正式保险单后退回本公司。

日期：_____

地点：_____

×××保险公司

使用暂保单时应注意如下事项：①对于在短期内谈不下来的客户，不宜采用，因采用客户反而会拖延时间；②正式保险单的起期日必须和暂保单的起期日相同，不要脱节；③到期日前2天内必须签发正式保险单。

暂保单的有效期一般是从签订时起到出具正式保险单时止；如不能签订正式保险单，则书面通知时暂保单失效；暂保单最长不得超过30天。

## 2. 预约保险单

预约保险单又称总保单或报告式保单或预约保险合同,是保险双方预先约定好保险范围、责任,订明承保险种、保险费率和保额等内容的合同,主要适用于进出口货物保险和仓储货物保险。

《财产保险合同条例》第六条规定:"预约保险合同应当订明预约的保险责任范围、保险财产范围、每一保险或一地点的最高保险金额、保险费结算办法等。在预约保险合同有效期内,投保方应当将预约保险合同范围内的每一笔保险,按规定及时向保险方书面申报;保险方对投保方每一笔书面申报,均应当视作预约保险合同的一部分,按保险合同承担保险责任。保险方有权查对申报内容,如有遗漏,投保方必须补报。"

在预约范围内所保的财产全部由保险人自动承保。

### 三、保险凭证

保险凭证是签发给被保险人的一种凭证,证明保险合同已经订立和保险单已经正式签发。

保险凭证的主要适用范围如下:

(1) 在一张团体保险单项下,需要给每一个参加保险的人签发一张单独的凭证,如团体家庭财产保险。

(2) 在货运险预约保单险下,需要对每一笔货运签发单独的凭证。

(3) 用一张保险单承保多辆汽车,每辆汽车需要有单独的保险凭证随车同行。

如果保险单内容与保险凭证内容有抵触或者保险凭证另有特订条款,则应以保险凭证为准。

### 四、批单

批单又称"批改单"或"背书",是指为变更保险合同的内容,保险人出立的补充书面证明。

批单有以下几类。

(1) 退保批单:①无支付保费能力退保批单;②重复保险退保批单;③转向其他保险公司退保批单;④承保条件变更退保批单;⑤注销保险单批单。

(2) 退费批单:①优惠退费批单;②无赔款退费批单;③停工、停驶退费批单。

(3) 保额批单:①赔款后减少保额批单;②赔款后恢复保额批单;③承保时规定保险期限终止时调整保险金额批单;④更改保额批单。

(4) 被保险人批单:①更改被保险人批单;②增加共同被保险人批单;③明确共同被保险人中的第一受益人批单。

(5) 其他类批单:①增收保险费批单;②降低费率批单;③更改币种批单;④延长保险期限批单;⑤取消条款中某一点或某一条款批单;⑥支付手续费批单;⑦更改保险单明细表上所载内容批单;⑧分期付款变化批单。

凡经批改过的保险单上的各项内容均以批单为准。批单是保险合同的重要组成部分。

### 趣味保险

**美国法官在保险理赔案中靠"剪刀、石头、布"断案**

据俄罗斯《晨报》2011年6月11日报道,6月10日,美国佛罗里达州坦帕市法院的法官在断案过程中突发奇想,竟然要求案件双方当事人的律师利用"剪刀、石头、布"的游戏"摆平"事情。

这是一起保险理赔案件。在案件审理过程中,双方代理人没能就在何处询问证人达成一致意见,吵得不可开交。于是主审法官要求他们庭外调解,好好理论谁是谁非。可是法官竟提出让他们在6月30日以"剪刀、石头、布"游戏决定对错。获胜的一方将有权决定询问证人的地点。

资料来源:你绝对不知道的5件保险趣闻[EB/OL].(2017-03-02)[2020-08-31].https://www.sohu.com/a/127696653-437996,有删改。

## 第三节 财产与责任保险合同的内容

### 一、保险标的

财产与责任保险的对象是灾害事故中会遭到损失的财产、利益或损失赔偿责任。

这句话有四层意思:

(1)财产保险保的是意外灾害事故而不是意料中的事,必然事件成立不了保险关系;

(2)财产保险保的是会遭到损失的财产,不会遭到灾害事故损失,就不在承保范围内;

(3)财产保险保的是财产及其有关利益;

(4)责任保险保的是损失赔偿责任。

### 二、保险金额

保险金额简称保额,是投保人根据保险标的的价值和具有的利益,要求保险人给予经济保障的金额。

(一)确定财产与责任保险保险金额必须遵循的原则

确定财产与责任保险的保险金额,必须遵循如下原则:

(1)保险金额的确定,必须严格遵循保险利益原则;

(2)保险金额的确定,必须在保险标的的价值之内;

(3)保险金额的确定,必须考虑到社会价值标准。

(二)财产与责任保险保险金额的确定方法

保险金额是否合理,关系到合同双方的权利和义务,尤其是被保险人的利益。

1. 企业财产保险保险金额的确定

一般企业财产保险保险金额的确定:

(1) 固定资产保险金额的确定。《企业财产保险条款》第九条规定,固定资产可以按照账面原值投保,也可以由被保险人与保险人协商按账面原值加成数投保,还可以按重置重建价值投保。

① 按固定资产的原始价值确定保险金额。固定资产的原始价值简称固定资产原值,是指以成本为标准,包括为获得这些资产并运用于业务所支付的一切代价。原值投保(作为确定保险金额的标准)存在以下两点不足:第一,在价格变高的情况下,被保险人得不到充分的补偿。第二,在发生部分损失后,修复费用往往大于固定资产原值,比例分摊时容易发生不必要的扯皮。

② 按固定资产原值加成数确定保险金额。此法适用于那些没有计算折旧费或已经折旧完的保险财产。一般情况下加成数为正数。如果为负数,则称之为固定资产净值(折余价值)投保。

③ 按固定资产重置重建价值确定保险金额。按固定资产重置重建价值确定保险金额是指按保险财产恢复原状所需资金核定其价值,应按公估部门评估的价值确定。

(2) 流动资产保险金额的确定。《企业财产保险条款》第十条规定,流动资产可以按最近12个月平均账面余额投保,也可以按最近账面余额投保。

① 按最近账面余额投保。按最近账面余额投保是指按承保月份上月的流动资产账面余额投保。按最近账面余额投保的财产发生全部损失的,按保险金额赔偿,如果受损财产的实际损失金额低于保险金额,则以不超过实际损失为限;发生部分损失的,在保险金额额度内按实际损失计算赔偿金额,如果受损财产的保险金额低于出险当时的账面金额,则应按比例计算赔偿金额。因此,按最近账面余额投保,对被保险人来说是不公平的。

② 按最近12个月平均账面余额投保。按最近12个月平均账面余额投保是指按承保月份倒推12个月流动资产账面余额的平均数投保。

国家考核企业流动资产平均账面余额的计算公式为:

全年流动资产平均账面余额 = (1/2 × 第1个月月初账面余额 + 第1—11个月月末账面余额 + 1/2 × 第12个月月末账面余额)/12

这个公式计算起来相当麻烦,可简化为:

$$全年流动资产平均账面金额 = \sum_{i=1}^{12} \frac{a_i}{12}$$

其中,$a_i$表示第$i$个月月末流动资产账面余额。

特约财产保险保险金额的确定:

(1) 承保金银、珠宝、玉器、首饰、古玩、古书、古画、邮票、艺术品、稀有金属和其他珍贵财物,按账面所载原值确定保险金额。

(2) 承保堤堰、水闸、铁路、道路、涵洞、桥梁、码头,按工程造价确定保险金额。

(3) 承保矿井、矿坑内的设备,按账面价值或重置重建价值确定保险金额。

(4) 企业要求投保固定资产附加盗窃险的,应与所保项目的金额一致;要求投保流动资产附加盗窃险的,必须按投保的所有流动资产项目的金额投保。

(5) 企业要求投保企业账外财产的,可根据实际价值估价投保。企业账外财产一般包括代购代存/委托代销物资、已摊销在用的低值易耗品、已折旧完但仍有使用价值的固定资产、以经营租赁方式租入的固定资产、替外单位修理的机器设备、来料加工需本企业负责的材料。

2. 货物运输保险保险金额的确定

（1）保险金额的构成要素。在我国的外贸实践中，目前采用 FOB（装运港船上交货）、CFR（成本加运费）、CIF（成本、保险费加运费）、FCA（货交承运人）、CPT（运费付至）和 CIP（运保费付至）六种贸易术语的买卖合同居多，而在国际货物运输保险中，保险金额一般是以 CIF 或 CIP 价格加一成（即加成率为 10%）计算的。被保险人在货物发生损失时，不仅货价的损失、已经支出的运费和保险费能获得补偿，而且所支出的费用（开证费、电报费、借款利息、税款等）及预期利润也能获得补偿。

（2）三种不同形式的货物运输保险保险金额的确定。具体如下：

① 国内货物运输保险业务。国内货物运输保险保险金额的确定按以下方式三选一：启运地成本价，按货物在启运地购进时的成本价（以发票为准）或调拨价或购进价加运费、包装费、搬运费等确定；协商价，协商价不得超过保险价值，一张投保单投保不同单价、不同品名的货物，保险金额应分别列明，同时填写总保险金额；按照增值税发票价计算保险金额，即保险金额=货价×(1+增值税税率)。

② 出口货物运输保险业务。出口货物运输保险的保险金额，一般按照货物 CIF 价格加一成（即加成率为 10%）计算。之所以要按照 CIF 价格计算，主要是为了使被保险人在货物发生损失时，不仅货价的损失能获得补偿，已支付的运费和保险费也能获得补偿。之所以要加一成投保，主要是为了使被保险人在货物发生损失时，所支出的费用（开证费、电报费、借款利息、税款等）及预期利润能获得补偿。对于加成投保的问题，在国际商会《跟单信用证统一惯例》及《2000 年国际贸易术语解释通则》中均有规定。前者规定最低保险金额为"货物的 CIF 或 CIP 金额加 10%"；后者规定最低保险金额为"合同规定的价格另加10%"。按照后者的规定，保险金额可能高于 CIF 价格另加 10%。例如，如果买卖合同采取的贸易术语为 CIFC，则保险金额不是在"成本、运费及保险费"的基础上另加 10%，而是在"成本、运费、保险费及佣金"的基础上另加 10%。当然，保险加成率并不是一成不变的。保险人和被保险人可以根据不同的货物、不同地区进口价格与当地市价之间的差价、不同的经营费用及预期利润水平，约定不同的加成率。在我国出口业务中，保险金额一般按 CIF 价格加成 10% 计算。如果国外商人要求将保险加成率提高到 20% 或 30%，则保险费差额部分应由国外买方负担。同时，如果国外买方要求的加成率超过 30%，则应先征得保险公司的同意，且在签订贸易合同时不能贸然接受，以防由于加成过高，保险金额过大，造成一些不良后果。

保险金额的计算公式为：

$$保险金额 = CIF 价格 \times (1+加成率)$$

例如，CIF 价格为 105 美元，加成率为 10%，则：

$$保险金额 = 105 \times (1+10\%) = 115.5（美元）$$

保险金额既然以 CIF 价格为基础计算，如果对外报价为 CFR 而对方要求改报 CIF，或者在 CFR 合同下卖方代买方办理保险，那么都不能以 CFR 价格为基础直接加保险费计算，而应先把 CFR 价格转化为 CIF 价格再加成计算保险金额。从 CFR 价格换算为 CIF 价格时，可利用下列公式：

因为
$$CIF = CFR + 保险费$$
$$= CFR + (保险金额 \times 保险费率)$$
$$= CFR + [CIF \times (1+加成率)] \times 保险费率$$
$$CIF - [CIF \times (1+加成率) \times 保险费率] = CFR$$
$$CIF \times [1-(1+加成率) \times 保险费率] = CFR$$

所以
$$CIF = \frac{CFR}{1-(1+加成率) \times 保险费率}$$

例如,某公司出口一批商品到欧洲某港口,原报 CFR 欧洲某港口,总金额为 10 000 美元,投保一切险及战争险,一切险费率为 0.6%,战争险费率为 0.04%,保险加成率为 10%,则改报 CIF 价格为:

$$CIF = \frac{10\ 000}{1-(1+10\%) \times (0.6\%+0.04\%)} = 10\ 070.90(美元)$$

如果出口按照 CFR 价格成交,买方要求卖方按照 CIF 价格加成 10%代办投保,则可用下列公式直接以 CFR 价格计算保险金额:

$$保险金额 = \frac{CFR}{1-(1+加成率) \times 保险费率} \times (1+加成率)$$

按上例,该批货物的保险金额为:

$$保险金额 = \frac{100\ 000}{1-(1+10\%) \times (0.6\%+0.04\%)} \times (1+10\%) = 11\ 070.90(美元)$$

③ 进口货物运输保险业务。进口货物运输保险的保险金额以进口货物的 CIF 价格为准,若被保险人要求适当加成投保,则可以接受,但以 10%为宜,对于高风险业务应严格控制加成投保以避免道德风险。如果按 CFR 或 FOB 条件进口,则按平均运费率和特约保险费率直接计算保险金额。

按 CFR 进口时:
$$保险金额 = CFR \times (1+特约保险费率)$$

按 FOB 进口时:
$$保险金额 = FOB \times (1+平均运费率+特约保险费率)$$

上述进口货物保险金额的计算公式,是保险公司与被保险人特别约定的,平均运费率和特约保险费率在预约保险合同中列明,目的是简化手续,方便计算。

3. 建筑工程(安装工程)保险保险金额的确定

(1)建筑工程保险保险金额的确定。由于建筑工程保险的标的包括物质损失部分和第三者责任部分,对于物质损失部分要确定保险金额,对于第三者责任部分要确定赔偿限额。

① 物质损失部分保险金额的确定。建筑工程保险物质损失部分的保险金额为保险工程完工时的总造价,包括材料费、设备费、建造费、安装费、运输费、关税、其他税项及有关费用,以及由业主提供的原材料和设备费。

各承保项目保险金额的确定如下:

第一,正常情况下,建筑工程项目的保险金额应是工程完工时的总造价,其中应包括材料费、设备费、建造费、运输费、关税、其他税项及有关费用。对于一些大的建筑工程,如有若干个单独的主体项目,则可分项投保。

第二,安装工程项目的保险金额,应按重置价值确定,如已包括在合同价格中,则要在保险单中注明。建筑工程保险承保的安装工程项目,其保险金额以不超过整个工程项目保险金额的20%为限,超过20%的应按安装工程保险费率计收保费,超过50%的则应以安装工程保险单独承保。

第三,施工机具设备,一般为承包商所有,不包括在承包工程合同价格内;如合同价格中包括这部分,则最好从合同价格(或工程概算)中剔除出来,列入本专项投保。其保险金额按重置价值(即重新换置同型号、同负载的新机器、装置和机械设备所需费用)确定。

第四,业主提供的物料及项目,其保险金额应按这一部分的重置价值确定。

第五,清除残骸费用项目的保险金额,由保险人与被保险人商定。一般大的工程不超过工程合同价格或工程概算价格的5%,小的工程不超过工程合同价格或工程概算价格的10%。

第六,工程所有人或承包商在工地上的其他财产项目的保险金额可与被保险人商定,但最高不得超过投保标的的实际价值。

另外,要注意在以承包工程合同价格为保险金额时,承包人为争得工程的建设,以低于工程实际所需费用总额承包工程,在这种情况下,保险金额要按与完工价值一致的金额确定保险金额,或在保险单中明文规定,保险金额要随工程的年度资金实际投入随时调整。

② 第三者责任部分赔偿限额的确定。由于人的价值是无价的,且工程施工中可能发生的对第三者或其财物造成伤亡或损失的赔偿责任难以预料,因此很难确定第三者责任保险的赔偿限额定为多少才合理。第三者责任保险的赔偿限额通常由被保险人根据其承担损失能力的大小、愿意及支付保险费的多少来决定。保险人再根据工程的性质、施工方法、施工现场所处的位置、施工现场周围的环境条件及保险人以往承保理赔的经验与被保险人共同商定。赔偿限额要按人身伤亡和财产损失分别确定,一般有两种规定方法:

第一,只规定每次事故的赔偿限额,无分项赔偿限额,无累计赔偿限额。这种方法适用于第三者责任风险不大的工程。

第二,先规定每次事故人身伤亡和财产损失的分项赔偿限额,再规定每人的赔偿限额,然后将分项的人身伤亡限额加财产损失限额构成总的每次事故的赔偿限额,最后再规定一个保险期限内的累计赔偿限额。这种方法适用于第三者责任风险大的工程。

以上建筑工程保险物质损失部分的保险金额与第三者责任部分的赔偿限额之和,即为建筑工程保险总的保险金额。

③ 保险金额的调整。建筑工程工期一般较长,工程的实际造价需在工程完工以后才能最后确定,因此实务上可以先以工程合同价格与工程概算价格为保险金额。在保险期内,工程原计划的各项费用可能因物价上涨、设计变更及其他致使工程完工总造价与原概算或发包时的合同金额不一致。为了确保工程足额投保,被保险人应将工程投资的变动情况及时通知保险人,以调整保险金额。在调整保险金额的同时要调整保险费。对于调整后的保险金额与调整前的保险金额之差额,要追溯到保险期的起始,退还多收的保险费,补收少收的保险费。

④ 出险后保险金额的恢复。保险标的发生保险责任范围内的损失后,保险金额相应减少,被保险人按约定的保险费率加缴恢复部分从损失发生之日起至保险期限终止之日止按日比例计算的保险费,以恢复原保险金额。要求恢复保险金额时要加批单,说明从什么时候起,减少多少保险金额,要与明细表中的保险财产项目取得一致;从何时起至何时止对何项保险财产恢复多少保险金额,并对恢复部分按日比例增收保险费,计算公式为:

$$应增收保险费 = 恢复保险金额 \times 保险费率 \times \frac{损失发生日至保险终止日天数}{保险期限(天数)}$$

(2) 安装工程保险保险金额的确定。安装工程保险的保险金额,一方面明示了保险人对保险标的的最高赔偿责任,另一方面则是作为保险费的计算基础。

① 物质损失部分保险金额的确定。安装工程保险物质损失部分的保险金额为安装工程完工时的总造价,包括材料费、设备费、安装费、建造费、运输费、关税、其他税项及有关费用,以及由业主提供的原材料和设备费。

各承保项目保险金额的确定如下:

第一,安装项目应以安装完工时的总造价为保险金额,包括材料费、设备费、安装费、建造费、运输费、关税、其他税项及有关费用,以及由工程所有人提供的原材料和设备的费用。安装项目包括被安装的机器设备、装置、物料、基础工程(地基、机座)以及工程所需的各种临时设施,如水、电、照明、通信等设施。

第二,土木建筑工程项目的保险金额应为该项目建成时的总造价,包括设计费、材料费、设备费、施工费(人工及施工设备费)、运输费、保险费、税款及其他有关费用。如果该项目已包括在上述安装项目的价格之内,则可不必另行投保,但要在保险单上说明。安装工程保险内承保的土木建筑工程项目,其保险金额以不超过整个工程项目保险金额的20%为限;如果超过20%,则该项目应按建筑工程保险费率计收保险费;如果超过50%,则应按建筑工程保险单独承保。

第三,安装施工用机具设备,一般不包括在承包工程合同价格内,但如果要投保,则保险金额应按重置价值计算,包括出厂价、运输费、关税、机具本身的安装费及其他必要的费用,并列清单附在保险单上,加费投保。

第四,工地内现有财产,即业主或承包人所有的或由其管理的建筑物或财产的保险金额,由被保险人与保险人商定。

第五,清除残骸费用,由被保险人自定并单独投保,不包括在承包工程合同价格内,但要在保险单上列明。一般大的工程定为工程合同价格的 0—5%,小的工程定为工程合同价格的 5%—10%,按第一危险方式承保,但最高不超过现有财产的实际价值。

上述各项保险金额之和,构成安装工程保险物质损失部分的总保险金额。

② 第三者责任部分赔偿限额的确定。第三者责任赔偿限额以法院或政府有关部门根据现行法律裁定的应由被保险人赔付的金额为准,但在任何情况下,均不得超过保险单明细表规定的有关赔偿限额。赔偿限额的确定与建筑工程保险相同。

以上安装工程保险物质损失部分的保险金额与第三者责任部分的赔偿限额之和,即为安装工程保险总的保险金额。

③ 保险金额的调整。如果被保险人是以被保险工程合同规定的工程概算总造价投保,则在保险单列明的保险期限内,当各保险标的的工程造价因设计变动、涨价或升值而

超出原被保险工程造价时,必须尽快书面通知保险人,保险人据此调整保险金额,以避免保额不足,发生保险责任范围内的损失时保险人按比例赔偿,以致被保险人的损失不能得到充分的补偿。也有保险人与被保险人以批单约定,保额增减在某百分比内(如10%—20%),被保险人无须书面通知保险人,事故发生时,保额不低于工程造价总额的该百分比内视为足额投保,保险人须足额赔偿。也有约定待工程全部完工时,再对保额进行调整,保险费多退少补。不论怎样,这些应在保险单中明确规定。另外,现在的工程一般是以承包的方式进行施工的,也可以以承包工程合同价格为保险金额。在整个保险期间,如果因工程计划的变更或物价的变动而造成承包工程合同价格发生变化,则必须对保险金额进行与承包工程合同价格变化相一致的调整,或在保险单中明确规定保险金额可按每年工程的实际投资额随时调整。然而,工程承包商有时以低于实际所需工程费用总额的金额进行承包,即牺牲血本承包,这时保险金额要按与工程完工造价一致的工程费用计算。

④ 出险后保险金额的恢复。保险人赔偿损失后,要出具批单将保险金额从损失发生之日起相应减少,并且不退还保险金额减少部分的保险费。被保险人如要求恢复至原保险金额,则应按约定的保险费率加缴恢复部分从损失发生之日起至保险期限终止之日止按日比例计算的保险费。

4. 国内船舶保险保险金额的确定

(1) 船舶损失保险保险金额的确定。我国国内船舶损失保险的保险金额分别按照船舶所有制形式采取不同的确定形式。

① 隶属于国有、集体单位的新船按照出厂造价确定保险金额;承保时船龄在5年以内的钢质船、3年以内的木质船、2年以内的水泥船也可以视同新船,并按照其出厂造价确定保险金额;凡超过各类船舶船龄年限规定的,应按照实际价值确定保险金额,或由保险双方协商确定保险金额,或按照船东会计账面净值确定保险金额。

② 隶属于乡镇船舶中个体所有的船舶,在保险金额的确定上不接受足额投保,保险金额应按照船舶实际价值的成数确定,最高以不超过实际价值的七成确定,剩余的成数由被保险人自己负责承担。船舶实际价值的认定,一般可由船东提供购买凭据加上修理费用作为确定的依据。

(2) 船舶责任保险保险金额的确定。我国国内船舶保险承保的责任保险是指保险船舶由于碰撞责任对第三者所承担的民事损害赔偿责任,由保险人负责赔偿。最高赔偿额以不超过船舶损失保险的保险金额为限。

5. 机动车损失保险保险金额的确定

机动车损失保险的保险金额可以通过如下两种方式确定:

(1) 按照车辆投保时的新车购置价确定保险金额。这里的新车购置价是指在保险合同签订地购置与投保车辆同类新车的价格。

(2) 按照车辆投保时的实际价值确定保险金额。这里的实际价值是指在保险合同签订时投保车辆的实际市场价值。保险车辆的实际价值按下列公式确定:

$$实际价值 = \frac{国家规定使用年限 - 已经使用年限}{国家规定使用年限} \times 新车购置价$$

投保人可以根据需要,在车辆实际价值的限额内,自行选择确定机动车损失保险保险金额的方式,或者以低于实际价值的金额为保险金额。

6. 家庭财产保险保险金额的确定

家庭财产保险的保险金额由投保人根据家庭财产中可保财产的实际价值自行确定,由保险人按照不定值的方式予以承保。家庭财产保险保险金额的确定有单一总保险金额制和分项总保险金额制两种方式。

(1) 单一总保险金额制。单一总保险金额制是指保险单只列明保险财产的总保险金额。采取单一总保险金额制时,保险人只要求投保人根据投保财产的实际价值确定投保的保险金额,不确定不同类别的财产的保险金额。

(2) 分项总保险金额制。分项总保险金额制是指保险单列明的总保险金额为各项保险金额之和。采取分项总保险金额制时,有两种操作方法:一种是投保人按照保险人提供的投保单所列明的投保财产的类别分项列明保险金额或者列明投保财产的名称及其保险金额,然后将各个类别的保险金额之和作为总保险金额;另一种是投保人根据家庭财产的不同种类标明各种类别的家庭财产所适用的保险费率,然后按照这个保险费率分别计算不同类别的家庭财产的保险金额,最后计算保险单的总保险金额。

### ◆ 典型实例

杜先生在躲避一辆违章行驶的出租车时,碰倒了一位行人,报案后将该行人送到了医院。在处理事故的过程中,杜先生按照保险单上的报案电话通知了保险公司,查勘人员也到现场进行了取证。

为了能使伤者尽快得到治疗,杜先生垫付了所有的治疗费用。在保险理赔阶段,杜先生拿出所有治疗费用的单据,让保险公司连同车损一并赔付给他,可保险公司给杜先生的答复令他十分吃惊,就是在他所投保的险种中根本没有第三者责任险。杜先生找到当时签的保险单,上面清清楚楚地写明有第三者责任险的项目。

保险公司的工作人员再三认真查找,也没找到杜先生所说的第三者责任险的单据,电脑数据库中也没有显示。杜先生十分不理解,当时和业务人员签保险单时明明有这个项目,而且还交了款,自己手中也有单据,为什么保险公司的底联却没有呢?原来杜先生遭遇了"鸳鸯保单"。

"鸳鸯保单"又称"阴阳保单",是指保险业务人员或机构在打印保险单时,人为地将保险单各联分开打印,保险单的客户留存联、业务留存联、财务留存联等各联的内容不一致。一般情况是客户留存联的保费金额比较大、保险责任比较全,而保险公司留存的业务留存联、财务留存联保费金额比较小、保险责任较窄。由于客户按照客户留存联交费,保险公司根据业务、财务留存联入账,业务人员就可以将多余的保费截留他用。

"鸳鸯保单"一般不会单独出现,而是常常与"吃单""删单"配合出现。所谓"吃单",就是保险业务人员或机构向投保人收取保费后,未将保费入到保险公司账上,私自截留;所谓"删单",就是将保费入账后,再通过注销保险合同的方式将保费非法套出。因为玩这些把戏的真正目的是侵吞保费。

有时候保险公司也可能主动利用"鸳鸯保单"吸引客户。一些保险公司以低于规定的费率吸引客户,给客户的正本填写实际费率,自己所留的副本填写正常费率,以备监管机构检查。这样做虽然短期内有助于提升公司的市场占有率,但是会造成公司财务数据和业务数据不实,给公司的持续稳定经营带来隐患;而且,由于其提供的费率较低,导致保险公司的赔付率可能大大提升,而利润率却在下降,长远来看并不利于公司的正常经营,也严重妨碍了保险市场的健康发展。

为了防止被"鸳鸯保单"欺骗,投保人应尽量直接到保险公司业务窗口或通过合法的保险中介机构投保。投保人拿到保险单后最好拨打保险公司的客户服务电话进行查询,核实保险单真伪或保险单是否进入公司核心业务系统。一旦投保人发现异常情况,应及时向当地的保险行政监管部门投诉。

资料来源:刘建英.走近保险与保险中介[M].北京:人民日报出版社,2010。

### 三、保险条款

保险条款是规定保险责任范围和保险人与被保险人的权利、义务及其他有关保险条件的条文。

#### (一) 保险条款的种类

保险条款按形式可划分为印在保险单上的保险条款和加贴在保险单上的保险条款;按性质可划分为基本条款、附加条款、保证条款、法定条款和义务条款。

1. 基本条款

基本条款规定了保险人与被保险人的基本权利和义务。主要包括:①保险财产范围,根据不同的财产保险对象分别确定;②保险责任,主要承保自然灾害和意外事故导致的财产损失;③责任免除;④保险金额确定原则;⑤批改办法,如机动车损失保险中的车辆过户;⑥保险人义务,如宣传、防灾防损、查勘定损;⑦赔偿处理,包括理赔手续和理赔义务。

下面重点讲述责任免除。所谓责任免除,是指保险单规定的保险人不负赔偿责任的灾害事故及其损失范围。责任免除是各险种保险条款的重要组成部分,其对明确保险双方当事人的权利义务关系,保证保险经营的健康发展具有重要意义。

就责任免除在保险条款中的具体功能而言,主要表现在以下几个方面:

第一,对保险责任条款加以适当的修改与限制。保险人在制定保险条款时,是通过约定"保险责任"来明确其承担的风险责任的。由于许多风险责任的构成原因极为复杂,因此保险人一般采用先从整体上规定某项风险责任,然后再用责任免除剔除其中一部分的办法。如火灾保险中,一般将"火灾""爆炸"作为保险责任,但事实上,并非任何原因引起的火灾与爆炸,保险人都予负责。例如,对因战争或军事行动引起的火灾与爆炸而造成的损失,保险人便不负责,于是这一部分往往要通过责任免除来排除。

第二,消除不可保的风险或需要特殊承保条件的风险。在基本条款中确定的保险责任,一般是发生概率较易测算、损失较易在被保险人之间分摊、保险人便于经营管理的风险,为了使标的实际风险符合或接近上述要求,保险人往往要利用责任免除条款,对不可保风险或需经特约才能承保的风险加以剔除。例如,在海洋货物运输保险中,因政府行为致使承保货物损失,是保险双方当事人都无法预防和控制的,保险人一般采用责任免除条款将其排除。

第三,排除道德风险,保证保险人的稳定经营。由于保险合同具有强烈的射幸性,道德风险便成了保险关系中潜在的困扰因素。为此,保险人常常会在责任免除中,对诸多道德风险因素加以剔除,以谋求保险经营的健康发展。几乎所有的保险条款都明确规定,凡投保人或被保险人故意行为所造成的损失均属于责任免除。

责任免除与保险责任在保险条款中的作用在整体上是一致的,两者都旨在对保险人所承担的责任范围做出明确的界定。那么,责任免除与保险责任究竟是一种什么关系呢?从字面上看,责任免除与保险责任两者似乎显得重复。既然规定了保险责任,不在其范围内的事件就应该是责任免除;而既然规定了责任免除,不在其范围内的事件就应该是保险责任。实际上,责任免除与保险责任的关系并不能纯粹从字面上去理解。从保险条款的结构来看,两者都是在规定了保险责任的前提下,再规定责任免除。在这里,责任免除是对保险责任的一种补充,是为"保险责任"服务的。由于责任免除可以对保险责任做出修改与限制,因此保险人最终承担的责任范围总是比"保险责任"所规定的范围略小,被剔除的部分不再是保险责任。就责任免除所规定的内容而言,绝大部分是在"保险责任"规定范围以外的风险因素,之所以有这种必要,主要是为了对某些重要的除外事项或容易产生纠纷的除外事项做出明确的说明,以防止在解释条款时产生纷争。由于责任免除并未将保险人不负责任的事项全部列出,因此也不能认为凡不在"责任免除"条款内的风险责任都属于保险责任。实际的情形是,凡未规定为保险责任的事件以及明确规定为责任免除的事件,保险人都是不负责任的。

责任免除所包含的风险因素的范围很广,从不同的角度,可以对责任免除风险进行不同的分类,通过分类,我们可以更好地把握责任免除的本质特征。

(1) 根据风险能否采用特约的方式承保,可将责任免除风险划分为相对责任免除风险和绝对责任免除风险。相对责任免除风险是指没有特约保险人就不予承保的风险。在保险实践中,相对责任免除风险有很多。对于普通财产保险而言,因盗窃所致的损失、露堆财产的损失、停工停业的间接损失等都属于责任免除风险,但这类责任免除风险可以经双方特约,在符合一定条件时变成保险责任风险。从相对责任免除风险的情形来看,它一般仍具备可保风险的基本条件,即风险是否会在多数人之间分摊等,但风险程度较一般风险要大,或者需要采取较为特殊的风险管理措施,因此难以与一般风险事件一起承保。当投保人要求将这些风险投保时,保险人往往要求收取较高的保险费或要求投保人做出某种特殊承诺。绝对责任免除风险是指即使采用特约的方式保险人也不予承保的风险。如战争、军事行动引起的风险,被保险人故意行为所致的风险,正处于紧急状态中的风险等。从保险理论的角度来看,绝对责任免除风险一般属于不可保风险,这类风险或者具有发生的必然性,或者损失结果难以在被保险人之间分摊,或者无法进行风险控制,或者无法测算损失概率,超出承保技术许可的限度,因此即使投保人愿意支付较高的保险费或者愿意履行特定义务,保险人也不愿予以承保。

当然,相对责任免除与绝对责任免除的划分是相对的,两者不可能有绝对的标准,根据保险人的承保技术、资金实力、风险管理能力的不同,相对责任免除与绝对责任免除的划分会有较大的偏差。

(2) 根据风险发生的原因,可将责任免除风险划分为外界条件的责任免除风险、标的本身性质的责任免除风险、人为引发的责任免除风险。外界条件的责任免除风险是指标的以外的原因可能导致标的损失而保险人不负责任的部分，如露天堆放或罩棚下的财产由于暴风暴雨造成的风险，由于核子辐射和污染造成的风险。标的本身性质的责任免除风险是指因保险标的本身的内在缺陷或性质而引起的损失。例如，海洋货物运输保险中因标的腐烂、锈蚀、破损、自燃等而造成的损失，火灾保险中因标的自身发热、发酵而引起的损失，汽车保险中因汽车磨损、腐蚀、锈蚀及其他自然损耗而引起的损失。这类损失之所以被当作责任免除，是因为风险的发生并不具有偶然性，其中绝大多数属于事物的自然规律，具有必然性。人为引发的责任免除风险是指因投保人或被保险人的恶意或重大过失而引起的风险事项。例如，汽车保险中因无执照驾驶车辆或酒后驾驶车辆而引起的损失，人身保险中因被保险人的自杀、决斗行为或犯罪行为而引起的死伤，或者投保人、受益人故意谋害被保险人所致的死亡。

为了明确责任、避免产生纠纷，保险人在制定各种类型的保险条款时应根据各险种的具体情况，尽可能列出主要的责任免除风险。因此，对构成责任免除的常见情形加以分析以便使条款更加合理与严密是完全必要的。确定责任免除事项，一般可从以下主要方面进行分析：

第一，时间及场所的责任免除。有许多险种，保险人在承担责任时有时间及场所的要求。例如，在简易人身保险中，自交费之日起180天内被保险人因疾病死亡；在自行车盗窃险中，不在规定的停车处停放的车辆被盗，均被列为责任免除。

第二，政府行为的责任免除。各种保险条款中，保险人对因政府行为所致的保险标的损失，一般列入责任免除。例如，由于政府蓄洪、分洪、没收、征用或命令烧毁所致的财产损失（财产保险），由于政府畜牧兽医部门命令宰杀所致的禽畜损失（家禽家畜保险），根据执政者、当权者或其他武装集团的扣押、拘留引起的承保航程的丧失和挫折而提出的任何索赔（海洋货物运输保险）等，均被列为责任免除。

第三，战争或军事行动的责任免除。战争或军事行动等方面的行为，由于损害面大、损失严重、无法将损失在被保险人之间分摊，因而在一般的险种中都被列为责任免除。类似的风险因素还包括敌对行为、武装冲突、罢工和暴动等。

第四，标的缺陷或性质风险的责任免除。例如，机器设备使用后必须引起的后果，如自然磨损、氧化、腐蚀、锈蚀、锅垢（机器设备损坏保险），被保险货物的自然损耗、本质缺陷、特性以及市价跌落、运输迟延所引起的损失或费用（海洋货物运输保险），被保险船舶的船壳和机件的正常维修、油漆费用和本身磨损或锈蚀（船舶保险），均被列为责任免除。

第五，间接损失的责任免除。间接损失由于并不是保险标的本身的损失，制定费率时未予以考虑，因此除非采用特约的方式，一般被列为责任免除。例如，由于船舶滞期、汽车停驶、飞机被劫持或企业财产受损引起的生产停顿或营业中断等属于责任免除。

第六，故意行为、犯罪行为和严重违章行为的责任免除。故意行为和犯罪行为，不但违背保险原理，而且直接与法律抵触，因此在一切险种中都毫无例外地被作为责任免除。例如，不按规定擅自倒罐、拆卸钢瓶及调压阀而引起的火灾、爆炸所致的损失（液化气用户火灾、爆炸保险），无驾驶执照或在酒醉、药剂麻醉状态中驾车所致的损失（汽车保险），均被列为责任免除。这方面的情形还包括船舶或飞机不符合适航条件航行所造成的损失。

第七，依法或依约应由被保险人或有关责任者承担损失的责任免除。应由被保险人承担损失的责任免除,如由于船东及其代表的疏忽导致的损失(船舶保险),根据雇佣合同或劳工法应由被保险人承担的责任(渔船保险),以及各险种中应由被保险人自行负担的免赔额。应由有关责任者承担损失的责任免除,如根据法律或契约应由供货方或制造人负责的损失或费用(机器损坏保险),错误设计引起的损失、费用或责任(建筑工程一切险),属于发货人责任引起的损失(海洋货物运输保险)等。

第八,其他不属于保险责任范围内的一切损失。由于很难在条款中列举全部的责任免除事项,为了防止发生争议,保险人应在责任免除条款中设立非确定性规范,即"其他不属于保险责任范围内的一切损失",以此将非保险责任范围内的风险因素全部排除。

2. 附加条款

附加条款是指按照被保险人的要求附加在合同中的条款。

(1) 扩展责任条款是指保险人在基本条款的基础上,扩展和增加其他特别责任的条款。如财产保险扩展责任条款有:重置价值扩展责任条款、公共当局扩展责任条款、恶意破坏扩展责任条款、喷淋水损扩展责任条款、玻璃破碎扩展责任条款、碰撞扩展责任条款、盗窃扩展责任条款等。

(2) 限制责任条款是指针对某种特殊情况,保险人在承保时所做的特殊限制责任的规定。如承保建筑物火灾及其他灾害保险,须附加如下限制责任条款:"兹特申明,地基沟道损失不在保险责任范围。"

3. 保证条款

保证条款是指投保人向保险人担保某一事项的真实性,或担保为一定行为或不为一定行为的条款,如日本财产保险中的保证条款。

**例1** 防火门和百叶窗保证书

所有防火门和百叶窗,除工作时间外都要关闭,并保持有效工作状态。

**例2** 过夜安全保证书

被保险人拥有或使用的任何车辆或拖车,在晚上10点至早上6点无人照管时,应把它们开进安全加锁建筑物的车库,或者停放在安全加锁、可连续监视下的全封闭院落或有围栏场地内。

4. 法定条款

法定条款是指某些法律规定的条款,如代位追偿条款。

5. 义务条款

义务条款是对被保险人应尽义务的说明。若被保险人未能尽到义务,则保险人也将不负赔偿责任,如缴费条款、询问告知条款、安全条款、批改条款、损失通知条款、损失救护条款等。

(二) 财产保险条款的解释

1. 财产保险条款解释的主体

财产保险条款解释的主体有立法机关、行政机关、地方权力机关及其行政职能机关、审判机关、仲裁机关、条款制定人、保险学家、条款适用人。

### 2. 财产保险条款解释的类型

财产保险条款解释的类型依次为立法解释、行政解释、地方解释、司法解释、仲裁解释、注释解释、学理解释、适款解释，以及由保险习惯所形成的习惯解释及援用其他行业或部门规范解释的准据性解释。其中，立法解释、行政解释、地方解释、司法解释、注释解释合称正式解释。

（1）立法解释。立法机关在我国为全国人民代表大会及其常务委员会，立法解释是全国人民代表大会常务委员会的一项职权，在保险条款解释效力层次上，立法解释具有最高效力，其他保险条款解释均不得违反立法解释所设定的原则。立法解释有以下三种形式：

第一，法内解释，即在法律内设专款直接对保险法律条款予以界定，如《中华人民共和国海商法》第二百一十六条海上保险合同暨保险事故定义条款。

第二，释法解释，即专门颁布关于某项法律解释的决定、决议。

第三，说明解释，审议通过的法律所呈附的说明中对法律的原则或条文的解释说明亦具法律效力。

（2）行政解释。全国人民代表大会常务委员会《关于加强法律解释工作的决议》第三款规定：不属于审判和检察工作中的其他法律、法令如何具体应用的问题，由国务院及主管部门进行解释。行政解释有以下三种形式：

第一，法律行政解释，根据法律授权对不属于司法解释的保险法律条文的具体运用予以行政解释。

第二，规内解释，即在行政法规内设专款直接对保险条款进行解释。

第三，释规解释，对行政法规的解释权法律未见规定，但据法律解释体制推论专属国务院。根据国务院所颁现行行政法规情况来看，凡国务院自行制定颁布的法规，有些在附则中明文规定由国务院解释，有些未明确解释机关，主要涉及部门管理和专业性较强的行政法规明确授权由部门解释，部门制定报国务院批准颁布的法规多规定由制定部门解释，凡未明确授权部门解释的行政法规，均应由国务院解释。

（3）地方解释。全国人民代表大会常务委员会《关于加强法律解释工作的决议》第四款规定：凡属于地方性法规条文本身需要进一步明确界限或做补充规定的，由制定法规的省、自治区、直辖市人民代表大会常务委员会进行解释或做出规定。凡属于地方性法规如何具体应用的问题，由省、自治区、直辖市人民政府主管部门进行解释。前者可称为地方法规性解释，后者可称为应用性解释。

（4）司法解释。司法机关在我国指人民法院和专门法院。司法解释有以下两种形式：

第一，最高人民法院所做的司法解释，例如最高人民法院《关于保险金能否作为被保险人遗产的批复》(1988年3月24日)，最高人民法院《关于财产保险单能否用于抵押的复函》(1992年4月2日)。

第二，判解，即司法机关在处理具体保险合同纠纷中对保险条款所做的解释。例如，"张某诉沅陵县保险支公司案"中，沅陵县人民法院"认为张某车辆1985年11月18日下午投保，而保险公司从18日0时计算起保期，把投保时间相对提前，没有保证被保险人一年的保险期",将中国人民保险公司《机动车辆保险条款》保险期限条款解释做强制性规范。

(5) 仲裁解释。仲裁解释是指仲裁机关在保险合同仲裁中对保险条款所做的解释。仲裁解释与判解合称裁判解释。

(6) 注释解释。注释解释是保险合同背书条款制定人为加强所订条款的可操作性而做的解释,为最狭义的保险条款解释。注释解释对保险合同的订立和履行具有指导意义,不可用作支持保险人诉讼理由的证据,除非此解释在保险合同订立时已为投保人所认可并且双方无争议。注释解释进一步限制投保人权利或增加其义务均属无效。要使注释解释获得完全效力,途径有二:其一,将注释解释公开化,且在保险合同条款中注明适用注释解释;其二,将注释解释列作合同正式文件,此注释解释实际上已转变为保险合同条款。

(7) 学理解释。学理解释是指保险专家、学者所做的有关保险条款的学术性和常识性解释。学理解释是诸多正式解释的渊源,换言之,正式解释不过是成熟的学理解释的规范化,与判解相比,学理解释具有如下特点:第一,抽象性,学理解释一般不针对特定个案;第二,理论性,学理解释着重于解释的理由,即理论构成;第三,自由性,学理解释虽不得无视保险法律法规,不得背离条文,但较法官及条款适用人有较大的自由。它可以对现行法和合同条款做批判检讨,提出应有法和应有条款的建议,并容许理论空白的存在。学理解释在法律上没有约束力,但对其他解释具有不可低估的影响作用。

(8) 适款解释。适款解释是指保险案件承办人处理特定保险个案时具体适用保险条款对之所做解释。

(9) 习惯解释。在长期的保险经营实践中形成了大量的保险惯例和保险条款习惯解释,例如依保险合同中的追偿条款,保险责任范围内的保险损失系由第三者责任所致,保险人应被保险人的请求先予赔偿后,可以被保险人的名义向第三者诉讼追偿。

(10) 准据性解释。准据性解释是指保险人不做解释而援用其他行业或部门的规范解释。保险解释不可能亦无必要对每一保险条款用语均做界定,其他行业或部门大量的规范解释可作为保险条款准据性解释。准据性解释具有如下特点:第一,主体的多元性;第二,解释的间接性;第三,解释的不稳定性,每一准据性解释的变化均会引起对保险条款解释的变化。

### 四、保险期限

保险期限是指保险人对于保险责任事故及其引起的标的损失担负保险金赔付责任的期间。

财产保险期限的确定有如下几种方法:

1. 年次法——日历年度

(1) 保险期限从投保日次日中午12时起至期满日的中午12时止;

(2) 保险期限从投保日次日0时起至到期日前一日24时止。

2. 航次法

(1) 保险期限从船舶泊于发航港口或抵达目的港口时开始;

(2) 保险期限从船舶离开约定的发航港口时开始。

以上两种方式确定的终止时间有：

（1）国际惯例（如英国《1906年海上保险法》）以船舶抵达目的港口保险期限即终止；

（2）船东实务以船舶抵达目的港口安全抛下锚链为保险期限的终止时间；

（3）保险实务以安全抛下锚链后24小时为保险期限的终止时间；

（4）目前以船舶抵达目的港口当日午夜0时起最多不超过30天为保险期限的终止时间。

3. 工程期法

保险责任的开始有两种，以先发生为保险期限开始：

（1）投保工程动工之日；

（2）被保险项目被卸至工地时。

保险责任的终止有两种，以先发生为保险期限终止：

（1）工程竣工验收时；

（2）保单列明的终止日。

4. 生长期法

生长期法主要适用于农业保险，即根据种植业和养殖业的生长周期的长短确定保险期限。

（1）种植业保险期限。①生长期农作物保险期限。农作物保险期限是指保险责任的有效期限。农作物保险期限的确定很复杂，但不论何种农作物保险都要明确规定开始和终止日期。农作物严格按气候条件一季一季地生产，因此生长期农作物保险要不违农时，科学合理地规定起讫日期。②收获期农作物保险期限。收获期农作物保险是一种短期保险，一般只有1个月左右。对于粮食作物，一般是开镰收割起保至加工晾晒后入库时终止。对于鲜活农产品，如水果、蔬菜等，从产品有八九成达到成熟期起保至交售或入库时终止。在实际工作中，有些保险公司考虑到农作物进入收获期后，由于气候干燥，常发生火灾或其他灾害事故，为了保障投保人既丰产又丰收的经济效益，把保险期限扩伸或延长到收割（采摘）前的10天，或者交售或入库时终止保险责任，使保险期限达到2个月左右，进一步扩大了保障程度。

（2）养殖业保险期限。①大牲畜保险期限。大牲畜是一种哺乳动物，在哺乳期内的仔畜，因抗病能力弱，成活率不稳定，而且死亡率较难确定，保险人对断奶前仔畜一般不予承保。又因大牲畜的生长期和饲养期都较长，在可保畜龄范围内，起讫日期可由保户任意选定，投保期限可长可短。但在实际工作中，保险期限一般以1年较多，到期续保，另办手续。对于投保胎产、运输等单项责任或区间责任保险的大牲畜，可特别约定短期保险期限。为了防止将带病大牲畜或已有危险先兆的大牲畜投保，一般在签单后规定10—20天的观察期。保险人对在观察期内造成的死亡不负赔偿责任。②中小家畜保险期限。中小家畜保险期限的长短，主要依据中小家畜的种类、饲养期的长短和所保危险的特点确定。幼畜因抵御自然灾害和疾病的能力相当弱，保险期限一般从断奶后开始生效。饲养期短于1年的，按养殖期确定相应的保险期限。③家禽保险期限。对各种家禽保险的保险期限，一般不做统一规定，但一个保险期限一般短于家禽的养殖周期。具体来说，养殖期在1年以上的家禽按1年期承保，不足1年的按短于养殖期确定保险期限。④水产养殖保险期限。淡水养殖保险的保险期限一般为1年,也有将养殖对象的一个生长期作为保险期限。海水养殖保险一般以保险标的的一个养殖期为限,保险期限因不同的保险标的有长短的差异,即使同一保险标的,其保险期限又因我国南北气候差别而有先后和长短的不同。但是有一点是相同的,就是在保险责任生效前都有10—15天的观察期。另外,有的海水养殖险种不宜按自然年度确定保险期限,例如对虾养殖,北方一般一年养一次,而在南海海域一年内养两三次,所以最好以一个养殖期为限,到期续保。

5. 长尾巴法

"长尾巴法"主要适用于责任类保险。此类保险由于采用不同的索赔方式,可能使保险期限被无限制地延长,被形象地比喻有"彗星"的尾巴那么长,故被称为"长尾巴法"。

(1) 以索赔为基础的承保方式(期内索赔式)。由于从责任保险责任事故的产生到受害人提出索赔,往往可能间隔一个相当长的时期(例如,工程设计错误在施工后或竣工验收、交付使用后才能被发现,医生误诊或误用药物给病人留下隐患或后遗症需要几年乃至几十年才能被发现),因此各国保险人在经营责任保险业务时通常采用以索赔为基础的承保方式。所谓以索赔为基础的承保方式,是指保险人仅对在保险有效期内受害人向被保险人提出的有效索赔负赔偿责任,而不论导致该索赔的事故是否发生在保险有效期内。这种承保方式可使保险人确切地把握该保险单项下应支付的赔款,即使赔款数额在当年不能确定,至少可以使保险人了解索赔的全部情况,对自己应承担的风险责任和可能支付的赔款额做出比较切合实际的估计。

(2) 以事故发生为基础的承保方式(期内发生式)。所谓以事故发生为基础的承保方式,是指保险人仅对在保险有效期内发生的责任事故引起的索赔负责,而不论受害人是否在保险有效期内提出索赔。这种承保方式实质上是将保险期限延长了。

### 五、保险费与保险费率

(一) 保险费

保险费简称保费,是指投保人根据保险合同的有关规定,为被保险人取得因约定风险事故发生造成的经济损失的给付权利而付给保险人的代价。

1. 保险费的类别

根据保险的经营过程,通常可以将保险费分为三类:①签单保险费,指保险公司和投保人之间签订了保险合同,保险公司签发了正式保险单,被保险人应缴清的保险费。②实收保险费,指保险公司根据已签发的保险单实际收到的保险费。③应收保险费,指保险公司根据已签发的保险单应当收取但尚未收到的保险费。签单保险费为实收保险费与应收保险费之和。

(1) 应收保险费存在的原因。具体包括:

第一,投保人在拿到保险公司出具的有效保险单和保险费发票后,企业经营不善或其他客观原因造成暂时无力支付保险费。

第二,因投保人反悔、不同意投保或主观上存有侥幸心理而故意不缴或拖缴保险费,当保险标的出险时再缴保险费,而保险标的不出险则可节省一笔保险费支出。

第三,保险公司出具保险凭证满足一些关系户或内部员工的特殊需要,如出具车辆保险单,用于机动车辆年度审核需要,实际并未收钱。

第四,保险公司和保险代理人、保险经纪人之间在保险费结算方面没有严格的规定,或缺乏有效的相互制约,导致保险费不能及时到账;个别业务人员或代理人故意截留、侵吞保险费而拒不上缴保险公司。

第五,保险公司内部业务流程操作有误。

(2) 应收保险费存在的危害。保险企业会计核算采用的是权责发生制,所以保险人出具保险单后,无论是否收到保险费,都要计入损益进行核算,且保险人要承担一定的费用及保险责任。

第一,内部经济损失。一是分保保费,保险人出具保险单后,从承担保险责任开始起 2 个月内,将根据承保业务险种、保额、风险程度等因素,对所承保业务按签单保险费的一定比例分保给再保险人,达到进一步分散、降低承保风险的目的。一般平均分出比例在 40% 以上。二是税收支出,保险人业务经营属商业行为,按国家有关规定保险人要缴纳各种税费。如不能及时收回保险费或注销保险单,则账面所挂应收保险费将虚增资产、虚增利润,从而增加企业实缴各项税费。三是坏账损失,应收保险费如无法收回,将形成财务呆坏账损失。为此财政部规定,保险企业要按当年应收账款的一定比例提取坏账准备金,以冲减应收坏账损失。

第二,赔偿损失。我国《保险法》第十四条规定:"保险合同成立后,投保人按照约定交付保险费;保险人按照约定的时间开始承担保险责任。"第十五条规定:"除本法另有规定或者保险合同另有约定外,保险合同成立后,保险人不得解除保险合同。"据此,保险人在约定的时间内若不能收到保险费,除特别约定外,不得单方擅自解除保险合同,同时要承担保险责任,当保险标的发生保险责任事故而造成损失时,保险人要负赔偿责任,从而使保险人蒙受经济损失。

第三,道德风险损失。通常,保险公司出单后,由业务人员或代理人代收保险费,再交到保险公司财务部门,如果应收管控工作不严,应收保险费催收不及时、积淀过多、时间过久,就容易给个别素质差、法制观念淡薄的业务人员或代理人挪用、截留乃至贪污保险费造成可乘之机,从而给保险公司经营带来风险隐患,并令保险公司信誉受到损害。因此,保险人合理地控制应收保险费数量,对保险公司健康、稳健、可持续发展具有非常重要的意义。

(3) 应收保险费的管理。具体包括:

第一,严格签单保险费的管理。签单保险费的管理是保险费管理的根源和基础。建立严格的管理制度,将公司所有业务(包括代理人的业务)纳入管理的范畴,严禁以任何借口和任何形式违规作业,应充分认识到加强和严格签单保险费管理的重要意义。

第二,强化应收保险费的催收。由于产险出险概率高,保险期限一般为 1 年,时间较短,必须强化应收保险费的催收。在管理方面,应将应收保险费分为正常应收保险费和不正常应收保险费。正常应收保险费是指根据保险合同的规定,采用分期付款的方式产生的应收保险费;不正常应收保险费是指非正常原因产生的应收保险费。保险公司对于不正常应收保险费应加强催收,对于不能收回保险费的合同,可寻求法律帮助,以减少损失。

2. 保险费计算和填写的注意事项

保险费计算和填写应注意以下事项:①保险费的计算要根据确定的费率和保额,精确到分;②在投保单上填写保险费,要坚持大写在前,小写在后,大写不得涂改;③分项计算保险费之和要与总保险费金额相等;④凡基本险享受费率优惠减免的,则附加险同时享受同一费率优惠,要注意优惠保险费。

3.保险费缴付问题

(1)时间问题。①约定一次缴付保险费的,于支付后保险合同开始生效;②约定分期缴付保险费的,第一期保险费应在合同生效前支付;③陆续到期的保险费应于约定之日午夜前支付,缴付日是星期日或其他休息日的,可于次日缴付;④由邮局和银行汇寄,预计可能在相当时间内到达的,不论实际是否在期内收到均产生效力。

(2)地点问题。①国际上一般采用投保人直接到保险人的营业场所缴付或直接寄给(汇给)保险人的方式;②支付给约定的保险代理人。

(3)方法问题。①保险费用现金支付;②保险费用支票或汇票支付的,除另有约定外,应在付款人承兑或付款之日起发生效力,但如果支票或汇票没有兑现,那么即使投保人已取得收据也不发生效力;③用债务抵消保险费是指有权收费的保险代理人如果对投保人负有债务,而用债务抵付保险费并开具收据的,同样具有效力。

(二)保险费率

保险费率是指保险人按保险金额向投保人收取保险费的比例,通常用%或‰表示。

## 六、其他内容

财产与责任保险合同还应包括如下内容:①订约双方当事人(保险人、投保人)的名称;②被保险人的名称、住所、联系电话等;③订约日期,即签订合同的日期;④投保方(包括投保人和被保险人)以往或现在与其他保险人的保险记录,如曾特约承保、拒赔、赔款与损失记录等;⑤施救及其费用处理;⑥索赔时效;⑦重复保险的分摊;⑧争议处理。

### 保险诗选

**保险,新生活的起点**

潘德厚

看天——雨泼云涌风狂卷
看山——树摇峰撼欲倾翻
看地——泥走水冲无遮拦
天地之间,经受着风和雨的灾难
灾祸是万一,保险是一万
房倒屋塌,保险使我们重建家园
工厂被淹,保险使机轮重新运转
面对灾害,保险补偿的不是空洞的悲叹
失去的总会再来
保险使我们感受温暖
雨中之伞,雪中之炭

> 保险,燃起我们新生活的火焰
> 看——
> 雨过天晴,阳光明媚
> 前进路上百花争艳
> 保险——你是新生活的起点

## 第四节 财产保险合同的订立、变更与终止

### 一、财产保险合同的订立

按照《财产保险合同条例》第五条的规定:"投保方提出投保要求,填具投保单,经与保险方商定交付保险费办法,并经保险方签章承保后,保险合同即告成立,保险方并应根据保险合同及时向投保方出具保险单或保险凭证。"从中我们可以看出,财产保险合同当事人之间经过要约、承诺,意思表示一致,合同即成立。也就是说,财产保险合同订立的一般程序包括保险要约和保险承诺。

(一)保险要约

要约即订约提议,是当事人一方向另一方提出订立合同的建议。保险要约是指订立保险合同的当事人一方向另一方提出缔结保险合同的提议或申请。

保险要约具有如下特征:

(1)保险要约是以缔结保险合同为目的的意思表示。投保人填具投保单的目的在于订立保险合同。如果投保人填具投保单并非期望产生订立保险合同的法律效果,那么该提议不能称为保险要约。

(2)保险要约是投保人向特定的相对人做出的意思表示。保险要约的作用在于引起相对人的承诺,以使保险合同得以成立。在订立保险合同的过程中,作为保险要约相对人的保险人必须是特定的保险企业,保险要约是保险要约人向特定范围的保险人发出的。

(3)保险要约的内容足以决定保险合同的主要条款。由于保险合同的特点,保险合同的主要条款是由保险人事先拟就并印制在投保单上的,作为要约人的投保人只需按保险人提供的投保单的内容逐项填写即可。如果一方提议的内容不足以决定保险合同的主要条款,那么即使对方接受,也无从确定当事人双方是否对保险合同的主要条款达成协议,当事人的权利和义务也无从谈起,保险合同就无法成立。

通常情况下,保险合同要约由投保人发出,当保险人收到投保人填具的记载投保要求的投保单时,保险要约即产生法律效力。

下列情况下,保险要约可以终止其法律效力:

(1)保险要约被撤销。在保险要约生效前,保险要约人可以撤回保险要约,但撤回保险要约的意思表示应基于正当的理由,如投保人确因重大误解(如对保险条款的理解有偏差)而导致投保要求违背了本身的意愿。

(2)保险要约被拒绝。保险人不接受或不完全接受保险要约的意思表示,经投保人

知晓后,要约可以因被拒绝而终止效力。

(3) 保险要约的有效期限届满。保险要约规定有承诺期限的,在该期限内,受要约人未承诺的,要约即失去效力。

(二) 保险承诺

承诺即接受订约提议,是当事人一方对要约人提出的要约内容和条件表示完全同意的答复。保险承诺是保险人对投保人所发出的订约提议或声明的一种认可表示。

保险承诺具备如下特征:

(1) 保险承诺是一种法律行为。保险承诺是保险人的法律行为,保险人对投保人的要约一经承诺,对保险人即产生法律约束力。这种法律约束力体现在:保险承诺一经做出,保险合同即告成立,保险人应当彻底履行合同规定的义务。

(2) 保险承诺是对保险要约同意的意思表示。

(3) 保险承诺是特定的保险人向投保人做出的意思表示。

(4) 保险承诺是在保险要约有效期内做出的答复。

(三) 财产保险合同的效力

1. 财产保险合同的成立

我国《财产保险合同条例》第五条规定:"投保方提出投保要求,填具投保单,经与保险方商定交付保险费的办法,并经保险方签章承保后,保险合同即告成立。"可见,保险合同成立的时间,应自投保方填具投保单并经保险方签章承保时算起。按照这一要求,保险方接收投保方填具的投保单后,经审核同意承保并在投保单上签章承诺时,保险方与投保方依法就所签保险合同的主要条款已协商一致并达成协议,合同即告成立。

2. 财产保险合同的效力

通常情况下,财产保险合同的效力是指依法成立的保险合同条款对合同当事人产生约束力。

根据现行财产保险合同条款的规定,投保人在向保险人提出投保要求并填具投保单时,应注明所要求的保险起讫时间(即合同发生法律效力的期间),在此期间内保险人开始承担保险责任。

财产保险合同的成立与生效有如下区别:

(1) 性质不同。财产保险合同的成立是指合同当事人就保险合同的条款达成一致;财产保险合同的生效是指合同条款对当事人已产生法律效力。

(2) 法律效果不同。在财产保险合同中,合同成立后当事人双方只能静待合同生效(合同约定一旦合同成立即生效的除外),在合同成立至合同生效期间发生的保险事故,保险人不承担保险责任;在合同生效后,当事人必须履行义务。

(3) 时间不同。在财产保险合同中,除非合同当事人约定合同自成立起生效,否则合同成立的时间早于合同生效的时间。

在我国保险业务实践中,订立保险合同时普遍推行"零时起保制"或"午时起保制"。因此,一般情况下,保险合同的生效时间均在合同成立的次日或约定的未来某一日的零时或午时。

## 二、财产保险合同的变更

### (一) 财产保险合同的变更

1. 定义

财产保险合同的变更是指在财产保险合同的存续期内,有关保险标的数量的增减和坐落地址的变动,以及因保险标的的转卖、转让而引起的被保险人的变化等。

2. 财产保险合同变更的特殊规定

(1) 财产保险合同的变更只能发生在保险合同订立之后尚未完全履行之前。

(2) 财产保险合同的变更一般不涉及已履行的部分,只对未履行的部分产生效力。例如合同订立后,因发生保险事故损失,保险人已支付部分保险赔款,则保险合同的变更只对冲减后的实际保险金额有效。

(3)《财产保险合同条例》第九条规定:"在保险合同有效期内,投保方和保险方可以协议变更合同的内容。"

### (二) 财产保险合同变更的条件

1. 财产保险合同内容变更的条件

财产保险合同内容变更的条件是指法律规定的允许合同当事人变更合同的情况或原因。

我国《民法典》第五百四十三条规定,当事人协商一致,可以变更合同。根据这一规定,结合财产保险合同的具体情况,财产保险合同内容变更的条件可以归纳为以下几点:

(1) 双方当事人协商一致变更财产保险合同。财产保险合同的当事人双方因合同的内容发生变化而协议变更保险合同,这是财产保险合同变更的基本条件。

(2) 因国家有关法律的颁布而变更财产保险合同。在国家颁布实行某种法律时,原保险合同应依照国家法律进行变更。

(3) 因当事人一方违约使部分合同的履行成为不必要而变更财产保险合同。保险合同当事人双方订立财产保险合同,是以合同履行的必要性为前提的。如果一方违约使原来部分合同的履行成为不必要,则对方需变更保险合同。

2. 财产保险合同主体变更的条件

财产保险合同主体的变更是指保险合同关系人和当事人的改变。

财产保险合同主体的变更与一般经济合同主体的变更不同,一般经济合同主体的变更可以是当事人双方的任何一方,而保险合同主体的变更只能是合同一方关系人和当事人的被保险人或投保人。

## 三、财产保险合同的终止

财产保险合同的终止是指合同当事人双方因一定的法律事实和经一定的法律程序而消灭相互间的权利义务关系。

财产保险合同终止的方式有:

1. 中途终止财产保险合同

(1) 保险人终止财产保险合同。《财产保险合同条例》第十条规定:"保险合同一经成立,保险方不得在保险有效期内终止合同。"但保险方在签订保险合同时,应充分运用"通知终止合同条款"达到在有效期内终止保险合同的目的。

(2) 投保人终止财产保险合同。《财产保险合同条例》第十条同时规定:"投保方要求终止合同时,保险方有权按照国家保险管理机关规定的短期费率表的规定,收取自保险生效日起至终止合同日为止的保险费,退还投保方原已交付的保险费。"

(3) 投保人不可以终止的财产保险合同。对货物运输和运输工具的航程保险,保险责任一经开始,除非保险合同另有规定,投保人不能要求终止合同,也不能要求退还保险费。

2. 财产保险合同因违法、违约失效而终止

(1) 违法失效而终止财产保险合同:①违反法律和国家政策、计划的财产保险合同;②采取欺诈、胁迫等手段签订的财产保险合同;③代理人超越代理权限签订的财产保险合同,或者以被代理人的名义与自己或自己所代理的其他人签订的财产保险合同;④违反国家利益或社会公共利益的财产保险合同。

(2) 违约失效而终止财产保险合同:①不申报、隐瞒或做错误申报;②不履行交纳保险费义务;③不尽安全防灾义务;④不履行风险增加通知义务;⑤不履行出险施救、通知义务。

3. 保险财产合同因履行赔偿义务而终止

在财产保险中,发生保险事故遭受实际全损或推定全损后的保险标的已经灭失或已经无法恢复原有使用价值,保险人按全损赔偿已履行了全部赔偿义务,保险合同即告终止。

## 本章讨论案例

2019年5月20日,王仁亮向A保险公司的保险代理人张某购买了一份家庭财产综合保险,附加盗抢保险、家用电器用电安全保险,保险总金额为69万元,保险期限为1年。王仁亮在填写好投保单以后,当即支付给张某1 095元保险费。由于当日(5月20日)和第二天(5月21日)是双休日,张某在收下保险费后,口头答应在5月22日下午将保险单送过来,王仁亮表示同意。

天有不测风云,就在5月22日上午,王仁亮所居住地区突然电闪雷鸣,且伴有大暴雨,雷击造成王仁亮家中的电器损坏,损失达35 000元。当天下午,王仁亮以被保险人的身份向A保险公司报了案,并要求A保险公司赔偿他投保的家用电器所遭受的损失。

【讨论的问题】

1. 请概述保险合同订立的程序和形式。在本案中,王仁亮与A保险公司的代理人张某是否订立了财产保险合同?

2. 这份以口头方式订立的财产保险合同是否成立生效?

3. 张某作为保险代理人代 A 保险公司同意接受王仁亮的投保申请并收取保险费,这属于他的个人行为还是属于 A 保险公司的行为? 由此产生的法律后果应由谁来承担?

4. A 保险公司是否应承担对被保险人王仁亮所遭受损失的赔偿责任?

 **知识积累**

### 车险 14 种状况保险公司可以拒赔

很多车主都以为给车投了"全险"就万无一失了,但其实"全险"只包括了车损险、第三者责任险、盗抢险、玻璃险、划痕险、车上人员险及不计免赔等几个险种。在某些特定情况下,即便投保了上述主险、附加险,车主依然得自己"买单"。

1. 酒后驾驶、无照驾驶,行驶证、驾照没年检的不赔。
2. 地震不赔。
3. 精神损失不赔。
4. 修车期间的损失不赔。
5. 发动机进水后导致的发动机损坏不赔。
6. 爆胎不赔。
7. 被车上物品撞坏不赔。
8. 未经定损直接修车的不赔。
9. 把负全责的肇事人放跑了不赔。
10. 车没丢,轮胎丢了不赔。
11. 拖着没保险的车撞车不赔。
12. 撞到自家人不赔。
13. 车灯或倒车镜单独破碎不赔。
14. 自己加装的设备不赔。

以上 14 种状况发生时,保险公司会对您说"不"。

 **复习思考题**

【基础知识题】
1. 如何理解财产保险合同的含义和分类?
2. 财产保险合同有哪几种形式?
3. 批单有哪些种类?
4. 财产保险的保险期限如何确定?
5. 责任免除有哪些类别?

【实践操作题】
1. 浏览中国平安保险(集团)股份有限公司网站(http://www.pingan.com),了解公司财产保险业务的开展情况,列举主要的财产保险业务类型。

2. 浏览中国保险网(http://www.china-insurance.com),查询保险市场动态、保险数据统计分析、保险观点分析与研究、保险专题论坛、各大保险公司人才招聘信息等。

【探索研究题】

1. 保险价值对确定财产保险保险金额有何影响?
2. 企业财产保险保险金额如何确定?
3. 农业保险保险金额如何确定?
4. 财产保险条款发生异议如何处理?
5. 试说明设置责任免除条款的必要性。对于被普通财产保险合同剔除在外的风险,投保人可以采取何种措施进行处理?

# 第四章　财产与责任保险的基本原则

> **学习目标**
>
> - 了解赔偿责任原则的来源
> - 了解代位追偿权成立的条件
> - 掌握赔偿责任原则的主要内容
> - 掌握保险利益原则的主要内容
> - 掌握权益转让原则的主要内容
> - 重点掌握保险人追偿的范围
> - 重点掌握诚信原则的主要内容
> - 重点掌握委付的主要内容
> - 重点掌握重复保险分摊的基本内容
> - 综合运用：能够运用优先保护受害第三人利益原则分析保险人的利益保护，同时能够合理运用近因原则分析保险案例

 **导读案例**

网约车投保，怎么更保险？

**【案情简介】**

2017年8月28日，郝某为其丰田汽车在A保险公司（以下简称"A公司"）投保了交强险以及机动车损失保险、第三者责任保险、盗抢险、车上人员责任险（司机）、车上人员责任险（乘客）等商业险。交强险的财产损失赔偿限额为2 000元，商业险中机动车损失保险赔偿限额为275 343.2元、机动车第三者责任保险赔偿限额为50万元。

2017年12月21日3时48分，郝某驾丰田汽车与一小客车右前部相撞，造成两车相应部位损坏，无人伤。经当地交通支队出具交通事故认定书，认定郝某负本次事故的全部责任。同日，郝某向A公司提出索赔申请。2018年1月11日，A公司向郝某出具《机动车辆保险拒赔通知书》，拒赔理由为被保险车辆改变使用性质。

一审法院判决结果如下：A公司赔偿郝某机动车损失保险项下损失、三者车的维修费损失、交强险项下损失以及机动车第三者责任保险项下损失。A公司不服，提起上诉。二审法院经审理后判决：A公司有权拒绝承担商业险保险金的赔偿责任，但应依法承担交强险项下的损害赔偿责任。

**【争议焦点】**

本案中二审改判的关键在于认定网约车为运营车辆,并非普通家用车辆。

(一)网约车与运营车分类不同

站在保险行业的角度,我国目前将机动车分为运营车辆和非运营车辆。由于运营车辆具有较高的出行频率,危险程度高,其面临的风险也与非运营车辆不可相提并论,因此保险公司要求车辆承保的险种也不同。非运营车辆一般是私人自用,不提供有偿服务,从性质来看,不存在营利行为,故而保费较低。相较于非运营车辆,运营车辆在投保时保费较高。

机动车辆的责任保险在我国主要分为交强险和商业险。根据出租汽车的服务方式,出租汽车分为网约车和巡游车。网约车是指从事网络预约服务的出租汽车,在实际生活中以快车、专车、顺风车形式存在。

(二)网约车是否为运营车,不应以特定某一时点是否承揽业务为标准

在本案中,A公司申请法院向B网约车平台公司(以下简称"B公司")调取郝某车辆自2017年12月19日至12月21日的订单情况,B公司回复称:2017年12月19日至2017年12月21日平均每日有3—5份订单。事故发生时的2017年12月21日3时48分无订单。根据B公司的回复可以确认的是,郝某车辆在网约车平台进行了注册并曾经实际承揽运营业务,可以称其为网约车,但在事故发生时点郝某可能并未从事运营活动。

而且涉案交通事故发生于"2017年12月21日3时48分"系公安交通管理部门出具的交通事故认定书中记载的时间。另有一种可能,发生交通事故后,乘客在没有人身损伤的情况下取消原订单另行安排其他交通方式继续行程亦符合常情。此外,B公司所述该时点没有订单,亦不能完全排除郝某在承接订单后赶往乘客所在地途中发生交通事故继而乘客取消订单之情形。

另外,本案中当法院明确要求郝某提交该段时间其承揽网约车业务的详细订单信息时,郝某未予提交。法院向B公司致函要求予以核实,B公司始终未予明确回复。在向A公司调取证据未果的情况下,法院再次明确要求郝某提交相关信息,并向其释明法律后果,但郝某仍以手机号码注销且忘记A公司手机软件注册密码为由未按照法院要求提交相应信息。

(三)网约车是否存在改变车辆使用性质进而导致危险程度显著增加之情形

关于保险标的危险程度显著增加,我国《保险法》第五十二条规定:"在合同有效期内,保险标的的危险程度显著增加的,被保险人应当按照合同约定及时通知保险人,保险人可以按照合同约定增加保险费或者解除合同。保险人解除合同的,应当将已收取的保险费,按照合同约定扣除自保险责任开始之日起至合同解除之日止应收的部分后,退还投保人。被保险人未履行前款规定的通知义务的,因保险标的的危险程度显著增加而发生的保险事故,保险人不承担赔偿保险金的责任。"按照《最高人民法院关于适用〈中华人民共和国保险法〉若干问题的解释(四)》第四条第一款之规定,人民法院在认定保险标的是否构成保险法规定的"危险程度显著增加"时,应当综合考虑以下因素:①保险标的的用途的改变;②保险标的使用范围的改变;③保险标的所处环境的变化;④保险标的因改装等引起的变化;⑤保险标的使用人或者管理人的改变;⑥危险程度增加持续的时间;⑦其他可能导致危险程度显著增加的因素。本案中郝某驾驶车辆承接B公司营运业务,改变了车辆用途,

增加了车辆使用频率，符合"危险程度显著增加"之基本情形，且未及时通知 A 公司，故 A 公司依据上述法律规定以及商业三责险保险条款第二十五条第（三）项以及车损险保险条款第九条第（五）项之约定，有权拒绝承担商业险保险金的赔偿责任，但交强险项下的损害赔偿责任该公司应依法承担。

**【启示与建议】**

**"裸奔"的网约车应当得到社会关注**

网约车是在"互联网+"时代顺应大众需求而产生的新生事物。目前，国家对于网约车的法律规定比较模糊，虽然社会一直非常关注网约车的违法违规现象，但总体来看，许多网约车车主仍徘徊在监管的"灰色地带"，缺乏对相关风险的预防机制，处于"裸奔"状态。

由于网约车车主的工作时间与工作频率自由且随意，网约车的风险与正常的营运性出租车不尽相同，存在较大的社会风险因素。因此，作为专业的风险管理机构，保险公司在网约车保险领域大有可为，可以考虑与网约车平台合作，采集网约车车主的在线营运数据，以实际营运天数、时长等因素为广大网约车车主定制个性化的商业保险险种，以更好地保障消费者权益和社会公众利益。

2016 年 7 月 27 日，交通运输部、工业和信息化部等七部委联合发布的《网络预约出租汽车经营服务管理暂行办法》规定，自 2016 年 11 月 1 日起，网约车驾驶员应持有《网络预约出租汽车驾驶员证》与《网络预约出租汽车经营许可证》；车辆应具备《网络预约出租汽车运输证》，无证网约车会受到行政处罚。车辆非法营运的责任应该由车辆所有者或者驾驶员承担，而不应该由保险公司承担。但在实际案件中，市场中的信息不对称使保险公司无法获悉索赔车辆的营运性质。所以，对于此类恶意骗保行为，应对车辆所有者或驾驶员的信用情况进行记录，将失信者加入黑名单并公示，惩罚违规现象，保障保险人权益。

此外，建议政府进一步完善对网约车相关法规的制定，将网约车保险机制与监管制度有效统一。保险业可以利用网约车平台采集数据的优势，充分与银行保险监管部门及国家交通部门建立信息共享机制，鼓励网约车车主投保相应保险险种，保障网约车车主与乘客及第三人的权益，维护社会的公共安全与稳定。

**案例详情链接**

董娟娟.网约车投保，怎么更保险？[EB/OL].(2019-05-29)[2020-08-31].http://chx.sinoins.com/2019-05/29/content_292727.htm，有删改。

**你是不是有下面的疑问**

1. 为何保险赔偿要遵从一定的原则？
2. 何为保险原则？主要包括哪些原则？这些原则对保险业发展起到什么样的作用？
3. 如何确定保险责任？

在法律上,财产与责任保险的投保人、保险人在签订和履行合同时都必须遵循几项基本原则。

## 第一节 保险利益原则

### 一、保险利益原则的渊源

以与自己毫无利害关系的他人的生命或财产为保险对象投保,易导致犯罪。英国议会于1774年通过《人身保险法》(Life Asurance Act,又名"Gambing Act 1774"),该法在一开始就指出,"这是一部以生命为对象的保险和禁止所有投保人对被保险人的生存或死亡不具利益的保险的法律",旨在消除以他人生命为赌注,牟取非法利益的寿险保单。1906年的《英国海上保险法》将没有保险利益的保险合同视为赌博合同而规定其无效。该法成为保险经营必须严格遵循的法律之一。

 拓展阅读

#### "保险利益"一词在我国的争论

在我国最早流行的1906年《英国海上保险法》中文译本文字虽属白话文,但有点像浅近的文言文味道,其中把"insurable interest"译为"保险利益"。而1990年金祖光著的《海上保险法规与实务》一书在第362—386页上有1906年《英国海上保险法》的另一种较通俗的中文译文,其中把"insurable interest"译为"可保利益"。那么究竟哪一种译法才确切地表达了英文的语意呢?目前有两种观点:

(1)"insurable interest"只能译作"可保利益",保险利益另有其英语单词。林宝清在《当代保险》(1985年第11期增刊)上撰文《可保利益与保险利益之法论》,认为目前国内使用的可保利益一词是从英文"insurable interest"翻译过来的,而保险利益一词的英文是"insurance interest",因为:①从英文的词结构上判断,"able"的译义是"能够的""可以的",作为insure动词的词尾构成insurable,则成"可以保险的""能够保险的"。所以"insurable interest"确切的翻译应为"可保利益",而不能译为"保险利益"。②从"insurable"的英文词义解释上判断,美国权威字典《兰敦大学词典》对这个词的解释是"capable of being insured",中文的译义是可以被保险的,含有被动意思。由此可见,"insurable interest"即"可以被保险的利益"无疑,简称可保利益。③从汉语的含义上判断。"可保利益"的含义是可以作为保险的利益,言外之意是这个利益还没有受到保险,含有被动意思,与《兰敦大学词典》的解释吻合。而"保险利益"的含义是保险的利益,言外之意是这个利益已经得到保险保障,是完成形态。由此可见,"保险利益"与"可保利益"在中文含义上所表示的意思也是不同的。"保险利益"在英文中用"insurance interest"表示,我们可以在《英汉财政金融词汇》(1984年,中国财经出版社)中查到,是指保险合同双方当事人承认的并在合同上约定的为被保险人所享有的利益,即被保险人一方有权向保险人索赔的权利。简言之,保险利益即受保险人保障的投保人或被保险人的利益。保险利益是一种契约利益,它体现投保人或被保险人与保险人之间的利害关系。保险利益的实现以保险事故或保险事件发生为前提条件,保险金额是保险利益的货币表现,即保险利益的外在表现形式是保险金额。

由此可见,可保利益与保险利益是两个根本不同的概念。

(2) 可保利益与保险利益应该为同一概念。《中华人民共和国保险法》第十二条第六款规定:"保险利益是指投保人或者被保险人对保险标的具有的法律上承认的利益。"《中华人民共和国财产保险合同条例》第三条规定:"财产保险的投保方(在保险单或保险凭证中称被保险人),应是被保险财产的所有人或者经营管理人或者是对保险标的有保险利益的人……"翻遍所有保险方面的法规,都没有可保利益一说,游源芬在《探讨我国对"保险利益"的立法规定》(《保险职业学院学报》,1995 年第 5 期)一文中认为,可保利益与保险利益为同一概念。

资料来源:林宝清.可保利益与保险利益之法论[J].厦门大学学报(哲学社会科学版),1986(3):114-118。

## 二、保险利益原则的内涵

保险利益是指投保人或被保险人对保险标的所具有的经济利益。它所体现的是投保人或被保险人与保险标的之间存在一定的利害关系。具体而言,如果发生自然灾害或意外事故,被保险人必定会由此遭受物质或经济损失,或者在导致他人人身伤害或财产损失时,被保险人必须承担由此引起的民事赔偿责任而遭受经济损失。

保险利益必须具备三个要素。

(1) 必须是法律承认的利益。保险利益产生于国家制定的有关法律和法规,以及法律承认的有效合同。对于投保人占有的赃物或拥有的违禁品,自然不存在保险利益。

(2) 必须是确定的、可实现的利益。已确定的利益是指现有的利益,如已取得的财产所有权;可实现的利益是指未来可以获得的利益,如预期利润。

(3) 必须是可以计算或可以估价的利益。保险通过货币形式的经济补偿实现其功能。如果投保人或被保险人的利益不能用货币来计算或估价,那么保险人的承保和补偿都难以进行。对于财产保险来说,保险利益一般可以计算;而对于人身保险来说,很难这样要求,因为人身是无价的,其保险利益的计算是比较困难的,但是在有些情况下,也可以做到这一点,如债权人对债务人生命的保险利益可以计算,等于债务的金额加上利息及保险费。

## 三、各类保险中保险利益的存在形式

由于各类保险的保险标的不同,保险风险和保障责任不同,各类保险的保险利益也不尽相同。

(一) 财产保险的保险利益

(1) 财产所有人、经营管理人的保险利益。公司法定代表人对公司财产具有保险利益,可投保企业财产保险;房主对其所有的房屋具有保险利益,可投保家庭财产保险;货物所有人可投保货物运输保险。

(2) 抵押权人与质权人的保险利益。抵押与出质都是债的一种担保,当债权人不能获得清偿时,抵押权人或质权人拥有从抵押或出质的财产中优先受偿的权利。为了保证债权能够得以清偿,抵押权人或质权人可以为抵押、出质的财产投保,但保险利益随着抵押权或质权的消失而终止,并不以保险责任未到期而有效。

(3) 负有经济责任的财产保管人、承租人等的保险利益。财产的保管人、承租人、承包人等对所占用、使用的财产,在负有经济责任的条件下具有保险利益。因为当受托物受到损失时,上述各类当事人要履行经济赔偿责任,其经济利益就要受到损失。

(4) 合同关系人的保险利益。例如进出口贸易中,进口方或出口方都可以投保货物运输保险。

(5) 经营者的保险利益。因营业中断而导致预期利润丧失、票房收入减少、租金收入减少、待销商品利润减少等,经营者对于这类预期利益具有保险利益。

(6) 知识产权人的保险利益。知识产权人的发明、创造等,一旦被人假冒,对于知识产权人就是有损失的。

(二) 人身保险的保险利益

人身保险的保险利益虽然难以用货币估价,但同样要求投保人或被保险人与保险标的(生命或身体)具有利害关系,投保人应具有保险利益。

(1) 为自己投保。投保人以自己的生命或身体为保险标的,投保各种人身保险,当然具有保险利益。

(2) 为配偶、父母、子女,以及与投保人有抚养、赡养或者扶养关系的家庭其他成员、近亲属投保。我国《民法典》中规定的近亲属,包括配偶、父母、子女、兄弟姐妹、祖父母、外祖父母、孙子女、外孙子女。根据我国其他有关法律,这里的"父母",包括生父母、养父母和有抚养关系的继父母;"子女"包括婚生子女、非婚生子女、养子女和有抚养关系的继子女;"兄弟姐妹"包括胞兄弟姐妹、养兄弟姐妹和有抚养关系的继兄弟姐妹。根据伦理的观点,投保人以上述人的生命、身体为保险标的向保险人投保,一般不会出现道德风险,被保险人的死亡或伤残会造成投保人的经济损失。

(3) 为他人投保,保险利益有严格的限制范围。①债权债务和其他合法的经济关系。这种保险利益目前尚未在我国人身保险业务中得以体现。一定的债权债务关系发生后,如果金额巨大、债务人一时难以清偿,为防止债务人伤亡而使债务无法清偿,则可以根据债务金额对债务人投保,但在签订保险合同时须经被保险人书面同意。②部属关系,如公司(或企事业单位)领导人对职工的身体因意外事故而具有保险利益,可以为职工投保团体人身意外伤害保险。

在判断对他人的生命或身体是否具有投保人身保险的保险利益方面,各国法律规定不一,但基本上分为两种主张:一是利害关系论,即投保人对被保险人的存在具有精神和物质上的幸福,被保险人死亡或伤残会造成投保人痛苦和经济损失,有这种利害关系存在的就具有保险利益,英国、美国等一般采取这种主张;二是同意或承认论,即只要被保险人同意、承认,他人投保自己的生命就具有保险利益,德国、日本等一般采取这种主张。我国主张投保人与被保险人之间既应该有利害关系存在,又应该征得被保险人的同意。

(三) 责任保险的保险利益

责任保险是以被保险人的民事损害在法律上所负的经济赔偿责任为保险标的的保

险。根据责任保险险种划分,责任保险的保险利益主要包括:

(1) 各种固定场所的所有人或经营人,如饭店、医院、商店、旅馆、影剧院、球场等,因对顾客、观众等造成人身伤害或财产损失,依法承担经济赔偿责任而具有保险利益,可投保公众责任保险。

(2) 制造商、销售商或修理商因产品缺陷致使用户或消费者遭受人身伤害或财产损失,依法承担经济赔偿责任而具有保险利益,可以投保产品责任保险。

(3) 各类专业人员,如医师、药剂师、律师、会计师、建筑师、设计师等,因工作上的疏忽或过失致使他人遭受损害,依法承担经济赔偿责任而具有保险利益,可投保职业责任保险。

(4) 雇主对雇员在受雇期间因从事与职业行为有关的工作而患职业病或伤、残、亡等,依法承担医疗费、工伤补贴、家属抚恤等责任而具有保险利益,可投保雇主责任保险。

理论上,责任保险的保险利益是无限的,因为事先无法确定投保人保险利益的大小。被保险人的赔偿金额在很大程度上取决于法院的判决,也就是只有等到案子裁决以后保险利益才能确定。在保险实务中,往往依据过去类似事故的处理办法来判断投保人保险利益的大小。

(四) 信用与保证保险的保险利益

义务人出于种种原因不履行应尽的义务,使权利人遭受经济损失的,权利人对义务人的信用存在保险利益;当权利人担心义务人是否履约、守信,可能采取不签约、不建交的行为,使其不能取得进一步的利益,义务人因权利人对其信誉怀疑存在保险利益。

### 四、保险利益确定的时间

一般而言,投保人或被保险人在投保时应具有保险利益。但从合同有效性来看,保险利益何时存在可分为两种情况。

(1) 对于财产保险。一般要求保险事故发生时要具有保险利益,如果投保时具有保险利益,而损失发生时不具有保险利益,则保险合同无效。例如,某车主甲在投保机动车辆保险后,将此车卖给乙,如果未办理保险单转让批改手续,当发生保险事故时,则因合同无效保险人可以不履行赔偿责任。但是海洋货物运输保险比较特殊,投保人在投保时可以不具有保险利益,但当损失发生时,被保险人必须具有保险利益。之所以这样规定,是为了适应国际贸易的习惯做法。买方在投保时往往货物所有权尚未转移到自己手中,但因货权的转移是必然的,可以投保海洋货物运输保险。

(2) 对于人身保险。一般认为,人身保险的保险利益存在于投保时。这是因为,投保人将来应得的保险金,是过去已交保险费及其利息的积存,对投保人来说具有储蓄性质。如果投保人在保险合同订立后,因保险利益的消失而将丧失原来在保险事故发生时应得的保险金,那么无疑会使其权益处于不确定状态之中,因此人身保险的保险利益不必限于保险事故发生时而存在。有学者引用英国1854年的一个著名的判例来说明这个问题。这实际上是一个人寿再保险合同的判例,原告达鲁伯(Dalfy)是安克尔人寿保险公司的董事,该公司承保了剑桥公爵的人寿保险,并向被告印度伦敦人寿保险公司(India London Life Assurance)办理了再保险。后来剑桥公爵停止向原告交纳保险费,原告与其订立的人寿保险合同也就终止了。但原告仍继续向被告交纳保险费,直至公爵死亡,并向被告提出索赔,被告以原告没有保险利益为由拒赔;然而,原告在办理再保险时显然是具有保险利益的。法院认为,虽然原告后来丧失了保险利益,但这一人寿再保险合同仍然是有效的。[①]

我们认为这种观点是值得商榷的。再保险合同实际上是在原合同基础上建立的新的合同关系,法院认为人寿再保险合同仍然有效是正确的,原告对被告存在债权保险利益。但是,考虑到部分不具有储蓄性和投资性但包含死亡保险金给付的人身保险合同(如意外险、定期寿险等),如果保险合同订立后投保人不再具有保险利益,就有可能产生谋财害命的道德风险,保险利益原则用来遏制赌博和道德风险的作用就无法发挥。例如,在夫妻离婚的情况下,如果不允许因婚姻关系解除而宣布人身保险合同无效,则被保险一方可能遭到谋财害命的风险,即便没有这种道德风险,离异者也难以接受前妻(夫)持有一份以其死亡为获得大笔保险金条件的保险单。这种做法很难被认为是合理和适当的。

根据以上分析,我们认为,在确定人身保险保险利益的时间效力时,应酌情规定:对于储蓄性和投资性的人身保险合同,主要是终身寿险以及两全保险、年金保险等,可以只要求保险利益仅在合同订立时存在;对于不具有储蓄性和投资性但包含死亡保险金给付的人身保险合同,如意外险、定期寿险等,为了更严格地保障被保险人的人身安全及其他合理原因,可以要求保险利益在合同订立时及保险事故发生时都必须存在。另外,由于被保险人生存时必然成为保险金的领取人,人身保险的保险金不会成为诱发被保险人生命和身体受损害的风险因素,因此不必严格限定保险利益在合同失效后继续存在。

## 第二节 诚 信 原 则

### 一、诚信原则的形成

诚信原则又称坦率诚实原则,产生于1766年英国的卡特诉波希姆(Carrter V. Boehm)案,曼斯菲尔德勋爵(Lord Mansfield)对诚信原则做了这样的阐述:保险系投机性合同,在绝大多数情况下,只有被保险人才了解那些可以计算意外事故可能性的必要事实。保险人只有在相信投保人已将他知道的情况和盘托出并且是真实的,才接受投保手续。因此,隐瞒事实属于欺骗行为,由此达成的保险合同不具有任何效力。即使这种隐瞒行为系被保险人的错误所致,被保险人不存在丝毫行骗动机,但保险人毕竟受到欺骗,合同也应归于无效,因为保险人担保的风险与合同签订时保险人理解的并准备保障的风险根本不同。诚信原则禁止合同的任何一方用隐瞒某些对方不知道的事实的方式,使对方对这些事实一无所知或头脑中存在与这些事实相反的观念的情况下签署合同。1906年《英国海上保险法》第17条规定,海上保险合同是基于最大诚信的合同,如果一方不信守诚信原则,则另一方可宣布合同无效。很多国家将诚信原则以法律的形式加以确认。我国《保险法》第五条规定:"保险活动当事人行使权利、履行义务应当遵循诚实信用原则。"

---

① 李玉泉.保险法[M].北京:法律出版社,2003.

## 二、诚信原则的含义

（一）诚信释义①

在我国古代，"诚"与"信"单独使用较多、较早，连起来使用则较少、较晚。春秋时期以前，"诚"和"信"多在宗教意义上使用。例如，《尚书》中已出现"诚"的概念，有"神无常享，享于克诚"（《尚书·太甲下》）的记载，当时的人们认为，敬奉神灵的时候必须要有诚意，才能免遭祸患。《左传》中有"忠于民而信于神"（《左传·桓公六年》）的说法。后经儒家提倡，"诚"与"信"才逐步摆脱宗教色彩，成为经世致用的道德规范。

春秋时期著名政治家、先秦法家创始人管仲将"诚"与"信"连用。他明确讲："先王贵诚信。诚信者，天下之结也。"（《管子·枢言》）他认为诚信是集结人心、使天下人团结一致的保证。战国末期，荀子也曾将"诚"与"信"连用，"诚信生神，夸诞生惑"（《荀子·不苟》）意思是诚实守信可以产生神奇的社会效果；相反，虚夸妄诞则会产生社会惑乱。东汉许慎在《说文解字》中把"诚""信"二字互训、互释，"诚，信也，从言成声""信，诚也，从人言"，表明了诚与信之间的内在联系。

1. 关于"诚"

在《周易》中，"诚"已摆脱纯粹的宗教色彩，具有人伦的道德意义。《周易》中说："修辞立其诚，所以居业也。"（《周易·乾》）认为君子说话、立论只有做到诚实不欺、真诚无妄，才能建功立业。"诚"在孔子那里虽未形成理论概念，但他多处讲"仁"，其修己爱人的内在意蕴与"诚"是一脉相通的。到了孟子，"诚"逐步成为规范人们道德行为的一个重要的伦理概念。他说："诚者，天之道也；思诚者，人之道也。至诚而不动者，未之有也；不诚，未有能动者也。"（《孟子·离娄上》）"诚"是自然的规律，追求"诚"是做人的规律。孟子认为，一个人只要做到真诚无妄，就会感化他人；而缺乏诚意的人，是不能感化他人的。孟子以此告诫人们，"诚"是顺应天道与人道的基本法则。

荀子发挥了孟子"诚"的思想，并开始把"诚"从做人之道扩展为治世之道，指出"诚"乃"政事之本"，认为诚意是君子坚守的美德，是治理国家的根本。

2. 关于"信"

在我国古代思想典籍中，与"信"有关的论述有很多。《论语》中"信"就出现了38次。"诚实不欺"是"信"的最基本的含义，"信"还兼有信任、相信、信用等多重意思。陆九渊说："忠者何？不欺之谓也；信者何？不忘之谓也。"（《陆九渊集》卷三十二）其意为，忠就是不欺骗，信就是不说谎。这里的"忠"说的是忠诚和诚实，"信"说的是诚信和信用，而且"忠"和"信"是相通的，如果某人有了诚实的品行，就可以做到为人处事讲信用。我国传统伦理文化一向重视信用之于个人品德修养的重要性，儒家认为"信"乃"进德修业之本"，是"立人之道"，把信用上升到如何做人的高度。由此可见，我国传统伦理文化是大力倡导信用的。

综上所述，诚信范畴是由"诚"和"信"两个概念组成的。诚，指诚实、真诚、诚意和不弄

---

① 李春秋等.诚信助你成功[M].广州：华南理工大学出版社，2005.

虚作假;信,指守信、信任和信用,诚恳待人,以信用取信于人。"诚"与"信"合起来,就成为一个重要的道德范畴,是人们基本的行为规范和为人处世的伦理准则。诚信的基本含义是诚实守信,它要求人们在社会生活和人际交往中,要真诚、诚实,守诺、守信。诚实是守信的基础,离开了诚实就无所谓守信。一个不诚实的个人或组织,是不可能讲信用的。诚信既是为人的道德规范,又是处理社会生活中个人与社会、个人与个人之间相互关系的伦理准则,还是一种职业道德。《公民道德建设实施纲要》把诚实守信作为社会主义公民道德建设的重点内容,说明了诚信在公民个人的道德品性养成和整个社会公民道德建设中的重要地位与作用。

(二) 保险意义上的诚信原则

保险意义上的诚信原则是指保险双方当事人在实施保险行为过程中要诚实守信,不得隐瞒有关保险活动的任何重要事实,否则所签订的保险合同无效或保险人不承担赔付义务。保险人做此规定的原因有:

1. 保险经营的特殊性

投保人所投保的保险标的无论是在投保前还是在投保后都控制在被保险人手中,在很多情况下,保险人只能根据投保人的告知是否诚实、正确来决定承保和理赔,因此对保险人的经营具有很大影响。

2. 保险具有偶然性

投保人只要支出少量的保费就可能得到保费几十倍的赔偿。从保障角度来看,保险人的保险责任也远远大于所收的保费。如果投保人有不诚实和欺骗的行为,那么保险人是无法经营的。

3. 保险具有非对称性

一般来说,投保人对保险的了解是有限的,随着保险业的发展,要求保险人也负有充分告知的义务,不得向投保人隐瞒信息,导致投保人签订于己不利的合同。例如,如果投保人有权得到保费折扣优待的条件,那么保险人不应隐瞒。

**延伸阅读**

### 中国传统伦理文化中有关诚信的说法

言必信,行必果。——《论语·子路》

精诚所至,金石为开。——王充《论衡·感虚篇》

不定金玉,而忠信以为宝。(大意为:不要把金玉当成宝物,忠诚与信用才是宝)——《礼记·儒行》

忠信谨慎,此德义之基也;虚无诡谲,此乱道之根也。(大意为:为人真诚、守信、谨慎,这是德义的根本;夸夸其谈,危言耸听,这是乱道的根由)——王符《潜夫论·务本》

以信接人,天下信之;不以信接人,妻子疑之。(大意为:用信来对待别人,天下人都信任你;不用信来对待别人,就连自己的妻子与孩子都不信任你)——杨泉《物理论·卷一》

巧伪不如拙诚。(大意为:精巧的虚伪不如笨拙的真诚)——《颜氏家训·名实篇》

人之贵朴讷诚笃。(大意为:为人最重要的是朴实、忠厚、真诚)——蒲松龄《聊斋志异·惠芳》

### 三、诚信原则的内容

**(一)说明**

1. 说明的含义

说明意为解释明白,具体是指保险人在订立合同前应将保险合同及保险经营中与投保人或被保险人利害相关的实质性重要事实据实通告投保人或被保险人。根据我国《保险法》第十七条的规定,订立保险合同,保险人应当向投保人说明保险合同的内容;保险人在订立合同时,对于责任免除条款未向投保人明确说明的,责任免除条款不产生效力。由此可见,明确说明是保险人应当主动履行的一项法定义务,不允许其以合同条款的方式加以限制和免除,而且履行的时间先于保险合同的订立。因此,无论保险合同是否有效成立,保险人的这一义务均不得免除。

法律之所以规定保险人必须承担此项义务,原因有二:一是保险行业的专业性很强,在保险交易中,保险人与投保人的交易地位悬殊,而且保险合同的附合性又使保险人掌握着保险合同条款的拟制权,在如此强势交易下,保险人还通过一些免责条款、限制性条款限制自己的合同责任,加之保险条款中所用术语的专业性,投保人一般难以理解也容易混淆;二是投保人不熟悉保险业务及保险条款的技术性语言,处于交易的劣势地位,靠单个投保人或被保险人微薄的力量,无法与保险人抗衡。为避免不公平结果的发生,《保险法》从保护投保人利益的角度出发,规定了保险人必须承担向投保人说明的义务。

2. 说明义务的履行主体

说明义务的履行主体应当包括保险人与保险代理人。根据我国《保险法》的规定,保险人是说明义务法定的履行主体。而保险代理人是根据保险人的委托,在保险人的授权范围内代为办理保险业务的,根据民法关于代理法律关系的规定,保险代理行为所产生的法律后果应当由被代理人——保险人承担,因而保险代理人也应成为说明义务的履行主体。

3. 说明义务的内容

根据我国《保险法》第十七条的规定,保险人应说明的内容主要是保险合同条款的内容,尤其是责任免除条款。对责任免除条款的明确说明,是保险人说明义务的重心。

4. 说明义务的履行方式

保险人履行说明义务的方式有两种,即明确列明和明确说明。

(1) 明确列明。明确列明是指保险人只需将保险的主要内容明确列明在保险合同中,即视为已对投保人履行了说明义务。

(2) 明确说明。明确说明是指保险人不仅应将保险的主要内容明确列明在保险合同中,还必须对投保人进行正确的解释。

在国际保险市场上,一般只要求保险人做到明确列明保险合同的主要内容。我国对保险人履行说明义务则采用明确列明与明确说明相结合的方式,要求保险人对保险合同的主要条款尤其是责任免除条款不仅要明确列明,还要明确说明。为此,在保险实务中,保险人应在投保单中注明"投保须知",提示投保人对有关重要事项加以注意,并以特别提请注意的方式对责任免除条款加以说明。

(二) 告知

1. 告知的含义

告知也称披露或陈述,是指在合同订立前、订立时及在合同履行期间,当事人应按照法律实事求是、尽自己所知、毫无保留地向对方所做的口头或书面陈述。具体而言,投保方(包括投保人、被保险人和受益人,下同)应将其已知或应知的与风险和标的有关的实质性重要事实向保险人做口头或书面的申报,包括确认告知与承诺先知。确认告知是指投保方向保险人告知在告知时已经存在的事实与情况,因而又称事实告知。例如,某人购买寿险时告知其在过3年内从未患过大病即为确认告知。承诺告知是指投保方向保险人告知将来预料发生的事实或情况,因而又称意图告知。例如,某人在购买寿险时告知其未来3年内不打算乘飞机旅行即为承诺告知。

根据我国《保险法》第十六条、二十一条、五十二条和五十六条的有关规定,投保方的告知义务应该包括如实告知、及时通知等。如实告知义务是投保人订立保险合同时必须履行的基本义务。如实告知是指投保人或被保险人的陈述应当全面、真实、客观,不得隐瞒或故意不回答,也不得编造虚假情况用来欺骗保险人;不仅应当告知其现实已经知道的情况,而且对于其尚未知道但应当知道的情况,投保人也负有告知义务。但是,如实告知义务并不是投保人和保险人意思表示一致而产生的义务,而是《保险法》直接规定的保险合同订立前义务,不构成保险合同的内容。及时通知义务则是保险合同订立以后由投保人、被保险人或者受益人履行的义务,这些义务是保险合同内容的重要组成部分。

法律之所以规定投保人应履行如实告知义务,主要是保险技术上的要求。现代保险是以概率论和大数法则为数理基础的,它通过众多投保人交纳保险费建立保险基金实现保障功能。虽然对风险程度进行评估是保险人的责任,但要以投保人的告知为基础。因为不同的保险标的所面临的自然灾害和意外事故风险及其造成的损失是不同的,保险人只有充分了解保险标的后,才能正确地识别风险、测定风险,从而在被保险人之间科学地转嫁、分散和分摊风险。但保险标的一般是由被保险人掌管和控制的,保险人并不知晓保险标的的状况。只有投保人和被保险人对此进行充分的披露与陈述,保险人才能对保险标的的风险状况做出合理的评估,以决定是否承保和确定适用的保险费率。因而,投保方的如实告知,对建立科学的、现代的保险制度至关重要。

2. 重要事实的含义

重要事实是指对保险人决定是否接受或以什么条件接受某一风险起影响作用的事实。主要有:超出事物正常状态的事实,有关道德风险的情况,保险人所负责任较大的事实,有关投保本人的情况,保险合同有效期内风险情况增大的事实等。

无须告知的重要事实包括:

第一,可以认为众人皆知的法律常识。比如,海洛因是禁止贩卖和服用的毒品。

第二,保险人理应知道的常识。比如,重大国际、国家事件,珠宝比木材对小偷更有吸引力,癌症、艾滋病是当前致死率极高的疾病等。

第三,风险减少的事实。比如,企业财产保险中,投保方在保险期限内增加消防设备;盗窃保险中,投保方在保险期限内安装防盗门等。

第四,保险单明示保证条款规定的内容。

第五,保险人能够从投保人提供的情况中发现的事实。比如,续保时,投保方声称其损失赔付记录可从保险人掌握的案卷中查阅,保险人未查,不得认为投保方违反告知义务。

第六,保险人表示不要知道的事实。

3. 告知义务的履行主体

由于法律要求履行告知义务的时间和内容不同,因此告知义务的履行主体也有所区别。但是,无论如何,告知义务的履行主体不应只是投保人,而应既包括投保人又包括被保险人,甚至包括受益人。我国《保险法》有关规定指出,订立合同时履行告知义务的主体是投保人;合同订立以后,履行告知义务的主体可能是投保人,也可能是被保险人甚至受益人。

4. 告知义务的内容

投保方履行告知义务的内容因履行时间的不同而各异。

(1) 保险合同订立时,投保人应对保险人就保险标的或被保险人有关情况的询问做如实回答。

(2) 保险事故发生后,投保人、被保险人或受益人应及时通知保险人。

(3) 保险合同有效期内,当保险标的危险增加时,被保险人应及时通知保险人。

(4) 保险标的转移时或保险合同有关事项发生变动时,投保人或被保险人应通知保险人。

(5) 有重复保险的投保人应将重复保险的有关情况通知各保险人。

5. 告知的方式

从各国保险立法来看,关于投保人或被保险人的告知方式一般分为以下两种:

第一,无限告知。又称客观告知,即法律对告知的内容没有确定性的规定,而是只要事实上与保险标的的风险状况有关的任何重要事实或情况,投保人或被保险人都有义务如实告知保险人,而且必须与客观存在的事项相符。目前,法国、比利时及英美法系的一些国家大都采取这一告知方式。

第二,询问告知。又称主观告知,即保险人在投保单上将自己所要了解的事项列出,由投保人或被保险人逐项回答。凡投保单上所询问的事项都被认定为重要事实,投保人或被保险人只需逐项回答,即认为已履行告知义务;对保险人询问以外的问题,投保人或被保险人没有告知义务,即使询问以外的情况具有重要性,也不负告知义务。采取这种方式不但符合现代保险技术进步的趋势,而且足以保护被保险人的利益。目前多数国家采取询问告知方式。

对于投保人或被保险人的告知方式,我国《保险法》和《海商法》有不同的规定。我国《保险法》第十六条规定:"订立保险合同,保险人就保险标的或者被保险人的有关情况提出询问的,投保人应当如实告知。"可见,我国《保险法》的规定与询问告知方式相近。而我国《海商法》第二百二十二条规定:"合同订立前,被保险人应将其知道的或者在通常业务中应当知道的……重要情况,如实告知保险人。"可见,我国《海商法》采取的是无限告知的方式。在这一方式下,被保险人告知的内容并不局限于投保单上所列的项目和保险人所询问的事项。

(三) 保证

1. 保证的含义及其性质

一般意义的保证为允诺、担保。这里的保证是指保险人和投保人在保险合同中约定,投保人或被保险人在保险期限内担保对某种特定事项的作为或不作为或者担保其真实性。可见,保证义务的履行主体是投保人或被保险人。

保证是一项从属于主要合同的承诺,是保险人接受承保或承担保险责任要求投保人或被保险人履行某种义务的基本条件。由于保险合同的生效以某种促使风险增加的事实不能存在为先决条件,因此保险人收取的保险费也是以被保险风险不能增加为前提,或者以不能存在其他风险标的为前提。如果被保险人未经保险人同意而进行风险较大的活动,则必然会影响保险双方事先确定的等价地位。例如,某商店在投保企业财产保险时,在合同内同意不在店内放置危险品,此承诺即保证。如果没有以上保证,则保险人将不接受承保,或改变此保险单所适用的费率。因此,保证是影响保险合同效力的重要因素,保证的内容属于保险合同条款的重要组成部分。

在保险合同中,保险人之所以要求被保险人承诺某种保证,主要是出于以下原因:第一,确保良好的管理能够得以贯彻。例如,在火灾保险中,垃圾应及时清除;在盗窃保险中,报警系统应处于良好的工作状况;在海洋货物运输保险中,不得从事违法货物运输活动,保证船舶适航、适货及货物包装适合运输方式等。第二,确保未经保险人同意不得进行某些风险较大的活动,因为保险费是以不存在这些活动为前提而收取的。例如,在海洋货物运输保险中,某种货物没有置于舱面,保险费的收取也未考虑这一风险因素,因此被保险人必须保证该货物不得存放于舱面。

2. 保证的类型

(1) 根据保证事项是否存在,保证可以分为确认保证和承诺保证。①确认保证。是指投保人或被保险人对在保险单签发前过去或现在某些事实存在或不存在的保证。例如,在船舶保险中,投保人保证船舶已经过检修,确认没有问题;在火灾保险中,投保人保证房屋备有报警和灭火设备等。这种保证除非明文提及将来,否则只是对过去或投保时的保证,不包括对该事实继续存续的保证义务。②承诺保证。是指投保人或被保险人保证在保险合同生效后及继续存在期间内,某些事项的存在或不存在以及要做或不做某些事项的保证。例如,在海洋货物运输保险中,投保人或被保险人保证在夏季不装运散装煤炭,或保证不在存货仓库内存放易燃、有毒物品等。

(2) 根据保证存在的形式,保证可以分为明示保证和默示保证。①明示保证。是指保险合同双方当事人以任何形式(主要是书面形式)在合同中约定的事项或指保险合同中的保证条款。在多数情况下,保险人为慎重起见,在投保单或保险单中印有保证条款,投保人或被保险人一旦签订了合同,就必须遵守该条款的规定。例如,在船舶保险中,为了冬季航行的安全,保证条款中规定"保证不在北纬60°以北地区航行"。②默示保证。是指保险合同双方当事人在合同中没有做明确的规定,而是根据法律或惯例推定应该履行的条件或事项。这种保证在海上保险中表现得最为明显。

(四)弃权与禁止反言

1. 弃权

(1)弃权的含义。弃权是保险合同一方当事人放弃他在保险合同中可以主张的某种权利,通常是指保险人放弃合同解除权与抗辩权。构成弃权必须具备两个要件:首先,保险人须有弃权的意思表示。这种意思表示可以是明示的,也可以是默示的。其次,保险人必须知道存在违背约定义务的情况以及因此而享有抗辩权或解约权。

(2)弃权的方式。保险人的弃权方式可分为两种:一为明示弃权,例如对投保人声明不解除合同或合同继续有效;二为默示弃权,即保险人虽未声明不解除合同,但其行为可被推定为放弃解除合同的权利。在下列情形下,通常认为保险人构成默示弃权:

第一,投保人违反保险单上载明的条件或保证事项,保险人仍然继续收受投保人交纳的保险费。保险人收受保险费的行为,视为承认合同有效。

第二,保险事故发生后,保险人自动行使了合同中的权利。例如,在财产保险中,保险人行使物上代位权,占有受损财产的残余物;又如,保险事故发生后,保险人要求投保人提交受损证明或损失清单,或主动到现场检验损失情况。

第三,责任保险中,保险事故发生后,被保险人在受到被害人追诉时,将该诉讼通知保险人,保险人出面为被保险人防御该讼诉,主动承担责任。

第四,保险事故发生后,保险人虽未要求投保人或被保险人提交索赔单证,但仍接受索赔单证而不否认其赔偿责任。

保险人弃权后,即使保险合同有无效或可解除的情况,保险人仍应负赔偿损失或给付保险金的责任。

2. 禁止反言

(1)禁止反言的概念。保险合同中的禁止反言,是指保险人知悉其拥有解除契约权或抗辩权,但是保险人没有行使其权利,反而向投保人或受益人明示或默示契约仍然有效,以致投保人或受益人不知契约可被解除或保险人有抗辩权,因而履行了契约,此时保险人便不得再主张解除合同或拒绝承担赔偿责任。禁止反言也称禁止抗辩,往往发生在投保人或被保险人做出不实之说明或违反保证事项时,如果保险人未提出异议,日后就不能以此为由提出解除合同。

(2)禁止反言的适用条件。禁止反言的适用,必须具备以下三个构成要件:首先,保险人必须曾经向投保人或被保险人做出合同仍然有效的表示。保险代理人的类似表示也视为保险人的表示。这种表示包括明确的承诺及默示,即以一定的作为或不作为承认合同有效。其次,投保人必须是信赖保险人或其代理人之意思表示而继续履行合同,保险人或其代理人的意思表示即使出于欺诈,只要投保人相信其陈述,就可以主张保险人禁止抗辩。最后,投保人或被保险人只有证明其因信赖保险人或其代理人的意思表示而受到损害,才能构成保险人禁止抗辩。但是,在美国,一些法院认为禁止反言属于侵权行为法则的一种,即使投保人没有受到损害,他也可请求惩罚性赔偿(punitive damages)。

**四、违反诚信原则的法律后果**

(一) 违反说明义务的法律后果

在保险经营活动中,保险人违反说明义务的情况主要有:未对责任免除条款予以明确说明;隐瞒与保险合同有关的重要情况,欺骗投保方,或者拒不履行保险赔付义务;阻碍投保人履行如实告知义务,或者诱导其不履行如实告知义务;等等。由此导致的法律后果也不尽相同,具体如下:

(1) 未尽责任免除条款明确说明义务的法律后果。如果保险人在订立合同时未履行责任免除条款的明确说明义务,则该责任免除条款无效。我国《保险法》第十七条第二款规定:"对保险合同中免除保险人责任的条款,保险人在订立合同时应当在投保单、保险单或者其他保险凭证上做出足以引起投保人注意的提示,并对该条款的内容以书面或者口头形式向投保人做出明确说明;未做提示或者明确说明的,该条款不产生效力。"

(2) 隐瞒与保险合同有关的重要情况的法律后果。我国《保险法》规定,保险公司及其工作人员在保险业务中对投保人隐瞒与保险合同有关的重要情况时,由保险监督管理机构责令改正,处5万元以上30万元以下的罚款;情节严重的,限制其业务范围、责令停止接受新业务或者吊销业务许可证。

(3) 阻碍投保人履行如实告知义务或者诱导其不履行如实告知义务的法律后果。我国《保险法》规定,保险公司及其工作人员阻碍投保人履行如实告知义务,或者诱导其不履行如实告知义务时,由保险监督管理机构责令改正,处5万元以上30万元以下的罚款;情节严重的,限制其业务范围、责令停止接受新业务或者吊销业务许可证。

(二) 违反告知义务的法律后果

1. 违反告知义务的表现形式

在保险经营活动中,投保方违反告知义务的表现形式有:

(1) 隐瞒,包括因疏忽未予告知、对重要事实误认为不重要而未告知和明知重要而有意不予申报。

(2) 误告,即告知不实,是指由于对重要事实认识的局限,包括不知道、了解不全面或不准确而导致误告,但并非故意欺骗。

(3) 欺诈,即怀有不良企图,捏造事实,弄虚作假,故意对重要事实做不实告知。

2. 违反告知义务的构成要件

判断投保方是否违反如实告知义务,要从主观、客观两方面进行认定:

(1) 主观要件是投保人、被保险人应有过错,即存在故意或过失的主观形态。故意是指投保人、被保险人明知有关事实而不告知或者隐瞒事实、欺骗保险人的行为;过失是指投保人、被保险人对其不告知的后果应当预见或者能够预见而没有预见,或者虽然预见到却轻信此种结果可以避免。

(2) 客观要件是指保险人欲以投保人、被保险人违反如实告知义务为由解除合同,保险人必须证明如下事项:一是投保人、被保险人未告知或未如实告知某情况;二是某情况属于"重要事实";三是保险人不知道或在通常业务中也不应当知道某情况;四是在投保人因过失违反告知义务的情况下,还应当证明该重要事实对保险事故的发生有严重影响。

3. 违反告知义务的法律后果

违反告知义务的法律后果主要有以下几种情况:

(1) 故意不履行如实告知义务。如果投保人故意隐瞒事实,不履行告知义务,则保险人有权解除保险合同;在保险人解除保险合同之前发生保险事故造成保险标的损失,保险人可不承担赔偿或给付责任,同时也不退还保险费。

(2) 过失不履行如实告知义务。如果投保人违反告知义务的行为是因过失、疏忽所致,且其未告知的事项足以影响保险人决定是否同意承保或者提高保险费率,则保险人有权解除保险合同;如果未告知的事项对保险事故的发生有严重影响,则保险人可以解除保险合同,对在保险合同解除之前发生保险事故所致损失,不承担赔偿或给付责任,但可以退还保险费;如果未告知的事项对保险事故的发生没有影响或者有影响但不严重,则保险人对保险合同解除之前发生的保险事故应承担保险责任。

(3) 编造虚假事故原因或扩大损失程度。保险事故发生后,投保人、被保险人或受益人以伪造、变造的有关证明、资料或其他证据,编造虚假的事故原因或者扩大损失程度的,保险人对其虚报部分不承担赔偿或给付保险金的责任。

(4) 未就保险标的危险程度增加的情况通知保险人。在财产保险中,被保险人未按保险合同约定,将财产保险标的危险程度增加的情况及时通知保险人的,对因保险标的危险程度增加而发生的保险事故,保险人不承担赔偿责任。

(5) 谎称发生保险事故。在未发生保险事故的情况下,被保险人或受益人谎称发生保险事故,向保险人提出赔偿或者给付保险金的请求的,保险人有权解除保险合同并不退还保险费。

(6) 申报的被保险人年龄不真实。投保人申报的被保险人年龄不真实,如果被保险人的真实年龄不符合保险合同约定的年龄限制,则保险人可以解除保险合同,并在扣除手续费后向投保人退还保险费,但是自合同成立之日起逾两年的除外;如果被保险人的真实年龄符合保险合同约定,则保险人可依据具体情况采取退还保险费、增收保险费或调整给付保险金的办法处理。

(7) 故意制造保险事故。投保人、被保险人或受益人故意制造保险事故,造成财产损失或者被保险人死亡、伤残或疾病等保险事故,进行欺诈活动、骗取保险金的,情节轻微尚不构成犯罪的,依照国家有关规定给予行政处罚;构成犯罪的,依法承担刑事责任。

4. 告知责任的免除

投保人在下列情形下可免除告知责任:

(1) 在人身保险方面,规定投保单陈述事项只能视为告知,而非保证,因此消除了投保单陈述事项为重要事实的假定。

(2) 规定只有当投保人(或被投保人)不实告知的事项增加损失的风险时,才能据以解除保险合同。

(3) 规定只有当不实告知的事项有助于损失的发生时,才能据以解除保险合同。

（4）在财产保险中，被保险人不实告知如无欺诈且非损失之原因，则保险合同仍然有效。

（5）人寿保险有不可抗辩条款的规定，保险人在抗辩期后不得以投保人不实告知或隐瞒为由解除合同。

（6）人寿保险有年龄误告条款，规定投保人申述年龄有误，既不能据以解除保险合同，又不受抗辩的限制，而只能依据已交保险费与实际年龄应交保险费之比例，调整保险金额或保险费。

### 五、保险人诚信原则的体现

（一）保险营销中禁止以不正当话术宣传展业和鼓动客户投保

诚信并不仅仅意味着没有欺诈行为，依合同法原理，投保人出于自身原因而发生不应有的单方误解所签合同仍具完全效力，但保险人确知其发生误解而与之签订合同则无效。当事人意思表示真实也称意思表示健全，是合同生效的一个要件。不正当话术所引起的投保人的意思表示是不自由的意思表示，因而不能成为意思表示行为有效的根据。

（二）提供适当保险

提供适当保险包括：

（1）保险险种是适当的，是与投保方需要相吻合的。投保方投保旨在消除自己特定的不确定性，若结果未能达此目的，则所提供的保险是非适当的。

（2）对价是适当的。投保方所支付的保险费与其实际享有的保险保障应是适当的。国内货物运输保险分基本险和综合险，综合险包含基本险保险责任，保险人为仅有基本险风险的运输货物提供综合险，虽不致发生前项保险目的落实结果，但所提供的保险超过被保险人实际享有的保险保障而造成保险多余，增加投保方不必要的支出，即属保险提供不当。

（3）不提供落空保险。若保险人已知悉投保方所请求保险的风险已消除或根本不存在，则不得承保；若承保，则属不当承保，应将所收保险费退还投保方，并按同期银行利率支付利息。

（三）依诚实信用方式行使权利和义务，不得滥使拒赔权

保险是一种信用，投保人投保动机是转嫁自身无力承担的不确定风险，当保险事故发生后，保险人应当依约履行赔偿（给付）义务，保险事故系因被保险人过失所致的，保险人亦不得免责。保险财产出险后，保险人应在合理期限内"主动"查勘现场，损失经确定即应"迅速"支付赔款，不得无故拖延。

（四）在灾害已被预测的情况下，保险人不得拒绝原被保险人的续保请求，不得解除或终止已订合同

在财产保险中，在有关部门已发出灾害紧急预报的情况下，保险人不得以"正处于紧急风险状态的财产"属不可保财产而停办续保业务，更不得解除或终止已订合同。本规则不排除保险人对被保险人财产的安全状况予以检查，并提出合理的安全整改建议，在合理

的期限内投保人不予整改的,保险人可拒绝其续保请求或对由此造成的财产损失予以拒赔;不安全因素消除后,保险人应当予以续保。当被保险人因提高抗灾能力或救灾之需请求予以援助时,保险人应在可能的范围内给予必要的和适当的经济资助与技术帮助。

（五）确保足够的现金偿付准备,及时适当地对外分保

我国《保险法》第一百零三条规定:"保险公司对每一危险单位,即对一次保险事故可能造成的最大损失范围所承担的责任,不得超过其实有资本金加公积金总和的百分之十;超过的部分应当办理再保险。"

依此规则,若尚未交费的投保人在合同成立后发现保险人资产缺乏变现能力,则可主张取消保险人的抗辩权,保险人在合理期限内仍未实现资产充分流动的,投保人可撤销合同。

（六）储蓄性保险合同因利率调整而形成的利息剩余应返还投保方

储蓄性保险在合同有效期内遇利率上调,保险人应将超过预定利率的利息剩余返还投保方;遇利率下降,不得向投保方加收保险费,而应以资金运用收益弥补。

（七）被保险人失去赔偿能力或死亡（破产）,责任保险人应以第三人身份参加侵权赔偿诉讼,并在保险责任范围内转承赔偿

发生保险责任范围内的第三者责任事故,保险人即成为被保险人侵权赔偿责任的实际承担者,根据我国《民事诉讼法》第五十六条的规定,应以第三人身份参加诉讼。当被保险人无力承担赔偿责任或死亡（破产）时,保险人在保险责任范围内负有转承赔偿责任,不得以"保险赔偿只对被保险人及其合法代理人产生合同效力,受害人应向肇事者合法代理人索赔"为由拒绝参加诉讼。

## 第三节 近因原则

### 一、近因原则的起源

关于近因的定义,最早的论述是 1881 年英国劳伦斯诉意外保险公司（Laurence V. Accidental Insurance Co. ltd）案的判决:我们必须考虑最近的原因,而不可将损失的原因追溯至肇事者的出生,因为此人不出生就不会发生这一事件。法院从解决争端的角度出发提出"只考虑最近的原因"原则,尽管仍是一种朴素简单的认识,但毕竟在保险人负责的损失和属于保险免责范围内的损失之间划下了一道分界线,即只有损失的"最近的原因"属于保险责任,保险人才予以赔偿。

### 二、近因及近因原则

（一）近因

近因是对损失的发生起着"直接的""具有支配力的""积极的"和"有效的"作用的因素。近因理论在保险理赔实务中具有十分重要的意义。保险责任的确立,总是从确定什么是损失的近因开始。近因一经确定,问题也就迎刃而解了,因为这时保险人只需看近因是否属于承保风险或除外风险就行了。如果是承保风险,则保险人对由此引起的损失负

责赔偿;如果是除外责任,则保险人对由此引起的损失不负责赔偿,问题就是这么简单。但是,实际情况往往比我们想象的要复杂得多。根据损失是由承保风险造成还是由除外风险造成的问题,近因原则的应用也有所不同。

(二)近因原则

1906年《英国海上保险法》最早把近因用法律条文的形式固定下来,形成原则性的陈述,该法第55条第1款规定:"依照本法的规定,除保险单另有约定外,保险人对于由所承保的风险近因所致的损失,负赔偿责任;但是对于非由所承保的风险近因所致的任何损失,概不负责。"

### 三、近因的认定

(一)确定近因的基本方法

1. 顺推法

从最初事件出发,按逻辑推理,问下一步将发生什么。若最初事件导致了第二事件,第二事件又导致了第三事件……如此推理下去,导致最终事件,则最初事件为最终事件的近因;若其中两个环节无明显联系或出现中断,则其他事件为致损原因。

2. 逆推法

从损失开始,自后往前推,问为什么会发生这样的情况。若追溯到最初事件且系列完整,则最初事件为近因;若逆推中出现中断,则其他事件为致损原因。

(二)近因原则在保险中的运用

1. 单一原因造成的损失

如果造成损失的原因只有一个,且这一原因又是保险人承担的风险,那么这一原因就是损失的近因,保险人负赔偿责任。如家庭财产险附加了盗窃险,由盗窃而产生的损失保险人承担责任,反之则不承担责任。

**例1** 某企业运输两批货物,第一批投保了水渍险,第二批投保了水渍险并加保了淡水雨淋险,两批货物在运输途中均遭受雨淋而受损。显然,两批货物损失的近因都是雨淋,但第一批货物损失的近因属于责任免除风险,得不到保险人的赔偿;第二批货物损失的近因则属于保险风险,保险人应予以赔偿。

**例2** 意外伤害保险的被保险人,在保险期限内的某日突发心脏病死亡。显然,被保险人死亡的近因是疾病。由于疾病属于意外伤害保险的除外责任,意外伤害保险的保险人对此不承担给付死亡保险金的责任。

2. 多种原因造成的损失

(1)多种原因同时发生。这是指保险标的的损害是由两个或两个以上的互不关联的风险事故同时发生所致。

**例3** 某企业运输两批货物,第一批投保了水渍险,第二批投保了水渍险并加保了淡水雨淋险,两批货物在运输途中均遭受海水浸泡和雨淋而受损。显然,两批货物损失的近因都是海水浸泡和雨淋,但对第一批货物而言,由于损失结果难以划分,而其只投保了水溃险,因此得不到保险人的赔偿;而对第二批货物而言,虽然损失的结果也难以划分,但由于损失的原因都属于保险风险,因此保险人应予以赔偿。

在处理这样的赔案时,原则上应遵循如下程序和原则:

首先,如果这两个或两个以上的风险事故都是保险责任事故,或都不是保险责任事故,那么无须追究和分析致标的损害的近因,便可决定保险人完全承担或完全不承担保险赔偿与保险金给付责任。

其次,如果这些原因中既有保险风险,又有责任免除风险,那么保险人是否承担赔付责任,则要看损失结果是否可以分别计算。对于损失结果可以分别计算的,保险人只负责保险风险所致损失的赔付;对于损失结果难以划分的,保险人一般不承担赔付责任。但在实践操作中,多由保险人与被保险人协商赔付。

(2) 多种原因连续发生。所谓连续发生,即多种原因的发生具有不间断性,保险标的受到损害,是由于两个或两个以上的风险事故依次发生,而且众风险事故之间存在持续不断的前因后果的关系,直至最后损害结果产生。

例4  一艘装有皮革与烟草的船舶遭遇海难,大量的海水侵入使皮革腐烂,海水虽未直接浸泡包装烟草的捆包,但腐烂皮革的恶臭气味致使烟草变质而使被保险人受损。那么,保险人对烟草的损失是否负有赔偿之责?据上述情况可知,海难中海水侵入是损失的近因,对皮革的腐烂与烟草的变质并无两样,因此海难与烟草的损失之间存在必然的不可分割的因果关系,故保险人理应也对烟草的损失给予赔偿。

例5  投保了人身意外伤害保险(疾病是责任免除风险)的被保险人因打猎时不慎摔成重伤,且因伤重无法行走,只能倒卧在湿地上等待救护,结果因着凉而感冒高烧,后又并发了肺炎,最终因肺炎致死。此案中,被保险人的意外伤害与死亡之间存在的因果关系并未因肺炎疾病的发生而中断,虽然与死亡最接近的原因是除外风险——肺炎,但它发生在保险风险——意外伤害之后,且是保险风险的必然结果,所以被保险人死亡的近因是意外伤害而非肺炎,保险人应承担赔付责任。

多种原因连续发生,赔与不赔有三种情况:

第一,连续发生的原因都是保险风险则赔;反之,连续发生的原因都不是保险风险则不赔。

第二,不保风险先发生,保险风险后发生,如果保险风险是不保风险的结果则不赔。

第三,保险风险先发生,不保风险后发生,如果不保风险只是因果连锁的一环,则仍应赔偿。

(3) 多种原因间断发生。这是指前因与后因之间不相关联,后来发生的灾害事故源于一个新产生的独立原因,后因不是前因直接的、必然的结果,前因与后因之间的连续发生了中断。

多种原因间断发生,赔与不赔有两种情况:

第一,新的独立原因(近因)为保险风险,即使发生在不保风险(前因)之后,对保险风险造成的损失仍应赔偿;但由于因果连锁中断了,对前因不保风险造成的损失不赔。

第二,新的独立原因(近因)为不保风险,即使发生在保险风险(前因)之后,对不保风险造成的损失不赔;但对以前保险风险造成的损失仍应赔偿。

例6  在玻璃保险中,火灾为除外风险,被保险商店附近发生火灾时,一些暴徒趁机击破该商店的玻璃,企图抢劫。此案中,火灾与玻璃损失之间不是必然的因果关系,暴徒袭击才是近因,故保险人应负赔偿责任。

**例7** 在人身意外伤害保险中,被保险人在交通事故中因严重的脑震荡而致癫狂与抑郁交替症,在治疗过程中,医生叮嘱在服用药物巴斯德林时切忌进食干酪,因二者相忌。但是,被保险人未遵医嘱,服药时又进食了干酪,终因中风而亡,据查中风确系巴斯德林与干酪所致。此案中,食品与药物的相忌打断了车祸与死亡之间的因果关系,食用干酪为中风的近因,故保险人对被保险人中风死亡不承担任何责任。

(三)保险条款对近因原则的修正和限制

1. 条款措辞"保险责任事故引起的责任免除事故除外"

有一案例,一未灭火柴失落引起库房的擦车布着火;火势未得到及时控制,烤热了乙炔气瓶;气瓶爆炸,车库的墙体被掀倒;燃烧的物体被吹向相邻的办公楼,并使之着火受损。这一赔案按近因推定所有损害都归咎于那根失落的未熄灭的火柴。但该案涉及的保单条款设定"爆炸属于除外责任,火灾引起的爆炸也属于责任免除"。那么对照此条款,可认为爆炸及其损失以及爆炸引起的相邻房屋的第二场火灾,不应由保险人负责。

2. 条款措辞"凡某责任免除引起的保险责任损失属于承保范围"

同样以上宗案例为例,只要条款设定"即使是由责任免除的爆炸所引起的火灾也属承保范围",这样一来,依保险约定的条件,保险人承保的责任应包含第一次火灾损失和第二次火灾损失,其中爆炸造成的墙体掀倒损失则属责任免除。

3. 条款措辞"凡某责任免除事故直接、间接引起的灾害损失列为除外责任"

如战争期间,哨兵在铁路沿线站岗,一名投保军人意外伤害保险的军官在查哨时被火车撞倒致死。根据近因原则,被保险人死亡的直接、有效原因是一场意外事故。然而,如果没有战争,他就不会在那条铁路沿线上行走。因此,战争是造成他死亡的间接原因。而这份意外伤害保险单中有这样的条款:"直接或间接的因战争引起死亡不包括在保险单的责任范围之内。"该案例被保险人死亡的确定有战争这个极其相关的间接因素在内,因此保险人有权拒绝给付保险金。

## 第四节 赔偿责任原则

### 一、赔偿责任原则的含义

赔偿责任原则又称"损失赔偿原则",但在我国有的教科书上又称"赔偿原则"或"经济补偿原则",是由财产保险自身的性质和职能作用决定的。它是指保险灾害事故发生后,保险人按财产保险合同的约定,在保险金额以内对被保险人所遭受的实际损失进行补偿的原则。从中可以看出,赔偿责任原则包括三层含义:第一,保险人只对被保险人的实际损失进行补偿;第二,保险人只对保险标的的实际损失进行补偿;第三,保险赔偿以保险金额为限。

## 二、赔偿责任原则的来源

1883 年,英国最高法院法官布莱特在卡斯特林诉普瑞斯顿(Castellain V. Preston)案中说过,我认为,保险法所应用的每一规则的真正基础是:火险或水险保单内所包含的保险合同是一种赔偿合同,仅此而已,若是有人提出一个与之不同的观点,也就是说,要么阻碍被保险人获得足额补偿,要么给予被保险人超过其应获得的全部金额的赔偿。

## 三、赔偿责任原则的主要内容

### (一)限度原则

**1. 按所遭受的实际损失给予赔偿**

当保险标的发生保险事故并遭受损失时,保险人应当按照合同规定对被保险人遭受的实际损失给予经济赔偿,使被保险人恰好能恢复到事故发生前的经济状态。若赔偿过少,则不能充分补偿其受到的损失;若赔偿过多,则会引起不当得利,失去保险的原意。这样规定的目的有:一是有效地防止投保人利用保险从中渔利;二是最大限度地减少道德风险的发生。

要衡量实际损失大小,首先要确定该项财产的市价是多少,不能超过损失当时的财产市价(定值保险、重置价值保险除外)。例如,某房屋投保时市价为 10 000 元,保险有效期内房屋发生火灾全部焚毁,保险时房屋跌价为 8 000 元,这时被保险人遭受的实际经济损失是 8 000 元而不是 10 000 元。因此,按照实际损失原则,虽然保险单上的保险金额是 10 000 元,但保险人只能按实际损失赔偿 8 000 元。

**2. 在保险金额的限度内进行赔偿**

保险金额是保险人赔偿的最高限额,投保人因标的受损所获得的经济补偿只能等于或低于保险金额,而不能高于保险金额。例如,某商店投保财产保险,保险金额为 4 万元,半年后因保险事故造成全损,而此时投保财产的市场价格上涨到 5 万元,由于保险金额仅为 4 万元,保险人根据这一原则最多仅赔偿 4 万元。

**3. 在被保险人对标的所具备的保险利益限度内进行赔偿**

被保险人在索赔时,对遭受损失的财产要具有保险利益,索赔金额以其对该项财产具有的保险利益为限。例如,一头耕牛的价值为 1 000 元,由兄弟共同出钱购买。哥哥出 800 元,弟弟出 200 元,现在哥哥为这头耕牛办理了保险,保险金额为 1 000 元,耕牛因食物中毒死亡,保险人只能赔付 800 元,因为哥哥的保险利益仅为 800 元。

**4. 赔偿方法限制保险人的赔偿额度**

在财产保险经营中,一般采用以下赔偿方式对保险人的赔偿金额进行限制。

(1)比例赔偿方式。比例赔偿方式就是按保险金额和出险时财产实际价值的比例进行赔偿,即当保险金额与财产实际价值相等时,被保险人可以得到足额补偿,而当保险金额低于财产实际价值时,由于是不足额保险,所得赔款也会低于实际损失。其计算公式为:

$$赔偿金额 = 损失金额 \times \frac{保险金额}{财产实际价值}$$

例如，保险财产实际价值为 10 000 元，损失金额为 5 000 元，在保险金额不一致时，所得赔款就会出现不同的计算结果：当保险金额为 8 000 元时，是不足额保险，被保险人所得赔款为 4 000 元；当保险金额为 10 000 元时，是足额保险，被保险人所得赔款为 5 000 元；当保险金额高于财产实际价值时，由于超过实际价值的保险金额无效，应得赔款也只能是 5 000 元。

由此可见，保险金额越接近财产实际价值，赔款就越接近损失金额；当保险金额低于财产实际价值时，赔款就会低于损失金额；当保险金额高于财产实际价值时，赔款只能等于损失金额，多付的保险费与所得赔偿并不相称。因此，只有在保险金额等于保险财产实际价值时，被保险人的所损与所得才相称。保险人采用这种赔偿计算方式，目的就是鼓励投保人按照财产实际价值参加保险。

（2）第一危险赔偿方式。第一危险又称第一损失，是指保险金额限度内的损失，超过第一危险（保险金额）的损失为第二损失。在这种赔偿方式下，保险人对第一危险负全部责任，第二损失实际由投保人自己负责。对于足额保险来说，这是一种简单明了的赔偿方式，必须考虑保额和实际损失额；但对于不足额保险来说，保险人对原本未参加保险的那部分财产也承担损失赔偿责任，显欠公平。

（3）限额赔偿方式。限额赔偿方式是指保险人仅在损失超过一定限度时才负赔偿责任，经常应用于农作物保险，保险人只赔偿限额责任与实际收获量之间的差额。其计算公式为：

$$赔偿金额 = 限额责任 - 实际收获量$$

（4）其他赔偿限额。①被保险人自负责任。在订立保险合同时，一般说来，对于经营难度较大的险种，自负责任额度比较大，被保险人确信可以凭借自己的能力承担这一责任，为了减轻保险费压力，愿意得到少于实际损失的赔偿；而保险人也愿借助这种自负责任的规定，防止或减轻投保人因投保后的麻痹、疏忽、不负责任等心理风险而导致保险标的损失。②小额免赔。这是指保险人为了减少自身的麻烦，在订立保险合同时，规定对于一些损失额度小的经济赔偿免赔。③损余物资折归被保险人，保险人在赔偿时一般予以扣除。损余物资即残值，若保险标的并未完全损毁或灭失，则将存在残值，保险人在赔偿时将予以扣除。④单位标的或事故的赔偿限额。如责任保险单，便对一次责任事故规定一个最高赔偿限额；在事故中，对每一应承担保险责任的标的也规定了最高赔偿限额。⑤标的折旧。从恢复到受损前状况的标准来看，保险标的受损前已经发生折旧，在保险赔偿中，应从保险标的完好价值额中扣除折旧，并依此重新核定保险金额。限度原则的关键是保险人以赔偿额度最小为标准。

（二）有权选择原则

保险人的赔偿意图，应是使投保人在遭到损失后，通过补偿恢复到他在发生损失前的经济状态，保险人可以选择货币支付或修复原状或换置的方法补偿被保险人的损失。

如果一台设备损坏了几个零件，一所房屋损坏了门窗等，那么能修补的应进行修补，投保人不能因小损而放弃全部保险标的，要求保险人给予全部赔偿。保险人在决定赔偿时可以选择修补方式。

（三）被保险人不能通过赔偿额外得利原则

财产保险的赔偿原则是对损失进行补偿，而不能使投保人通过补偿获得更多的好处。

否则,将导致投保人故意损毁财物而获利,增加欺诈行为并将影响公共道德,保险将无法经营。

## 第五节 权益转让原则

### 一、权益转让原则的概念

广义的权益转让是指被保险人将投保后可享受的权益转让给保险人或其他第三人。转让给第三人的情况,比如货物运输保险中,一般是通过背书转让保险单的方式实现的,保险单一经转让,保险权益也将随之转让。

狭义的权益转让是指被保险人因财产受损而取得保险人的赔偿后,将其原应享有的向他人(责任方)索赔的权益转让给保险人。

权益转让的目的有:

(1)可以防止被保险人在一次损失中取得双重补偿,因为被保险人既然已经从保险人那里得到适当的经济补偿,就不应当再获得比实际损失更大的经济利益。

(2)可以使有关责任方承担事故赔偿责任,即有关责任方不能因为有了保险就可以推卸自己应负的赔偿责任,通过权益转让就可促使他们认真履行自己的职责。

(3)可以维护保险人的合法权益,使保险人从代位追偿和标的所有权委付中挽回一部分损失,直接促进保险企业经济效益的提高和保险事业的健康发展。

### 二、代位追偿权

代位权的问题最早出现在罗马法中。该法规定,一个第三方清偿了本应由第二方承担的债务,他有权继承第一方(债权人)对第二方(原债务人)进行追索的权利。

从法律的角度解释,"代位"是指一个人代替另一个人的位置。

#### (一)代位追偿权的含义

代位追偿权是指在财产保险中,保险人代理被保险人向第三者行使请求赔偿权力。因第三者对保险标的的损害而造成保险事故的,保险人自向被保险人赔偿之日起,在赔偿金额范围内,取得代位行使被保险人对第三者请求赔偿的权力。

对这一定义进行分析,可知:①代位追偿权适用于财产保险;②代位追偿权的行使是在保险人赔偿之后进行;③追偿数额只能在赔款限度内进行;④必须以被保险人的名义进行。

#### (二)代位追偿权的法律规范

1.《财产保险合同条例》对代位追偿权的规范

我国《财产保险合同条例》第十九条规定:"保险标的发生保险责任范围内的损失,应当由第三者负责赔偿的,投保方应向第三者要求赔偿。当投保方向保险方提出赔偿要求时,保险方可以按照保险合同规定,先予赔偿,但投保方必须将向第三者追偿的权利转让给保险方,并协助保险方向第三者追偿。"

2.《保险法》对代位追偿权的规范

我国《保险法》第六十条规定:"因第三者对保险标的的损害而造成保险事故的,保险人自向被保险人赔偿保险金之日起,在赔偿金额范围内代位行使被保险人对第三者请求赔偿的权利。"

(三)代位追偿权成立的条件

1. 被保险人因保险事故对第三者有损失赔偿请求权

(1)若发生的事故并非保险事故,与保险人无关,则不存在保险人代位行使权利的问题。

(2)只有保险事故的发生是第三者行为所致,才存在被保险人对第三者的损失赔偿请求权,也才可能将其转移给保险人,存在代位追偿权。

(3)被保险人虽然对于第三者有赔偿请求权,但由于被保险人在与第三者订立免责合同前已免除其责任,即被保险人事先已放弃赔偿请求权,则保险人也无法代位行使被保险人已经没有的权利。

2. 代位追偿权的产生必须在保险人赔付赔偿金之后

只有在保险人已经履行赔偿义务的情况下,才有可能依法或依照约定,代替被保险人取得对第三者责任的追偿权。

3. 应以保险人已向被保险人支付的赔偿金额为基础

如果保险人从第三者那里追偿到的金额少于或等于赔偿金额,则全归保险人所有;如果多于赔偿金额,就应将超过部分退还给被保险人。

4. 被保险人有责任协助保险人追偿

被保险人负有积极协助保险人的义务和不得损害保险人利益的义务。

我国《保险法》第六十一条有如下规定:保险事故发生后,保险人未赔偿保险金之前,被保险人放弃对第三者请求赔偿的权利的,保险人不承担赔偿保险金的责任。保险人向被保险人赔偿保险金后,被保险人未经保险人同意放弃对第三者请求赔偿的权利的,该行为无效。被保险人故意或者因重大过失致使保险人不能行使代位请求赔偿权利的,保险人可以扣减或者要求返还相应的保险金。

(四)代位追偿过程中应遵从的原则

有根有据、合情合理、区别对待、讲究实效是追偿人员必须掌握的原则。

(1)有根有据。这是对外追偿的基础,必须深入调查研究,掌握事故责任的确凿证据,遵照契约和尊重国际惯例,以确定责任的归属。

(2)合情合理。要求从复杂的案情出发,全面分析损失的各种因素,合理地确定事故责任人应承担的责任,提出适当的赔偿要求,使追偿案件尽快得到解决。

(3)区别对待。根据不同的追偿对象及其信誉、致损原因等采取不同的方式,解决问题。

(4)讲究实效。在追偿时要考虑追偿的实际效果和经济效益,如追偿人员根据实际情况设立追偿起点等。

(五)保险人追偿的范围

1. 普通财产保险的追偿

普通财产保险追偿的内容主要包括:①保险财产因第三者过失引起的火灾而受损向

有过失的第三者追偿；②保险财产因第三者纵火而受损向纵火者追偿；③货物运输保险中，货物因承运人责任而受损向承运人追偿；④船舶保险中，保险船舶因他船责任或主要是他船责任而碰撞受损向肇事船东追偿；⑤发生共同海损，保险人在赔付全部损失后，向应分摊海损的其他货主或船东追偿；⑥保险车辆失窃，可通过及协助公安部门向盗窃者追偿；⑦保险车辆因他人责任而碰撞受损向肇事者追偿；⑧保险标的丢失，第三者非善意占有的，向非善意者追偿。

2. 责任保险的追偿

责任保险是以被保险人对第三者的民事损害赔偿责任为保险标的的保险，一般来说，只有被保险人有责任时保险人才予以赔偿，因此不存在追偿问题。但在某些特殊情况下，如产品质量责任保险，产品发生责任事故，当具体的责任人无法查清时，应由产品生产者（被保险人）承担的责任由保险人赔偿损失。若在赔付后查清事故是因产品的运输者、仓储者或产品改装者的责任而发生，则可能产生保险人向实际责任人追偿的权利。

3. 保证及信用保险的追偿

保证及信用保险是从民法担保制度的"保证"发展而来的，它是就被保险人（即债务人）履约、信用等向债权人的一种担保，在被保险人不履行债务或发生信用危机时，由保险人以支付保险金的形式履行保险合同项下被保险人的债务。假如因债务人恶意行为而造成不能履约，则保险人须对债务人进行追偿。

4. 重复保险的追偿

投保人对同一标的重复保险，发生保险事故后，保险人有权按比例赔付。然而，如果重复保险是保险人在赔偿后发现，则保险人有权向被保险人追回其依法不应享有的那部分比例保险金；如果重复保险的其他保险人尚未支付按比例应付的保险金，则保险人可代理被保险人向其他保险人追偿。

5. 错误赔偿的追偿

错误赔偿是指应按实际价值赔偿的超额保险都按保险金额予以赔偿，应按比例赔偿的不足额保险都按足额投保予以赔偿，应免赔的都已赔付，以及因计算错误而多赔付等。由于保险人工作上的失误造成保险人向被保险人或其受益人多支付保险金，保险人也可以依不当得利等法定理由追回保险金。

6. 保险欺诈的追偿

保险欺诈往往数额巨大，给保险人带来的损失惨重，保险公司应加强反欺诈工作，及时识破欺诈者的阴谋。在欺诈案发生后，保险人不仅要通过公安部门追究欺诈者的刑事责任，而且要对欺诈者进行损失追偿。

7. 再保险的追偿

再保险是指保险人将所承担的风险责任全部或部分地向另一保险人再保一项险，以分摊、转嫁其承担的风险。再保险分出人分出风险支付再保险费，再保险分入人分入风险收取再保险费。当分出人（原保险人）对保险标的赔付损失后，就向分入人摊去其应负的赔款；如果保险标的的损失又属于第三者的责任，则分出人向第三者追回的赔款应按分入人再保险份额的比例摊回其应得的追偿款。

（六）代位追偿实务

1. 追偿程序

（1）接受权益转让。①保险责任范围内的事故，如属第三者责任，则首先应要求被保险人向第三者提出索赔申请，并保留索赔权利；如被保险人需要迅速得到赔偿，则保险人在向被保险人做出实际赔付前，必须要求被保险人出具"权益转让书"一式三份并加盖公章，明确被保险人在追偿中应提供必要的协助。②确定追偿后，经办人员应建立追偿案卷，备齐追偿资料，做好案件登记。

---

**×××保险公司权益转让书**

你公司签发＿＿＿＿＿＿险第＿＿＿＿号保险单承保我单位＿＿＿＿财产，保险金额为人民币＿＿＿＿元，于＿＿＿年＿＿月＿＿日因＿＿＿＿出险受损。根据＿＿＿＿应由第三者负责赔偿损失。按照保险单条款第＿＿＿＿条规定，请你公司将上述损失人民币（大写）＿＿＿＿＿¥＿＿＿＿先予赔付。现将追偿权转移你公司，并协助你公司共同向第三者追偿损失。

此致

×××保险公司＿＿＿＿市（县）＿＿＿区（办）公司

被保险人＿＿＿＿公章签章（或私章、签字）

××××年××月××日

---

（2）追偿准备。①分清责任，确定追偿对象。如消防部门在救火过程中，因措施不当，致使火灾进一步扩大，造成保险财产损失。②备齐证据材料，做好调查取证，注意举证。如公安机关的第三者责任审定证明、商检部门的检验报告、本公司的现场查勘报告。③收集有关适用案件的法律、法规、国际公约等，为追偿提供法律依据。④办理追偿案件时，要注意追偿时效。

关于追偿时效，应在诉讼有效期内提出，我国《民法典》第一百八十八条规定，向人民法院请求保护民事权利的诉讼时效期间为三年。法律另有规定的，依照其规定。诉讼时效期间自权利人知道或者应当知道权利受到侵害以及义务人之日起计算。法律另有规定的，依照其规定。第一百九十四条规定，在诉讼时效期间的最后六个月内，因下列障碍，不能行使请求权的，诉讼时效中止：①不可抗力；②无民事行为能力人或者限制民事行为能力人没有法定代理人，或者法定代理人死亡、丧失民事行为能力、丧失代理权；③继承开始后未确定继承人或者遗产管理人；④权利人被义务人或者其他人控制；⑤其他导致权利人不能行使请求权的障碍。自中止时效的原因消除之日起满六个月，诉讼时效期间届满。

根据以上分析，保险人行使代位追偿应从其知道或应当知道权利被侵害之日起三年内提出追偿，超过期限的一般不予受理；但在不可抗力和法院传票的形式下可以顺延。

追偿的具体过程为：

保险人应及时发出追偿通知并附必要单证（影印件），注意保存邮寄证明，并注意催办，如果第三者在收到这些资料后同意赔付，则追偿结束；反之，当书面追偿无效时，应派专人前往责任方处进行交涉，如果责任方同意赔付，则追偿结束；反之，据理进行必要的深入追偿，即仲裁和诉讼。

## 2. 追偿方式

（1）协商。接受追偿后，保险人首先应争取用协商的方式来解决，达成协议，形成"赔偿损失协议书"，并详细记录参加会议的双方代表、协议时间、赔偿金额；如不能全额赔偿，则还应说明不能全额赔偿的理由，然后由双方法人代表签字，加盖公章，并进行必要的公证，形成法律事实。与责任方达成的协议与赔案有关的材料复印一份，上报上一级公司及有关部门。

（2）仲裁。当协商不成，需要把争议提交给第三者进行裁决，就产生了仲裁。仲裁是双方当事人达成协议，请双方都同意的第三者进行审理，由仲裁员或仲裁机构裁决。仲裁一旦生效，对双方都有法律效力，双方都有义务执行这一裁决。我国的仲裁机构包括：国家工商行政管理局和地方各级工商行政管理局设立的各级经济合同仲裁委员会，一般属于保险人与国内工商企业以及机关、事业单位之间的保险合同或其他方面的争议，可以提交各级仲裁委员会进行仲裁；中国国际贸易促进委员会内设的中国国际经济贸易仲裁委员会，涉及对外贸易保险合同的争议，可以提交中国经济贸易仲裁委员会仲裁；中国国际贸易促进委员会内设的中国海事仲裁委员会，涉及海上货物运输保险合同和海上船舶保险合同等的争议，可以提交中国海事仲裁委员会仲裁。

仲裁具有如下优点：①提交仲裁是双方自愿的，而不是一方强迫另一方的行为；②仲裁机构多由有丰富经验的专家组成，在仲裁时可以更多地考虑商业惯例，具有较大的灵活性，仲裁做出的裁决是终局性的，能保证受损方的利益；③仲裁能比较及时地解决争议，提高工作效率；④采用仲裁的方式，大多是在比较友好的气氛中解决争议，有利于双方保持以后的友好关系。

（3）诉讼。诉讼是指司法机关和案件当事人在其他诉讼参加人的配合下，为解决案件依法定程序所进行的全部活动。

诉讼程序及应注意的事项有：①分清责任，确定诉讼主体；②决定起诉地点及法院；③按时交纳诉讼费用；④起草起诉书，备齐证据材料，做好调查取证，注意举证；⑤办妥法定代表人资格证明及代理人委托手续；⑥视情况向法院提出诉讼保全或证据保全申请，并请提供担保；⑦收集适用案件的有关法律、法规、国际公约等，为判案提供法律依据；⑧及时传送法院签发的传票、通知、裁决等法律文书给具体办案部门；⑨及时传送被告及第三人的答辩及所附证据；⑩定时出席法庭庭审、调解等，做好出庭代理意见及辩论准备，代理人的书面代理意见应报送当事人的法律顾问；⑪注意庭后的证据补充和代理发言的整理，及时提交法院；⑫做好判决、裁定、调解后的执行工作，及时收回赔款；⑬做好卷宗归档。

## 3. 追偿费用

①追偿收入奖金=（追偿收入-追偿费用）×5%，奖励给有关人员；②追偿费用应控制在"追偿收入"的10%以下，所发生的费用冲减追偿收入，不占用当事人费用指标；③在追偿中，被保险人为协助保险人进行追偿工作所支付的各项合理费用，由保险人负责。

## 三、委付

### 1. 委付的概念

委付（abandonment）是指被保险人在保险标的处于推定全损状态时，用口头或书面形式向保险人提出申请,明确表示愿将该标的所有权转让给保险人,要求按全损赔偿的行为。

例如,我国进口一批散装原糖,卸货时发现原糖被硫酸铵的残余物污染,收货人估计精炼加工整理费用会超过原糖价值,于是将受损货物委付给保险人,保险人按推定全损赔付,并接受了委付,受损货物的所有权归属保险人。

又如,在第一次世界大战中,一艘英国船为德国所捕获,保险人支付了赔款,并接受了被保险人的委付。数年后,该船重还原主,保险人将此船卖出,获得了一笔比保险赔款大得多的款项。

可见,当接受了委付时,保险人可以取得财产的所有权,损余甚至可以超过其保险金额的价值,但因获得财产所有权而需承担义务时,也要随之承担。例如,有一艘船舶因遇风浪,沉没在某航道上,被保险人遂提出委付。保险人在可以将回收的沉船残余钢板出售获利思想的支配下,未加慎重考虑就接受了委付,不料打捞费用和沉船堵塞航道的罚款远远大于回收沉船残余钢板出售所得。

推定全损又称解释全损(explonatory total loss),是指保险标的遭受保险承保范围内的风险而造成损失以后,虽然事实上未达到完全毁损或灭失程度,但实际全损已不可避免,可以按全损处理的一种推定性的损失。

构成推定全损的情况有:

(1)保险标的实际全损已经无法避免;

(2)为了防止实际全损发生而需要支付的施救费用将超过获救后保险标的的价值;

(3)修理受损保险标的的费用将超过修复后保险标的的价值;

(4)保险标的遭受保险事故,致使被保险人失去了对其的所有权,而为收回所有权支出的费用将超过保险标的的价值。

2. 委付的来源

自15世纪以来,委付最初是海上保险合同中的一项条款,其内容为"船舶航行方向不明而无任何消息时,可视同船舶的丧失"。为维护和鼓励海上经济活动,需要对这种船舶的丧失给予保障,委付才逐渐发展起来。

3. 委付的适用范围

委付适用于海洋货物运输保险和船舶保险。

4. 代位追偿与委付的异同

(1)相同点:①代位追偿与委付都是被保险人保险财产产生重大损失后,为获得赔偿而对保险人所做的权益转让;②代位追偿与委付的目的都是维护保险人的合法权益,防止被保险人获得双重补偿。

(2)不同点:①前提条件不同。代位追偿的产生必须是由于第三者行为使保险标的受损,前提是第三者;而委付以推定全损为前提。②行使时期不同。代位追偿权的行使开始于保险人赔付保险金时;而委付是在被保险人以通知方式告知保险人,保险人接受后,开始执行赔付。③保险程度不同。代位追偿权的数额以不超过保险金额应赔部分为限;

而委付是以推定全损为限,保险人委付所得有可能超过赔款。④保险人地位不同。代位追偿中保险人处于主动地位,接受财产所有权的转移而进行代位追偿,结果对保险人是相当有利的;而对于委付,保险人往往十分慎重,不但要接受权利委付,而且要接受义务委付。

### 拓展阅读

#### 何谓保险中的第三者?

按照现行的法律,第三者是指合同当事人以外的他人。在保险合同中,一方是保险人,另一方是被保险人或投保人,两者以外的第三方就是这里所说的第三者。

以车辆保险为例:

(1) 驾驶员永远不是第三者,保险车辆的实际驾驶人员等同于被保险人。

(2) 车上人员不属于第三者,包括车上的驾驶员、售票员、装卸工、乘客等。我们可以看到,一旦这些人下车后,除驾驶员外,均可视为第三者。

(3) "家庭成员"不在第三者之列,家庭成员造成车辆的损失不能追偿。划分家庭成员的标准是看"经济是否独立",而不是看血缘关系。经济不独立的可视为家庭成员,分立门户、经济独立的则可视为第三者。比如兄弟姐妹,没有分家立业前不算第三者。

## 第六节 分摊原则

### 一、分摊

**1. 分摊的概念**

分摊(contribution)是某个保险人请求其他对同一被保险人负责类似的但不一定是同等责任的保险人、被保险人或其他责任方分担赔款的形式。

分摊包含两层意义:

(1) 假如某保险人予以足额赔偿,他可以从其他承担此风险的保险人那里摊回相应比例的赔款。

(2) 假如被保险人没有得到足额赔偿,他可以自己承担部分损失,向其他保险人索赔,与有关责任方共同负责。

**2. 分摊的形式**

分摊有以下形式:

(1) 在普通财产保险中,当保险标的遭受部分损失时,如果保险标的是不足额投保,即保险金额小于保险标的损失当时的实际价值,则保险人给付的赔偿金额要按保险金额与实际价值的比例分摊计算。

(2) 在海上保险中,船舶和货物因遭遇共同海损而引起的损失与费用,应在各关系方之间进行分摊。

(3) 在重复保险中,对保险标的所遭受的损失,要由承保同一标的的各保险人按各自应承担的赔偿责任按比例分摊。

(4) 在共同保险中,对保险标的所遭受的损失,各保险人之间或保险人与被保险人之间约定,各按承保的金额比例或百分比分摊。

### 保险谜语

| 谜面 | 猜一个保险专用名词(或险种) |
|---|---|
| 依臣之见此战必无生还之理 | |
| 今其室十无二三焉 | |
| 敲钟的和尚 | |
| 邮件挂号 | |
| 风雨不动安如山 | |
| 果园篱笆都损坏 | |
| 一分钱一分货 | |

## 二、重复保险的分摊

### (一) 重复保险

**1. 重复保险的概念**

重复保险也称双重保险,简称重保或复保险,该保险专业术语是从英文 double insurance 翻译过来的,是"舶来品"。

(1) 理论上的定义。

①《财产保险》郝演苏主编,西南财经大学出版社,1996年。重复保险是指同一保险标的分别由两个以上的保险人承保,当保险标的发生保险责任范围的损失时,被保险人所持有的多个保险单的保险金额已经超出保险标的的实际价值的保险行为。这一定义存在以下问题:第一,限制过于宽泛。如虽为同一标的,但有可能有不同的保险利益,投保人就可以向不同的保险人投保,保险总金额可以超过保险标的实际价值。第二,时间有重叠才能称之为重复保险。该定义对时间没有具体强调,只说"分别",具体会不会重叠,模棱两可。

②《财产保险》林增余编写,中国金融出版社,1987年。重复保险是指投保人以一个保险标的,同时向两家或两家以上的保险公司投保同一危险,从而构成重复保险,保险金额的总和往往超过保险标的可保价值。这一定义存在同一标的不同利益问题。

(2) 法律上的定义。

① 1906年《英国海上保险法》对重复保险的定义。1906年《英国海上保险法》第32条第1款论述:于被保险人为同一危险、同一利益,无论为全部或部分,取得两个以上保险契约,而保险金额总数超过本法准许的赔偿数额时,是重复保险。英国法律用"同一利益"是有其道理的,因为被保险人必须对保险标的具有保险利益,如无利益就不存在重复保险赔偿问题,所以构成重复保险必须具备四个要素:第一,同一利益;第二,同一危险;第三,

两张或两张以上的保险单;第四,保险金额总和超过法律准许的赔偿数额。这一定义没有明确说明"损失时是否同在保险有效期内"。

② 我国《海商法》对重复保险的定义。我国《海商法》第二百二十五条第一款规定:"被保险人对同一保险标的就同一保险事故向几个保险人重复订立合同,而使该标的的保险金额总和超过保险标的的价值时,除合同另有约定外,被保险人可以向任何保险人提出赔偿请求。"上述"超过保险标的的价值"的提法是不准确的,应该改为"超过保险标的的保险价值"。因为它与《海商法》第二百一十九条相冲突,该条明确表述:"保险标的保险价值由保险人与被保险人约定。保险人与被保险人未约定保险价值的,保险价值依照下列规定计算:(一)船舶的保险价值,是保险责任开始时船舶的价值,包括船壳、机器、设备的价值,以及船上燃料、物料、索具、给养、淡水的价值和保险费的总和;(二)货物的保险价值,是保险责任开始时货物在起运地的发票价格或者非贸易商品在起运地的实际价值以及运费和保险费的总和;(三)运费的保险价值,是保险责任开始时承运人应收运费总额和保险费的总和;(四)其他保险标的保险价值,是保险责任开始时保险标的的实际价值和保险费的总和。"以货物为保险标的,该保险标的的价值与其保险价值相差运费和保险费。假设一批货物实际价值为 10 万元,运费为 1 万元,保险费为 3 000 元,那么该货物的保险价值为 113 000 元。如果向甲保险公司投保 8 万元,向乙保险公司投保 3 万元,则承保同一风险的保险金额虽然超过该保险标的的价值(10 万元),但不算重复保险,因为没有超过保险价值(113 000 元),只能算不足额的共保。

③ 我国《保险法》对重复保险的定义。我国《保险法》第五十六条第四款规定:"重复保险是指投保人对同一保险标的、同一保险利益、同一保险事故分别与两个以上保险人订立保险合同,且保险金额总和超过保险价值的保险。"这一定义可做如下理解:第一,同一保险标的和同一保险事故。这里的"同一"绝非要求所有的保险合同所承保的保险标的和保险事故绝对一致,而只是要求存在相同的保险标的和保险事故。而当此相同的保险标的因相同保险事故造成损失时,对此负保险责任的两个以上的保险人就应进行分摊。第二,同一保险利益。为了不同的保险利益而为同一保险标的、同一保险事故向两个或两个以上的保险人订立保险合同也不能认定为重复保险。对于同一房屋,承租人为了自己的利益向甲公司投保火险,房主为了保障自己作为所有者的利益而向乙保险公司投保火险,此时尽管满足其他条件,但因两公司保障的是不同的保险利益,所以不是重复保险。英国有名的保险判例国王与皇后谷仓案(The King and Queen Granaries)中,罗内卡内基商人在巴涅特的谷仓内存放谷物,后者根据伦敦贸易惯例,对谷物负有严格保管责任,并已就此办理了保险,而所有人(前者)已经就其享有的利益向保险人投保。后来谷物由于火灾受到损失,受损人的保险人就此支付了赔款,同时试图向所有人的保险人摊回赔款。鉴于双方利益不同,一方是受损人,另一方是所有人,法院认为不应进行分摊。第三,与两个以上保险人订立保险合同。这一点的实质要求是要有两个以上的保险人对损失负责,而不是要求有两份以上的保险单存在。现在的问题是:在同一保险公司签订两份保险单;在同一法人保险公司的两个不同办事机构签订两份保险单。这一定义存在以下缺陷:第一,没有规定各保险人的保险金额总和必须超过保险标的的保险价值,这是一个严重的失误。发达的资本主义国家如日本、英国、美国等在保险金额总和超过保险标的保险价值方面有着严格的规定。第二,没有严格规定保险有效期,虽然与两个以上保险人为同一保险标

的、同一保险利益、同一保险事故订立保险合同,但保险事故恰恰发生在不交叉期内,亦不能称为重复保险。如甲公司保险期限为 2017 年 9 月 2 日 0 时至 2018 年 9 月 1 日 24 时,乙公司保险期限为 2017 年 9 月 3 日 0 时至 2018 年 9 月 2 日 24 时,保险事故发生在 2017 年 9 月 2 日 18 时。

(3) 本书对重复保险的定义。

重复保险是指投保人以同一保险标的、同一保险利益、同一保险事故在同一期限内向两个以上的保险人投保,且保险金额总和超过保险标的保险价值的保险。

2. 重复保险产生的原因

(1) 心理因素。投保人或被保险人担心保险标的在保险事故发生后,不能从保险人处取得可靠的赔偿保障,宁可多花一笔保险费,双重保险更安心。

(2) 技术因素。在进出口贸易中,有的国外客户与本国当地保险公司关系密切,而我国出口专业公司在与外商洽谈生意和签订售货合同时,大都按国际习惯做法以 CIF 价格交割货物,在这种情况下会形成重复保险。

(3) 恶意行为。有的投保人意图投机取巧,向多家保险公司特别是异地保险公司投保同一标的或同一利益,目的是向保险人骗赔与欺诈。

(4) 感情因素。有的投保人由于不愿和各家保险公司搞僵关系(或自己亲属在不同的保险公司),从而向每家公司都投保,产生重复保险。

(5) 不信任。在保险竞争比较激烈的国家,保险公司的破产是经常发生的,有的被保险人担心其保险标的在保险事故多发的年头,因保险人无偿付能力或偿付能力较弱而无法取得赔偿,从而形成重复保险。

3. 重复保险的处理原则

重复保险的处理应遵循以下原则:

(1) 若是出于投保人的恶意行为所致的重复保险,则全部保险合同无效;

(2) 若是出于心理、感情因素所致的重复保险,则保险合同部分有效;

(3) 进出口货物在运输过程若有增值现象,则重复保险的赔偿可以适当高于保险金额。

4. 重复保险动机的区分与责任承担方式

首先应当指出,我国《保险法》没有对善意和恶意重复保险加以区分,这不能不说是一个缺陷。从重复保险的概念可以看出,在重复保险里,一方为"同一投保人",另一方为"数个保险人",同一投保人与数个保险人之间并存着数个保险合同。在危险发生时,如果投保人分别向数个保险人请求理赔,则可能获得多倍于损失的赔偿,存在不良心理的投保人会利用重复保险获取不当利益,极可能发生道德风险,产生超额理赔现象;但是我们必须承认善意重复保险的现实存在及其存在的必要性。因此,区分重复保险的主观心理状态对重复保险的责任认定具有重大的意义。

(1) 恶意的重复保险的判定。对于明知保险标的价值,为了诈骗保险金而故意重复保险的,被称为恶意的重复保险。对于这类保险合同的效力的认定,综合各国做法和实践,归纳起来共有两种方式:一种是重复保险中仅超过保险金额的部分无效,其余均有效。意大利《民法典》第 1909 条规定:保险金额超过保险价值的保险,如果被保险人有恶意,则保险无效。该法认为,先成立的保险合同不是重复保险,后成立的保险合同使得保险金额总和超过保险价值的视为重复保险,后成立的保险合同无效。另一种是投保人签订的所有保险合同均无效。德国《保险契约法》第59条第3款规定:投保人意图获取不法利益而重复保险的,契约无效。上述两种观点的不同之处在于前者承认了一份有效的保险合同。

若重复保险中超额部分无效,那么恶意的被保险人既可以获得全部赔偿(因未超额部分的保险合同仍为有效合同),又可以退回所有多交的保险费,这样显然是在保护被保险人的利益,两种情况下被保险人均无任何损失,投保人就可能怀着恶意的侥幸心理重复保险。若重复保险未被其他保险人知道,那么恶意的被保险人可以获得多重赔偿,即使被发现,也不会有任何利益损失,仍可以获得多交的保险费,这样就会给欺诈人庇护,保险法就有保护恶意当事人,从而被视为"恶法"之嫌。显然,这不符合立法的精神。

若重复保险中所有保险合同均无效,则投保人已经向保险人交纳保险费的,保险人负返还义务;保险人已经给付保险金的,有权请求受领人返还。也就是相当于恢复到合同订立之前的所有状态,相当于保险人没有对投保人进行保险,投保人可以获得所有已交的保险费。尽管这样并没有对投保人的恶意进行处置,但相比较而言,这种观点比第一种观点更为科学些。

恶意的重复保险含有欺诈成分,是投保人进行保险欺诈的一种方式。但是,根据我国现行的《保险法》,单纯的重复保险本身并不能构成保险欺诈。我国《保险法》规定,保险欺诈有谎称发生保险事故、故意导致保险标的损失、伪造证据。在保险欺诈的立法中,并没有专门针对重复保险的规定。如果重复保险的被保险人没有虚构保险标的,没有故意导致保险事故发生,没有谎称发生保险事故,没有伪造证据,就不构成保险欺诈。显然,对恶意的重复保险不能以保险欺诈论处。

(2)善意的重复保险的责任承担方式。①善意的重复保险产生的原因。善意的重复保险并非不存在,比如有的是家庭财产有新的增加而需要增大保险金额;有的是投保人虽多次投保却是不足额投保,这样就使他们的一部分财产处于一种不确定状态,因而重复保险;有的是单位为职工集体投保某种财产保险而职工个人已经投保这个险种;有的是投保人为了双重保险起见(如担心某家保险公司倒闭)而宁愿多花保费重复保险;还有一些投保人因估计错误或保险标的价格下跌,使保险金额总和超过保险标的价值。这些情况的共同点是投保人投保重复保险没有不良动机,并没有为获得超额利益的不良心理。②善意的重复保险的责任承担方式。善意的重复保险该如何认定保险合同的效力、如何赔付,是重复保险制度中的重大问题,法律并未禁止重复保险,除非被保险人以欺诈骗赔为目的,重复保险本身并不是违法行为。也就是说,除非保险单中有相关规定,否则保险人不能以存在被保险人的重复保险为由使保险合同无效。但是,假如若干个保险合同同时生效将会破坏法制秩序,也就是被保险人同时得到各合同中的利益是以破坏民法学基础理论为代价,则至少合同的某个或某项内容不得强制执行,必须确定适当的责任承担方式。

(二) 重复保险的分摊

重复保险的分摊理论上有三种方案:比例责任分摊制、限额责任分摊制、顺序责任分摊制。

1. 比例责任分摊制

（1）保额比例赔偿制。这是指保险人按照保险金额与保险金额总和的比例承担赔偿责任。

① 各保险人保额相同且足额情况下的分摊。如有一批出口货物 5 箱，保险价值为 5 万美元，被保险人在我国保险公司投保一切险 5 万美元，另外在美国保险公司投保 5 万美元。该货物在运输途中因船舶进水导致全损，被保险人得到的赔偿为：

中国保险公司赔偿额 = 5×5/(5+5) = 2.5（万美元）

美国保险公司赔偿额 = 5×5/(5+5) = 2.5（万美元）

这就是通常在保额相同的重复保险中，保险人各承担 50% 责任原则。

② 各保险人保额不同情况下的分摊。如有一批出口货物 5 箱，保险价值为 5 万美元，被保险人向甲公司投保一切险 5 万美元，向乙公司投保一切险 3 万美元，该货物在目的港卸货时 2 箱落海全损，那么：

甲公司赔偿额 = 2×5/(5+3) = 1.25（万美元）

乙公司赔偿额 = 2×3/(5+3) = 0.75（万美元）

（2）连带比例赔偿制。我国《海商法》第二百二十五条规定，除合同另有约定外，被保险人可以向任何保险人提出赔偿请求。各保险人按照其承保的保险金额同保险金额总和的比例承担赔偿责任。任何一个保险人支付的赔偿金额超过其应当承担的赔偿责任的，有权向未按照其应承担赔偿责任支付赔偿金额的保险人追偿。英国和德国采取这种方式赔偿。

（3）连带比例分担赔偿制。瑞士等中欧诸国的保险立法规定，不管保险合同成立先后，保险人分别就个别承保金额与保险金额总和的比例负责赔偿，若其中有承保人无力支付其应负赔偿份额，则由其余承保人按比例分摊。

2. 限额责任分摊制

限额责任分摊是指各家保险公司按照在无他保的情况下所负责任的限度比例分摊赔偿责任。计算公式为：

$$基本保险人的赔偿责任 = \frac{某保险公司独立责任限额}{所有保险公司独立责任限额总和} \times 损失金额$$

如有厂房一幢，价值 10 万元，同时向两家保险公司投保火险。甲、乙两公司的保险金额分别为 10 万元和 4 万元，厂房着火损失 8 万元，在没有重复保险的条件下，甲、乙两公司的赔偿责任限额分别为 8 万元和 4 万元，经分摊：

甲公司赔款 = 8×8/12 = 5.333333（万元）

乙公司赔款 = 8×4/12 = 2.666667（万元）

3. 顺序责任分摊制（主要保险制）

顺序责任分摊是指以最早的保险单为主要保险，首先承担责任；后期保险单在前一保险单承保金额的范围内无效，只有在其保险金额超出第一家保险公司的保险金额时，才依次承担责任，直到完全补偿被保险人保险标的的实际损失。

如货物价值 15 万元，发货人与其代理人同时向甲、乙两家保险公司分别投保水渍险 10 万元和 15 万元，货物在运输途中因船舶触礁损失 12 万元，甲公司应赔款 10 万元，乙公司应赔款2万元。

(三) 重复保险分摊的意义

第一,防止被保险人利用重复保险,在保险人之间重复得到赔偿,得到大于损失额的赔偿金,以确保补偿目的的实现;第二,坚持保险人之间按条件分摊被保险人的损失,维护社会公平原则。当几家保险公司就同一风险收取保险费时,完全让其中一家保险公司承担赔偿责任是不合理的。

 **保险楹联**

1. 福祸未卜,保险为先,防患有备;
   喜忧难测,预料在前,安全无患。
2. 少饮几杯甘露酒何愁幸福不在;
   多投若干保险金岂畏灾情横飞。
3. 借楚辞汉赋歌颂保险大业;
   用唐诗宋词谱写造福文章。
4. 保字进门,力跨三山五岳,足踏大江南北,一路欢歌一路笑;
   险字出室,能飞五湖四海,敢探金星火星,十路出征十路胜。
5. 家财虽万贯一旦遭灾贫如洗;
   保险仅数元十分安全稳若山。

### 三、共同保险的分摊

共同保险简称"共保",主要有两种情况。

(1) 几个保险人同时承保一笔业务。当产生赔款责任时,赔款按各保险人承保的金额比例分摊。必须掌握的是:①所有保险人的保险金额总和等于保险标的保险价值;②灾害造成的损失必须在同一期限内。

例如,甲、乙、丙三家保险公司同时承保一企业财产,标的保险价值100万元,其中甲保险公司承保50万元,乙保险公司承保30万元,丙保险公司承保20万元。保险有效期内发生损失80万元,赔款分摊为:

甲保险公司赔款 = 80×50/100 = 40(万元)
乙保险公司赔款 = 80×30/100 = 24(万元)
丙保险公司赔款 = 80×20/100 = 16(万元)

若在保险有效期内发生损失40万元,则赔款分摊为:

甲保险公司赔款 = 40×50/100 = 20(万元)
乙保险公司赔款 = 40×30/100 = 12(万元)
丙保险公司赔款 = 40×20/100 = 8(万元)

(2) 保险双方当事人经过协商,确定保险人承保可保标的价值的比例,余下部分由被保险人自负。这一概念须注意:①保险人与被保险人之间共同承担保险责任;②共同保险比例在协商时应恰如其分;③只有保险标的损失时的实际价值达到共同保险规定的比例,被保险人的损失才可以获得足额赔偿。赔款计算公式如下:

$$赔款 = 损失金额 \times \frac{保险金额}{共同保险比例 \times 保险标的损失时的实际价值}$$

例如,保险金额 80 万元,共同保险比例为 80%,损失时保险标的的实际价值为 100 万元,损失额为 50 万元,在不考虑共同保险比例的情况下,保险人应承担的赔款为:

$$5 \times \frac{80}{100} = 40(万元)$$

在共同保险方式下,保险人应承担的赔款为:

$$50 \times \frac{80}{100 \times 80\%} = 50(万元)$$

### 典型实例

#### 神奇的小铜钟

在伦敦劳埃德保险公司的大楼里,挂着一只神奇的小铜钟。别看它其貌不扬,却"不鸣则已,一鸣惊人"。公司有一个惯例,用这只小铜钟的钟声来宣告大宗生意的得失:一响是佳音,表示某项生意发了大财;两响是"噩耗",说明某项生意亏了血本。

1984 年,美国航天飞机成功收回人造卫星后返回地面,悬挂在伦敦劳埃德保险公司大楼内的这面小铜钟,发出了一声喜悦的响声,向全公司的员工报告,本公司为这次飞行承保赚了 5 000 万美元;1979 年,挪威一艘 7 万多吨的货轮在好望角沉没,小铜钟发出两声哀鸣,表示公司须为此付出巨额赔偿金;1985 年,韩国一架波音 747 客机被苏联击落,消息传来,小铜钟又发出两声哀鸣,于是人们知道,伦敦劳埃德保险公司必须向大韩航空公司赔偿 2 680 万美元。

这只神奇的小铜钟是 1799 年从荷兰沿海一艘沉船中打捞出来的,它来到伦敦劳埃德保险公司后,就担当起这项不寻常的使命直到现在。

资料来源:保险趣闻:神奇的小铜钟[EB/OL].(2006-07-04)[2020-08-31].https://www.233.com/bx/bxgg/20060704/163940112.html,有删改。

## 第七节 优先保护受害第三人利益原则

### 一、优先保护受害第三人利益原则的含义

优先保护受害第三人利益原则是指承认责任保险的第三人对责任保险赔偿金债权享有法定的优先受偿的权利。如《韩国商法典》第 724 条规定,对因可归责于被保险人的事故而发生的损害,保险人在第三人接受被保险人赔偿之前,不得向被保险人支付保险金额的全部或者一部分。保险人在通知被保险人或者接到被保险人的通知后,可以直接对受到损害之第三人支付保险金额的全部或者一部分。有的法律则直接肯定受害人对保险人

的赔偿请求权。在美国,路易斯安纳州、纽约州等准许受害人直接对责任保险之保险人起诉以请求赔偿,并认为保护第三人或者社会大众是责任保险的主要功能。

应该说,保护被保险人利益是责任保险之初始目的,受害第三人所受损害及时得到赔偿是责任保险的客观结果。但随着责任保险覆盖面的拓宽和法律社会的深入,责任保险成为受害第三人甚至整个社会大众获得保护的重要手段。从这个意义上说,责任保险具有保护被保险人利益和受害第三人利益的双重功能,但保护后者利益更凸显和重要。

### 二、优先保护受害第三人利益原则的演进

责任保险产生之初,仅仅是作为被保险人转移赔偿责任的一种方式,纯粹是为保护被保险人的利益而存在。在责任保险合同中,保险人和投保人为当事人,被保险人为关系人,享有赔偿请求权。若局限于合同的相对性,因被保险人的行为而受损害的第三人对保险人没有直接的请求损害赔偿的权利,只有在被保险人已经向受害人给付赔偿金后,保险人才承担保险责任。在这种情形下,若被保险人不能支付,则受害人不能请求保险人给付保险赔偿金,被保险人也不能请求保险人承担保险责任,从而造成保险人可以收取保险费但不承担责任的不公平后果。基于这种矛盾,责任保险的理论和实务正在日益弱化保护被保险人利益的目的,结果是责任保险具有并强调保护第三人的利益。

责任保险为保护受害第三人的利益所做的最大变革莫过于突破合同相对性的羁绊,认为第三人对被保险人的赔偿请求权是责任保险合同得以成立和存在的基础。若没有第三人的存在,则被保险人的损害赔偿责任无从发生,应无责任保险的适用。这就是说,责任保险在很大程度上是为受害人的利益而存在的,立法则有日益要求保险人直接向被保险人之行为的受害人给付保险赔偿金的趋势,禁止被保险人将保险赔偿金债权转让给第三人以外的他人或者为第三人以外的他人支付或提供担保。

## 本章讨论案例

苏 A1 重型半挂牵引车(挂 A2 重型罐式半挂车)车主系某物流公司,在甲保险公司投保了交强险,并投保了第三者责任保险,保险限额 500 000 元,含不计免赔特约险,保险期限均为 2016 年 6 月 26 日 16 时至 2017 年 6 月 26 日 16 时。同时,在乙保险公司投保了第三者责任保险,含不计免赔特约险,保险限额 50 000 元,保险期限为 2015 年 10 月 24 日 14 时至 2016 年 10 月 24 日 14 时;并投保了道路危险货物承运人第三者责任保险(包括货物责任保险和第三者责任保险),保险限额 400 000 元,每次事故绝对免赔额为 1 000 元或损失金额的 10%,以高者为准,保险期限为 2015 年 12 月 1 日 0 时至 2016 年 11 月 30 日 24 时。

2016 年 6 月 28 日,徐某驾驶苏 A1 重型半挂牵引车(挂 A2 重型罐式半挂车)沿某国道行驶。18 时 50 分,当行至某路段时,徐某发现车辆超过其欲右转弯进入的某路口,即停车向后倒车,在倒车过程中车辆与后方同向行驶的由吴某驾驶的二轮普通摩托车发生碰撞,造成吴某死亡。交通警察大队经分析认定:徐某承担此事故全部责任,吴某不承担此事故的责任。在法院调解下,物流公司一次赔偿吴某近亲属死亡赔偿金、丧葬费、精神抚慰金、被抚养人生活费、家属处理后事的误工费用、交通费等共计 865 000 元,并当庭一次性给付。

物流公司赔偿后,向甲保险公司理赔,甲保险公司于 2017 年 7 月 24 日和 8 月 22 日向物

流公司理赔。甲保险公司理赔后,以上述事故车辆在甲保险公司投保了第三者责任保险与在乙保险公司投保了第三者责任保险、道路危险货物承运人第三者责任保险系重复保险,各保险人应当按限额比例分摊保险赔偿款为由,诉至法院,要求乙保险公司返还垫付的赔偿款171 859.77 元。

资料来源:王卫国,高志强.同时投保承运人责任险和商业三者险能否构成重复保险[EB/OL].(2018-11-15)[2020-08-31].http://chsh.sinoins.com/2018/11/15/content_276337.htm,有删改。

【讨论的问题】

1. 同时投保承运人责任保险和商业第三者责任保险能否构成重复保险?
2. 甲保险公司可否向乙保险公司追偿?
3. 乙保险公司应如何赔偿?

## 知识积累

**保险人对免责条款的提示和明确说明义务**

1. 对于保险人的说明义务,以下几种情形下应适当减轻保险人的说明义务:
(1) 保险人与同一投保人再次或多次签订同类保险合同;
(2) 保险合同免责条款直接援引保险法的相关规定;
(3) 法定免责情形。
2. 有观点认为,以下两种情形都应视为保险人履行了提示及明确说明义务:
(1) 投保人在关于保险人已经履行提示及明确说明义务的声明条款中签名确认;
(2) 投保人直接在各项免责条款签名确认。
3. 也有观点提出,保险人完成提示及明确说明义务至少应包括以下几个方面的工作:
(1) 在保险单中以字体加大、加黑或采用不同颜色等醒目方式印制责任免除条款,提请投保人注意;
(2) 拟定专门的声明条款,表明保险人已对保险条款和所有责任免除条款做出明确说明且被保险人已经理解相应条款的内容与含义,并愿意接受条款的约束;
(3) 投保人在上述声明条款栏内签字或盖章确认。

## 复习思考题

【基础知识题】

1. 概念比较:
(1) 代位追偿权与委付;
(2) 重复保险与共同保险。
2. 在不同保险中,保险利益原则是如何体现的?
3. 近因原则的本质含义是什么?
4. 权益转让原则的基本内容是什么?

5. 代位追偿权的成立条件是什么?
6. 保险人代位追偿的范围有哪些?
7. 重复保险的分摊方式有哪几种?
8. 诚信的主要内容是什么?

**【实践操作题】**

1. 浏览中国太平洋保险(集团)股份有限公司网站(http://www.cpic.com.cn),了解公司财产保险业务的开展情况,列举其主要的财产保险业务类型。

2. 浏览中国保险行业协会网(http://www.iachina.cn),了解协会结构、保险市场动态、保险数据统计分析、监管自律、险种介绍、保险案例分析、保险资格考试等。

3. 浏览美国风险及保险学会网站(http://www.aria.org/rts),了解《风险和保险杂志》(Journal of Risk and Insurance)和《风险管理与保险评论》(Risk Management and Insurance Review)的内容。

**【探索研究题】**

1. 冯某以 9.7 万元低价从他人手中购得尼桑轿车一辆并向保险公司投保,保险金额确定为 18 万元。在保险期间内,该车被盗,后发现该车时,车辆已被焚毁。保险公司对该事故构成车辆全损,属于赔付范围没有争议,但在赔偿金额上与冯某有重大分歧。冯某坚持认为应当按保险金额全额赔付;保险公司则认为,冯某是以 9.7 万元购进该车,只能按车辆的实际价值赔偿冯某 9.7 万元。

要求:

(1) 请列表说明保险价值、保险金额、定值保险、不定值保险等概念及其之间的联系。

(2) 分别以车辆保险和货物运输保险为例,说明定值保险与不定值保险赔偿处理的区别。

2. A 公司于 2018 年 1 月 2 日为本公司的一辆车向保险公司投保,保险期限为一年,即从 2018 年 1 月 2 日至 2019 年 1 月 1 日。2018 年 2 月 1 日,A 公司将这辆车卖给了 B 公司,但未办理财产保险转移手续。2018 年 4 月 2 日,该车出车祸,全部毁损,B 公司于是持保险单到保险公司索赔,但保险公司认为 A 公司擅自转移财产保险标的,财产保险合同已经终止,故拒赔。

要求:

(1) 财产保险标的能够转让吗?

(2) 因转让保险标的而变更保险合同需要履行什么手续?

21世纪经济与管理规划教材
保险学系列

# 第二编

# 财产与责任保险险种结构

第五章　普通财产保险
第六章　运输工具保险
第七章　工程保险
第八章　货物运输保险
第九章　责任保险和信用与保证保险

# 第五章 普通财产保险

## 学习目标

- 了解企业财产保险的概念及基本特征
- 了解家庭财产保险的概念及基本特征
- 掌握企业财产保险的基本内容
- 掌握家庭财产保险的基本内容
- 掌握家庭财产保险的基本险种
- 掌握机器损坏保险的基本内容
- 掌握营业中断保险的保险范围和理算
- 综合运用：能够运用所学知识分析我国目前企业财产保险的发展问题

 导读案例

**【案情简介】**

李某向保险公司投保家庭财产损失险和附加盗窃险,家庭财产损失险费率为1.5‰,盗窃险费率也为1.5‰,保险金额3万元。投保日期为××××年5月31日至次年5月30日,在投保期最后一日的23时50分,因李某孩子搞电路实验引起短路失火,大火在次日凌晨0时30分扑灭,总计财产损失5万元。被保险人李某向保险公司请求赔偿保险金5万元,理由是总保额为6万元,即家庭财产损失险投保了3万元,盗窃险也是3万元。保险人则说此次损失不应赔偿,一是火灾系被保险人的孩子引起,保险公司赔偿后再向被保险人的孩子追偿,等于不赔偿,还不如不赔;二是晚间23时50分失火,次日凌晨0时30分扑灭,前10分钟不会造成大的损失,主要损失是保险期限终止后发生的。

**【案情分析】**

(1) 此案火灾损失属保险责任。一是火灾的发生不论什么原因都属保险责任;二是火灾发生在保险期内,属保险责任。

(2) 被保险人李某请求赔偿的保险金数额不对。本案保险金额3万元是李某家庭财产损失得到的最高赔偿额,两个险种是指无论发生哪一种风险,都可得到最高赔偿额度3万元,不能相加。

(3) 保险公司不能向被保险人的孩子进行追偿。我国《保险法》第六十二条规定:"除被保险人的家庭成员或者其组成人员故意造成本法第六十条第一款规定的保险事故外,保险人不得对被保险人的家庭成员或者其组成人员行使代位请求赔偿的权利。"因此,保险人说要向被保险人的孩子追偿是错误的。

(4) 本案 5 月 31 日凌晨 0 时至 0 时 30 分的损失应算保险责任。因为火灾前 10 分钟在保险期内,后 30 分钟的损失是前 10 分钟引起的,即保险责任引起的后果,不应把它分离开,保险人认为李某的家庭财产损失主要在保险责任期终了之后的说法是错误的。

结论:此案属于家庭财产保险责任事故,保险公司应当赔偿被保险人李某保险金 3 万元。

### 案例详情链接

胡文富.保险理赔索赔指南[M].北京:中国检察出版社,1993.

### 你是不是有下面的疑问

1. 何谓家庭财产保险?
2. 财产保险的保险人为什么能够承保火灾风险?
3. 哪些标的可以投保财产保险?

## 第一节  火灾保险导论

### 一、火灾及火灾保险的定义

火灾是指在时间上或空间上失去控制的燃烧所造成的灾害。凡由于异常性燃烧造成财产损毁的灾害均为火灾。构成火灾的条件因不同国度而不同:

(1) 我国。在我国,构成火灾的条件为:①有燃烧现象,即有光、有热、有火焰;②由于偶然和意外事件发生的燃烧;③燃烧失去控制并有蔓延扩大趋势。

(2) 英国。在英国,构成火灾的条件为:①点燃并有燃烧现象;②属于意外事故;③烧了不应烧的东西。英国属于判例法的国家,第三个条件起因于英国 1941 年贵重物品被烧案的判例。

(3) 美国。在美国,构成火灾的条件为:①有热,有光,发出火焰;②由恶意之火(hostile fire)造成;③不属于保险单除外责任的范围。美国在普通法中把火分为友善(善意)之火(friendly fire)和敌意(恶意)之火,前者是出于一定目的在一定范围内故意点燃的有用之火,后者是越出一定范围在不该燃烧的地方燃烧。火灾保险保的是恶意之火。如财物意外地落入火炉烧毁,为善意之火所致,不属于承保的火灾范围;而烟头落入地毯将地毯烧了一个洞,点燃香烟的善意之火即转为恶意之火,应属于火灾范围。

火灾保险(fire insurance)是指保险人与投保人经合同约定,投保人向保险人交付保险费,保险人对于所承保的房屋建筑物及其他装修设备,或屋内存放的财物等标的,在保险期间因火灾、雷击或所承保的其他风险事故发生所致的财产损毁或灭失,在保险金额限度内予以补偿或予以恢复原状的一种财产保险,又称普通财产保险,如我国目前的企业财产保险、家庭财产保险和房屋保险等。

### 二、火灾保险的责任范围

火灾保险的责任范围一般分为基本责任、扩展承保责任、特约承保责任和意外事故承保责任。

（一）火灾保险的基本责任

我国火灾保险的基本责任包括：

1. 火灾

火灾责任是指在时间和空间上失去控制的燃烧行为对保险标的所造成的损毁。构成保险责任的火灾必须同时具备如下三个条件：①燃烧现象的存在，即同时有热量的散发、光的形成和火焰的存在；②在偶然和意外的情况下产生的燃烧现象；③失去控制并有蔓延扩大的趋势。有意识和有目的的行为所产生的燃烧现象，不属于火灾责任的范围；由烘、烤、烙、烫造成财产的焦煳变质，也不属于火灾责任的范围。

2. 爆炸

爆炸责任是指物质在物理因素和化学因素的作用下，物质结构的温度和压力急剧升高所形成的能量释放现象对保险标的造成的破坏。爆炸分为两种情况：①物理性爆炸，是指由于液体变为蒸汽或气体膨胀，压力急剧增加大大超过容器所能承受的极限而产生的爆炸，如锅炉、气体压缩机、液化气罐的爆炸等；②化学性爆炸，是指由于物体在瞬间的高速燃烧引起分解反应，以很大的压力向周围扩散的现象，如火药、粉尘、各种化学物品的爆炸等。对于爆炸现象必须分析其产生的具体原因，由于产品质量不合格、使用损耗或物体本身的瑕疵及容器内部承受负压（内压比外压小）造成的损失，不属于爆炸责任的范围。

3. 雷电

雷电责任是指由于雷击现象对保险标的所造成的破坏。雷击为积雨云层所产生的放电现象。这种放电现象分为两种情况：①直接雷击，是指由于雷电在放电过程中直接击中保险财产所造成的破坏；②感应雷击，是指由于雷电在放电过程中所形成的静电感应和电磁感应，使屋内对地绝缘金属物体产生高电位放出火花引起的火灾损失，或者对使用过程中的电气设备所造成的破坏。由于雷电是自然界产生的破坏现象，所引起的危险属于纯粹危险的范畴，因此保险人通常承保雷电对保险财产所造成的损失。

（二）火灾保险的扩展承保责任

1. 飓风、台风、龙卷风

飓风责任是指夏秋之交出现的风力等级超过九级并伴有暴雨对保险标的所造成的损失；台风责任是指夏秋之际发生在太平洋西部海洋和南海海上的极强烈的风暴对保险标的所造成的损失；龙卷风责任则是指平均最大风速为79米/秒至100米/秒，极端最大风速超过100米/秒的范围小、时间短的猛烈旋风对保险标的所造成的损失。

2. 风暴、暴雨、洪水

风暴责任是指风速在17.2米/秒以上，风力等级超过八级的大风对保险标的所造成的破坏；暴雨责任是指每小时降雨量超过 16 毫米，或者连续 12 小时总降雨量超过 30 毫米，或者连续 24 小时总降雨量超过 50 毫米的雨水对保险标的所造成的损失；洪水责任是指由于江河泛滥、山洪暴发、潮水上岸等对保险标的所造成的泡损、淹没、冲散、冲毁的损失。对于有规律性的涨潮、自动喷淋设施漏水、常年平均水位线以下的渗水、水管漏水所造成的保险标的损失不属于洪水责任。同样，对于堆放在露天、简易篷布下的保险标的所遭受的洪水损失，除非保险合同双方当事人另有约定，否则也不属于洪水责任的范围。

3. 冰雹

冰雹责任是指冰雹降落对保险标的所造成的损失。

4. 地崩、山崩、雪崩

地崩责任是指地表结构的塌陷所形成的地层裂痕对地面上的保险标的所造成的损失；山崩责任是指陡坡上的大块岩石在重力作用下突然崩落对保险标的所造成的损失；雪崩责任是指山地大量积雪突然崩落对保险标的所造成的损失。

5. 地面下陷下沉

地面下陷下沉责任是指地壳自然变异或者地层收缩形成的突然塌陷现象对保险标的所造成的损失。这项责任还扩展到海潮、河流、大雨侵蚀或地下孔穴、矿穴出现的地面突然塌陷对保险标的所造成的损失。但是，对于地基基础不牢固或未按照建筑施工要求施工所导致的建筑物地基下沉、裂缝、倒塌等损失和打桩、地下作业及挖掘作业引起的地面下陷下沉对保险标的所造成的破坏，均不属于该项责任。

（三）火灾保险的特约承保责任

1. 水箱、水管爆裂

水箱、水管爆裂责任是指由于内部压力增加导致水箱和水管发生爆裂对保险标的所造成的损失。凡是属于被保险人自有供水系统中的水箱和水管的爆裂，以及锈蚀引起的水箱和水管的爆裂，均不属于保险责任。

2. 破坏性地震

破坏性地震责任是指经地震监控部门认定的震级和烈度的地震的发生对保险标的所造成的损失。

3. 盗窃

盗窃责任是指抢劫、偷盗或使用暴力侵入保险财产的存放处对保险标的所造成的损失和破坏。

（四）火灾保险的意外事故承保责任

1. 空中运行物体坠落

空中运行物体坠落责任是指在空中飞行和运行过程中的飞机、飞机部件或飞行物体突然发生的坠落现象对陆地上的保险标的所造成的损失。比如飞机坠毁，飞机部件坠落，陨石坠落，飞行物体下落及吊车、行车在运动中发生的物体坠落对保险标的所造成的损失,都属于此项保险责任的范围。

2. 被保险人自有的供水、供电、供气设备因遭受保险事故而导致"三停"所造成的保险财产的直接损失

上述"三停"所致保险标的的损失,必须同时具备下列条件:①必须是被保险人拥有财产所有权并自己使用的供电、供水、供气设备,包括本单位拥有所有权和使用权的专用设备以及与其他单位共有的设备(如发电机、变压器、配电间、水塔、线路、管道等);②仅限于因保险事故造成的"三停"损失;③仅限于被保险人的机器设备、在产品和储藏物品等保险标的损坏或报废。

### 三、火灾保险的责任免除

(一) 绝对责任免除

绝对责任免除包括:

(1) 敌对行为、军事行动、武装冲突、罢工、暴动。

(2) 核辐射和污染。

这两类危险事件的发生所造成的损失往往旷日持久,不断延续扩大,无法确定其范围和程度,损失巨大,保险人一般无力承担。

(3) 被保险人的故意行为。该类危险的发生是由于被保险人违反法律和道德规范。若保险人予以赔偿,则无疑会支持违法和不道德行为。

(4) 保险财产本身缺陷及保管不善导致的损失、变质、霉烂、受潮、虫咬以及自然磨损与按规定计提的正常损耗。由于该项损失属于保险财产必然会遭遇的危险,因此保险人不会承保。

(二) 相对责任免除

相对责任免除包括:

(1) 堆放在露天、罩篷下的保险财产,以及用芦席、帆布、稻草、油毡、塑料布等做的罩棚由于暴雨、暴风造成的损失。

(2) 保险责任范围内的灾害事故造成的停工、停产等一切间接损失。此项责任可在投保人申请,保险人同意并加收保险费的情况下成为保险责任。

### 四、火灾保险的费率与保险期间

火灾保险费率由以下因素决定:①用途(occupancy)。建筑物的使用目的,又称占用性质。②构造(construction)。房屋的建筑结构,主要指建筑物的材料及建筑物大小和形式。③防护(protection)。包括消防设备和人员的培训。④位置(location)。建筑物的地点和周围环境,建筑物周边环境被燃烧的可能性越大,引起火灾的可能性越大。另外,时间也是影响火灾费率的因素,如我国北方的冬季就比夏季遭受火灾的可能性要大。

我国火灾保险的保险期间为保险合同生效之日的 0 时起至保险期满日的 24 时止,或者保险合同生效之日的中午 12 时起至保险期满日的 12 时止。

## 第二节　企业财产保险

### 一、企业财产保险的概念及基本特征

企业财产保险是以法人团体的财产物资及有关利益等为保险标的，由保险人承担火灾及有关自然灾害、意外事故损失赔偿责任的财产损失保险。

企业财产保险的基本特征主要包括三个方面。

（一）保险标的是陆地上处于相对静止状态的财产

企业财产保险的标的主要是各种固定资产和流动资产，这些标的（如厂房、机器设备、原材料等）相对固定地坐落或存放于陆地上的某个位置，从而既与处于水上和空中的标的（如船舶、货物和飞机等）相区别，又与处于运动状态的标的（如运输工具保险和货物运输保险的标的）相区别，从而形成了企业财产保险独有的特征。

（二）承保财产地址不得随意变动

企业财产保险中，强调保险标的必须存放在保险合同中列明的固定场所，除因火灾等风险威胁，为安全起见可将屋内的财物暂时运移他处外，被保险人不能随意变动。这主要是因为企业财产保险标的所处的地点不同，风险的大小也不同。因此，在一般情况下，承保财产地址的变动，须经保险人同意，并在原保险单上批注或附贴批单后方可进行。

（三）以团体为投保单位

企业财产保险与家庭财产保险相比，虽然同属于火灾保险，但在投保单位上差异甚大。企业财产保险以团体为投保对象，因而它又称为团体火灾保险；而家庭财产保险则是以城乡居民及其家庭为投保单位。

此外，企业财产保险的标的结构、承保风险及费率厘定等较为复杂，核保、核赔难度较大。

### 二、企业财产保险的主要内容

（一）适用范围

可以向保险公司投保企业财产保险的投保人包括：

（1）各类企业。在团体火灾保险经营实践中，工商企业构成主要的保险客户群体，凡是领有工商营业执照、有健全的会计账簿、财务独立核算的各类国有企业、集体企业和私营企业都可以投保团体火灾保险。

（2）国家机关、事业单位及社会团体等组织，包括党政机关、科研单位、学校、医院、文化艺术团体等，亦可投保团体火灾保险。

需要注意的是，个体工商户，包括小商小贩、夫妻店、货郎担、家庭手工作坊等个体经营户的各种财产风险，不属于企业财产保险的保障范围，只能以家庭财产的投保方式投保。因此，团体火灾保险强调的是保险客户的法人资格。

（二）保险标的的范围

企业财产保险的保险标的可分为可保财产、特约可保财产和不保财产三类。

1. 可保财产

可保财产是指保险人可以直接予以承保的财产,包括属于投保人所有或与他人共有而由投保人负责的财产,由投保人经营管理或替他人保管的财产,以及具有其他法律上承认的与投保人有利害关系的财产。具体而言,可保财产主要包括以下项目:

(1) 房屋、建筑物及附属装修设备。包括正在使用、未使用或出租、承租的房屋;房屋以外的各种建筑物,如船坞、油库、围墙以及附属在房屋、建筑物上的较固定的设备装置,如卫生设备、空调机、门面装潢等。

(2) 建造中的房屋、建筑物和建筑材料。对于建设单位尚未完工的房屋、建筑物,在未正式办理移交手续和入账以前列为建造中的房屋、建筑物。

(3) 机器和附属设备。机器是指具有改变材料属性或形态、功能的各种机器与设备,如各种机床、平炉、高炉、转炉、电炉、铸造机、电焊机、鼓风炉等。附属设备是指与机器不可分割的装置,如传动装置、传导装置、机座等。

(4) 交通运输工具的设备。包括构成运输工具组成部分的所有附属装置,如冷藏仓所需的冷藏设备等。

(5) 通信设备和器材。是指用于传递信息、情报的设备和器材,包括通信卫星、通信电缆、通信交换设备、通信终端设备、通信车、电报机、电传机、传真机和电话机等。

(6) 工具、仪器和生产用具。是指具有独立用途的各种工作用具、仪器和生产用具。如切削用具、模压机、风镐,用于检验、实验和测量的仪器以及达到固定资产标准的包装容器等。

(7) 管理用具和低值易耗品。管理用具是指计量用具、消防用具、办公用具以及其他经营管理用的器具或设备。低值易耗品是指不能作为固定资产的各种低值易耗物品,如玻璃器皿以及生产过程中使用的包装容器等。

(8) 原材料、半成品、在制品、产成品或库存商品、特种储备商品。包括各种生产辅助材料、燃料、备品备件、物料用品、副产品、残次品、样品、展品、包装物等。

(9) 账外财产或已摊销的财产。是指已摊销或已列支而尚在使用的财产,如已摊销的低值易耗品、简易仓库、简陋建筑、来料加工盈料、边角余料、不入账的自制设备、无偿移交的财产等。

(10) 代保管财产。是指被保险人以收取报酬为条件而提供代保管、代加工、代销售、代修理等各种服务的财产。

2. 特约可保财产

特约可保财产是指必须经过保险双方的特别约定,并在保险单上载明才能成为保险标的的财产。此类财产价值一般较难确定,必须采取特殊技术或通过某些专门的评估机构才能测定其价值。企业财产保险中的特约可保财产包括以下项目:

(1) 市场价格变化大、保险金额难以确定的财产。比如金银、珠宝、钻石、玉器、首饰、古币、古玩、邮票、稀有金属等珍贵物品。

(2) 价值高、危险较特别的财产。比如堤堰、水闸、铁路、道路、涵洞、桥梁、码头等,这些财产虽不易遭受火灾并导致损失,但有洪水、地震等危险,往往会造成巨额损失。因此,保险人一般将其列为特约可保财产范畴。

（3）危险大，需要提高费率的财产。比如矿井、矿坑内的设备和物资等。

上述各项财产的保险估价难度较大，需要通过定值保险的方式予以承保，而定值保险中的保险金额是由保险双方当事人通过约定投保标的价值的方式实现的。因此，这些财产必须经保险双方特别约定才能承保，而不能像其他普通的企业财产一样采取不定值保险的承保方式。在投保这类财产时，保险双方必须事先约定数量、明确单价，并在有账册可查的情况下保险人才予以承保。但是当企业以金银为原材料加工生产时，因其数量、价值均计入有关会计科目，属于企业资产范围，不需要特别约定承保。

3. 不保财产

不保财产是保险人不予承保或不能在企业财产保险项下承保的财产，它包括以下项目：

（1）非一般性生产资料或商品，即不能用货币衡量其价值的财产和利益。比如土地、矿藏、矿井、矿坑、森林、水产资源等。

（2）非实际物资且易引起道德风险的财产。比如货币、有价证券等。

（3）缺乏价值依据，难以鉴定价值的财产。比如票证、文件、账册、技术资料、电脑资料、图表等。

（4）承保后与有关法律、法规及政策规定相抵触的财产。比如违章建筑、危险建筑、非法占用的财产等。

（5）已经处于危险状态或必然发生危险的财产。比如处于洪水警戒线以下的财产、危险建筑等。

（6）不属于企业财产保险的承保范围，应投保其他险种的财产。比如正在运输过程中的物资，此类财产属于货物运输保险的承保范围；领取执照并正常运行的机动车辆，此类财产属于机动车辆保险的承保范围；未经收割的农作物及家禽、家畜及其他饲养动物，此类财产属于农业保险的承保范围。

企业在投保时，应参照保险条款的规定，结合自身情况选择投保。可保财产应全部投保；特约可保财产应向保险人提出详细清单，并在投保单、保险单上注明以明确责任；不保财产一定要剔除，否则即使付了保险费，保险人也不承担赔偿责任。

### 三、企业财产保险的主要内容

（一）基本险

1. 保险责任

基本险的保险责任具体如下：

（1）火灾、爆炸、雷电。

（2）意外事故：①飞行物体及其他空中运行物体坠落。包括空中飞行器、人造卫星、陨石坠落以及吊车和行车在运行时发生的物体坠落。在施工过程中，因人工开凿或爆炸而导致石方、石块、土方飞射或塌下造成保险标的的损失，保险人可以先予以赔偿，然后再向负有责任的第三者追偿。建筑物倒塌、倒落、倾倒造成保险标的的损失，视同空中运行物体坠落责任，保险人负责赔偿。若涉及第三者责任，则保险人可以先赔偿再追偿。但是，对于建筑物本身的损失，不论是否属于保险标的，保险人都不负责赔偿。②被保险人拥有财产所有权的自用的供电、供水、供气设备因保险事故而遭受损坏,引起停电、停水、停气造成保险标的的直接损失。例如,印染厂因发生属本项责任范围的停电,使得生产线上运转的高热烘筒停转,烘筒上的布匹被烧焦;又如,药厂因同样情况停电,使冷藏库内的药品变质,属于保险责任。③当发生保险事故时,为抢救保险标的或防止灾害蔓延,采取合理的、必要的措施而造成保险标的的损失。包括发生火灾时为减少损失规模进行施救,使保险标的遭受碰破、水渍等损失,以及灾后搬回原地途中的损失;因抢救受灾物资而破坏保险房屋的墙壁、门窗等造成的损失;发生火灾时为隔断火势,将未着火的保险房屋拆毁而造成的损失;遭受火灾后为防止损坏的保险房屋、墙壁倒塌压坏其他保险标的而予以拆除造成的损失;等等。

对于在抢救保险标的或防止灾害蔓延时造成非保险标的的损失,保险人不予赔偿。

2. 责任免除

基本险的责任免除具体如下。

(1) 战争、敌对行为、军事行动、武装冲突、罢工、暴动所致的损失。

(2) 被保险人及其代表的故意行为或纵容所致的损失。

(3) 核反应、核子辐射和放射性污染所致的损失。

(4) 地震、暴雨、洪水、台风、暴风、龙卷风、雪灾、雹灾、冰凌、泥石流、崖崩、滑坡、水暖管爆裂、抢劫、盗窃所致的损失。

(5) 保险标的遭受保险事故引起的各种间接损失。这里的各种间接损失主要是指由于保险标的遭受规定的保险责任而发生损失后,可能使被保险人的生产和经营活动受到一定程度的影响,从而出现停工、停业,使被保险人与客户所签订的合同不能正常履约,由此被保险人面临的间接损失。但这项责任可以通过投保人在投保企业财产保险的基础上附加投保营业中断保险或利润损失保险的方式予以保障。

(6) 保险标的本身缺陷、保管不善导致的损毁,保险标的变质、霉烂、受潮、虫咬、自然磨损、自然损耗、自燃、烘焙造成的损失。保险人规定此项责任免除的目的是避免动态风险,强化被保险人对保险标的的自我管理意识。

(7) 行政行为或执法行为所致的损失。此项规定是出于维护国家政府机关和司法机关尊严的考虑,因为政府行为或司法行为对保险标的所造成的损失,发生在政府机关和司法机关履行公务职责的范围内。如果被保险人对由此而引起的损失提出异议,则可以向政府及司法部门提出申诉。

(8) 其他不属于保险责任范围内的损失和费用。

(二) 综合险

1. 保险责任

综合险的保险责任具体如下:

(1) 火灾、爆炸。

(2) 暴雨、洪水、台风、暴风、龙卷风、雪灾、雹灾、冰凌、泥石流、崖崩、突发性滑坡、地面下陷下沉。

(3) 飞行物体及其他空中运行物体坠落。

(4) 被保险人拥有财产所有权的自用的供电、供水、供气设备因保险事故而遭受损坏,引起停电、停水、停气造成保险标的的直接损失。

(5) 当发生保险事故时,为抢救保险标的或防止灾害蔓延,采取合理的、必要的措施而造成保险标的的损失。保险事故发生后,被保险人为防止或者减少保险标的损失所支付的必要的、合理的费用,由保险人承担。

2. 责任免除

综合险的责任免除具体如下:

(1) 战争、敌对行为、军事行动、武装冲突、罢工、暴动所致的损失。

(2) 被保险人及其代表的故意行为或纵容所致的损失。

(3) 核反应、核子辐射和放射性污染所致的损失。

(4) 保险标的遭受保险事故引起的各种间接损失。

(5) 地震所造成的一切损失。

(6) 保险标的本身缺陷、保管不善导致的损毁,保险标的变质、霉烂、受潮、虫咬、自然磨损、自然损耗、自燃、烘焙造成的损失。

(7) 堆放在露天或罩棚下的保险标的及罩棚因暴风、暴雨而造成的损失。

(8) 行政行为和执法行为所致的损失。

(三) 附加险

1. 附加水管爆裂意外损失险

在企业财产保险中,水管爆裂造成保险财产的损失不属于保险责任范围。但考虑到有些地区曾经多次发生水管爆裂事故造成水害的情况,为适应广大保户的需要,在保户投保企业财产保险的同时,可加保水管爆裂意外损失险。该特约条款约定:"保险人对水管爆裂及其附属设备发生意外事故,造成保险财产的水淹损失,负经济赔偿责任,但以不超过保险金额为限。在水管及其附属设备发生意外事故时,被保险人应采取措施积极抢救,为减少保险财产损失而进行施救、保护、整理所支付的合理费用,保险人也负赔偿责任。"

2. 附加橱窗玻璃意外破碎险

商业企业的橱窗玻璃可在投保企业财产保险的基础上,特约加保意外破碎责任。该特约条款规定:"凡承保的橱窗玻璃(包括大门玻璃、柜台玻璃、样品橱窗玻璃等)因碰撞、外来恶意行为所致的玻璃破碎,以及因玻璃破碎而引起的橱窗内陈列商品的非盗窃损失,保险人负经济赔偿责任。"在投保时,投保人应在保单上分别列明投保玻璃的数量、每块玻璃的价值(包括安装费)。

3. 附加商业盗窃险

在企业财产保险中,盗窃损失不属于保险责任范围,企业财产的盗窃险不可单独投保。商店、工厂、仓库等值班保卫制度健全的单位,可在投保企业财产保险的同时加保商业盗窃险。该特约条款规定:"由于发生外来的、明显的盗窃、抢劫造成贮藏于室内(指有屋顶、有墙、有门窗的房屋建筑)的保险财产损失,并经公安部门立案证明的,保险人负赔偿责任。被保险人应加强保险财产的安全管理,接受公安部门的建议,并积极采取措施。如属于被保险人故意纵容、串通、内部监守自盗的损失,保险人不予赔偿。"门市部、经理部、经营部等属于商业服务经营性质的单位,也可按上述规定加保商业盗窃险。

4. 附加露堆财产保险

堆放在露天或罩棚下的保险财产,由于暴风、暴雨造成的损失,在企业财产保险中属于除外责任。但符合仓储及有关部门的规定,并采取相应的防护安全措施的,可在投保企业财产保险的基础上附加露堆财产保险。该特约条款规定:"本保险承保的露堆财产,因暴风、暴雨所致的损失,由保险人负责赔偿,但被保险人对露堆财产的存放必须符合仓储及有关部门的规定,并采取相应的防护安全措施。"

## 第三节 家庭财产保险

### 一、家庭财产保险的概念及基本特征

家庭财产保险简称家财险,是以城乡居民的家庭财产为保险标的,由保险人承担火灾、自然灾害以及意外事故损失赔偿责任的财产损失保险。作为火灾保险的主要险种之一,保险人在承保家庭财产保险时,其保险标的、承保地址要求、保险责任等均与企业财产保险有相通性,在经营原理与程序方面也较相似。

家庭财产保险的基本特征主要体现在以下方面:

（一）保险标的分散

家庭财产保险以城乡居民的家庭财产为保险标的,而城乡居民尤其是农村居民居住十分分散,除少数城镇居民可以通过所在单位统一投保家庭财产保险外,绝大多数居民都是各自分散地向保险公司投保此险种。因而,家庭财产保险标的具有分散性的特征。

（二）盗窃是保险标的面临的主要风险之一

家庭财产保险标的既面临火灾及其他各种自然灾害、意外事故风险,又面临盗窃风险。盗窃是家庭财产面临的除火灾以外的又一大主要风险,转移盗窃风险是城乡居民对家庭财产保险的基本需求。然而,由于盗窃风险是严重的社会风险,保险人承保后,盗窃责任所致赔款普遍偏高,影响保险人经营的稳定性,因此,在我国的保险实践中,对于盗窃风险,既有作为家庭财产保险的基本险种责任予以承保的,又有作为家庭财产保险附加险种责任特约承保的。

（三）保险金额普遍较低

随着我国国民经济的持续发展和人民生活水平的不断提高,城乡居民的家庭财富日益增加。但是,与企业财产相比,居民的家庭财产总是有限的,而且家庭财产保险通常未将汽车这一高档消费品作为保险标的,家庭财产保险的保险金额也就较低,一般少则几千元,多则几万元,几十万元的较为少见。因此,保险金额普遍偏低是家庭财产保险的基本特征。

（四）保险赔偿普遍采用第一危险责任赔偿方式

我国家庭财产保险在赔偿时一般采用第一危险责任赔偿方式,而其他财产保险损失则一般采用比例责任赔偿方式。在发生家庭财产保险赔案时,无论是否足额投保,在采用第一危险责任赔偿方式下,对于保险金额以内的保险标的损失,保险人都要全额赔偿。采用第一危险责任赔偿方式较之采用比例责任赔偿方式,显然更有利于被保险人。

## 二、家庭财产保险的主要内容

### （一）保险标的

家庭财产保险是面向城乡居民家庭的基本险种，它承保城乡居民存放在固定地址范围内且处于相对静止状态下的各种财产物资，即城乡居民、个体工商户、家庭手工业者及其家庭成员的自有财产，以及为他人代保管的财产和与他人共有的财产等，均可以投保家庭财产保险。具体而言，家庭财产保险的保险标的主要包括以下项目：

（1）自有房屋及其附属设备。房屋的附属设备是指固定装置在房屋中的冷暖卫生设备、照明设备、供水设备等。

（2）各种生活资料，包括衣服、行李、家具、文化娱乐用品、家用电器、非机动交通工具等。如果投保人拥有机动交通工具，则应当另行投保机动车辆保险及第三者责任保险。

（3）农村家庭的农具、工具和已经收获的农副产品。

（4）与他人共有的财产。共有是指所有权主体有两个或两个以上。与他人共有并由其负责的财产可以投保家庭财产保险。

（5）代保管财产。它是指被保险人受他人委托，代他人保管并负有维护其安全责任的财产。但从事生产、经营的个体工商业者（如洗染店、寄售店、修理店、服装加工店、代购代销店、私人旅馆小件寄存等），代他人加工、修理、保管的财产，不在家庭财产保险中代他人保管财产之列，从而不能纳入家庭财产保险中承保。

（6）租用的财产。它是指以付出一定租金为代价而使用的他人财产，如租用房屋、家具、电器等。

### （二）保险责任和责任免除

#### 1. 家庭财产保险的保险责任

家庭财产保险的保险责任包括：

（1）火灾、爆炸。除被保险人及其家属成员引致的火灾外，无论是不慎失火还是附近失火蔓延或者他人放火所致，保险公司均负责赔偿。

（2）雷电、冰雹、洪水、海啸、地震、地陷、崖崩、龙卷风、泥石流等所致保险财产的损失，保险公司负责赔偿。

（3）暴风、暴雨、雪灾等风险使房屋主要结构（外墙、屋顶、屋架）倒塌造成保险财产的损失，保险公司承担赔偿责任。因暴风、暴雨而损坏的玻璃、门窗等小额损失，保险公司一般不承担损失赔偿责任。

（4）空中运行物体坠落以及外来建筑物和其他固定物体倒塌所致的财产损失，保险公司负责赔偿。但是，在没有发生火灾事故的情况下，房屋自行倒塌所致的损失，保险公司不承担赔偿责任。

（5）发生保险责任范围内的灾害事故后所发生的必要的施救费用，保险公司负责补偿。但是，被保险人为防止各种灾害事故发生采取预防措施而支付的预防费用，保险公司不负责赔偿。

#### 2. 家庭财产保险的责任免除

家庭财产保险的责任免除包括：

（1）对战争、军事行动、暴力行为、核子辐射、放射性污染所致损失，以及政府征用和拆迁引起的损失和费用，保险公司不承担赔偿责任。

（2）对被保险人及其家庭成员或组成人员的故意行为所致损失，以及因过度和超负荷使用电器、电机、电气设备而导致超电压、碰线、弧花、走电、自身发热等引起的财产本身的损毁，保险公司不承担赔偿责任。

（3）对露天堆放的保险财产，或者以芦席、稻草、油毡、麦秸、芦苇、帆布等材料为外墙、屋顶、屋架的简陋屋棚遭受暴风雨后产生的损失，以及虫咬、鼠咬、霉烂、变质、家禽家畜的走失和死亡等造成的损失，保险公司不承担赔偿责任。

（4）对其他不属于保险条款中所列保险责任范围内的损失和费用，保险公司也不承担赔偿责任。

### 三、家庭财产保险的主要险种

家庭财产保险一般由若干险种组成。我国家庭财产保险的基本险种有普通家庭财产保险、家庭财产两全保险和团体家庭财产保险等，附加险种有附加盗窃险及其他险种。下面主要介绍普通家庭财产保险、家庭财产两全保险、团体家庭财产保险及附加盗窃险的基本内容。

#### （一）普通家庭财产保险

普通家庭财产保险是家庭财产保险的基本形式，它是一种专为城乡居民家庭开设的通用型家庭财产保险业务。被保险人在起保当天一次缴清保险费，保险费依照保险公司规定的家庭财产保险费率计算。普通家庭财产保险的保险责任期限一般为1年，从保险单生效日0时起至保险到期日24时止，期满可以续保。

普通家庭财产保险属于补偿性质的财产保险险种，为满足普通城乡居民的不同需要并使险种真正具有吸引力，保险人还推出了还本性质的家庭财产两全保险。

#### （二）家庭财产两全保险

家庭财产两全保险兼有经济补偿和到期还本双重性质，是在普通家庭财产保险基础上衍生出来的一种特殊形式，也是面向城乡居民的一个基本险种。与普通家庭财产保险相比，家庭财产两全保险在保险范围、保险责任、保险赔偿方式等方面均与普通家庭财产保险相同，但是又具有如下不同的特点：

（1）家庭财产两全保险以保户储金所生利息抵充保险费，即被保险人在参加保险时，交纳的是一笔保险储金而不是直接交纳保险费。这种储金的所有权仍然属于被保险人，保险人则享有保险期间的使用权，从而可以用储金所生的利息作为保险费收入。

（2）期满退回保险储金，即当保险期满时，无论保险期间内是否发生保险事故，保险人是否赔偿过被保险人，也不论赔偿多少，保险人都必须将保险储金全部退还被保险人。

（3）保险责任期限较长。还本家庭财产保险的保险期限多为3年或5年，较普通家庭财产保险期限长。

（4）保险金额的确定方式与普通家庭财产保险不同。家庭财产两全保险是以份数来确定保险金额的。例如以1 000元、2 000元等为一份，投保多少由被保险人自行选择。

在家庭财产两全保险的基础上，保险人又推出一种长效还本家庭财产保险险种，它与家庭财产两全保险的主要区别是保险期满时,只要被保险人未主动退保,保险单就自动续保,继续有效,保险期限最长可达10年。

（三）团体家庭财产保险

为了适应企事业单位及机关团体为职工办理家庭财产保险的需要,保险人开办了团体家庭财产保险,凡单位职工都可以参加团体家庭财产保险。团体家庭财产保险的保险条款与普通家庭财产保险基本相同。团体家庭财产保险具有以下特点：

（1）投保人与被保险人相分离。在团体家庭财产保险中,投保人是单位,被保险人是单位职工,这种投保人与被保险人相分离的情况,与其他财产保险中投保人与被保险人往往合二为一的情况相区别,从而成为团体家庭财产保险的一个特点。

（2）投保单位的职工必须全部投保。保险人在承保时,以投保时约定月份发放工资时的职工名册为准,确定被保险人的人数；凡中途调出、调入者,均应办理批改手续或加保手续；投保财产坐落地址,以附列的地址清单上被保险人填报的地址为准,投保财产以被保险人常住地址中的财产为限。对于居住在单位的单身职工和家住农村的职工,均应附列地址和保险金额。

（3）保险金额由投保单位统一确定。在团体家庭财产保险中,所有被保险人的保险金额是一致的；同一家庭中有两个或两个以上职工参加团体家庭财产保险的,其保险金额可以合并计算。

（4）团体家庭财产保险适用优惠费率。单位统一投保能够省去保险人大量的展业承保工作,既满足了投保单位的需要,又节约了保险人经营家庭财产保险业务的成本,从而为降低费率奠定了基础。在同等条件下,保险人往往对团体家庭财产保险给予费率优惠。

（四）附加盗窃险

盗窃是城乡居民面临的一项主要风险,但因其性质特殊,保险人一般不在基本险中承保盗窃风险,而是列为附加责任,由保险客户选择附加投保,即投保人只有投保了基本险,才能投保附加盗窃险。

家庭财产附加盗窃险的特点主要是：

（1）盗窃责任是指存放在保险地址室内的被保险财产,因遭受外来的、有明显痕迹的盗窃而损失,包括被盗的财产和被砸坏的财产等,均由保险人负责赔偿。但对于顺手牵羊、窗外钩物等造成的损失,保险人不负责赔偿。对于被保险人及其家庭成员、服务人员、寄居人员的盗窃或纵容他人盗窃所致的被保险财产损失,保险人不负责赔偿。

（2）被保险人在遭受保险责任范围内的盗窃损失后,应当保护好现场,及时向当地公安机关报案,并尽快报告保险人。取得公安部门的证明且经过3个月等待期仍然未破案,是被保险人索赔的重要条件。

除以上险种外,保险人还可以根据投保人的要求开设一些专项保险业务,如家用煤气及液化气保险、家庭房屋保险、自行车保险、家用电器保险等。

## 第四节　机器损坏保险

机器损坏保险承保各种各样的机器和工厂设备,是从企业财产保险演变而来的又一种独立业务。机器损坏保险承保的风险主要是保险标的本身固有的风险,也就是承保机器、工厂设备内部本身的损失。

## 一、机器损坏保险的种类

（一）爆炸风险保险

凡储存压缩的氧气、空气或其他流体的锅炉、空气容器或其他容器,可以投保爆炸风险保险,责任范围可以包括对周围财产所造成的损害,也可以投保第三者责任保险。

（二）损坏风险保险

凡有运转、传动部件或电路的各式各样的机器或工厂设备,或多或少都有损坏的风险,可以投保损坏风险保险。这种保险既可以承保修理费用,又可以承保第三者责任。

（三）意外损坏保险

这种保险承保的不是机器本身固有的风险,而是机器以外的风险,诸如碰撞、风暴等。

## 二、机器损坏保险的承保

（一）被保险人

机器损坏保险的被保险人一般是工厂主、提供贷款的银行或其他金融机构以及出租机器设备的公司。

（二）保险标的

机器损坏保险标的包括各类机器、工厂设备、机械装置等。要求一个工厂、一个车间全部投保；各个机器不能分别投保,所有机器不分易损与否一律投保,使业务获得平衡。如果被保险人选择较危险的机器部分投保,则保险人收费时必须考虑这一因素,使保险费不低于全部投保时投保人应交纳的保险费。

同整个工厂相比,一些使用期限很短的部件,可以除外不保,如各种模具、耐火衬壁、打桩锤子、玻璃、电线、传送传动带、缆绳、金属线、链条、网筛、毛毡用品、橡胶轮胎、瓷、陶等高度易损件,以及一切操作中的媒介物（如润滑剂、燃料、催化剂等）。

（三）承保的风险

机器损坏保险就其性质来说,是一种机器的意外保险。它承保各种机器因不可预见的、突然发生的保险事故所造成的损失。机器损坏保险承保的风险主要有：

（1）错误的设计（包括计算、计划、制图和说明）、制造或安装上的缺点或原材料的缺陷。这种错误、缺点或缺陷常常在制造商的保修期满以后在机器操作中发现,而不可能向制造商再提出追偿。有时即使已用最好的方法测试或已投入使用,机器的某些缺陷也常常是发现不了的。

（2）工人、技术人员的错误操作,以及缺乏技术、疏忽、过失、恶意行为。

（3）离心力引起的撕裂。这种情况虽不经常发生,但一旦发生就会对机器本身或其周围财产造成很严重的损失。

（4）电气短路或其他电气原因。

（5）操作错误、测量设施失灵、锅炉加水系统有问题以及报警设备不良造成锅炉缺水而致的损毁。

(6) 物理性爆炸。如水蒸气压力造成的锅炉爆炸,它也包括一种内裂现象,即一个容器由于内部真空或外部压力造成向内爆炸。

(四) 不保风险

机器损坏保险的不保风险主要有以下几种:

(1) 企业财产保险及其他财产保险所保的风险或责任。
(2) 自然磨损、氧化、腐蚀、锈蚀等。
(3) 战争、武装冲突、民众骚动、罢工。
(4) 被保险人及其代表的故意行为、重大过失。
(5) 被保险人及其代表在保险生效时已经或应该知道的被保险机器存在的缺点或缺陷。
(6) 根据契约或法律规定,应由供货方或制造商负责的损失。
(7) 核事故与核污染。
(8) 各种间接损失或责任。

(五) 保险金额

机器损坏保险常根据被保险机器新的重置价值(新机器的价格加关税、运费、保险费、安装费)承保。因为机器的任何损失均须修理,任何老部件均须换置新部件,所以被保险机器的修理费用都是受损当时的价格,在确定损失的赔偿金额时,保险人应按全部修理费用赔偿,而不能扣除任何折旧。

如果机器价格上涨,则被保险人要将这种变动通知保险人,以便保险人将保险金额做相应调整,以免保险金额不足;被保险人如果中途须另行添购新项目,则应立即通知保险人,以便其及时承保这些新项目。

保险人要特别注意工人工资和物价的上涨,随时调整保险费率,以免保险费收入相对减少。保险人只按机器的重置价值承保是不够的,因为这仅仅考虑到制造商的价格变化,还应将常常占赔款极大部分的修理费用考虑在内。实践证明,修理费用包括很高的人工费用,而人工费用常常受市场情况变化的影响,其变化大于制造商价格的变化。当保险金额低于重置价值时,保险人仅负比例责任,即修复费用应实行比例分摊。

(六) 保险费率

机器损坏保险费率根据每一类机器以往几年的损失统计分别确定。与其他各种保险业务相比,该险种的费率是相当高的,因为与火灾保险相比,机器损坏保险的损失率是很高的。

### 三、防损事项

在机器损坏保险业务中,保险人对被保险机器的检测尤为重要。保险人要有一批合格的专家,并定期派专家去检测被保险机器,及时提出恰当的防损意见,供被保险人研究改进。另外,保险人还要督促被保险人对机器建立完善的管理和保养制度。

## 第五节 营业中断保险

营业中断保险也称利润损失保险,它是企业财产保险的一项附加险种。企业财产保险只对保险责任范围内物资的直接损失提供保障,但对物资损毁所引起的间接损失(停产、减产、营业中断等)则不负责赔偿。营业中断保险就是为企业财产保险中不保的间接损失提供保险保障。它承保由于火灾等自然灾害或意外事故使被保险人在一定时期内停产、停业或营业受到影响造成的间接损失。这一经济损失包括利润损失和受灾后在营业中断期间仍需开支的必要费用。

### 一、营业中断保险承保的风险与保险的赔偿期

(一)承保风险

营业中断保险的性质即依附在企业财产保险基础上的一种扩大责任的保险,其承保风险与企业财产保险所保风险是一致的,比如企业财产保险承保的是火灾、雷电、爆炸和其他各种风险,营业中断保险同样承保上述风险。如果发生企业财产保险责任范围内的灾害事故,则保险人负责赔偿;其他任何原因,如计划不同、经营不善、违反法令等造成营业中断的损失,保险人都不负责赔偿。

(二)保险的赔偿期

一般企业在受灾后,要立即进行修建或重建重置,使之能够在短期内恢复到受灾前的状态并正常营业,这就需要一段时间,这段恢复期就叫赔偿期。

赔偿期与保险期不同。保险期是指保险单的起讫日期,指灾害的发生要在保险有效期内,保险人才能负责。而赔偿期则是指在保险有效期内发生灾害事故到恢复正常生产经营的一段时间,营业中断保险只赔付赔偿期内所遭受的损失,超出赔偿期的损失保险人不予负责。

### 二、保险金额与保险费率

(一)保险金额

营业中断保险的保险金额一般以企业上一年度的账册为基础,按相当于今后年度的毛利润额,即上一年度的营业额乘以毛利润率加预计今后年度业务升降及通货膨胀因素等确定。如果赔偿期不超过 12 个月,则保险金额应为预计当年度全年的毛利润额;如果赔偿期超过 12 个月,则按比例增加保险金额。

(二)保险费率

营业中断保险费率与火灾保险一样,有费率表的规定,计算方法如下:
(1)以火灾保险费率为基础;
(2)根据不同行业、不同工作的标准费率进行增减;
(3)加上各种附加险及扩展责任的费率;
(4)根据其他影响损失发生的因素加费或减费;
(5)根据赔偿期的长短进行调整。

### 三、承保的损失项目

尽管营业中断保险以企业财产保险为基础和前提，但所保的损失项目与企业财产保险不同。营业中断保险承保的是毛利润损失，如经约定，除毛利润损失外还可附加承保其他损失和支出，如会计费用等。

营业中断保险所保损失项目有两个：

1. 营业额减少所致的毛利润损失

毛利润是指企业净利润加上固定费用的数额，毛利润的一般计算公式为：

$$毛利润 = 营业额 + 年终库存 - 上年库存 - 生产费用$$

其中，营业额是指企业年度的营业收入，即出售产品、提供服务的收入。

毛利润率是指企业上一会计年度毛利润占营业额的比率，计算公式为：

$$毛利润率 = \frac{毛利润}{营业额} \times 100\%$$

毛利润是企业已经实现的，而营业中断保险所保的是企业在本年度可能实现但尚未实现的毛利润，一般情况下是用上一会计年度的毛利润率推算出本年度的毛利润。

营业额减少是指正常的标准营业额减去赔偿期内不正常的营业额的差额。房屋或其他财产损毁后，可能造成营业停止或营业额减少，最坏的结果是使营业额减至零。

营业额减少数额乘以毛利润率就是营业额减少所致的毛利润损失，计算公式为：

$$营业额减少所致的毛利润损失 = 营业额减少数额 \times 毛利润率$$

2. 营业费用增加所致的毛利润损失

当房屋投保火灾保险受损后，被保险人须临时租屋营业，由此将负担额外的租房费用。这部分增加的费用，是企业在财产受损后，为了避免或减少营业中断的损失而支出的，也作为毛利润损失的一部分，由保险人予以赔偿。

但是，上述营业费用所致损失的赔偿，不能超过赔偿期挽回的营业额与毛利润率的乘积。这一限制，在营业中断保险中被称为"经济限度"。

### 四、赔偿金额的计算及其他事项

#### （一）赔偿金额的计算

当发生营业中断保险责任事故并造成被保险人利润受损时，保险人处理赔案应注意以下几点：

（1）前面所述的毛利润损失已包括所保的固定费用，如果赔偿期间有某些所保固定费用实际上可以不必支付或减少支出，则节余部分就成为被保险人的额外利益，保险人在计算赔偿金额时应扣除这部分节余费用。

（2）当不足额保险时，应采取比例分摊方式计算赔偿金额。赔偿金额的计算公式为：

$$营业中断保险赔偿金额 = (营业额减少所致的毛利润损失 + 营业费用增加所致的毛利润损失 - 所保固定费用的节余部分) \times \frac{保险金额}{全年毛利润额}$$

## (二)其他有关规定

**1. 审计费用**

按一般习惯,在出险赔付时,被保险人的账册都要经过审计师审计,审计费用由被保险人自行负担;但若将此项费用予以投保,则由保险人支付。

**2. 工资**

对工资的保险,可放在毛利润中一起投保,也可将工资单独投保。若单独投保工资,则费率一般另行规定。

**3. 免赔额**

保险单可以规定由被保险人自己承担一部分损失,即免赔额。

**4. 退费**

为了使保户在发生利润损失后能够获得足额赔偿,避免因投保不足而产生比例分摊,保险人往往要求被保险人从高确定毛利润,故同时又做出退费的规定,即在保险到期后,根据保户的实际销售额调整保险金额,退回多收的保险费,但以不超过所交保险费的50%为限。

**5. 额外费用**

在处理赔款时,为缩短实际赔偿期而支付的额外费用,也可计入赔款,但以因赔偿期缩短而造成的利润损失为限。比如为加快修建被焚毁的厂房,要求建筑工人加班加点工作而支付的加班费等。

**6. 扩展责任**

承保营业中断保险,可扩展到由于其他有关单位遭受同样的风险致使被保险人停业、停产造成的利润损失。

### 延伸阅读

#### 自动喷水灭火系统

自动喷水灭火系统按用途、组成部件和工作原理的不同,可以划分为若干种基本类型。目前我国在各种建(构)筑物中应用的系统主要有湿式、干式、预作用、雨淋、水喷雾和水幕系统等六种。

(1)湿式喷水灭火系统。这种系统由高位水箱、水流指示器、水力警铃、压力开关、湿式报警阀、水泵接合器、消防泵、水池、报警控制器、闭式喷头、压力表、试验阀及管路等组成。由于这种系统在报警阀上、下管路中始终充满着水,故称湿式喷水灭火系统。

这种系统在发生火灾时能迅速喷水,达到早期灭火的目的。该系统构成简单,经济可靠,维护检查方便,适宜在环境温度高于4℃、低于70℃的场所安装使用。

(2)干式喷水灭火系统。这种系统由水池、气压水罐、空气压缩机、压力表、干式报警阀、压力开关、消防泵、水泵接合器、报警控制器、水力警铃、闭式喷头、试验阀及管路等组成。由于这种系统在报警阀上部管路中充以有压气体,故称干式灭火系统。

这种系统可在环境温度低于4℃或高于70℃的场所安装使用,必须采用直立型闭式喷头;与湿式喷水灭火系统相比,这种系统作用时间稍缓,影响控火速度,管网气密性能要求高,维护管理也稍复杂。

(3) 预作用喷水灭火系统。这是一种综合了火灾自动探测控制技术和自动喷水灭火技术的系统,由闭式喷头、火灾探测器、水力警铃、压力开关、空气压缩机、报警控制器、止回阀、雨淋阀、压力表、电磁阀、手动阀启动器及管路等组成。系统平时处于干式状态,在火灾发生时能实现初期报警,并迅速向管网充水将系统转为湿式,再进行喷水灭火。由于系统的这种转变过程包含预备动作的功能,故称预作用喷水灭火系统。

这种系统功能齐全,适用范围广泛,但装置组成较复杂,技术要求较高,对系统的维护保养有一定要求。

(4) 雨淋喷水灭火系统。这种系统的控制方式根据系统的大小、可燃物的性质和现场环境条件的不同,有多种选择和布置方法,其中比较典型的有:①电动控制方式,由开式喷头、火灾探测器、水力警铃、压力开关、报警控制阀、压力表、电磁阀、雨淋阀、手动泄压阀等组成;②气动控制方式,由闭式喷头、开式喷头、水力警铃、雨淋阀、节流板、压力开关、气压表、水压表、手动泄压阀等组成;③机械控制方式,由易熔片、开式喷头、水力警铃、减压阀、手动泄压阀、雨淋阀、节流板、小球阀等组成。

这种系统喷水量大、出水迅速,因而降温和灭火效果均十分显著,可以用来对付来势凶猛、蔓延迅速的固体火灾,但其自动控制部分需要很高的可靠性,不允许误动作或不动作。这种系统可在低温、高温场所使用。

(5) 水喷雾灭火系统。这种系统由喷雾喷头、止回阀、水泵接合器、手动控制阀及管路等组成,常用于保护油、气储罐及油浸电力变压器等。它能控制和扑灭上述对象发生的火灾,也能阻止邻近的火灾蔓延危及这些对象。它的组成和工作原理与雨淋喷水灭火系统基本一致,区别主要在于喷头的结构和性能不同,雨淋喷水灭火系统采用标准型开式喷头,而水喷雾灭火系统则采用中速喷雾喷头或高速喷雾喷头(后者的工作压力较高)。

(6) 水幕系统。严格说来,水幕系统不是一种灭火系统,而是一种阻止火势蔓延的系统,它也可以看作雨淋喷水灭火系统的一种改型设计,且以水幕喷头代替标准型开式喷头。水幕系统在发生火灾时能形成幕布状的水帘,起到阻挡火焰热气流和热辐射向邻近保护区蔓延的防火分隔作用。但需要指出的是,水幕本身的阻火效用并不大,仅起冷却作用,只有在被保护的物体表面在猛烈的火焰面前仍然保持其温度在着火点或允许温度以下才能发挥阻火的功能。如果被保护物体表面没有被淋湿,单凭水幕是不能完全达到阻火目的的。因为水幕不可能是完全封闭的,辐射热甚至火焰仍然能从水幕的缝隙中通过,使被保护物体受到高温或火焰的影响而燃烧或损坏。在使用水幕设备时,既要保证水源的供应,又要使水幕头喷出的水流在被保护物体表面形成完整的水幕。在某些场合,这种系统也可以用来控制火灾现场有毒、有害气体的流向。

资料来源:自动喷水灭火系统主要有几种类型[EB/OL].(2015-10-16)[2020-08-31].https://wenda.so.com/q/1455184962724112,有删改。

**本章讨论案例**

2018年9月7日20时左右,浙江杭州公安局滨江分局某派出所接群众报警称,某小区有人打架,民警迅速出警赶至现场。经了解,陈某(网红人士)与孕妇杨某夫妇因遛狗引发争吵,继而发生肢体冲突,双方均无明显伤势,但杨某因情绪激动引发身体不适。当晚,公安机关依法将陈某强制传唤到派出所接受调查,其母施某因涉嫌阻碍执行职务被强制传唤调查,杨某由120救护车送往医院救治。

"爱狗,从来不应该在伤害他人的基础上进行;这样恶毒的人,请千万不要用爱狗来说事。"9月13日,在北京某小区担任物业经理的王某在朋友圈针对上述事件写下这样的话。

与此同时,江苏南京交警对两起与狗有关事故的处理结果同样引发了社会的热议。2018年11月1日中午,南京史女士家的宠物狗遭一辆轿车碾压,后经交警部门认定,肇事司机与狗主人负同等责任。而10月30日的另一起案例中,一辆面包车因避让不及,倾轧了一条未拴绳的宠物狗,狗主人被认定承担全部责任。两起事故中,宠物狗均处于未拴绳状态,发生仅相差两天,但处理结果并不一致,引发了网友的质疑。

近年来,随着养犬数量的增加,恶犬伤人、遛狗不拴绳、随地排泄、街头狂叫等诸多不文明养犬行为频频引发社会关注。2017年,某媒体针对2 014名受访者进行的一项调查显示,5%的受访者认为周围养犬人都能做到文明养犬,33%的受访者认为多数人能做到文明养犬,42.3%的受访者认为只有一小部分人能做到文明养犬,15.7%的受访者认为几乎无人能做到文明养犬。

除了狗,猫也是很受国人喜爱的一种宠物,猫的外部攻击性较狗要弱一些,不少爱猫人士自嘲为"铲屎官",为爱猫投入了大量精力,还常担心爱猫生病、丢失等情形。

此外,宠物还有可能对社会人际关系造成影响。据媒体报道,2016年,相处了半年的一对情侣原本要在端午节首次见女方家长,但因男方不慎丢了女友的狗,双方关系陷入危机,男方十分无奈:"狗丢了,见家长的事情也泡汤了。"

看来,小小的宠物,涉及社会的方方面面。

资料来源:李霞.遛狗撸猫纠纷频发 宠物与保险的事儿您了解一下?[EB/OL].(2018-11-29)[2020-08-31].https://m.sohu.com/a/278614253_618588,有删改。

【讨论的问题】

1. 能否给宠物提供保险,如果可以提供保险,那么是属于养殖业保险、第三者责任保险还是属于家庭财产保险范围?

2. 你认为相关案件应如何处理?

 **复习思考题**

【基础知识题】

1. 什么是火灾保险?
2. 企业财产保险承保的可保财产范围是什么?
3. 家庭财产保险的主要特征是什么?
4. 机器损坏保险承保的主要风险有哪些?
5. 营业中断保险的保险金额是如何确定的?

6. 试分析营业中断保险中保险期和赔偿期的区别。

【实践操作题】

1. 浏览阳光财产保险股份有限公司网站(http://chanxian.sinosig.com/index)，了解公司财产保险业务的开展情况，列举其主要的财产保险业务类型。

2. 浏览中国银保监会官方网站(http://www.circ.gov.cn)，从中了解保险行业要闻、保险机构信息、保险统计数据、保险监管、保险常识等。

【探索研究题】

1. 比较构成不同国家火灾保险的"火灾"条件。

2. 普通财产保险赔款是如何计算的？

3. 根据家庭财产保险综合险条款的主要内容，参考保险条款，结合你的家庭实际情况设计一份家庭财产保险计划。

# 第六章　运输工具保险

> **学习目标**
> - 了解运输工具保险的主要类别
> - 掌握机动车辆保险的基本险种和内容
> - 掌握船舶保险的基本险种和内容
> - 掌握飞机保险的基本险种和内容
> - 综合运用：能够运用所学知识分析我国机动车辆保险存在的困境及解决的对策

## 导读案例

**【案情简介】**

原告张倩与潘建辉系夫妻关系。2013年1月5日，原告张倩在被告A保险公司处为所拥有的车牌号为浙AxxLD的宝马轿车投保机动车损失保险（不计免赔），保险金额为29 120元，保险期自2013年2月4日起至2014年2月3日止。同时双方在《机动车损失保险条款》（以下简称《保险条款》）第五条中约定："保险期内，被保险机动车在被保险人或其允许的合法驾驶人使用过程中，出于下列原因造成被保险机动车的全部损失或部分损失，保险人依照保险合同约定负责赔偿：……雷击、暴风、暴雨、洪水、龙卷风、雹灾、台风、海啸、热带风暴、地陷、崖崩、滑坡、泥石流、雪崩、冰陷、雪灾、冰凌、沙尘暴……"在《保险条款》第九条中约定："下列损失和费用，保险人不负责赔偿：……（五）发动机进水后导致的发动机损坏……"

2013年6月24日傍晚，杭州市余杭区临平地区普降大雨，经余杭区气象局认定自16时至20时期间降雨量累计124.6毫米，达到大暴雨标准。当日18时30分左右，原告张倩丈夫潘建辉驾驶浙AxxxLD宝马轿车，途经杭州市余杭区南苑街道世纪大道梧桐蓝山售楼部门口时，该路段因暴雨严重积水，导致车辆熄火、发动机进水损坏，该次事故造成浙AxxxLD车辆产生维修费用87 116元。

出险后，原告张倩当即报险，经被告A保险公司工作人员现场查勘，确认车辆行驶中驶入水中被淹没、水淹至轮胎位置、未再次发动车辆等事实，该车共花修理费用87 116元。2013年7月5日，原告张倩提出索赔申请，要求赔偿87 116元车损，但被告A保险公司做出的机动车损失保险定损单为2 000元，余额不予赔偿。原告张倩诉至法院，请求判令A保险公司赔偿全部车辆维修费用。原告同时提交了保险单（正本）及《保险条款》、保险费发票、机动车辆估损单、车辆维修账单发票、潘建辉驾驶证、结婚证、气象证明等证据用以证明自己的主张。

A 保险公司认为：导致车辆发动机损坏的原因是原告丈夫驾驶车辆驶入由暴雨造成的积水中，损害的主要原因是积水，故损害事实不属于原告所投保的保险事故；根据《保险条款》，涉水行驶后导致的发动机损坏，保险人不承担赔偿责任；即使本次事故属于保险事故，也不能证明修理费用与保险事故的必然性。A 保险公司特别强调：因全国各地天气环境不同，保监会在条款中将涉水险作为附加险种，避免了不需要涉水地区车辆额外增加保险费，在江浙多雨地区，原告张倩未投保涉水险，在没有支付相应保险费的情况下不能享有保险理赔的权利。

【争议焦点】

"暴雨"造成的"发动机进水损坏"是否属于保险合同中的免责事由以及是否因为驾驶员"涉水行驶"导致发动机进水损坏。

【法院裁判要旨】

余杭区人民法院经审理认为，原告张倩与被告 A 保险公司就该机动车形成的保险合同关系合法有效。本案中，《保险条款》第五条约定，因暴雨造成被保险机动车的全部损失或部分损失，保险人依照保险合同约定负责赔偿；而第九条则约定，发动机进水后导致的发动机损坏属于免责范围。因此，在出现因暴雨造成发动机进水导致发动机损坏时，上述两条款内容在适用上存在矛盾。根据《中华人民共和国保险法》第三十条之规定："……对合同条款有两种以上解释的，人民法院或者仲裁机构应当做出有利于被保险人和受益人的解释。"故在本案中，《保险条款》第九条所规定的保险人免责事由中，应理解为不包含"暴雨造成的发动机进水后导致的发动机损坏"这种情形。

积水是暴雨导致的后果之一，原告丈夫作为普通驾驶人员，对暴雨突袭时的降水量无法预估，对暴雨导致的路面积水程度是否可能导致发动机进水亦无法预料（该路面系平行直路）。因此，本案"涉水行驶"并非驾驶人员故意驶入"水中"，而是"暴雨"导致的后果，驾驶人员并无主观过错。据此，依照《中华人民共和国合同法》（现已废止）第四十条、第六十条、《中华人民共和国保险法》第二十三条、第三十条之规定，判决被告 A 保险公司支付原告张倩赔偿款 87 116 元。

被告 A 保险公司提出上诉后，二审驳回上诉，维持原判。

### 案例详情链接

国家法官学院案例开发研究中心.中国法院 2016 年度案例：保险纠纷[M].北京，中国法制出版社，2013.

### 你是不是有下面的疑问

1. 车主应该购买何种车险？
2. 为什么购买了车险却遭到保险公司的拒赔？

3. 如何理解免责条款？
4. 遭遇拒赔时，投保人应该采取何种应对措施？

运输工具保险是指以各种机动运输工具（包括机动车辆、船舶、飞机等各种以机器为动力的运载工具）为保险标的的一种财产保险。本章将分别对机动车辆保险、船舶保险、飞机保险进行介绍。

## 第一节 机动车辆保险

机动车辆保险是以机动车辆本身及机动车辆的第三者责任为保险标的的一种运输工具保险，在国外被称为汽车保险。我国的机动车辆保险是以各种汽车、电车、电瓶车、摩托车、拖拉机、专用机械车和特种车等通过各种能源驱动运行的机动车辆为保险标的的保险。它不仅是运输工具保险中最主要的险种，也是整个财产保险中最普及也是最主要的险种之一。它主要承担因保险事故造成的车辆本身的损失，以及他人的人身伤害和财产损失。

### 一、机动车辆保险的历史

机动车辆保险是伴随着汽车的出现与普及而产生和发展的。第一张汽车保险单是英国法律意外保险公司于1895年签发的第三者责任保险，保险费为10—100英镑。早期的机动车辆保险以第三者责任保险为主险，后来逐步扩展到车辆本身的碰撞损失等风险。

机动车辆保险的完善发展是在20世纪完成的。1930年通过的美国《公路交通安全法》规定，自1931年1月1日起全美各州均对机动车辆实行第三者责任强制保险。新西兰于1928年，英国于1931年，德国于1939年，法国于1959年相继实行机动车辆第三者责任强制保险。

在我国，机动车辆保险的发展经历了一个曲折的进程。中华人民共和国成立之后，20世纪50年代初，中国人民保险公司开办了汽车保险。但是，不久就出现了对这一保险的争议，不少人认为，汽车保险及第三者责任保险对肇事者予以经济补偿，会导致交通事故的增加，对社会产生负面影响。于是，中国人民保险公司于1955年停止了汽车保险业务。直到20世纪70年代中期，为了满足各国驻华使领馆等外国人对汽车保险的需要，我国开始办理以涉外业务为主的汽车保险业务。到1980年，我国全面恢复国内保险业务，中国人民保险公司逐步全面恢复汽车保险业务，以适应国内企业和单位对汽车保险的需要。

随着改革开放的不断深入，社会经济和人民生活发生了巨大变化，机动车辆迅速普及，机动车辆保险业务也随之得到迅速发展。1983年11月，中国人民保险公司将汽车保险改名为机动车辆保险，使其具有更广泛的适应性。在此后近三十多年，机动车辆保险在我国保险市场，尤其是在财产保险市场中发挥着重要的作用。中国保监会的成立进一步完善了机动车辆保险的条款，加大了对费率、保险单证以及保险人经营活动的监督力度，加速建设并完善了机动车辆保险中介市场，对全面规范市场、促进机动车辆保险发展起到了积极的作用。

## 二、我国机动车辆保险制度的发展和变化

2000版车险条款又称统颁条款,起源于1981年的"中国人民保险公司机动车辆保险条款"并逐渐演变而来,其特点是结构简单、责任单一,只有车损险和附加第三者责任险。自20世纪80年代中期起,车损险"升格"为主险,盗抢险、自燃险、玻璃破碎险等责任陆续从主险责任中分离出来,成为只有投保主险后才能加保并另外收费的附加险。到90年代初,中国人民保险公司的车险条款、费率基本形成体系。1995年,《中华人民共和国保险法》生效后,车险被列入主要险种目录,并由当时的保险监管机构——中国人民银行以人保车险条款为蓝本制定了全国统一的车险条款、费率,并颁行使用。90年代末期,因金融业"分业监管"而分设的中国保险监督管理委员会(以下简称"中国保监会")成立后,于2000年再次修订了统颁条款,并提价约20%后统一颁行使用,之后被业界统称为2000版车险条款。

2003年3月31日,为适应车险改革的要求,根据中国保监会的通知,新车险登上舞台。至此,各保险公司费率初步实现费率个性化,根据不同客户的不同风险程度核收保险费,充分体现费率厘定的公平原则。同时,各保险公司新条款初步实现了产品多样化,按照不同客户群体的风险需求提供个性化保险产品。

2004年5月1日起,《中华人民共和国道路交通安全法》正式实施,其中一项重要内容就是将第三者责任保险列入法律强制保险的范围,即机动车辆所有者或管理者必须购买第三者责任强制保险。

2006年7月1日起,《机动车交通事故责任强制保险条例》正式实施,从而再次以法律明文规定的方式实行强制性保险,以保障机动车交通事故受害人依法得到赔偿,促进道路交通安全。

2012年3月30日,国务院颁布了《关于修改〈机动车交通事故责任强制保险条例〉的决定》,对《机动车交通事故责任强制保险条例》做如下修改:第五条第一款修改为:"保险公司经保监会批准,可以从事机动车交通事故责任强制保险业务。"2006年7月1日起施行的旧版条例中,允许从事机动车交通事故责任强制保险业务的只限于"中资保险公司",去掉"中资"两个字,意味着我国正式向外资保险公司开放机动车交通事故责任强制保险市场,我国保险业进入全面开放阶段。

2012年12月17日,国务院决定对《机动车交通事故责任强制保险条例》做如下修改:增加第四十三条:"挂车不投保机动车交通事故责任强制保险。发生道路交通事故造成人身伤害、财产损失的,由牵引车投保的保险公司在机动车交通事故责任强制保险责任限额范围内予以赔偿;不足的部分,由牵引车方和挂车方依照法律规定承担赔偿责任。"自2013年3月1日起施行。

在2006版车险条款的基础上,经过修订和扩充,在中国保险行业协会的牵头下,由中国人保、平安、太平洋三家公司联合制定,开发完成了2007版车险条款,分A、B和C三款,于2007年4月正式启用。2007版车险条款扩大了覆盖范围,除原有的机动车辆损失保险、机动车第三者责任保险外,又将机动车车上人员责任保险、机动车全车盗抢保险、玻璃单独破碎保险、车身划痕损失保险、车损免赔额保险、不计免赔率保险6个险种纳入车险条款的范围,共计8个险种。这8个险种是投保率最高的险种,涵盖了车辆所

面临的主要风险。

2012年3月15日,中国保险行业协会在北京正式发布《机动车辆商业保险示范条款》(以下简称《示范条款》),为保险公司提供了商业车险条款范本,对原有商业车险条款进行了全面梳理,认真筛查了不利于保护被保险人权益、表述不清和容易产生歧义的地方并进行了合理修订,最终形成了由机动车辆损失保险、机动车第三者责任保险、机动车车上人员责任保险、机动车全车盗抢保险4个主险,以及玻璃单独破碎保险、自燃损失保险、新增加设备损失保险、车身划痕损失保险、发动机涉水损失保险、修理期间费用补偿保险、车上货物责任保险、精神损害抚慰金责任保险、不计免赔率保险、机动车损失保险无法找到第三方特约保险、指定修理厂保险等11个附加险组成的《示范条款》。

《示范条款》明确规定,机动车辆损失保险的保险金额按投保时被保险机动车的实际价值确定。被保险机动车发生全部损失时,保险公司按保险金额进行赔偿;发生部分损失时,保险公司按实际修复费用在保险金额内计算赔偿。《示范条款》还规定,因第三方对被保险机动车的损害而造成保险事故的,保险公司可以在保险金额内先行赔付被保险人,然后行使代位求偿权。消费者在发生机动车辆损失保险事故后,除可以沿用过去的索赔方式外,还能直接向自身投保的保险公司进行索赔,免去了和第三方的沟通索赔之累。《示范条款》将原有商业车险条款中"教练车特约""租车人人车失踪""法律费用""倒车镜车灯单独损坏""车载货物掉落"附加险的保险责任直接纳入了主险保险责任,删除了原有商业车险条款实践中存在一定争议的十多条责任免除,例如"驾驶证失效或审验未合格""发生保险事故时无公安机关交通管理部门核发的合法有效行驶证、号牌,或临时号牌或临时移动证",还免去了原有商业车险条款中的部分绝对免赔率,从而有效扩大了商业车险的保险责任范围。

此外,《示范条款》简化了商业车险的产品体系,除对特种车、摩托车、拖拉机、单程提车单独设置条款外,其余机动车都采用统一的条款。每个条款分为总则、主险条款、通用条款、附加条款、释义等部分。同时,还对现有商业车险附加险进行了大幅简化,把部分附加险纳入主险保障范围,仅保留自燃损失保险、车身划痕损失保险等10个附加险,并新增无法找到第三方不计免赔保险。

在车险费率市场化改革方面,2015年6月1日起,原中国保监会将商业车险费率市场化改革试点扩大到18个地区,将天津、内蒙古、吉林、安徽、河南、湖北、湖南、广东、四川、青海、宁夏、新疆12个地区纳入商业车险费率改革试点范围,随后将试点推广到全国。依据车险费率改革方案,上下浮动车险费率最高达到30%。在车险费率改革启动时,各家保险公司均使用中国保险行业协会的《示范条款》,在费率方面,保险公司需按照:

$$商业车险保险费 = \frac{基准纯风险保险费}{1-附加费用率} \times 无赔款优待系数 \times 自主核保系数 \times 自主渠道系数$$

其中,基准纯风险保险费和无赔款优待系数费率调整方案参照中国保险行业协会拟定的费率基准执行;附加费用率预定为35%;保险公司可以拟定的自主核保系数费率调整方案和自主渠道系数费率调整方案均可在[0.85,1.15]范围内使用。

### 三、机动车辆损失保险

机动车辆损失保险主要承保被保险机动车本身因各种自然灾害、碰撞及其他意外事故所造成的损失。

**(一) 保险责任**

保险期内,被保险人或其允许的驾驶人在使用被保险机动车过程中,出于下列原因造成被保险机动车的直接损失且不属于免除责任的范围,保险人依照保险合同的约定负责赔偿:碰撞、倾覆、坠落;火灾、爆炸;外界物体坠落、倒塌;雷电、暴风、暴雨、洪水、龙卷风、冰雹、台风、热带风暴;地陷、崖崩、滑坡、泥石流、雪崩、冰陷、暴雪、冰凌、沙尘暴;被保险机动车所载货物、车上人员受到意外撞击;载运被保险机动车的渡船遭受自然灾害(只限于驾驶人随船的情形)。

发生保险事故时,被保险人或其允许的驾驶人为防止或减少被保险机动车的损失所支付的必要的、合理的施救费用,由保险人承担;施救费用数额在被保险机动车损失赔偿金额以外的另行计算,最高不超过保险金额。

**(二) 责任免除**

(1) 下列情况下,不论任何原因造成被保险机动车任何损失和费用,保险人均不负责赔偿。①事故发生后,被保险人或其允许的驾驶人故意破坏、伪造现场、毁灭证据。②驾驶人有下列情形之一者:事故发生后,在未依法采取措施的情况下驾驶被保险机动车或遗弃被保险机动车离开事故现场;饮酒、吸食或注射毒品、服用国家管制的精神药品或麻醉药品;无驾驶证,驾驶证被依法扣留、暂扣、吊销、注销,驾驶与驾驶证载明的准驾车型不相符合的机动车;实习期内驾驶公共汽车、营运客车或者执行任务的警车、载有危险物品的机动车或牵引挂车的机动车;在无交通运输管理部门核发的许可证书或其他必备证书的情况下,驾驶出租机动车或营业性机动车;学习驾驶时无合法教练员随车指导;非被保险人允许的驾驶人。③被保险机动车有下列情形之一者:发生保险事故时被保险机动车行驶证、号牌被注销的,或者未按规定检验或检验不合格;被扣押、收缴、没收、政府征用;在竞赛、测试期间,在营业性场所维修、保养、改装期间;被保险人或其允许的驾驶人故意或重大过失,导致被保险机动车被利用从事犯罪行为。

(2) 下列原因导致的被保险机动车的损失和费用,保险人不负责赔偿:地震及其次生灾害、战争、军事冲突、恐怖活动、暴乱、污染(含放射性污染)、核反应、核辐射;人工直接供油、高温烘烤、自燃、不明原因火灾;违反安全装载规定;被保险机动车被转让、改装、加装或改变使用性质等,被保险人、受让人未及时通知保险人且因转让、改装、加装或改变使用性质等导致被保险机动车危险程度显著增大;被保险人或其允许的驾驶人的故意行为。

(3) 下列损失和费用,保险人不负责赔偿:因市场价格变动而造成的贬值,修理后因价值降低而引起的减值损失;自然磨损、朽蚀、腐蚀、故障、本身质量缺陷;遭受保险责任范围内的损失后,未经必要修理并检验合格继续使用,致使损失扩大的部分;投保人、被保险人或其允许的驾驶人知道保险事故发生后,故意或因重大过失未及时通知保险人,致使保险事故的性质、原因、损失程度等难以确定的,保险人对无法确定的部分不承担赔偿责任,但保险人通过其他途径已经及时知道或应当及时知道保险事故发生的除外;因被保险人违反机动车辆损失保险约定,导致无法确定的损失;被保险机动车全车被盗窃、被抢劫、被抢夺、下落不明以及在此期间受到的损坏,或被盗窃、被抢劫、被抢夺未遂受到的损坏,或车上零部件、附属设备丢失;车轮单独损坏、玻璃单独破碎、无明显碰撞痕迹的车身划痕,以及新增设备的损失;发动机进水后导致的发动机损坏。

（三）保险金额

机动车辆损失保险的保险金额按投保时被保险机动车的实际价值确定。投保时被保险机动车的实际价值由投保人与保险人根据投保时的新车购置价减去折旧额后的价格协商确定,或根据其他市场公允价值协商确定。折旧额可根据保险合同列明的参考折旧系数表确定。

（四）免赔率与免赔额

机动车辆损失保险的保险人在依据保险合同约定计算赔款的基础上,按照下列方式免赔：

被保险机动车一方负次要事故责任的,实行5%的事故责任免赔率;负同等事故责任的,实行10%的事故责任免赔率;负主要事故责任的,实行15%的事故责任免赔率;负全部事故责任或单方事故责任的,实行20%的事故责任免赔率;被保险机动车的损失应当由第三方负责赔偿,无法找到第三方的,实行30%的绝对免赔率;违反安全装载规定但不是事故发生的直接原因的,增加10%的绝对免赔率;对于投保人与保险人在投保时协商确定绝对免赔额的,在实行免赔率的基础上增加每次事故绝对免赔额。

（五）保险费率与保险费

1. 确定机动车辆损失保险费率的主要依据

确定机动车辆损失保险费率的主要依据是：

（1）车辆的使用性质。按使用性质分类,车辆可以分为营业车辆和非营业车辆,有的保险公司还进行了细分,比如行政用车、生产用车、营运用车、租赁用车、家庭用车等。车辆使用性质不同,风险状况也有所不同,因此机动车辆损失保险针对不同使用性质的车辆采用不同的费率。

（2）车辆的种类。从机动车辆损失保险标的可知,投保机动车辆损失保险的车辆包括各种客车、货车、特种车等,车辆种类不同,标的价值及风险状况就存在差别,保险费率也就应该有所差异。

（3）车辆的产地和使用年限。

2. 保险费计算

与其他保险业务不同的是,机动车辆损失保险的保险费由基准纯风险保险费和相应费率构成。其中,基准纯风险保险费部分是统一规定的,即不论投保车辆的保险金额多少以及新旧程度如何,统一按车辆类型计收一笔固定的保险费。车险费率在基本保险费的基础上,结合车主原有的上一年度车辆行驶的出险记录、车辆的新旧折损、车辆的使用性质等因素决定。所以,机动车辆损失保险的保险费计算公式为:

$$\text{保险费} = \frac{\text{基准纯风险保险费}}{1-\text{附加费用率}} \times \text{无赔款优待系数} \times \text{自主核保系数} \times \text{自主渠道系数}$$

其中,基准纯风险保险费和无赔款优待系数费率调整方案参照中国保险行业协会拟定的费率基准执行;附加费用率预定为35%;保险公司可以拟定的自主核保系数费率调整方案和自主渠道系数费率调整方案均可在[0.85,1.15]范围内使用。

如果连续3年没有发生赔款则无赔款优待系数为0.6,连续2年没有发生赔款为0.7,上年没有发生赔款为0.85,新保或上年发生1次赔款为1.0,上年发生2次赔款为1.25,上年发生3次赔款为1.5,上年发生4次赔款为1.75,上年发生5次及以上赔款则升至2.00。

(六)保险赔偿

被保险机动车因保险事故受损,被保险人应当尽量修复。修理前被保险人须会同保险人检验,确定修理项目、方式和费用,否则保险人有权重新核定或拒赔。赔偿金额以保险金额为限,当保险金额低于保险价值时,实行比例赔偿。这是保险赔偿原则的基本要求。机动车辆损失保险也必须按照赔偿原则的要求计算赔偿金额。

被保险机动车损失赔款按以下方法计算:

1. 发生全部损失的赔款计算

赔款 =(保险金额 - 被保险人已从第三方获得的赔偿金额)×
(1 - 事故责任免赔率)×(1 - 绝对免赔率之和)- 绝对免赔额

2. 发生部分损失的赔款计算

被保险机动车发生部分损失,保险人按实际修复费用在保险金额内计算赔偿:

赔款 =(实际修复费用 - 被保险人已从第三方获得的赔偿金额)×
(1 - 事故责任免赔率)×(1 - 绝对免赔率之和)- 绝对免赔额

3. 施救费用的补偿

施救财产中,若含有保险合同未保险的财产,则应按保险合同保险财产的实际价值占总施救财产的实际价值按比例分摊施救费用。

**拓展阅读**

什么是施救费用?施救费用亦称营救费用,是指保险标的在遭遇承保的灾害事故时,被保险人或其代理人、雇用人为避免、减少损失而采取各种抢救、防护措施时所支付的合理费用。保险标的受损,经被保险人进行施救,花了费用但并未奏效,保险标的仍然全损,保险人对施救费用仍予负责。

四、商业第三者责任保险

(一)保险责任

保险期内,被保险人或其允许的驾驶人在使用被保险机动车过程中发生意外事故,致使第三者遭受人身伤害或财产直接损毁,依法应当对第三者承担损害赔偿责任,且不属于免除保险人责任的范围,保险人依照保险合同的约定,对于超过机动车交通事故责任强制保险各分项赔偿限额的部分负责赔偿。

保险人依据被保险机动车一方在事故中所负的事故责任比例,承担相应的赔偿责任。

被保险人或被保险机动车一方根据有关法律、法规规定选择自行协商或由公安机关交通运输管理部门处理事故但未确定事故责任比例的,按照下列规定确定事故责任比例:①被保险机动车一方负主要事故责任的,事故责任比例为70%;②被保险机动车一方负同等事故责任的,事故责任比例为50%;③被保险机动车一方负次要事故责任的,事故责任比例为30%。

涉及司法或仲裁程序的,以法院或仲裁机构最终生效的法律文书为准。

**拓展阅读**

什么是第三者?第三者是指除投保人、被保险人、保险人以外的,因被保险机动车发生意外事故遭受人身伤害或财产损失的被保险机动车下的受害者。

在责任保险中,保险公司是"第一者",负有过失责任的被保险人是"第二者",保险公司和被保险人之外的其他人及其他财产都属于"第三者"。但商业第三者责任保险中的"第三者"含义更加复杂。在商业第三者责任保险中,原则上把肇事车辆看成第二者,这就把被保险人、其雇用的司机、其允许的驾驶人,以及车上的人员和财产都包括在内,此外的人和物才是第三者。

(二)责任免除

商业第三者责任保险的责任免除事项具体如下。

(1)事故发生后,被保险人或其允许的驾驶人故意破坏、伪造现场及毁灭证据。

(2)驾驶人有下列情形:事故发生后,在未依法采取措施的情况下驾驶被保险机动车或遗弃被保险机动车离开事故现场;饮酒、吸食或注射毒品、服用国家管制的精神药品或麻醉药品;无驾驶证,驾驶证被依法扣留、暂扣、吊销、注销;驾驶与驾驶证载明的准驾车型不相符合的机动车;实习期内驾驶公共汽车、营运客车或者执行任务的警车、载有危险物品的机动车或牵引挂车的机动车;在无交通运输管理部门核发的许可证书或其他必备证书的情况下,驾驶出租机动车或营业性机动车;学习驾驶时无合法教练员随车指导;非被保险人允许的驾驶人。

(3)被保险机动车有下列情形:发生保险事故时被保险机动车行驶证、号牌被注销的,或者未按规定检验或检验不合格;被扣押、收缴、没收、政府征用;在竞赛、测试期间,在营业性场所维修、保养、改装期间;全车被盗窃、被抢劫、被抢夺、下落不明期间。

(4)下列原因导致的被保险机动车的损失和费用,保险人不负责赔偿:地震及其次生灾害、战争、军事冲突、恐怖活动、暴乱、污染(含放射性污染)、核反应、核辐射;第三者、被保险人或其允许的驾驶人的故意行为、犯罪行为;第三者与被保险人或其他致害人恶意串通的行为;被保险机动车被转让、改装、加装或改变使用性质等,被保险人、受让人未及时通知保险人,且因转让、改装、加装或改变使用性质等导致被保险机动车危险程度显著增大。

(5) 下列原因导致的人身伤害、财产损失和费用,保险人不负责赔偿:被保险机动车发生意外事故,致使任何单位或个人停业、停驶、停电、停水、停气、停产、通信或网络中断、电压变化、数据丢失造成的损失,以及其他各种间接损失;第三者财产因市场价格变动造成的贬值、修理后价值降低引起的减值损失;被保险人及其家庭成员、被保险人允许的驾驶人及其家庭成员所有、承租、使用、管理、运输或代管的财产的损失,以及被保险机动车上财产的损失;被保险人、被保险人允许的驾驶人、被保险机动车车上人员的人身伤害;停车费、保管费、扣车费、罚款、罚金或惩罚性赔款;超出《道路交通事故受伤人员临床诊疗指南》和国家基本医疗保险同类医疗费用标准的费用部分;律师费、未经保险人事先书面同意的诉讼费、仲裁费;投保人、被保险人或其允许的驾驶人知道保险事故发生后,故意或因重大过失未及时通知保险人,致使保险事故的性质、原因、损失程度等难以确定的,保险人对无法确定的部分不承担赔偿责任,但保险人通过其他途径已经及时知道或应当及时知道保险事故发生的除外;精神损害抚慰金;应当由机动车交通事故责任强制保险赔偿的损失和费用;保险事故发生时,被保险机动车未投保机动车交通事故责任强制保险或机动车交通事故责任强制保险合同已经失效的,对于机动车交通事故责任强制保险责任限额以内的损失和费用,保险人不负责赔偿。

(三) 保险金额

商业第三者责任保险一般不确定保险金额,仅确定责任限额。每次事故的责任限额,由投保人和保险人在签订保险合同时按不同档次协商确定。责任限额与车辆的种类、价值、品牌等关系不大。通常情况下,商业第三者责任保险的保险金额分为几个档次,如分为5万元、10万元、20万元、50万元、100万元等几个档次,被保险人可以自愿选择投保金额。

(四) 免赔率

保险人在依据保险合同的约定计算赔款的基础上,在保险单载明的责任限额内,按照下列方式免赔:被保险机动车一方负次要事故责任的,实行5%的事故责任免赔率;负同等事故责任的,实行10%的事故责任免赔率;负主要事故责任的,实行15%的事故责任免赔率;负全部事故责任的,实行20%的事故责任免赔率;违反安全装载规定的,实行10%的绝对免赔率。

(五) 保险费

商业第三者责任保险的基准保险费采取固定保险费的办法,由客户自行选择。

 **拓展阅读**

## 醉驾致人伤残 三者险免赔

案情回顾:2018 年 5 月 1 日,王某醉酒驾驶一辆小轿车将正在过马路的宋某撞伤,交警认定王某负此次交通事故全部责任,事故导致宋某九级伤残。宋某将王某及其投保的保险公司告上法庭,要求保险公司在机动车交通事故责任强制保险(交强险)限额内进行赔偿,不足部分在商业第三者责任保险(商业险)限额内进行赔偿。经查,王某的车辆在保险公司投保了交强险和10万元商业险。保险公司辩称,因王某醉酒驾驶车辆导致事故发生,故宋某的合理损失应由王某自行承担,不应由保险公司承担。法院审理后,判定保险公司应在交强险限额内赔偿,但赔偿后有权向醉酒驾驶人追偿。

法官释法:《中华人民共和国道路交通安全法》第七十六条规定,机动车发生交通事故造成人身伤亡、财产损失的,由保险公司在机动车第三者责任强制保险责任限额范围内予以赔偿。从第七十六条的规定可以看出,该条并未排除保险公司对醉酒驾驶发生交通事故免赔这一情形。另《最高人民法院关于审理道路交通事故损害赔偿案件适用法律若干问题的解释》第十八条规定,醉酒后驾驶机动车发生交通事故的,当事人请求保险公司在交强险责任限额范围内予以赔偿,人民法院应予支持。保险公司在赔偿范围内向侵权人主张追偿权的,人民法院应予支持。追偿权的诉讼时效期间自保险公司实际赔偿之日起计算。因此,在上述案例中,保险公司的答辩意见是不成立的,保险公司仍应在交强险限额内对宋某进行赔偿,赔偿之后,可向王某追偿。法律之所以这么规定,原因在于交强险具有公益性,规定保险公司赔偿是为了使被侵权人及时得到赔偿,尤其是在醉酒司机无力赔偿或赔偿能力有限的情况下,体现了法律对被侵权人的关怀;而规定保险公司的追偿权,是为了让有过错的实际侵权人承担最终责任,体现了法律的公平正义。商业险与交强险不同,商业险没有公益性质,其本质是平等市场主体之间签订的保险合同。因此,无论是从交强险还是从商业险角度分析,醉酒驾驶的责任最终都会由司机自己承担,为了自己和他人的安全,要杜绝醉酒驾驶。

资料来源:醉驾致人伤残 三者险免赔[EB/OL].(2019-02-01)[2020-08-31].http://fl.sinoins.com/2019-02/01/content_282882.htm,有删改。

(六)保险赔偿

被保险机动车发生第三者责任事故后,保险公司需要根据每次事故的最高赔偿限额确定赔款金额。

(1)当(依合同约定核定的第三者损失金额-机动车交通事故责任强制保险的分项赔偿限额)×事故责任比例的数额等于或高于每次事故赔偿限额时:

赔款 = 每次事故赔偿限额 × (1 - 事故责任免赔率) × (1 - 绝对免赔率之和)

(2)当(依合同约定核定的第三者损失金额-机动车交通事故责任强制保险的分项赔偿限额)×事故责任比例的数额低于每次事故赔偿限额时:

赔款 =(依合同约定核定的第三者损失金额 - 机动车交通事故责任强制保险的分项赔偿限额)× 事故责任比例 × (1 - 事故责任免赔率) × (1 - 绝对免赔率之和)

### 五、机动车交通事故责任强制保险

机动车交通事故责任强制保险简称交强险,是指由保险公司对被保险机动车发生道路交通事故造成本车人员、被保险人以外的受害人的人身伤害、财产损失,在责任限额内予以赔偿的强制性责任保险。在我国境内道路上行驶的机动车的所有人或管理人,应当依照《中华人民共和国道路交通安全法》(以下简称《道路交通安全法》)的规定投保机动车交通事故责任强制保险。

交强险具有社会性、公益性和强制性的特点。实行交强险制度,首要目标就是通过国家法律强制手段,提高机动车第三者责任保险的覆盖面,一旦发生交通事故,将由保险公司向第三方受害人及时提供赔偿,以保证交通事故中受害人最大可能地获得及时和基本的保障。这对保障公民合法权益、维护社会稳定具有重要意义。

(一) 交强险与商业第三者责任保险的区别

尽管交强险与商业第三者责任保险属于同一个险种,都是保障道路交通事故中第三方受害人获得及时有效赔偿的险种。但是过去的第三者责任保险都是商业性的,而交强险则是法定强制性的。因此二者在赔偿原则、赔偿范围等方面存在本质的区别,主要体现在以下几个方面:

(1) 商业第三者责任保险采取的是过错责任原则,即保险公司根据被保险人在交通事故中所承担的事故责任来确定赔偿责任。而交强险实行的则是无过错责任原则,即无论被保险人是否在交通事故中负有责任,保险公司均将在12.2万元责任限额内予以赔偿。

(2) 为有效控制风险、减少损失,商业第三者责任保险规定了较多的责任免除事项和免赔率(额)。而交强险为确保事故受害人能够得到保障,仅设定了极少的责任免除事项,其保险责任几乎涵盖了所有的道路交通风险且不设免赔率和免赔额,保障范围远远大于商业第三者责任保险。

(3) 商业第三者责任保险以盈利为目的,属于商业保险业务,其定价是考虑利润因素的。而交强险不以营利为目的,在费率测算上遵循"不盈利不亏损"的原则,是不考虑利润因素的。而且各保险公司从事交强险业务实行与其他商业保险业务分开管理、单独核算的原则,无论盈亏,均不参与公司的利益分配,公司实际上扮演一个代办的角色。

(4) 目前各保险公司商业第三者责任保险的条款费率互存差异,并设有5万元、10万元、20万元乃至100万元以上不同档次的责任限额。而交强险的责任限额全国统一定为12.2万元,并在全国范围内执行统一保险条款、统一赔偿限额和统一基础费率。

(5) 交强险实行强制性投保和强制性承保。交强险是通过国家立法强制实施的险种,其强制性不仅体现在要求所有上道路行驶的机动车的所有人或管理人必须投保该险种,同时还要求具有经营该险种资格的保险公司不能拒绝承保、不得拖延承保和不得随意解除合同。我国由于道路安全意识相对薄弱,道路状况有待提高,高风险车辆的比例较高,不少车辆一年出险甚至高达一二十次。对于这部分车辆,商业第三者责任保险是可以拒保的,或者以低责任限额高免赔率承保;但是在交强险领域,法律并不允许保险公司拒绝承保,也不可提高承保条件。

(二) 保险费率

交强险的基础费率因"车"而异,不同车型费率各不相同;但对同一车型,全国执行统一价格。当然,交强险也正逐步实行保险费与交通违法行为、交通事故挂钩的浮动费率机制:一辆车如果多次出险,则来年的保险费很快会上涨;如果常年不出险,则保险费会逐年降低,以此实现"奖优罚劣"。同时,还将根据各地区经营情况,在费率中加入地区差异化因素等,逐步实行差异化费率。

（三）保险赔偿

《道路交通安全法》第七十六条明确要求:机动车之间发生交通事故的,按照过错赔偿原则进行处理;而机动车与非机动车驾驶人、行人之间发生交通事故的,实行无过错赔偿原则。机动车发生交通事故造成人身伤亡、财产损失的,由保险公司在机动车第三者责任强制保险责任限额范围内予以赔偿。超过责任限额的部分,按照下列方式承担赔偿责任:机动车之间发生交通事故的,由有过错的一方承担赔偿责任;双方都有过错的,按照各自过错的比例分担责任。机动车与非机动车驾驶人、行人之间发生交通事故的,非机动车驾驶人、行人没有过错的,由机动车一方承担赔偿责任;有证据证明非机动车驾驶人、行人有过错的,根据过错程度适当减轻机动车一方的赔偿责任。

（四）赔偿限额

交强险在全国范围内实行统一的责任限额标准,目前责任限额由实施初期的6万元上调至12.2万元。在12.2万元总的责任限额下,依法应当由被保险人承担损害赔偿责任。按照2008年2月调整后的最新交强险限额,保险公司赔付情况如下:发生事故,若车主在事故中有责任,则死亡伤残赔偿限额110 000元,医疗费用赔偿限额10 000元,财产损失赔偿限额2 000元;若车主在事故中无责任,则死亡伤残赔偿限额11 000元,医疗费用赔偿限额1 000元,财产损失赔偿限额100元。

 拓展阅读

### 2017年车辆保险新规则解读

1. 卖保险由车值决定

费改前,车主购买保险都是按照新车购置价按比例交纳保费,这就导致很多旧车的保费遇到"高保低赔"的问题。费改后,车主可按照车辆折旧后的实际价格交纳保费。

2. 小剐蹭自己修,来年保费还打折

费改后,次年保费的高低,不仅看今年是否有事故,还要综合几年开车的出险次数来评估。

3. 车遇自然灾害受损

与以前条款相比,新车险条款明确规定冰雹、台风、暴雪等自然灾害以及车载货物、车上人员意外撞击所导致的车损可获赔偿。

4. 新车还没上牌,出事故赔不赔

新车险将新车未上牌从责任免除中剔除,纳入车损险保险责任。发生该情形的车辆损失,保险公司可以在车损险责任范围内赔付。需要注意的是,发生事故时如果被保险机动车存在行驶证、号牌被注销,或未按规定检验、检验不合格等情形,则被保险机动车的损失属于车损险的责任免除事项,保险公司不予赔付。

5. 自家车误撞了自家人赔不赔

新车险将被保险人家庭成员的人身伤害列入第三者责任保险的责任范围。同时,新车险条款第四条约定,车上人员是指发生意外事故的瞬间,在被保险机动车车体内或车体上的人员,包括正在上下车的人员。

6. 出事时驾驶证丢失赔不赔

新车险并未将"驾驶证丢失"列入责任免除。驾驶证丢失期间发生车辆损失,保险公司可在车损险责任范围内赔付。需要注意的是,发生保险事故时如果属驾驶人的驾驶证被依法扣留、暂扣、吊销、注销期间,对被保险机动车的损失保险公司不予赔付。

资料来源:车辆保险新规则[EB/OL].(2019-01-01)[2020-08-31].https://www.unjs.com/fanwenwang/ziliao/624240.html,有删改。

## 第二节 船舶保险

### 一、船舶保险的概念及作用

(一)船舶保险的概念

船舶保险是指以各种船舶、水上装置及其碰撞责任为保险标的的保险,作为传统财产保险业务的重要险种,它既是运输工具保险的主要险种之一,更是水险业务的主要来源之一。本章的船舶保险专指沿海及内河船舶保险业务。

在保险业发展史上,船舶保险具有独特的地位,最初的海上保险业务主要以船舶所遇到的海上风险为保险责任。由于船舶航行在海上遭遇各种自然灾害和意外事故的可能性比陆地运输工具更大,且危险比较集中,很多情况下非人力所能够控制,因此船舶所有人对航行中的风险保障需求更加迫切,从而使得以船舶为主要标的的保险业务成为商业保险业发展史上的重要内容。

上述概念显示,各种船舶是船舶保险的主要标的,但船舶保险又必须注意如下三点:

(1)各种水上装置也可以纳入船舶保险的范畴,并按照船舶保险的相应条件承保。因此,船舶保险的实际内容更宽泛。如海上石油井发中的钻井平台虽然不是船舶,亦可以投保船舶保险(也可以单独列入石油开发保险)。

(2)建造或拆除中的船舶一般不纳入船舶保险的范畴。实务中,船舶保险一般只承保建成并投入使用(即航行)的各种船舶及水上装置。而建造中的船舶与拆除中的船舶由于处于建造或拆除之中,其价值未最后确定,尤其是船舶建造和船舶拆除中的风险与船舶航行中的风险存在很大的差异,因此保险人通常不把建造或拆除中的船舶纳入普通船舶保险范畴。有关著作将建造、拆除中的船舶纳入建筑安装工程保险范畴,这主要是考虑到船舶建造工程与建筑工程、安装工程等具有性质相似、承保方式相似等共同特点:它们都存在建设或拆除工期,其价值属于递增或递减型,保险金额均须待建造或拆除完工后才能最终确定,保险费都有一个承保时收取、期满时多退少补的现象,主要风险都局限于建设或拆除工地或现场等。

(3)根据船舶运行的水域,通常将船舶保险划分为境内船舶保险与远洋船舶保险,其中远洋船舶保险通常需要遵循有关国际公约,在历史上就属于海上保险的当然内容。

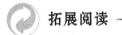 拓展阅读

## 哪些船舶可以投保国内船舶险？

国内沿海内河船舶保险简称国内船舶险。凡在我国境内水域，依照我国的法律、法规和主管部门的规章进行合法登记注册，从事合法营运或作业航行的船舶，包括海船、河船和其他可视为船舶的水上移动或浮动的装置，都可以投保国内船舶险。但船上燃料、物料、给养、淡水等财产和渔船不属于保险的范围；用于军事目的的船舶和渔业船舶不适用《沿海内河船舶保险条款》。

我国现行的船舶险条款中所指的船舶，包括船体和按照国家及行政管理部门的有关规定应该配备的机器、设备、仪器和索具。船体是指船舶骨架的总称，它包括船壳、龙骨、甲板、上层建筑等。机器是指用于船舶航行的动力机械，包括主机、辅机、锅炉、轴承、泵和管系等。设备是指船舶按照船舶建造规范或规定安装的各类装置的总称，包括用于船舶航行、通信、测量等的设备和用于装卸、消防、救生、导航等装备，还包括舵、锚、子船。用于改善生活条件的装置，如空调、电视、冰箱等需要特约承保。仪器是指用于船舶航行、通信、测量等的各类仪器、仪表。索具是指用于船舶系泊、抛锚用的缆绳、铁索、锚链。

上述船舶可选择我国现行的国内船舶险，即沿海内河船舶保险及其附加险：船主对旅客责任保险，船东对船员责任保险，1/4碰撞、触碰责任险，螺旋桨、舵、锚、锚链及子船单独损失保险，3/4碰撞、触碰责任险，共同海损、施救及救助保险等。

资料来源：船舶运输险：哪些船舶能投保国内船舶运输险？[EB/OL].(2011-04-15)[2020-08-31].http://www.capli.com.cn/detail/20163/detail_2850.html，有删改。

（二）船舶保险的作用

船舶保险具有如下作用：

（1）有利于船东转嫁风险，稳定经营。由于船舶在航行中存在各种风险，船舶价值又较高，随时都有可能遇到船舶受损的风险，因此船舶保险首先满足了船东转嫁风险的需求，对稳定航运公司的生产经营等具有重要作用。

（2）在发生海损事故后有利于对外交涉。船舶发生海损事故后，按照国际惯例，一般由保险人出面处理，受害方大多不愿接受航运公司本身的赔偿处理，而乐意接受保险公司的赔偿。在船舶发生海损事故后，保险人能以最快的速度安排赔偿，既可以使船东避免扣船及由此而引起的船期损失，又可以节省银行担保费用。同时，保险人既有较丰富的经验，又有各种专家顾问可供联系和咨询，仲裁有法律依据。因此，船舶保险有利于对外交涉，维护船东的利益和信誉，且不会影响船东与各方面的关系。

（3）有利于促进船舶安全航行。保险人承保的船舶众多，经历的海损事故也较多，对受保的船舶会相应地提出各种合理建议，配合有关部门和航运公司做好防灾防损工作，从而起到促进船舶安全航行和航运业发展的作用。

（4）有利于加速船舶的更新换代。我国内河航行的船舶，船龄一般较大，参加保险后，如果修理费用接近船舶保险的保险金额，则可以按推定全损处理，将残船委付给保险

人,保险人按船舶保险的保险金额补偿被保险人,被保险人可利用此笔资金重新购置新船。此外,保险人在承保船龄大的船舶时,往往采取较高的费率标准,从而迫使船东为取得优惠费率而重视加速船舶的更新换代。

## 二、船舶保险的发展

### (一)海外船舶保险的产生与发展

船舶保险是海上保险的重要组成部分,而海上保险起源于共同海损和船舶抵押贷款。世界上第一张海上保险单是于1347年10月23日由意大利商人乔治·勒克维伦签发的,该保险单内容十分简单。直到1397年佛罗伦萨的保险单上出现承保"海上灾害、天灾、火灾、抛弃、王子的禁止令、捕捉"等字样时,才开始具有现代保险单的形式。由此可见,从第一张保险单开始就决定了船舶保险是海上保险业务的鼻祖的地位。

1424年,世界上第一家海上保险公司在意大利热那亚成立,由此确立意大利成为海上保险的发源地。

伦敦在现代海上保险发展中占据了重要地位。随着海上贸易中心的转移,14世纪末产生于意大利的海上保险经葡萄牙、西班牙于16世纪传至荷兰、英国、德国。

进入18世纪,伦敦已经成为世界上最具实力的海上保险市场。这个功绩来自海商界人士众所周知的劳埃德咖啡馆,即劳合社的前身。劳埃德咖啡馆成为18世纪英国海上航运信息中心,并逐渐成为人们公认的海上保险交易场所。1871年,英国国会通过《劳埃德法案》,劳埃德咖啡馆成为一个名副其实的保险社团法人。劳合社不是一个保险公司,而是一个保险社团组织,更确切地说,它是一个规范的财产保险业务交易市场,目前已成为国际保险界进行业务往来的活动中心,海上保险是其重要业务之一。早在1779年劳合社社员代表大会通过的S.G.保险单(即船舶、货物保险单)被列为英国法定的海上标准保险单,连同后来的1906年《英国海上保险法》,被各国奉为从事海上保险业务的经典之作。

### (二)我国船舶保险事业的发展

我国的民族船舶保险事业始于晚清,民国时期有了一定的发展,直到中华人民共和国成立后才得到了长足的发展。

1949年10月20日,中国人民保险公司成立。1951年6月,中波轮船公司成立,中国人民保险公司开始办理远洋船舶保险。1961年4月27日,中国远洋运输公司成立,我国远洋船队规模不断扩大,中国人民保险公司的远洋船舶保险业务也随之发展起来。但在1972年以前,中国人民保险公司使用的是英国伦敦保险学会的船舶保险条款;1972年以后,中国人民保险公司制定了自己的远洋船舶保险条款;以后,又陆续开办了其他种类的船舶保险和保赔保险等业务。

1979年4月,国务院决定恢复办理国内财产保险业务,由此中国人民保险公司恢复办理国内船舶保险业务,并制定了自己的条款。

1989年以后,随着国内其他保险公司的成立,社会主义计划经济体制下由中国人民保险公司垄断保险市场的局面被打破,船舶保险的市场竞争也愈演愈烈,目前已成为市场竞争中的特殊亮点。可以说我国的船舶保险已经在世界保险市场上独立自主地站起来了。

### 三、船舶保险的特征

船舶保险属于财产保险。作为最古老的保险险种之一、现代保险的起源,船舶保险具有如下特征:

1. 船舶保险以承保水上风险为限

船舶保险主要以承保水上风险为限,为船舶在航行或停泊期间由于意外事故或水上灾难造成船舶的损失提供保障。例如,船舶保险负责承保船舶由于自然灾害、海上意外事故、人为疏忽等造成船舶的全损或部分损失以及碰撞和触碰他船、他物依法引起对第三方的物质损失赔偿责任,但正常风浪引起船舶的自然耗损不在船舶保险承保风险之内。

2. 船舶保险所承保的风险相对集中,损失金额巨大

造船业和航运业伴随着高新科技的发展,船舶自动化程度大大提高,吨位越来越大,价值也越来越高。因此,船舶作为保险标的所面临的风险也必然越来越集中。一旦发生海难事故,损失少则数十万元,多则几百万元甚至上千万元,损失金额巨大。

3. 船舶保险事故发生频率高

航海过去被称为冒险,船舶经常航行于变幻莫测的海上,加之船舶的航行区域广泛,必然会遭受海上各种自然灾害的袭击以致船舶发生意外事故的损害。尽管科学在发展,人们抵抗自然灾害的能力在增强,但海上风险与陆上风险相比更令人们难以抗拒,且发生频率更高。

4. 船舶保险承保范围广

从承保标的来看,船舶保险既承保船舶本身及其相关利益和费用,还承保船舶的第三者责任。从承保风险来看,船舶保险既负责自然灾害和意外事故等客观原因造成承保船舶的损失,还负责人为疏忽等主观原因造成的损失。因此,船舶保险的承保和理赔涉及面广而复杂,技术难度大。

5. 船舶保险属于定值保险

船舶保险保险价值的确定基于船舶的实际价值,但是由于受到很多因素的影响,船舶的市场价值通常波动较大、变化不定,使得船舶的实际价值难以确定。因此,船舶保险保险价值的确定只有通过被保险人与保险人双方根据买船价格和投保当时的市场价格约定一个合理的金额作为保险价值,以此确定船舶保险的保险金额。这个保险金额既作为承保船舶的最高赔偿限额,也作为计算被保险人交纳保险费的基础,更是确定是否足额保险的依据。由于船舶保险属于定值保险,因此不论被保险船舶在损失发生时的实际价值如何,损失赔偿的计算都以保险单上订明的保险价值和保险金额为依据。

6. 船舶保险的保险单不能随船舶的转让而自动转让

船舶保险条款和相关法律规定,当承保船舶的所有权转让时,船舶的保险单不能因此而自动转让给新的船东或经营者。船舶的安全程度和船舶的风险控制直接影响着船舶保险保险人的利益,而船舶的安全程度和船舶的风险控制又与船东或经营者的管理经验及管理水平有关。因此,船东或经营者的变更对船舶保险保险人来说至关重要,也就决定了保险单不能随船舶的转让而转让,这与海上货物运输保险单可以随提单转让而转让有着

明显区别。

7. 船舶保险的法律适用面广、政策性强

船舶是在水上营运的,其一切活动要受《海商法》的制约,其发生的任何纠纷要受《海商法》的调整。船舶保险合同作为海上保险合同也要受《海商法》的制约和调整,同时其作为保险合同也要受《保险法》的制约和调整,因此也决定了《海商法》中未涉及的保险合同内容适用《保险法》。当然,《保险法》中未涉及的还要适用《民法典》。除此之外,由于船舶具有流动性特点,尤其是远洋船舶,航行于世界水域,从事国际海上货物运输活动,不可避免地会触及各国有关的法律规定,因此又要受到世界各国法律、法规以及国际公约与惯例的制约和调整。

从事运输业务的保险船舶属于民用船舶,必然受到私法的约束和调整。但这些船舶与公务船、军舰发生碰撞产生的双方的债权债务很难受国家法律及国际公约的约束和调整。特别是大的海上碰撞案件,无论是在国内还是在国外,仅能协商或在有关当局乃至法院主持下调解。个别情况下,还要通过外交部门出面协助解决。在处理这种类型的案件时,只有掌握国家的有关政策和政府对当事国的政策,才能顺利地达到目的。

### 四、船舶保险的分类

根据不同的标准,船舶保险可以做如下分类:

(1)根据保险标的的状态,可以分为一般船舶保险、船舶建造保险和拆船保险等,本章只论一般船舶保险。

(2)根据保险标的的种类,可以分为普通船舶保险、渔船保险等,它们的经营原理与原则相同,但具体条款会有所差异。

(3)根据保险责任期限,可以分为定期船舶保险和航次船舶保险。前者为 1 年期保险,最短不能少于 3 个月。后者则以一个航次为一个保险责任期限,最长不得超过 30 天,在任何情况下的最长保险责任期限不得超过 90 天。

(4)根据保险责任范围,可以分为船舶保险全损险和船舶保险一切险。在船舶保险中,由于基本保险单承担的责任范围广泛,附加险并不如货物运输保险或机动车辆保险等发达,但仍然有一些附加险以供被保险人选择投保。

**拓展阅读**

#### 船舶保险案例:船舶沉没 保险公司拒赔

原告上海中福轮船公司,被告中国人民保险公司上海市分公司。被告中国人民保险公司上海市分公司(以下简称"上海某保险")就"仲宇"轮的保险向原告上海中福轮船公司(以下简称"中福轮船")开具定期"沿海内河船舶保险单",载明被保险人为中福轮船,险别为一切险。保险单"一切险"条款约定,保险人承保因碰撞、触碰等事故引起船舶倾覆、沉没而造成的船舶全损或部分损失;但对于船舶不适航造成的损失不负责赔偿;被保险人应当确保船舶的适航性,否则保险人有权终止合同或拒绝赔偿。中福轮船是"仲宇"轮的船舶经营人。该轮载重吨 1 300 吨,核定舱载量为前货舱 655 吨、后货舱 645 吨。"仲

"宇"轮装载1 260吨货物(前货舱约510吨,后货舱约750吨)从宁波北仑港出发驶往上海港,宁波海事局签发了出港签证。次日,该轮行至乌龟岛附近水域时沉没。当时船舶国籍证书、船舶检验证书、船舶营运证书均在有效期内。吴淞海事处的"水上交通事故责任认定书"认定:"由于瞭望疏忽,对流压估计不足及操纵不当,船舶右舷中后部触碰水下障碍物,导致二舱破损进水,致使船舶沉没。"但上海某保险认为,"仲宇"轮后货舱超载约105吨,船舶沉没是其本身不适航所致,且中福轮船不是该轮所有人,无可保利益。双方争执因而成讼。

法院经审理认为:①中福轮船为"仲宇"轮的船舶经营人,对该轮具有可保利益;②该轮沉没原因系触碰水下障碍物,属保险合同约定的一切险承保范围;③该轮开航时的吃水情况与核定设计要求的差距极小,属正常范围,总体上并未超载。前货舱载货约510吨,后货舱载货约750吨,配载严重不当。但在未超载情况下,仅以货物配载不当认为船舶不适航,依据不足。上海某保险不能证明自己符合免责条件,依法应承担保险赔偿责任。据此,判决上海某保险赔偿中福轮船船舶全损人民币279.50万元及其利息。

资料来源:船舶保险案例:船舶沉没 保险公司拒赔怎么办[EB/OL].(2018-04-23)[2020-08-31]. http://www.cpic.com.cn/c/2018-04-23/1469823.shtml,有删改。

## 第三节 飞机保险

### 一、飞机保险的含义及种类

(一) 飞机保险的含义

飞机保险是以飞机及其有关利益、责任为保险标的的一种运输工具保险。它是随着飞机制造业的发展,在海上保险和人身意外伤害保险的基础上发展起来的一个保险领域。飞机保险具有综合性保险的特点,既包括财产保险,如以飞机机身及其零备件为保险标的的飞机机身及零备件保险,又包括责任保险,如承保承运人对旅客及第三者的法定责任保险,还包括人身意外伤害保险,如机组人员人身意外伤害保险、航空人身意外伤害保险等。

(二) 飞机保险的种类

1. 飞机机身保险

(1) 飞机机身一切险。该险种既承保飞机机身及其零备件的损坏、灭失、失踪,飞机发生碰撞、跌落、爆炸、失火等造成的飞机的全部或部分损失,又承保因自然灾害和意外事故引起的飞机拆卸、重装和清除残骸的费用。该险种一般附加第三者责任险。第三者责任险主要承保航空公司由于飞机遭受意外事故造成第三者的人身伤害或财产损失在法律上应负的赔偿责任。保险人负责赔偿在规定的责任限额内的第三者责任损失。

(2) 飞机机身免赔额保险。该险种是飞机机身一切险的附加险。根据不同型号的飞机,飞机保险规定了不同的免赔额。例如,波音747型飞机免赔额为100万美元,波音737-300型飞机免赔额为75万美元,波音737-200型飞机免赔额为50万美元。因此,保险人为了满足被保险人获得充分保障的需要,允许其投保机身(零备件)一切险的同时附加投保免赔额保险。该险种只是将一切险原有的免赔额降到相对低的水平,而不是取消免赔额。该险种的保险金额以机身一切险的免赔额为限,其保险费与保险免赔额的高低成反比,免赔额越高,保险费就越低。

(3)飞机试飞保险。该险种是飞机机身一切险的附加险。其承保标的是从生产线上下来、出厂前或被维修后交给客户前,为验证其性能而需试飞的飞机。试飞的飞机通常未取得或需要重新取得运输适航证,保险人承保时,对于新制造的飞机,一般规定适当的飞行小时数和地面停放天数作为收取保险费的基础,保险期满时再根据实际情况加以调整。对于维修的飞机,一般以维修合同为基础,根据维修后不同的试飞项目在机身一切险项下加收一定的保险费。

**拓展阅读**

### 中国人保财险承保 C919 大飞机试飞险

2017 年 5 月 5 日 14 时,上海浦东机场,国产大型客机 C919 经过高速滑跑,刺破苍穹,翱翔蓝天! 此次,中国人民保险集团旗下中国人民财产保险在 C919 大飞机试飞保险项目的竞标中再次脱颖而出,以第一承保人身份签发试飞险保单。

中国人民财产保险作为国有大型保险企业,对我国自主研发的飞机项目,包括 ARJ21 支线飞机、C919 大飞机项目在内,自立项起就投入了高度关注,并凭借自身在国内外航空险市场的领先地位和技术优势,一直全力陪伴护航,全程参与了设计研发、总装以及试飞。

资料来源:中国人保财险承保 C919 大飞机试飞险[EB/OL].(2017-05-05)[2020-08-31].https://www.zznorth.com/yaowen/50544.html,有删改。

2. 旅客法定责任保险

旅客法定责任保险是以飞机乘客为保险对象的一种航空责任保险,主要承保航空公司对被保险飞机所载的旅客在乘坐飞机或上下飞机时,由于意外事故造成的人身伤害和行李损坏、丢失或延迟送还造成的损失依法应负的赔偿责任。

3. 战争和劫持险

战争和劫持险一般作为附加险,主要承保由于战争、劫持、敌对行为、武装冲突、罢工、民变、暴动、飞机被扣留、没收或第三者恶意破坏造成的被保险飞机及部件的损坏、灭失以及由此引起的被保险人对第三者或旅客应负的法律责任。

4. 其他保险

(1)机场经营人责任保险。机场经营人责任保险简称机场责任保险,主要承保由于机场经营人或工作人员的过失、疏忽造成的第三者的飞机或其他财产损失和人身伤害依法应负的赔偿责任。例如,由于机场当局拥有或操作的电梯通道或机动车辆发生意外事故致使第三者发生人身伤害或财产损失,机场经营人应当承担有关的法律赔偿责任。

(2) 飞机产品责任保险。飞机产品责任保险的被保险人通常是飞机的生产制造商，主要承保由于飞机设计师或制造商设计错误、制造缺陷或零配件不合格造成飞机及其他财产损失或人身伤害依法应负的赔偿责任。

(3) 机组人员人身意外伤害保险。该险种可以在飞机责任险部分扩展承保，也可以单独承保，其目的是保障机组人员因遭受意外事故而造成人身伤害后能获得必要的经济赔偿。

(4) 飞机旅客人身意外伤害保险。该险种主要承保旅客在乘坐飞机过程中因意外事故而造成的人身伤害，不论航空公司有无责任，保险人均负责赔偿。

(5) 丧失执照保险。该险种主要承保飞机驾驶员或其他持有飞行执照的机组人员（有时也包括地面维修人员），由于意外事故致使其丧失工作能力或者不能再从事原来的工作造成的损失。

(6) 飞机承运货物责任保险。该险种主要承保由航空公司负责承运的货物，在运输过程中发生损失时依法应承担的赔偿责任。

目前，在国际航空保险市场上，除上述险种外，常见的险种还有飞机修理人责任保险、飞机注油责任保险、飞行表演责任保险等。

### 二、飞机机身一切险

（一）飞机机身一切险的保险责任

该险种承保各种类型的客机、货机、客货两用机以及从事各种专业用途的飞机的损毁和灭失。该险种中"飞机机身"的概念包括机壳以及其他使飞机飞行的零部件和发动机。飞机机身一切险的保险责任包括：

(1) 由被保险人拥有、使用的飞机不论何种原因（不包括保险单列明的除外责任）造成的损毁和灭失；或由于维修或修理时从飞机上拆卸下来且又未将同类型的零备件装配在飞机上，而由被保险人负责保管的零备件的损毁或灭失，因为该零备件尽管被拆下离开了机身，但仍属于机身的一部分，如果发生损失则仍由保险人负责赔偿。

(2) 由被保险人拥有或使用的从被保险飞机上替换下来的零部件和设备的损毁或灭失（通常上述零部件的保险金额应在保险单上另行列明）。

(3) 被保险飞机起飞后失踪，并且在10天之内未得到任何行踪消息所构成的损失。

(4) 扩展责任。①承保由于人力不可抗拒因素或者判断错误致使飞机降落某地，并且无法再次起飞而必须拆机引起的拆机费用、运送到最近的合适的停机场的运输费用和最后重新安装费用。②承保由于被保险人或其代表对飞机进行防护、安装、保障引起的救助、施救和旅行费用等。

(5) 修理费用。①飞机发生损失后所支付的修理费用包括为了修理须往返于飞机停放地点与修理地点之间运送修理人员、零部件、工具设备的运输费用。②飞机修理后的试飞费用或重新取得适航证的费用。③修理费用的计算。如果被保险人自己修理飞机，则有两种计算修理费用的方式：一是按修理人员的实际工资加计250%计算，二是按被保险人工时费用加上合理的运输及存放费用计算。如果是由其他人修理飞机，则修理费用应为实际修理费用加上被保险人监督修理而产生的费用，以及试飞费用或重新取得适航证的费用。

**（二）飞机机身一切险的除外责任**

飞机机身一切险的除外责任除战争和军事行动、飞机不符合适航条件而飞行及被保险人的故意行为等之外，还包括机械失灵、自然磨损、内在缺陷；发动机吸入如石子、灰尘、沙土、冰块等造成发动机的损失；存仓零备件、设备无法解释的减少、丢失或者在清仓时发现的短少等。

### 三、旅客（行李、货物、邮件）法定责任保险和第三者责任保险

**（一）保险责任**

旅客（行李、货物、邮件）法定责任保险和第三者责任保险承保由以下事故引起的被保险人依法承担的人身伤害与财产损失赔偿责任：

（1）由于使用或拥有飞机、飞机零部件造成的责任事故。

（2）在被保险人经营业务的机场内发生的责任事故。

（3）其他与被保险人从事空中运送旅客或货物业务有关的活动中发生的责任事故。

（4）由于使用或经营飞机，或从事空中运输事业提供货物、服务发生的责任事故。

**（二）扩展责任**

旅客（行李、货物、邮件）法定责任保险可以扩展承保以下法律责任和费用：

（1）根据与邮政当局签订的邮件运输合同而承担的法律责任。

（2）与被保险人无雇佣关系但乘坐被保险人飞机的授权观察员所承担的法律责任。

（3）清理残骸费用，包括发生事故后，被保险人因清理、移动而损坏飞机或者因疏忽清理或移动飞机失败而引起的法律责任和费用。

（4）由于搜索、寻找、营救工作引起的费用。

（5）为了减少被保险飞机的损失或避免事故扩大而使用灭火剂引起的费用，以及依据法律规定应由被保险人支付的费用等。

每次事故的所有费用之和不得超过飞机保险金额的一定比例，如10%。

**（三）附加人身伤害责任**

旅客（行李、货物、邮件）法定责任保险和第三者责任保险附加承保由以下原因引起的被保险人的人身伤害责任：

（1）非法拘留、监禁、扣押或关押。

（2）恶意中伤。

（3）错误进入、驱逐或侵入私宅及领地。

（4）拒绝运送造成的非敌意的种族歧视。

（5）通过刊物或语言诽谤贬低造成的侵权行为。

（6）因提供必要的紧急救护而产生的医疗错误引起的责任。

保险人不予承保的人身伤害责任包括：被保险人同意、默许的人身攻击；直接进行的人身攻击；对被保险人过去、现在或将来可能雇用的工作人员的人身攻击；在保险期限以外通过发行刊物或用语言进行的人身攻击等。

（四）其他费用

（1）保险人有权代表被保险人或以被保险人的名义，就承保风险造成的损失对被保险人提出的索赔引起的诉讼进行抗辩。保险人负责赔偿经事先同意的上述合理的、必要的法律辩护费用。

（2）保险人负责赔偿经事先同意支付的被保险人为解除财产扣押所需的担保金和抗辩过程中要求的保证金，但最高不得超过保险单列明的责任限额。

（3）保险人负责赔偿上述诉讼中对被保险人征收的费用。

（4）保险人负责赔偿保险责任范围内的事故引起被保险人所承担的食品、抢救住院和医疗护理，以及丧葬或将尸体和受伤人员运送回国等合理费用。

（5）按照航空运输合同约定，被保险人有义务在迫降事故发生后，采用其他运输方式把旅客从迫降地运抵目的地，由此引起的运输费用由保险人负责赔偿。

（五）责任免除

旅客（行李、货物、邮件）法定责任保险和第三者责任保险对下列责任不予承保：

（1）房屋或由被保险人占用的建筑物的损失。

（2）有营运牌照的机动车辆的责任及损失，但在机场范围内被保险人使用的车辆除外。

（3）由被保险人分配、提供、销售、处理、服务、修理、改装、建造、生产的不合格产品和货物进行修理或换置的费用。

（4）由于错误或不按规定进行工作、设计、生产造成的损失。

### 四、飞机保险的保险金额

（一）飞机机身一切险保险金额的确定

在历史上，飞机机身一切险是按不定值保险方式承保的，而现代保险中，飞机机身一切险普遍采取定值保险方式，其保险金额与保险价值相等。飞机机身一切险的保险金额可以按三种方式确定：

（1）账面价值，即购买飞机时的实际价值或按年度账面余额逐年扣减折旧后的价值。

（2）重置价值，即市场同样类型、同样机龄飞机的市场价值。

（3）双方协定价值，即由保险人与被保险人共同协商确定的价值。

（二）旅客（行李、货物、邮件）法定责任保险和第三者责任保险责任限额的确定

旅客（行李、货物、邮件）法定责任保险和第三者责任保险的责任限额是按每次事故来确定的。

确定责任限额主要考虑的因素有飞机的飞行路线、飞机的型号、有关国家对人身伤害赔偿限额的规定、旅客的构成等。如果是以机队形式投保的，那么还要考虑机队飞机的构成。

### 五、飞机保险的保险费率

（一）飞机机身一切险费率的影响因素

厘定该险种费率通常考虑的因素有飞机类型、航空公司的损失记录、飞行员及机组人

员的保险情况、飞机的飞行小时及飞机的机龄、飞行范围及飞机用途、免赔额的高低、机队规模的大小、国际保险市场的行情等。

飞机保险的保险费率分为年费率和短期费率。短期费率一般为年费率的一定比例，例如承保一个月，费率为年费率的15%左右。

（二）旅客法定责任保险和第三者责任保险的保险费计算

旅客法定责任保险的保险费一般按飞行公里数计算，收取保险费的办法是在年初按全年预计保险费的75%预收（也称为预收保险费或最低保险费），到保险期限届满时，再根据实际完成飞行公里数进行调整。如果是单架飞机投保，那么保险人按旅客座位数收取一定的保险费。

第三者责任保险的保险费可以按机队规模或机型一次性收取。

货物法定责任保险的保险费则按航空公司每年货物运输营业额收取。

（三）飞机保险停航退费规定

飞机飞行时和停在地面上的风险是不一样的，所以飞机进行修理（仅指正常修理和非保险事故的修理）或连续停航超过规定天数（如10天或14天）时，此期间的保险费可以办理停航退费。停航退费的计算公式为：

停航退费 = 保险金额 × (飞行费率 − 地面费率) × 75% × 停航天数 /365

如果飞机是因发生保险事故而进行修理的，那么在修理期间的停航不予办理退费。

## 六、飞机保险的赔偿处理

（一）飞机全部损失及部分损失的赔偿

飞机发生全损的，保险人按飞机的保险金额全部赔付，不扣免赔额；此外，保险人还负责赔偿清理飞机残骸的费用。如果被保险人宣布推定全损，那么保险人可不接受委付，但是按保险金额扣减残值方式计算赔款。飞机发生失踪，保险人按全损赔付。飞机发生部分损失，保险人按实际修理费用扣除免赔额后计算赔款。

无论飞机是全损还是部分损失，保险人均负责赔偿施救费用（通常按保险金额的10%支付）、运输费用（将飞机从出事地点运往修理厂的费用）和抢救费用（为抢救飞机而实施的灭火或其他抢救措施所支付的费用）等。

（二）旅客法定责任保险的赔偿

对于旅客的伤亡，保险人原则上按有关法规或国际公约规定的责任限额予以赔偿。例如按照《华沙公约》和《海牙议定书》的规定，每一旅客的最高赔偿限额为25万金法郎，约合2万美元；行李的最高赔偿限额为每公斤250金法郎，约合20美元。

（三）第三者责任保险的赔偿

第三者责任保险通常不规定免赔额。第三者责任保险的损失赔偿一般可分为三类：

（1）飞机在空中碰撞造成的第三者的飞机或其他飞机或其他财产损失和人身伤害。对于碰撞责任通常采用分摊责任制来确定，如甲航空公司负责60%，乙航空公司负责10%，空中交通指挥负责30%。保险人按自己所承保的责任比例负责赔偿。

（2）飞机在地面上造成的第三者的财产损失和人身伤害。飞机在地面上造成任何人员、设备、飞机等损害,一般按照当地机场的规定或有关合同确定赔偿责任。

(3) 飞机在空中造成地面上的第三者的任何损害(如从飞机上坠人或坠物),一般按当地法律的规定处理,也可以参照有关国际公约的规定处理。

 **本章讨论案例**

案例1:邵某系某客运公司的司机,2013年1月14日9时许,其驾驶大型普通客车A与贾某驾驶的中型普通客车B相撞,撞击后邵某从自己驾驶的车辆中被甩出,之后又与自己驾驶的车辆发生二次接触,导致其严重受伤。交通管理部门经调查后认定邵某负此事故主要责任,贾某负此事故次要责任。邵某诉请贾某驾驶的B车的保险公司在交强险和商业三者险范围内承担赔偿责任。保险公司以邵某属于本次驾驶人,不属于三者险赔偿对象抗辩,拒绝赔偿。

资料来源:三者险典型案例,看看法官怎么判[EB/OL].(2018-04-12)[2020-08-31].http://chsh.sinoins.com/2018-04/12/content_259190.htm,有删改。

【讨论的问题】
1. 本案中邵某是否属于第三者?
2. 保险公司拒绝赔偿是否合理?为什么?

案例2:车辆肇事案件中原告白某诉称,2015年10月7日22时许,他驾驶轿车行驶至庆阳市西峰区某路段时,将横过道路的行人付某撞倒致死。随后,交警部门做出道路交通事故认定书,认定他负本起事故的全部责任,付某无责任。2015年10月12日,他与付某亲属达成事故处理协议书,一次性赔偿付某亲属各项损失55万元,死者家属也接受了他的道歉,并对他做出书面谅解。由于肇事车辆的实际登记车主是其胞姐,车辆于2014年11月24日在某保险公司投保机动车交通事故责任强制保险(以下简称"交强险"),白某认为保险公司在此事故中不存在免责事由,应由保险公司在交强险赔付范围内赔偿受害人付某亲属的损失,由于他已代保险公司向付某亲属履行了赔付义务,因此被告保险公司应该给付他交强险赔偿金12万元。被告保险公司辩称,肇事车辆在保险公司投保交强险属实,发生事故时亦在保险期内,但原告白某无证驾驶且肇事逃逸,依据中国保险行业协会《机动车交通事故责任强制保险条款》,其不负赔偿责任,应依法驳回原告白某的诉讼请求。

资料来源:交强险不该赔么?[EB/OL].(2018-02-01)[2020-08-31].http://chsh.sinoins.com/2018-02/01/content_254137.htm,有删改。

【讨论的问题】
1. 本案中提到的免责事由是否存在?
2. 原告白某是否有权向保险公司追偿?

 **复习思考题**

【基础知识题】
1. 简述交强险的定义及意义。
2. 简述船舶保险的种类。
3. 简述船舶保险的特点。

4. 简述飞机保险的种类。

5. 什么是汽车的实体性贬值、功能性贬值和经济性贬值?

6. 简述无赔款优待的含义及计算方法。

7. 简述交强险的责任限额标准。

【实践操作题】

浏览各财产保险公司的网站,了解保险公司运输工具保险业务的开展情况,掌握各业务类型。

【探索研究题】

1. 司机下车,能否转化为本车第三者?如何认定第三者?

2. 如何推动车险反欺诈?

3. 随着航空业的发展,飞机越来越多,保险人如何开发出更多符合需要的航空保险产品?

# 第七章 工程保险

## 学习目标

- 了解工程保险的概念、特点、历史起源、发展趋势、保险标的和主要保险类型
- 了解建筑工程保险和安装工程保险的保证期对保险合同的影响
- 掌握建筑工程保险合同的当事人、保险标的、保险责任范围、保险期限、责任免除的类型
- 掌握安装工程保险合同的当事人、保险标的、保险责任范围、保险期限、责任免除的类型
- 掌握科技工程保险的主要险种
- 综合运用:能够运用所学知识分析我国工程保险发展困境

 导读案例

2008年11月10日,国务院宣布了一项投资4万亿元人民币的财政刺激计划。该计划有力地拉动了基础设施项目的建设。4万亿刺激计划,让承揽工程保险业务的保险公司兴奋不已。中国工程保险市场由此迎来新一波增长高峰了吗?

"发达国家对重点工程和建设项目的工程投保率将近100%,而国内还不足10%。"时任太平洋财产保险公司常务副总经理许建南告诉媒体。投保率如此之低,缘于被保险人对工程保险的重要性缺乏了解。

在现行的投资体制下,许多建设工程仍由政府出面投资,致使工程项目的利益主体与风险主体不够明确,无论是项目业主,还是建筑承包商,乃至贷款银行,都可能面临巨额的风险损失。"由谁投保"成了一道不该有的难题。

近年来,重大工程项目事故频发,给业主、施工方和贷款银行都敲响了警钟。重大工程建设领域是否实施"建筑工程强制保险",是否作为项目开工的必要条件之一,一直是业内争论的焦点话题。

2003年7月26日,上海轨道交通4号线发生透水事故。由于该工程购买了保额56亿元的建筑工程险和第三者责任险,为其承保的平安、太平洋和人保等四家保险公司当即启动了理赔程序,随后开展了相关理赔。项目业主以3‰的低费率有效降低了投资损失。

2009年6月27日,上海闵行区莲花小区一栋在建住宅楼整体倒塌,由于没有购买建筑工程险,开发商只能自行承担赔偿责任。"如果开发商或施工单位购买了建筑工程一切险,将大大减少损失,对贷款银行、购房者的利益也是一个有力保障。"中央财经大学保险

学院教授郝演苏说。

目前要求强制投保的工程主要是引进外资和国际金融组织贷款的工程,国内项目自觉投保率较低。如果以强制保险的形式推行,则还有待全国人大以及投资主管部门认可。"短期来看,强制保险不太可能。"郝演苏说。

从贷款银行角度看,仅有国家开发银行出台了贷款项目强制推行工程保险的规定,目前,国家开发银行80%以上的贷款项目按要求投保了建筑工程险和财产险,未买保险的施工企业无法参加工程竞标,未买保险的工程项目不许开工。

尽管强制保险推行仍存在一定难度,但业内人士普遍认为,强制推行工程保险法律基础已经具备。在交通部颁布的《公路工程国内招标文件范本》中,对业主和施工单位投保建筑工程一切险都做出了明确规定,交通和建设领域的相关法规已经成熟,其他行业一些配套法律、法规已经或正在修订中。

一般来说,工程保险所承保的建设项目具有规模宏大、技术复杂、造价高昂和风险期限较长等诸多特点,而国内既懂工程又懂保险的专业技术人员严重缺乏,在一定程度上制约了工程保险的发展。

从保险产品供给来看,与国外相比,我国目前的工程保险产品比较单一,保障范围也不够广。国外一些国家工程保险系列产品中,除常规建筑工程一切险及安装工程一切险外,还有专门的建筑工程雇主责任险或建筑工程意外险、针对工程项目的2年或10年责任险以及设计师(建筑师、工程师等)均需购买的职业责任保险。另外,针对建设项目还有信用保险与保证保险等,对建筑工程的保险需求与保险产品供给,绝非国内所能比拟。

### 案例详情链接

谁为4万亿项目承保[EB/OL].(2009-10-20)[2020-08-31].https://finance.sina.com.cn/leadership/mroll/20091020/16016861034.shtml,有删改。

### 你是不是有下面的疑问

1. 工程保险是什么?为何工程建设需要保险?
2. 工程保险由谁投保?
3. 工程保险具体包括哪些险种?
4. 如何做好工程项目的风险控制?
5. 工程保险能否实行强制投保?

本章阐述了工程保险的特点、主要内容和运作方式,重点介绍了工程保险的两大险种,即建筑工程保险和安装工程保险,对各险种的概念、投保人、被保险人、保险责任和责任免除、保险费和保险金额的计算等都有详细的介绍。

## 第一节　工程保险概述

工程保险是对建筑工程、安装工程及各种机器设备因自然灾害和意外事故而造成物质财产损失和第三者责任进行赔偿的保险。

### 一、工程保险的标的

工程保险标的的范围很广,从各种财产、机器设备到费用及第三者责任,但概括起来可以分为两类:

(1) 物质财产本身。包括建筑、安装工程;机器及附属设备、工具;工程所有人提供的物料;工地内的现成建筑物和场地清理费等。

(2) 第三者责任。第三者责任是指在保险有效期内,因在工地发生意外事故而造成工地及邻近地区的第三者人身伤害或财产损失,依法应由被保险人承担的民事赔偿责任和因此而支付的诉讼费及其他经保险人书面同意的费用。

### 二、工程保险的特点

从投保方式及承保方式来看,工程保险与其他保险相比具有以下特点:

1. 保险金额的确定具有特殊性

工程保险标的的价值随工程的进展逐渐增加,在投保时难以准确确定其保险金额,这就需要一个与其他保险不同的确定保险金额的方法。

2. 承保的保险标的风险大

工程保险标的不是处于完成状态,而是处于施工状态。建筑安装工程保险的责任期限通常是从投保工程动工之日或被保险项目被卸至建筑安装工程工地时起,至工程竣工验收或实际投入使用时止。所以在保险期内的大部分时间,保险标的是处于未完成或逐渐接近完成的状态。与处于完成状态的保险标的相比,未完成建筑物的强度差、危险度高。虽然建筑安装工程在设计时就已经考虑其支撑强度,对耐火灾、风雨、地震等自然灾害的性能也都有所考虑,但这些能力要待工程完成后,其作用才能完全发挥。因此,即使是具有耐地震、耐火灾性能的建筑物,在施工中亦相当于处于无防备状态,对面临的各种风险的抵抗能力一般较脆弱。

3. 受人为因素影响大

工程是由人设计、制造、安装、施工的,潜在地存在于作业中的过失、错误等人为因素的风险。同时,风险的大小还为施工人员的技巧、熟练程度等技术水平所支配。因此,在施工、作业状态中,人为因素对工程风险的影响也很大。

4. 有试车风险

像机械、钢结构物的安装作业这种工程,为了检查完工工程往往要进行试车。为此,将遇到因第一次开动从未启动的机器而带来的各种风险,即试车风险。这种风险从工程安装作业开始就已经存在,工程标的在设计、施工、材质或制造中的缺陷因没有开动而显露不出来，有许多工程标的在试车阶段发生事故，瞬间即决定接近完成状态的施工项目的命运，所以试车风险很大。

5. 被保险人的多方性

工程保险的目的，在于通过将随着工程的进行而发生的大部分风险作为保险对象，减轻这些风险可能给工程有关各方造成的损失负担和排除围绕这种损失引发的纠纷而造成的干扰，清除工程进行中的某些障碍，以保证工程的顺利完成。由此，保险标的所有人和保险标的发生损失时对损失承担修复义务的单位或承担风险的有关各方都可以成为被保险人。

6. 保险期限确定的特殊性

工程保险的责任期限，不是按年计算，而是根据预定的工程施工工期天数确定的，自工程动工之日或被保险项目被卸至工地时起，至工程竣工验收或实际投入使用时止。保险期限的长短，一般由投保人根据需要与保险人协商确定。

## 第二节 建筑工程保险

建筑工程保险简称建工险，主要承保各项土木建筑工程在整个建造期间，由于发生保险事故造成被保险工程项目的物质损失、列明费用损失、被保险人对第三者造成人身伤害或财产损失引起的经济赔偿责任。因此，建筑工程保险是一种包括财产损失保险和责任保险在内的综合性保险。

### 一、建筑工程保险的被保险人

凡在工程建造期间要承担风险责任的有关各方，即拥有保险利益的各方，均可成为被保险人，具体包括：

（1）工程项目所有人。工程项目所有人即提供场所、委托建造、支付建造费用，并于完工后验收的单位。也可称为发包方、业主、建设单位。

（2）施工单位。施工单位即受业主委托，实际承担工程建造的施工单位。也可称为工程承包商或转承包商。

（3）技术顾问。技术顾问是指由工程所有人聘请的建筑师、设计师、工程师等专业顾问，对建筑工程进行设计、咨询和监督。

（4）其他关系方，如贷款银行等。

### 二、建筑工程保险的投保人

当建筑工程保险具有多方被保险人时，一般推举一方作为投保人，出面办理投保手续，负责交纳保险费，申报保险有效期内风险变动情况，出现保险赔偿时提出索赔。

由谁作为投保人，传统的做法是：由工程承包商安排保险，业主只在承包合同中要求承包商参加保险。从国际发展来看，对重大工程项目，业主越来越坚持由自己控制保险项目计划，以保证其利益在投保和索赔时得到保障。

在实践中，建筑工程承包方式不同，投保方也可不同。目前建筑工程承包方式大约有以下四种：

1. 全部承包方式

业主将工程全部外包给施工单位，承包商负责设计、供料、施工等全部工程内容，最后将完工的工程交付业主。在这种方式下，承包商应承担工程的主要风险责任，一般由承包商投保。

2. 部分承包方式

业主负责设计并提供部分建筑材料，承包商负责施工并提供部分建筑材料，双方都负责承担部分风险责任，可协商决定由谁出面投保。

3. 承包商只提供劳务的方式

业主负责设计、供料和工程技术指导，承包商只提供劳务、进行施工，不承担工程的风险责任，由业主投保。

4. 分段承包方式

业主将一项工程分成几个阶段和部分，分别外包给各个不同的承包商，而每一个承包商对业主来说都是独立的，承包商之间没有契约关系。在这种方式下由业主投保，可避免分别投保造成的时间差和责任差距。

因此，从保险的角度出发，如果采用全部承包方式，那么可由主承包商出面投保整个工程的建筑工程保险，同时把有关利益各方列为共同被保险人；如果采用其他承包方式，那么最好由业主投保。

### 三、建筑工程保险承保的项目、保险金额及其调整

（一）建筑工程保险承保的项目和保险金额

建筑工程保险承保的项目根据保险标的可分为两部分：

1. 物质损失部分

（1）建筑工程项目，包括永久性和临时性工程及物料。它主要是指承包工程合同内规定建筑的建筑物主体，建筑物内的装修设备，配套的道路设备、桥梁、水电设施等土木建筑项目，存放在施工场地的建筑材料、设备和临时工程。本项目的保险金额为承包工程合同的总金额，即建成该项工程的实际造价，包括设计费、材料费、设备费、施工费、运杂费、保险费、关税、其他税项及有关费用。

（2）安装工程项目。它是指未包括在承包工程合同金额内的机器设备的安装工程项目，如旅馆大楼内的发电、取暖、空调等机器设备的安装项目。本项目的保险金额按重置价值确定。它不应超过整个工程项目保险金额的20%，超过20%的应按安装工程保险费率计算，超过50%的则应单独投保安装工程保险。

（3）施工机具设备。它是指配置在施工场地，作为施工用的机具设备，如吊车、叉车、挖掘机、压路机、搅拌机等。建筑工程的施工机具一般为承包商所有，不包括在承包工程合同金额之内，应列入施工机具设备项目投保；有时，业主会提供一部分施工机具设备，此时可在业主提供的物料及项目中投保；如果承包工程合同金额或工程概算中包括购置工程施工所必需的施工机具设备的费用，那么此时可在建筑工程项目中投保。但是，无论哪

一种情形,都要在施工机具设备一栏予以说明,并附清单。本项目的保险金额按重置价值确定。

(4)业主提供的物料及项目。它是指未包括在上述承包工程合同金额之中的业主提供的物料及负责建筑的项目。这部分投保财产应在保险单上分别列明,其保险金额可按工程所有人提供的清单,按财产的重置价值确定。

(5)清除残骸费用。它是指保险标的受到损坏时,为拆除受损标的、清理灾害现场、运走废弃物等,以便进行修复工程所发生的费用。此项费用未包括在工程造价之内。被保险工程在遭受自然灾害或意外事故时,常伴有施工场地内大量残骸,为恢复现场,使工程施工顺利进行,必须将这些残骸清理出去。为此将支出一笔可能为数不小的清理费用,有时甚至可能超过工程造价。因此,国际上通行的做法是将此项费用单独投保,保险金额由投保人与保险人共同商定,投保人交付相应的保险费后,保险人负责赔偿。一般来说,大的工程项目不超过工程合同价格或工程概算价格的5%,小的工程不超过工程合同价格或工程概算价格的10%。

(6)工程所有人或承包商在工地上的其他财产。它是指不属于承保的建筑工程范围内,工程所有人或承包商所有的或保管的工地内原有的现成建筑物或财产。本项目的保险金额可由保险人与被保险人协商确定,但不能超过投保标的的实际价值。

2. 第三者责任部分

工程施工中可能发生的对第三者人身或财产造成损害的赔偿责任难以预料,所以对第三者赔偿责任没有设定保险金额,只确定赔偿限额,由保险双方根据工程风险情况协商确定。一般按以下几种情况处理:

(1)人身伤害的每人赔偿限额,根据当地经济情况,由保险双方协商确定。

(2)人身伤害的总赔偿限额,先估计每次事故可能造成第三者伤亡的总人数,再乘以每人的赔偿限额。

(3)财产损失赔偿限额,根据工地具体情况估算一个金额。

(4)总赔偿限额是保险公司对工程整个保险期限内赔偿第三者责任的总限额。

(二)保险金额的调整

建筑工程工期一般较长,工程的实际造价需在工程完工以后才能最后确定,因此实务上可以先以工程合同价格或工程概算价格为保险金额。在保险期内,工程原计划的各项费用可能因物价上涨、设计变更及其他致使工程完工总造价与原概算或发包时的合同价格不一致。为了确保工程足额投保,投保人应以书面方式及时通知保险人,调整保险金额。

### 四、建筑工程保险的保险责任和责任免除

(一)物质损失部分

建筑工程保险物质损失部分的保险责任可采用列举式和概括式两种方式,由此产生两种保险单——建筑工程保险和建筑工程一切险。建筑工程保险仅对保险单上列举的风险引起的保险标的的损失负赔偿责任;建筑工程一切险的保险责任为除保险单所载责任免除外的任何自然灾害或意外事故造成的损失。

1. 责任范围

国际上多采用一切险保险单,这里仅以建筑工程一切险为例。

建筑工程一切险责任范围为:在保险期限内,被保险财产在列明的工地范围内,因保险单所载明责任免除以外的任何自然灾害或意外事故导致物质损坏或灭失,保险人均负赔偿责任。

(1) 自然灾害指地震、海啸、雷电、飓风、台风、龙卷风、风暴、暴雨、洪水、水灾、冻灾、冰雹、地崩、雪崩、火山爆发、地陷及其他人力不可抗拒的破坏力强大的自然现象。

(2) 意外事故指不可预料的以及被保险人无法控制并造成物质损失或人身伤害的突发性事件,包括火灾和爆炸。

2. 责任免除

(1) 被保险人及其代表的故意行为及重大过失引起的损失、费用和责任。

(2) 战争、敌对行为、武装冲突引致的损失。

(3) 核辐射或放射性污染引致的损失。

(4) 设计错误引起的损失和费用。

(5) 自然磨损、内在或潜在缺陷、物质本身变化、自燃、自热、氧化、锈蚀、渗漏、鼠咬、虫蛀、大气(气候或气温)变化、正常水位变化或其他原因造成的保险财产自身的损失和费用。

(6) 原材料缺陷或工艺不善引起的保险财产本身的损失,以及为换置、修理或矫正这些缺点错误而支付的费用。

(7) 非外力引起的机械或电气装置的本身损失,或施工用机具、设备、机械装置失灵造成的本身损失。

(8) 维修保养或正常检修的费用。

(9) 全部停工或部分停工引起的损失。

(10) 档案、文件、账簿、票据、现金、各种有价证券、图表资料及包装物料的损失。

(11) 盘点时发现的保险财产短缺。

(12) 领有公共运输行驶执照的,或已由其他保险予以保障的车辆、船舶和飞机的损失。

(13) 除非另有约定,在被保险工程开始以前已经存在或形成的位于工地范围内或周围的属于被保险人的财产的损失。

(14) 除非另有约定,在保险期限终止以前,保险财产中已由工程所有人签发完工验收证书,或者验收合格,或者实际占有或使用或接收的部分。

(15) 保险单中规定的应由被保险人自行负担的免赔额。

(16) 建筑工程第三者责任。

(二) 第三者责任部分

建筑工程保险的第三者是指除保险人、被保险人以外的单位和人员,不包括被保险人和其他承包商所雇用的在现场从事施工的人员。

建筑工程保险第三者责任保险是建筑工程保险的附加险,承保建筑工程项目在建造期间,意外事故发生造成工地及邻近地区第三者的人身伤害或财产损失。

1. 责任范围

（1）建筑工程保险第三者责任保险所承保的建筑工程在保险期限内，因发生与承保项目直接相关的意外事故而造成工地及邻近地区的第三者人身伤害或财产损失，依法应由被保险人承担的经济赔偿责任，以及被保险人因此而支付的诉讼费用及事先经保险公司书面同意支付的其他费用，均可由保险公司负责赔偿。

（2）对每一次事故的赔偿金额以根据法律或政府有关部门裁定的应由被保险人偿付的数额为准，但不能超过保险单列明的赔偿限额。

2. 责任免除

（1）明细表列明的由被保险人自行负担的免赔额。

（2）被保险人及其他承包商在现场从事工程有关工作的职工的人身伤害和疾病。

（3）被保险人及其他承包商或其职工所有的或由其照管控制的财产的损失。

（4）由于震动、移动或减弱支撑造成的其他财产（如土地、房屋）的损失或上述原因造成的人身伤害或财产损失。

（5）领有公共运输行驶执照的车辆、船舶和飞机造成的事故。

（6）被保险人根据与他人的协议支付的赔偿或其他款项。

### 五、建筑工程保险的保险期限

建筑工程保险的保险期限为在保险单列明的建筑期限内，自投保工程动工或自被保险项目被卸至建筑工地时发生效力，直至建筑工程完工验收完毕时终止。但最晚终止日期不应超过保险单中列明的终止日期，如需延长保险期限，则必须事先获得保险公司的书面同意。

主体工程中部分完工验收或交付使用，该部分的保险责任（包括第三者责任）自验收或交付使用时终止。

工程完工验收后，一般有一个保证期。在保证期内，如果工程发现有质量缺陷，甚至造成损失，则根据合同规定承包商须负赔偿责任，这就是保证期责任。保证期责任投保与否，由被保险人决定。加保保证期责任必须加贴附加条款，注明加保时间。

### 六、建筑工程保险的免赔额

在建筑工程保险中规定免赔额，一方面可以提高被保险人施工时的安全意识，减少保险事故的发生，另一方面可以相应降低被保险人的保险费负担。

免赔额的确定，要考虑工程风险程度、工地自然条件和工期长短等因素，进行风险评估后确定具体数额。对于风险较大的项目，可以单独确定较高的免赔额。建筑工程保险中规定的免赔额一般指绝对免赔额。下面是确定建筑工程保险项目免赔额时应掌握的幅度：

1. 建筑工程项目的免赔额

该项免赔额一般为保险金额的 0.5%—2%。

2. 施工机具设备项目的免赔额

该项免赔额为保险金额的 5% 或损失金额的 15%—20%，以高者为准。

3. 其他项目的免赔额

该项免赔额一般为保险金额的2%。

4. 特种风险的免赔额

特种风险是指地震、洪水、暴雨和风暴,其免赔额一般可规定为总保险金额的一定比例或固定金额。为控制巨灾风险,应设置特种风险赔偿限额,一般为物质损失总保险金额的50%—80%,不论发生一次或多次赔偿,均不得超过这个限额。

5. 第三者责任的免赔额

第三者责任只对财产损失部分规定免赔额,对人身伤害部分一般没有免赔额的规定。

### 七、保险费率

(一) 制定费率考虑的主要因素

制定费率时应考虑如下主要因素:

(1) 工程本身危险程度、工程性质及建筑高度。

(2) 工地及邻近地区的自然地理条件,有无特别风险存在。

(3) 巨灾的可能性、最大可能损失程度、工地现场管理和施工的安全条件。

(4) 工期,包括试车期长短及施工季节、保证期长短及其责任大小。

(5) 承包商及其他工程关系方的资信、技术水平及经验。

(6) 同类工程的损失记录。

(7) 免赔额的高低及特种风险的赔偿限额。

(8) 是否包括经纪人佣金。

(9) 分保与否。

(二) 开价

费率可以逐项开价,也可以将工程保险、第三者责任保险、保证期和附加险费率综合为一个费率。第三者责任有时可忽略不计,但对下述工程须认真评估其第三者责任风险:机场、桥梁、缆线铺设、大坝、海上工程、石油化工、管道、电厂、采石场、水库、公路、污水处理、高层建筑和隧道、矿井、地铁等。

### 八、必备材料

投保建筑工程一切险应提交以下文件:

(1) 投保单。

(2) 工程承包合同。

(3) 承包金额明细表。

(4) 工程设计文件。

(5) 工程进度表。

(6) 工地地质报告。

(7) 工地地图。

承保人在了解并掌握上述资料的基础上,应向投保人或文件设计人了解核实,并对以下重点环节做出现场查勘记录：

第一，工地的位置，包括地势及周围环境，例如邻近建筑物及人口分布状况，是否靠海、江、河、湖及道路和运输条件等。

第二，安装项目及设备情况。

第三，工地内有无现成建筑物或其他财产及其位置、状况等。

第四，储存物资的库场状况、位置、运输距离及方式等。

第五，工地的管理状况及安全保卫措施，例如防水、防火、防盗措施等。

## 第三节 安装工程保险

安装工程保险简称安工险，是指专门承保新建、扩建或改造的工矿企业的机器设备或钢结构建筑物在整个安装、调试期间由于保险责任内的风险造成保险财产的物质损失、列明费用损失及安装期间造成第三者人身伤害或财产损失而引起的经济赔偿责任的保险。

### 一、安装工程保险的被保险人

凡在工程安装期间要承担风险责任或具有利害关系，即具有可保利益的工程有关各方，均可成为安装工程保险的被保险人，主要包括：

（1）业主，即所有人。

（2）承包商，即负责安装工程的承包单位。

（3）分承包商，即和承包商订立分承包合同，负责工程中部分项目的承包单位。

（4）供货人，即负责提供被安装机器设备的一方。

（5）制造人，即被安装机器设备的制造人。如果将制造人（有时供货人和制造人是同一人）作为共同被保险人，那么在任何时候，制造人风险的直接损失都应除外，不包括在安装工程保险责任范围之内。

（6）工程监理，即由业主聘请，代表业主监督工程合同执行的单位或个人。

（7）其他关系方，如贷款银行。

### 二、安装工程保险的投保人

安装工程保险的投保人可以是业主，也可以是承包商。工程由谁投保，实际操作时，可视承包方式而定。承包方式主要有以下几种：

1. 全部承包方式

业主将所有机器设备的供应及安装工程的全部工作外包给承包商，由承包商负责设计、制造（或采购）、安装、调试及保证期等全部内容，最后将完成的安装工程交付业主。

2. 部分承包方式

业主负责提供（或采购）被安装的机器设备，承包商负责安装、试车，双方都承担部分风险责任。

3. 分段承包方式

对于大型的安装工程，业主常将一项工程分成几个阶段或部分外包。而每一个承包商对业主来说都是独立的,承包商之间没有契约关系。

由于安装期间发生损失的原因很复杂,往往各个因素相互交错,难以截然分开,因此多数情况下采取统一投保的方式,由一张保险单将工程安装期间要承担风险责任或具有可保利益的有关各方都视为共同被保险人,使各方都获得保障,同时也避免了因责任难以划清而产生的纠纷,各方接受赔款的权利以不超过其对保险标的的可保利益为限。

因此,从保险的角度出发,如果采用全部承包方式,那么可由主承包商出面投保整个工程的安装工程保险,同时把工程的有关利益各方列为共同被保险人;如果采用其他承包方式,那么最好由业主投保。

### 三、安装工程保险承保的项目、保险金额及其调整

（一）安装工程保险承保的项目和保险金额

安装工程保险承保的项目根据保险标的可分为物质损失部分和第三者责任部分。

1. 物质损失部分

（1）安装项目。作为安装工程保险的主要承保项目,包括被安装的机器设备、装置、物料、基础工程（地基、基座）以及工程所需的各种临时设施,如水、电、照明、通信设施。安装项目的保险金额应为安装工程完工时的总造价,包括材料费、设备费、运输费、安装费、关税、其他税项及有关费用,以及由工程所有人提供的原材料和设备的费用。

（2）土木建筑工程项目。它是指新建、扩建厂矿必需的项目,如厂房、仓库、水塔、道路、办公室、宿舍、食堂等。如果该项目已经包括在上述安装项目内,那么不必另行投保,但要在保险单中说明。土木建筑工程项目的保险金额应为项目建成时的总造价,包括设计费、材料费、设备费、施工费（人工及施工设备费）、运输费、保险费、税款及其他有关费用。安装工程保险承保的土木建筑工程项目,其保险金额以不超过整个工程项目保险金额的20%为限;如果超过20%,则该项目应按建筑工程保险费率计收保险费;如果超过50%,则应按建筑工程保险单独承保。

（3）安装施工用机具设备。机具设备一般不包括在承包工程合同价格内,但如果要投保就可纳入此项。安装施工用机具设备的保险金额应按同型号、同负载的新机具设备的重置价值计算,包括出厂价、运输费、关税、机具本身的安装费及其他必要的费用,并列清单附在保险单上,加费投保。

（4）工地内现成财产。它是指不包括在承包工程范围内的,业主或承包商所有的或其保管的工地内现成的建筑物或财产。工地内现成财产的保险金额由被保险人与保险人商定,保险金额一般按重置价值计算。

（5）清除残骸费用。由被保险人自定并单独投保,不包括在承包工程合同价格内,但要在保险单上列明。一般大的工程不超过工程合同价格或工程核算价格的5%,小的工程不超过工程合同价格或工程概率价格的10%。按第一危险方式承保,但最高不超过现成财产的实际价值。

上述各项保险金额之和,构成安装工程保险物质损失部分的总保险金额。

若被保险人是以被保险工程合同规定的工程概算总造价投保,则被保险人应:

（1）在本保险项下工程造价中包括的各项费用因涨价或升值而超出原被保险工程造价时，必须尽快书面通知保险人，保险人据此调整保险金额；

（2）在保险期限内对相应的工程细节做出精确记录，并允许保险人在合理的时间对该项记录进行查验；

（3）若保险工程的建造期超过3年，则必须从保险单生效之日起每隔12个月向保险人申报当时的工程实际投入金额及调整后的工程总造价，保险人将据此调整保险费；

（4）在保险单列明的保险期限届满后3个月内向保险公司申报最终的工程总造价，保险人据此以多退少补的方式对预收保险费进行调整。

否则，针对以上各条，保险人将视为保险金额不足，一旦发生保险责任范围内的损失，保险人将根据保险单的规定对各种损失按比例赔偿。

2. 第三者责任部分

在安装工程保险的责任期限内，因发生与保险单所承保的工程直接相关的意外事故而引起工地内及邻近地区的第三者人身伤害或财产损失，依法应由被保险人承担的经济赔偿责任，保险人按条款规定负责赔偿。对被保险人因此而支付的诉讼费用以及事先经保险人书面同意而支付的其他费用，保险人也可按条款规定负责赔偿。

第三者责任部分赔偿金额以法院或政府有关部门根据现行法律裁定的应由被保险人赔付的金额为准，但在任何情况下，均不得超过保险单明细表列明的有关赔偿限额。赔偿限额的确定与建筑工程保险相同。

以上安装工程保险物质损失部分的保险金额与第三者责任部分的赔偿限额相加，就是安装工程保险的总保险金额。

## （二）保险金额的调整

被保险人投保时确定保险金额的方式不同，在调整保险金额时需根据不同情况分别处理。

1. 被保险人以被保险工程合同规定的工程概算总造价投保时

如果在保险单列明的保险期限内，各保险标的工程造价因设计变动、涨价或升值超出被保险工程造价，那么被保险人必须尽快书面通知保险人。保险人据此调整保险金额，以避免保额不足发生保险责任范围内的损失时保险人按比例赔偿，以致被保险人的损失不能得到充分的补偿。

2. 保险人与被保险人有特别约定时

保险人与被保险人以批单约定保险金额增减在某百分比内（如10%—20%），被保险人无须书面通知保险人；事故发生时，保险金额不低于工程造价总额的该百分比内视为足额投保，保险人须足额赔偿。也有约定待工程全部完工时，再对保险金额进行调整，保险费多退少补。不论怎样，这些应在保险单中明确规定。

3. 以承包合同价格为保险金额时

在整个保险期间，如果因工程计划的变更或物价的变动而造成承包工程合同价格发生变化，则必须对保险金额进行与承包工程合同价格变化相一致的调整，或在保险单中明确规定保险金额可按每年工程的实际投资额随时调整。

当工程承包商有时以低于实际所需工程费用总额进行承包，即牺牲血本承包时，保险金额要按与工程完工造价一致的工程费用计算。

### 四、安装工程保险的保险责任与责任免除

(一) 物质损失部分

1. 责任范围

在保险期限内，保险人对保险单中列明的被保险财产在列明的工地范围内，因保险单责任免除以外的任何自然灾害或意外事故造成的物质损失，均按照保险单规定予以赔偿；对保险单列明的因发生上述损失所产生的有关费用，亦可负责赔偿。如：

（1）洪水、风暴、暴雨、冻灾、冰雹、火山爆发、滑坡、台风、龙卷风、地面下陷等自然灾害。

（2）火灾、爆炸。

（3）安装技术不善引起的事故。

（4）空中运行物体坠落。

（5）超负荷、超电压、碰线、电弧、漏电、短路、大气放电及其他电器原因引起的事故。安装工程保险对于电器原因造成的电器用具本身的损失不负责任，仅仅负责由此造成其他被保险财产的损失。电器原因造成的电器用具损失是机器损坏保险承保的责任范围。

对每一保险项目的赔偿责任均不得超过保险单明细表中列明的对应分项保险金额，以及保险单特别条款或批单中规定的其他适用的赔偿限额。在任何情况下，对保险单项下承担的对物质损失部分的最高赔偿责任不得超过保险单明细表中列明的总保险金额。

2. 责任免除

保险人对下列各项不负责赔偿：

（1）因设计错误、铸造或原材料缺陷或工艺不善而引起的保险财产本身的损失以及为换置、修理或矫正这些缺点错误所支付的费用。

（2）超负荷、超电压、碰线、电弧、漏电、短路、大气放电及其他电器原因造成电器设备或电器用具本身的损失。

（3）施工用机具、设备、机械装置失灵造成的本身损失。

（4）自然磨损、内在或潜在缺陷、物质本身变化、自燃、自热、氧化、锈蚀、渗漏、鼠咬、虫蛀、大气（气候或气温）变化、正常水位变化或其他原因造成的保险财产自身的损失和费用。

（5）维修保养或正常检修的费用。

（6）档案、文件、账簿、票据、现金、各种有价证券、图表资料及包装物料的损失。

（7）盘点时发现的保险财产短缺。

（8）领有公共运输行驶执照或已由其他保险予以保障的车辆、船舶和飞机的损失。

（9）除非另有约定，在被保险工程开始以前已经存在或形成的位于工地范围内或其周围的属于被保险人的财产的损失。

（10）除非另有约定，在保险期限终止以前，保险财产中已由工程所有人签发完工验收证书，或者验收合格，或者实际占有或使用或接收的部分。

（二）第三者责任部分

1. 责任范围

（1）在保险期限内，因发生与承保项目直接相关的意外事故而造成工地内及邻近区域的第三者人身伤害或财产损失，依法应由被保险人承担的经济赔偿责任，保险人按条款规定负责赔偿。

（2）对被保险人因上述事项而支付的诉讼费用以及事先经保险人书面同意而支付的其他费用，保险人亦负责赔偿。

2. 责任免除

保险人对下列各项不负责赔偿：

（1）保险单物质损失项下或本应在该项下予以负责的损失及各种费用。

（2）工程所有人、承包商或其他关系各方或他们雇用的在工地现场从事与工程有关工作的职员、工人的人身伤害。

（3）工程所有人、承包商或其他关系各方或他们雇用的职员、工人所有的或由其照管、控制的财产发生的损失。

（4）领有公共运输行驶执照的车辆、船舶、飞机造成的事故。

（5）被保险人根据与他人的协议应支付的赔偿或其他款项，但即使没有这种协议，被保险人仍应承担的责任不在此限。

此外，安装工程保险中保险人对下列各项不负责赔偿：

（1）战争、类似战争行为、敌对行为、武装冲突、恐怖活动、谋反、政变引起的任何损失、费用和责任。

（2）政府命令或任何公共当局的没收、征用、销毁或毁坏。

（3）罢工、暴动、民众骚乱引起的任何损失、费用和责任。

（4）被保险人及其代表的故意行为或重大过失引起的任何损失、费用和责任。

（5）核裂变、核聚变、核武器、核材料、核辐射及放射性污染引起的任何损失、费用和责任。

（6）大气、土地、水污染及其他各种污染引起的任何损失、费用和责任。

（7）工程部分停工或全部停工引起的任何损失、费用和责任。

（8）罚金、延误、丧失合同及其他后果损失。

（9）保险单明细表或有关条款中规定的应由被保险人自行负担的免赔额。

## 五、安装工程保险的保险期限

（一）安装期物质损失及第三者责任保险

安装工程保险的保险期限自被保险工程在工地动工或用于被保险工程的材料、设备运抵工地之时开始，至业主对部分或全部工程签发完工验收证书或验收合格，或者业主实际占用、使用或接收该部分或全部工程之时终止，责任终止以先发生者为准。在保险期限内,如果设备、材料在被卸至工地之前发生损失,则保险人不负责赔偿。但在任何情况下,安装工程保险责任期限的起始或终止分别不得超出保险单明细表中列明的安装工程保险的生效日或终止日。

安装工程保险的保险期限内一般包括试车期。试车期包括冷试、热试和试生产。冷试是指单机冷车运转;热试是指全线空串联合运转;试生产是指加料全线负荷联合运转。对被保险设备本身是在本次安装前已被使用过的设备或转手设备,则自试车之时起,保险人对该项设备的保险责任即终止。

试车期出险率最高,因此保险人在承保试车期内的风险时应慎重。试车期的长短应根据承包工程合同上的规定而定,一般以不超过3个月为限,若超过3个月则应另行加费。不论有关合同对试车期如何规定,保险人仅在保险单明细表中列明的试车期内对试车所引发的损失、费用及责任负责赔偿。

(二) 保证期物质损失保险

保证期物质损失保险的保险期限与承包合同中规定的保证期一致,从业主对部分或全部工程签发完工验收证书或验收合格,或者业主实际占有、使用或接收该部分或全部工程时起算,以先发生者为准。但在任何情况下,保证期物质损失保险的保险期限不得超出保险单明细表中列明的保证期。

保证期责任是否投保由被保险人自己决定。

实际操作时,由于安装工程涉及的项目种类繁多,对有的安装工程保险责任终止期的确定比较困难。遇有下列工程项目,可通过加批单的方式分别规定保险责任的终止期:

(1) 石油、石化气罐安装工程保险责任的终止期为交工时或开始存放储存物时,以先发生者为准。

(2) 如果由承包商投保,在承包工程合同中规定由业主进行试车的情况下,如在试车开始前交工,则应把保险责任的终止期定为交工时或试车开始时,以先发生者为准。

(3) 试车中风险巨大的安装项目,保险人应与被保险人预先约定试车期限,制定责任终止条款,以便保险人在约定的试车期限内终止保险责任。

(三) 保险期限的延长

如项目在保险单规定的终止期还未完工,被保险人要求延长保险期限,则须事先获得保险人的书面同意,保险人同意后应出具批单,并按规定增收保险费。

**六、安装工程保险的免赔额**

规定安装工程保险的免赔额可以促使被保险人加强对施工场地的安全管理工作,减少事故的发生,降低保险费。免赔额的高低,应由保险人根据安装工程的危险程度、机械设备的性质及价值、工期的长短、自然气候条件等因素,与投保人在投保时具体商定。

1. 物质损失部分

此部分免赔额可分别按照自然灾害、试车期、其他风险、特种风险引起的损失分别设置不同的免赔额。对特种风险还应规定特种风险赔偿金额,即由地震、海啸、洪水、暴雨和风暴等特种风险造成被保险工程物质损失的总赔偿金额。不论发生一次还是多次事故,赔款都不能超过此限额。具体限额的高低应根据工程自然条件、以往发生这类灾害的记录及工程本身的抗灾能力等因素研究确定。

2. 第三者责任部分

对于安装工程保险的第三者责任部分，只规定每次事故财产损失的免赔额，对人身伤害一般不做规定。

### 七、费率的确定和保险费的计算

（一）费率确定考虑的主要因素

确定费率时应考虑如下主要因素：

（1）工程本身危险程度、工程性质及安装技术难度。

（2）工地及邻近地区的自然地理条件，有无特别危险存在。

（3）保险期限的长短，安装过程中使用吊车次数的多少及危险程度。

（4）最大可能损失程度及工地现场管理和施工的安全条件等。

（5）被安装设备的质量、型号，产品是否达到设计要求。

（6）工期长短及安装季节，试车期和保证期分别有多长。

（7）承包商及其他工程关系方的资信、技术水平及经验。

（8）同类工程以往的损失记录。

（9）免赔额的高低及特种风险的赔偿限额。

（二）安装工程保险的保险费

安装工程投资大、工期长，保险费数额较大，可由保险双方协商保险费的收取办法，并在保险单上载明。

### 八、承保安装工程保险须查证的情况

保险公司在承保安装工程保险之前，除应认真审阅工程文件资料外，还必须到现场查勘，并记录以下情况：

（1）被保险人、制造商及其他与工程有利害关系各方的资信情况。

（2）工程项目或机器设备的性质、性能、新旧程度及以往发生过的情况，有无保险或损失记录。

（3）工厂所用原材料的性能及其危险程度。

（4）安装或建筑工程中最危险部位及项目。

（5）机器设备及原材料的启运时间、运输路线、运输和保管方法，以及运输中风险最大的环节。

（6）工地周围的自然地理情况和环境条件，包括风力、地质、水文、气候等，尤其是发生特种风险（如地震、特大自然灾害）的可能性。

（7）工地邻近地区情况，特别是附近有哪些工厂，有无河流、公路、海滩，这些因素可能对保险标的产生什么影响。

（8）工地附近居民的情况，如生活条件、治安、卫生等。

（9）安装人员的组织情况，负责人及技术人员的业务水平及其素质。

（10）工程进度及实施方式，有无交叉作业。

（11）无法施工季节的防护措施。

（12）扩建工程情况下原有设备财产的情况，是否已投保，谁负责保险，保险内容。

（13）试车期及开始日。

了解并掌握上述情况后，保险双方即可商定保险标的内容，进而签订安装工程保险合同。

## 第四节 科技工程保险

### 一、科技工程保险概述

科技工程保险与建筑工程保险和安装工程保险有许多相似之处，但该类保险业务更具专业技术性和科技开拓危险性，且与现代科学技术的研究和应用有直接关系，因此它不能被一般建筑工程保险和安装工程保险涵盖。

由于科技工程存在特别风险，加之深受多种因素的影响与制约，因此无论人们采取多么严密的防范措施，均不可能完全避免科技工程事故的发生，一旦发生灾祸，其损失往往以数亿元乃至数百亿元计，进而波及政局与社会的稳定。因此，世界各国尤其是发达国家的科技工程无一不以保险为转嫁风险损失的工具和后盾。

在财产保险市场上，保险人承保的科技工程保险业务主要有航天工程保险、海洋石油开发保险、核能工程保险等。其共同特点就是高额投资、价值昂贵且分阶段进行，保险人既可按工程的不同阶段承保，又可连续承保，与建筑工程保险和安装工程保险有许多相似之处。

从保险人的角度出发，开办科技工程保险业务是为了开拓新的业务与市场，为科技进步与社会经济发展服务，但承保科技工程与承保建筑工程和安装工程相比危险性更大，保险人在经营中亦须对承保风险加以控制，措施通常包括：一是注意选择风险，限制责任，对政治风险、社会风险以及被保险人的故意行为或重大过失不予承保，同时还应运用赔偿限额与免赔额来限制保险人承担的风险责任；二是运用义务条款，实施外部监督，促进被保险人对科技工程风险的控制；三是充分运用集团共保和再保险手段，在更大范围内分散和消化科技工程风险；四是建立健全科技工程保险承保、防灾防损制度，重视有关专业人才的蓄积和有关科技工程知识的培训，确保承保质量高、防灾防损有效。尽管科技工程保险中的风险极高，但保险人采取上述措施，可以从总体上保证各种科技工程保险业务的持续发展。

### 二、航天工程保险

航天工程保险是指为航天产品（包括卫星、航天飞机、运载火箭等）在发射前的制造、运输、安装和发射时以及发射后的轨道运行、使用寿命提供保险保障的综合性财产保险业务。在国际保险市场上亦被称为一揽子保险。按照保险期限的起讫时间，航天工程保险分为以下三种形式：

（1）发射前保险。它是对卫星、航天飞机及其他航天产品、运载火箭在制造、试验、运输及安装过程中所受意外损失提供保险保障的保险。它以在产到制成及运输、安装中的航天产品为保险标的,承担一切意外风险。

(2) 发射保险。它是对从运载器点火开始到发射后一定时间(通常为半年)为止的期间内发射失败所致经济损失提供保险保障的保险。该险种承担发射时的意外事故和发射后的太空风险,是航天工程保险中的主要形式。

(3) 寿命保险。它是以卫星及其他人造天体发射成功后到某一规定时间(通常为两年)内因太空风险或自身原因造成其坠毁或不能按时收回或失去作用所致损失责任为保险标的的保险,通信、广播、气象、导航及地球资源卫星的寿命一般为1—2年,最长的不超过10年。

上述险种,既可单独投保,也可一揽子投保。

航天工程保险的保险金额一般分阶段确定,发射前保险以制装总成本为依据确定保险金额,发射保险以航天产品价值及发射费用为依据确定保险金额,寿命保险则以工作效能为依据确定保险金额。

由于航天工程保险所保风险高深莫测,其保险费率也高于其他财产或工程保险。保险人在确定费率时,主要考虑航天产品的质量、航天工程的损失率及其他风险。

### 三、海洋石油开发保险

海洋石油开发保险承保海洋石油开发工程所有人或承包人的海洋石油开发工程从勘探到建成、生产整个开发过程的风险。该险种一般被分为普查勘探、钻探、建设、生产四个阶段,每一阶段均有若干具体的险种供投保人选择投保,每一阶段均以工期为保险责任起讫期。由此,该险种是分阶段进行的。海洋石油开发保险的种类一般包括勘探作业工具保险、勘探设备保险、费用保险、责任保险、建筑工程保险、安装工程保险。在承保理赔方面,海洋石油开发保险与其他工程保险具有相通性。该险种具有技术性强、条款复杂、险种繁多的特点。它要求承保人具备较高素质,既要具有一定的石油开发风险管理知识,又要具有一定的法律常识;既要拥有比较扎实的海上保险经验,又要掌握非水险业务的专门技术。

### 四、核能工程保险

核能工程保险是指以核能工程项目的财产损失及其赔偿责任为保险标的的科技工程保险。保险人承保核能工程中的各种核事故和核责任风险,它是随着现代原子能技术的发展与各国对原子能和平应用的研究而逐渐发展起来的新型保险业务。该险种于20世纪50年代起源于英国。1956年英国率先成立了核能保险委员会,专门研究核能工程保险的有关问题,论证了核能工程保险的可行性和危险性。加之英国政府对核能发电工业相当重视,从而促成了英国核能保险集团的成立,劳合社成员及当地的非车险公司均成为该集团的主要成员。英国的示范带动了西欧国家、美国、日本等,这些国家也成立了自己的核能保险集团,到20世纪末,全世界有20多个国家成立了核能保险集团,使核能工程保险成为国际保险市场上一项有影响的科技工程保险业务,并成为各国民用核能工程必要的配套项目。

核能工程保险的特点在于:它承保的主要责任是核事故风险,而在其他各种财产、工程保险中则是把核事故风险列为常规责任免除,并且不允许扩展承保;同时,由于核事故风险性质特殊、风险异常,使得核能工程保险具有政策性保险的特色,即政府的某些立法(如核事故损害赔偿法)通常规定核事故中应按绝对责任承担损害赔偿责任,并对保险人在责任险项下的超额赔款给予财政补贴。因此,核能工程保险更讲求与政府法规的配合且更需要政府的支持。

核能工程保险的种类一般包括财产损毁保险、核能安装工程保险、核原料运输保险、核责任保险,其中核能工程财产损毁保险和核责任保险是最主要的业务。在承保中,对核能工程本身(即财产物资)与核责任风险应分别确定保险金额和赔偿限额,有的保险人还分别订立一般事故赔偿限额与核事故赔偿限额,有的保险人将核能工程操作人员与技术人员亦列入第三者责任保险范围予以承保。

## 本章讨论案例

### 工程质量保险的意义

1. 对社会的意义

保障人民合法权益,维护社会稳定。房屋是人民群众最重要的财产和生活保障,其质量的优劣,直接关系到广大人民群众的切身利益。当出现质量问题时,由于赔偿机制不健全,用户始终处于弱势地位。通过实施工程质量保险制度,完善了工程质量保障体系,快捷、可靠地消除了因责任主体消失或难以履职而导致的业主权益得不到保障的情况,维护了社会的和谐与稳定。

2. 对行业的意义

(1) 代表最终用户规范建设单位质量行为。实施工程质量保险制度以后,最终用户由于工程质量缺陷产生损失的风险就转移给了保险公司。所以,在保障工程质量方面,保险公司与最终用户的利益相同,转变了现行制度下最终用户无法到场,对工程招标、工程施工、竣工验收过程缺乏监督权与话语权的状态,在工程建设中真正引入代表最终用户权益的主体参与工程质量管控,规范了建设单位的质量行为。

(2) 落实工程参建单位的质量责任。目前我国法律、法规规定的工程主体结构的保修期与缺陷责任期(质量保证金留置的时间)之间存在巨大空档期,而在现行缺乏有效经济制约手段或赔偿机制的情况下,工程主体结构的质量责任无法得到落实。实施工程质量保险制度以后,实现了工程主体结构全寿命周期的质量保障,落实了工程主体结构质量责任。

(3) 促进行业持续健康发展。实施工程质量保险,可以有效使用市场诚信体系、差别化浮动保费、保险杠杆等市场手段,结合信息联动等管控途径,对行业进行强有力的调节及监督。同时,施工单位投保工程质量保险的工程,不再预留质量保证金,将大大减轻建筑行业的经济负担,有利于解决建筑行业供应链和担保链引起的"蝴蝶效应",有利于促进建筑行业的健康持续发展。

3. 对企业的意义

解决施工单位质量保证金长期沉淀的问题。目前,我国施工单位在工程竣工后要按照工程价款结算总额5%左右的比例预留质量保证金,作为缺陷责任期内的维修费用。缺陷责任期一般不超过24个月。然而在当前建筑市场产能严重过剩、招标人和投标人地位不对等的市场环境下,招标人延期退还或长期占用质量保证金的现象普遍存在,使得施工单位的利益无法得到保障。因此,对于施工单位投保工程质量保险的工程,不再预留质量保证金,减轻了施工单位负担,也解决了质量保证金长期沉淀带来的一系列问题。

资料来源:中国建筑业协会工程保险及担保分会网站(http://gcbxdb.com)。

【讨论的问题】
1. 结合实例,探讨工程质量保险开展的重要性。
2. 工程保险在我国开办情况如何?

 **复习思考题**

【基础知识题】
1. 试述工程保险迅速发展的原因。
2. 工程保险标的包括哪些?
3. 什么是建筑工程保险?
4. 建筑工程保险的保险责任包括哪些?
5. 什么是安装工程保险?
6. 安装工程保险的保险责任包括哪些?
7. 安装工程保险的投保人主要包括哪些?

【实践操作题】
浏览中小财产保险公司网站,了解各公司经营工程保险情况。

【探索研究题】
1. 分析我国工程保险业务发展的现状及对策。
2. 建筑工程保险与安装工程保险相比有何不同?
3. 研究我国推行工程强制保险的主要障碍及对策。
4. 分析我国建筑工程质量保险存在的问题与对策。
5. 研究工程保险的运作模式。
6. 我国科技工程保险的主要险种有哪些?

# 第八章　货物运输保险

## 学习目标

- 了解货物运输保险中的运输工具类型及相关认定标准
- 了解货物运输保险的保险标的及常见可承保风险类型
- 掌握货物运输保险的分类标准和主要类型，以及每种货物运输保险的主要特征
- 综合运用：能够运用所学知识分析我国货物运输保险的发展困境

 **导读案例**

A 进出口公司就一批进口大米在 B 保险公司投保海洋货物运输保险一切险。保险单背面印制的海洋货物运输保险条款规定"一切险"的保险责任范围为："除包括上列平安险和水渍险的各项责任外，本保险还负责被保险货物在运输途中遭遇外来原因所致的全部或部分损失。"货物到达后发现部分大米变质，经了解，航行途中没有遇到恶劣天气，货轮舱底及舱壁也没有发现异常情况，鉴定认为上述货物变质是货物装船后在运输过程中发生的。A 进出口公司向 B 保险公司提出保险理赔申请，B 保险公司认为 A 进出口公司应举证证明保险事故发生的具体性质、原因符合保险条款中列明的风险才能赔付，双方因此发生争议。

 **案例详情链接**

刘永刚.保险学案例分析[M].北京：中国财政经济出版社,2016.

 **你是不是有下面的疑问**

1. 案例中提到的平安险、水渍险和一切险是什么险种？
2. 货物运输途中一般会遇到哪些风险？我国保险公司一般可以承保哪些风险？
3. 货物运输保险具体包括哪些险种？每种货物运输保险的保险责任是什么？

货物运输保险是为运输过程中的货物提供的一种保障，运输中的货物在水路、铁路、公路以及联合运输过程中，因遭受保险责任范围内的自然灾害或意外事故而造成的损失能够得到经济补偿。此外，货物运输保险能够加强货物运输的安全防损工作，以利于商品

的生产和流通。本章分别从货物运输保险概述、海洋货物运输保险与国内货物运输保险三个方面展开介绍。

## 第一节 货物运输保险概述

### 一、货物运输保险的概念

货物运输保险是以运输过程中的货物为保险标的，当货物在运输过程中遭受保险责任范围内的自然灾害或意外事故时，由保险人承担赔偿责任的一种财产保险。货物运输保险标的的种类繁多，包括粮油食品、玻璃、陶瓷及工艺品，金银珠宝类，文物，五金矿产类，化工品，机器设备等，随着国内物流业的发展，货物运输保险标的的范围越来越广泛。

货物运输保险是随着海上贸易的发展而产生和发展起来的，在现代国际贸易活动中起到重要作用，各种货物运输保险业务在国内也越来越受到重视。

### 二、货物运输保险的特征

由于货物运输保险承保的标的是各种各样的货物，与普通财产保险相比，其具有如下特点：

**1. 保险标的的流动性**

货物运输为了实现货物的位移而不断处于流动之中，通常不受固定地点的限制。由于保险标的的流动性，其发生损失时往往不在保险人所在地或保险合同签订地，异地出险情况多，因此在货物运输保险中，出险查勘工作一般由当地的保险人或保险代理人进行。

**2. 保险责任范围的广泛性**

从保险人提供的保险条款中保险责任的范围来看，货物运输保险要比普通财产保险的保障范围广。货物运输保险除了承保一般自然灾害和意外事故两大类风险造成货物的损失，还承保不同运输工具在不同的自然地理环境条件下发生意外所支付的施救整理费用，以及按照国际惯例对海上发生的共同海损的牺牲、分摊和救助费用。

**3. 保险期限的运程性**

普通财产保险的保险期限按时间计算确定，保险期限都是定期的；而货物运输保险的保险期限则按"仓至仓条款"确定，即保险责任起讫均以约定的运输途程为标准，从货物运离发货人仓库时开始，直至货物运达目的地收货人仓库为止。当货物到达目的地港站时，为了防止货物长期被搁置在目的地港站，一般有一定的时间限制。

**4. 保险单的可转让性**

由于货物在运输过程中会频繁易手，不断地变换所有人，根据货物贸易惯例，货物所有权通常可以随着提单的转让而转移，从而也会引起货物运输保险的被保险人发生变化，因此货物运输保险的保险人通常同意货物运输保险合同可以背书转让，即可以随着提单的转让而转让。

**5. 业务范围的国际性**

普通财产保险的业务范围通常限制于国内，而货物运输保险，尤其是海上货物运输保险,涉及国际贸易活动。其国际性体现在:保险合同关系涉及不同的国家和地区;保险标的是国际贸易中的货物;保险合同的签订和履行除涉及贸易合同的有关法律规定外,还要遵守有关国际惯例和国际公约的规定等。

### 三、货物运输保险中的运输工具

(一) 船舶

对于运输的船舶,主要从以下一些标准进行考察。

1. 船龄

船龄是指自制造年份起计算的船舶的年龄。一般15年以上视为老龄船,25年以上视为超老龄船,达到35年为废弃船。船龄是判断船舶状况和运输风险的最重要标准之一。

2. 船级

船级是表示船舶技术状况的标志,即船壳构造及船上机器设备应保持一定的标准所分的等级。协会船级是国际公认的标准船级,是船舶具备适航性的重要条件。船舶经船级社检验合格,确定等级,颁发船级证书。证书有一定时效,期满须重新鉴定。这样不仅可以保证航行安全,对船舶进行技术监督,而且便于保险公司决定保险费率。

3. 载重吨

载重吨是船舶航行于水中的最大载货重量。整船运输中,货物的总重量一般不超过其载重吨,这是判断船舶是否超载的重要标准。

4. 船舶的自航能力

大部分承运船均具备自航能力,但有些船(如个别驳船)不具备自航能力,需要拖船带动运输,即"拖航运输",其与承运船船况、拖船马力、运输路线和季节、拖带方式、标的的配积载方式等众多风险因子息息相关,且拖航运输相对自航运输,特别是进入非遮蔽航区,沉船、标的落海的风险大大提高。

5. 货运方式

货运方式主要有两种,一是班轮运输,这种方式具有固定航线、固定港口、固定船期、相对固定的运费费率等"四定"特点,一般以集装箱船为主,故风险相对较小;二是租船运输,主要是根据国际租船市场的行情和租船人的实际需要,以出租整船或部分舱位的形式进行的水上运输,大宗散货及大型标的的运输一般采用此类方式。

(二) 货车

保险人应对运输货车车况进行考察,同时要注意货车在运输中可能出现超载的现象,若货物为需防震的易碎商品,则还应充分考虑路线和路况。

(三) 火车

铁路运输的失窃率较高,且货主或保险人难以追偿。用火车运输生活物资、易盗商品等需坚固标的外包装,贵重物品需专人押运。

(四) 飞机

航空运输具有时间短、运输平稳、运价高的特点,风险相对较小。但航空运输的货物一般是急需物资或高精密、珍贵的物品。除急需物资外,航空运输需关注承运货物的性能、精密度、产地、运输和装载要求、货物受损的后续服务和技术等,贵重物品还需关注抵达目的地机场卸离机舱后的保管措施和货物交接环节的完备性。

### 四、货物运输保险的分类

按照不同的标准,货物运输保险可以有多种不同的业务分类方法。主要的分类包括如下几种:

#### (一) 按照运输工具不同分类

按照运输工具的不同,货物运输保险可以分为水上货物运输保险、陆上货物运输保险、航空货物运输保险和其他货物运输保险。

水上货物运输保险是指投保人与保险人之间达成的,以在海上或内河航行的船只运送的货物为保险标的,承保货物因运输过程中的自然灾害或意外事故而造成的损失的保险;陆上货物运输保险是指承保各种机动的或人力、畜力的运输工具运载的货物的保险;航空货物运输保险是指承保以飞机为运输工具运载的货物的保险;其他货物运输保险包括邮包保险、物流货物保险和特种货物运输保险等。

#### (二) 按照运输方式不同分类

按照运输方式的不同,货物运输保险可以分为直运货物运输保险和联运货物运输保险。

直运货物运输保险是指只使用一种主要运输工具的货物运输保险;联运货物运输保险是指使用两种及两种以上的主要运输工具的货物运输保险。

#### (三) 按照适用范围不同分类

按照适用范围的不同,货物运输保险可以分为国内货物运输保险和国际货物运输保险。

国内货物运输保险是指为国内货物运输提供风险保障的保险;国际货物运输保险是指为超越一国范围的货物运输提供风险保障的保险。

本章主要介绍我国海洋货物运输保险和国内货物运输保险。

## 第二节 海洋货物运输保险

海洋货物运输保险是指对通过海轮运输的货物,在海上航行中遭遇自然灾害和意外事故所造成的损失承担赔偿责任的一种财产保险。我国海洋货物运输保险有基本险(也叫主险)、附加险和专门险三类险别。基本险是可以单独投保的险别,主要承保自然灾害和意外事故等造成的货物损失,分为平安险、水渍险和一切险三种;附加险一般是不能单独投保的,它承保其他外来原因造成的损失,如偷窃、提货不着险、淡水雨淋险、短量险、混杂沾污险、渗漏险、碰损破碎险、串味险、受潮受热险、钩损险、包装破裂险、锈损险、交货不到险、战争险和罢工险等;我国还设有海洋运输冷藏货物保险和海洋运输散装桐油保险两种专门险。

## 一、海洋货物运输保险的保险责任和除外责任

由于海洋货物运输保险的条款众多,保险责任范围广泛,在此仅阐述海洋货物运输保险的基本险险种。

(一)海洋货物运输保险的保险责任

1. 平安险

平安险的保险责任具体如下:

(1)被保险货物在运输途中由于恶劣气候、雷电、海啸、地震、洪水等自然灾害造成的整批货物的全部损失或推定全损。当被保险人要求赔付推定全损时,须将受损货物及其权利委付给保险人。被保险货物用驳船运往或运离海轮的,每一驳船所装的货物可视作一个整批。推定全损是指被保险货物的实际全损已经不可避免,或者恢复、修复受损货物以及运送货物到原定目的地的费用超过该目的地货物的价值。

(2)由于运输工具遭受搁浅、触礁、沉没、互撞、与流冰或其他物体碰撞以及失火、爆炸等意外事故造成的货物的全部或部分损失。

(3)在运输工具已经发生搁浅、触礁、沉没、焚毁等意外事故的情况下,货物在此前后又在海上遭受恶劣气候、雷电、海啸等自然灾害所造成的部分损失。

(4)在装卸或转运时由于一件或数件整件货物落海造成的全部或部分损失。

(5)被保险人对遭受承保责任范围内风险的货物采取抢救、防止或减少货损的措施而支付的合理费用,但以不超过该批被救货物的保险金额为限。

(6)运输工具遭遇海难后,在避难港由于卸货引起的损失,以及在中途港、避难港由于卸货、存仓及运送货物产生的特别费用。

(7)共同海损的牺牲、分摊和救助费用。

(8)运输契约订有"船舶互撞责任"条款,根据该条款规定应由货方偿还船方的损失。

2. 水渍险

除包括上列平安险的各项保险责任外,水渍险还负责被保险货物由于恶劣气候、雷电、海啸、地震、洪水等自然灾害造成的部分损失。

3. 一切险

除包括上列平安险和水渍险的各项保险责任外,一切险还负责被保险货物在运输途中出于外来原因所致的全部或部分损失。外来原因引起的风险可投保偷窃、提货不着险,淡水雨淋险,短量险,混杂沾污险,渗漏险,碰损破碎险,串味险,受潮受热险,钩损险,包装破裂险,锈损险等普通附加险。

(二)海洋货物运输保险的除外责任

海洋货物运输保险基本险对下列损失不负赔偿责任:

(1)被保险人的故意行为或过失所造成的损失。

(2)属于发货人责任所引起的损失。

(3)在保险责任开始前,被保险货物已存在的品质不良或数量短差所造成的损失。

(4)被保险货物的自然损耗、本质缺陷、特性以及市价跌落、运输延迟所引起的损失

或费用。

（5）保险公司海洋货物运输战争险条款与海洋货物运输罢工险条款规定的责任范围和除外责任。

## 二、海洋货物运输保险的保险期限

海洋货物运输保险的保险期限采用"仓至仓条款"，即从货物运离保险单所载明的起运港发货人的仓库时开始，到货物运抵保险单所载明的目的港收货人的仓库时终止。

### （一）正常运输

在正常运输条件下，保险人负"仓至仓"责任，即保险责任自被保险货物运离保险单所载明的起运港发货人的仓库或储存处所时开始，到该项货物运抵保险单所载明的目的港收货人的最后仓库或储存处所或者被保险人用作分配、分派或非正常运输的其他储存处所时终止。如果未抵达上述仓库或储存处所，则以被保险货物在最后卸载港全部卸离海轮后满60天终止。如果在上述60天内被保险货物需转运到非保险单所载明的目的港，则以该项货物开始转运时终止。

### （二）非正常运输

由于被保险人无法控制的运输延迟、绕道、被迫卸货、重新装载、转载或者承运人运用运输契约赋予的权限所做的任何航线的变更或终止运输契约，致使被保险货物运到非保险单所载明的目的港时，在被保险人及时将获知的情况通知保险人并在必要时加交保险费的情况下，原保险合同仍继续有效，保险责任按下列规定终止。

（1）被保险货物如在非保险单所载明的目的地出售，则保险责任至交货时终止，但不论任何情况，均以被保险货物在卸载港全部卸离海轮后满60天终止。

（2）被保险货物如在上述60天期限内继续运往保险单所载原目的地或其他目的地，则保险责任仍按正常运输条件下的有关责任终止的规定终止。

## 三、海洋货物运输保险中被保险人的义务

按照海洋货物运输保险条款，被保险人应按照以下规定的应尽义务办理有关事项。

（1）当被保险货物运抵保险单所载明的目的港（地）以后，被保险人应及时提货，若发现被保险货物遭受任何损失，则应立即向保险单上所载明的检验、理赔代理人申请检验；若发现被保险货物整件短少或有明显残损痕迹，则应立即向承运人、受托人或有关当局（海关、港务当局等）索取货损货差证明。如果货损货差是承运人、受托人或其他有关方面的责任造成的，那么应以书面方式提出索赔，必要时还须取得延长时效的认证。若未履行上述规定义务，则保险人对有关损失不负赔偿责任。

（2）对遭受承保责任范围内风险的货物，被保险人和保险人都可迅速采取合理的抢救措施，防止或减少货物的损失。被保险人采取此项措施，不应视为放弃委付的表示；保险人采取此项措施，也不应视为接受委付的表示。对由于被保险人未履行上述义务造成的扩大的损失，保险人不负赔偿责任。

（3）如遇航程变更或发现保险单所载明的货物、船名或航程有遗漏或错误，则被保险人应在获悉后立即通知保险人并在必要时加交保险费，只有这样该保险合同才继续有效。

（4）被保险人在向保险人索赔时，必须提供下列单证：保险单正本、提单、发票、装箱单、磅码单、货损货差证明、检验报告及索赔清单。如涉及第三者责任，则还须提供向责任方追偿的有关函电及其他必要单证或文件。被保险人未履行前款约定的单证提供义务，导致保险人无法核实损失情况的，保险人对无法核实的部分不承担赔偿责任。

（5）被保险人在获悉有关运输契约中"船舶互撞责任"条款的实际责任后，应及时通知保险人；否则，保险人对有关损失不负赔偿责任。

### 四、海洋货物运输保险的赔偿处理

保险人收到被保险人的赔偿请求后，应当及时就是否属于保险责任做出核定，并将核定结果通知被保险人；情形复杂的，保险人在收到被保险人的赔偿请求并提供理赔所需资料后30日内未能核定保险责任的，保险人与被保险人根据实际情形商议合理期间，保险人在商定的期间内做出核定结果并通知被保险人；对属于保险责任的，保险人在与被保险人达成有关赔偿金额的协议后10日内，履行赔偿义务。

### 五、海洋货物运输保险的索赔时效

海洋货物运输保险的索赔时效，从保险事故发生之日起计算，最多不超过2年；超过2年，索赔无效。

## 第三节 国内货物运输保险

国内货物运输保险是以国内运输过程中的货物为保险标的，当运输中的货物遭受保险责任范围内的自然灾害或意外事故时由保险公司承担赔偿责任的一种财产保险。其主要险种有水路货物运输保险、陆路货物运输保险、铁路货物运输保险及航空货物运输保险等。本节主要以国内水路、陆路货物运输保险及铁路货物运输保险条款为例进行说明。

### 一、国内水路、陆路货物运输保险

（一）保险责任

根据中国人民保险公司2009年修订的保险条款，国内水路、陆路货物运输保险分为基本险和综合险两种。被保险货物遭受损失时，保险人按承保险别的责任范围负赔偿责任。

1. 基本险

基本险的保险责任包括：

（1）因火灾、爆炸、雷电、冰雹、暴风、暴雨、洪水、地震、海啸、地陷、崖崩、滑坡、泥石流而造成的损失。

（2）因运输工具发生碰撞、搁浅、触礁、倾覆、沉没、出轨或隧道、码头坍塌而造成的损失。

（3）在装货、卸货或转载时因遭受不属于包装质量不善或装卸人员违反操作规程而造成的损失。

（4）按国家规定或一般惯例应分摊的共同海损的费用。

(5) 在发生上述灾害事故时,因纷乱而造成货物的散失及因施救或保护货物而支付的直接、合理的费用。

2. 综合险

综合险除包括基本险责任外,保险人还负责赔偿:

(1) 因受震动、碰撞、挤压而造成货物破碎、弯曲、凹瘪、折断、开裂或包装破裂致使货物散失的损失。

(2) 液体货物因受震动、碰撞或挤压致使所用容器(包括封口)损坏而渗漏造成的损失,或用液体保藏的货物因液体渗漏而造成保藏货物腐烂变质的损失。

(3) 遭受盗窃或整件提货不着的损失。

(4) 符合安全运输规定,因遭受雨淋所致的损失。

(二) 责任免除

出于下列原因造成被保险货物的损失,保险人不负赔偿责任:

(1) 战争或军事行动。

(2) 核事件或核爆炸。

(3) 被保险货物本身的缺陷或自然损耗,以及因包装不善所致的损失。

(4) 被保险人的故意行为或过失。

(5) 全程是公路货物运输的,盗窃和整件提货不着的损失。

(6) 其他不属于保险责任范围内的损失。

(三) 保险期限

国内水路、陆路货物运输保险的保险期限自签发保险单后,被保险货物运离保险单上注明的起运地发货人的最后一个仓库或储运处所时开始,到该项货物运抵保险单上注明的目的地收货人在当地的第一个仓库或储存处所时终止。但被保险货物运抵目的地后,若收货人未及时提货,则保险责任的终止期最多延长至收货人接到《到货通知单》后的15天(以邮戳日期为准)。

(四) 保险金额

国内水路、陆路货物运输保险的保险金额由投保人参照保险价值自行确定,并在保险合同中载明。保险金额不得超过保险价值。超过保险价值的,超过部分无效,保险人应当退还相应的保险费。保险价值为货物的实际价值,按货物的实际价值或货物的实际价值加运杂费确定。

(五) 赔偿处理

被保险人向保险人申请索赔时,必须提供下列有关单证:保险单、运单(货票)、提单、发票(货价证明);承运部门签发的货运记录、普通记录、交接验收记录、鉴定书;收货单位的入库记录、检验报告、损失清单及救护货物而支付的直接费用的单据。

在对国内水路、陆路货物运输保险进行赔偿处理时,还要注意:

(1) 被保险货物发生保险责任范围内的损失时,按货物实际价值确定保险金额的,保险人根据实际损失按起运地货物实际价值计算赔偿;按货物实际价值加运杂费确定保险金额的,保险人根据实际损失按起运地货物实际价值加运杂费计算赔偿。但最高赔偿金额以保险金额为限。

（2）如果被保险人投保不足，保险金额低于货物实际价值，则保险人对损失金额及支付的施救保护费用按保险金额与货物实际价值的比例计算赔偿。保险人应分别计算货物损失以及因施救或保护货物而支付的直接、合理的费用的赔偿金额，并各以不超过保险金额为限。

（3）货物发生保险责任范围内的损失，如果根据法律规定或有关约定，应当由承运人或其他第三者负责赔偿部分或全部，那么被保险人应首先向承运人或其他第三者索赔。如果被保险人提出要求，那么保险人也可以先予赔偿，但被保险人应签发权益转让书给保险人，并协助保险人向责任方追偿。

（4）经双方协商同意，保险人可将其享有的保险财产残余部分的权益作价折归被保险人，并可在保险赔偿金中直接扣除。

### 二、国内铁路货物运输保险

（一）保险标的的范围

凡在国内经铁路运输的货物均可作为铁路货物运输保险标的，但金银、珠宝、钻石、玉器、首饰、古币、古玩、古书、古画、邮票、艺术品、稀有金属等珍贵财物需经投保人与保险人特别约定。

（二）保险责任

国内铁路货物运输保险一般分为基本险和综合险，保险人按保险单注明的承保险别分别承担保险责任。

1. 基本险

由于下列保险事故造成被保险货物的损失和费用，保险人依照保险条款的约定负责赔偿：

（1）由于火灾、爆炸、雷电、冰雹、暴风、暴雨、洪水、海啸、地陷、崖崩、突发性滑坡、泥石流造成的损失。

（2）由于运输工具发生碰撞、出轨或桥梁、隧道、码头坍塌造成的损失。

（3）在装货、卸货或转载时，因意外事故而造成的损失。

（4）在发生上述灾害、事故时，因施救或保护货物而造成货物的损失及支付的直接、合理的费用。

2. 综合险

国内铁路货物运输保险除包括基本险责任外，保险人还负责赔偿：

（1）因受震动、碰撞、挤压而造成货物破碎、弯曲、凹瘪、折断、开裂的损失。

（2）因包装破裂致使货物散失的损失。

（3）液体货物因受震动、碰撞或挤压致使所用容器（包括封口）损坏而渗漏造成的损失，或用液体保藏的货物因液体渗漏而造成保藏货物腐烂变质的损失。

（4）遭受盗窃的损失。

（5）外来原因致使提货不着的损失。

(6) 符合安全运输规定,因遭受雨淋所致的损失。

（三）责任免除

出于下列原因造成被保险货物的损失,保险人不负责赔偿：

(1) 战争、军事行动、扣押、罢工、哄抢和暴动所致的损失。

(2) 地震造成的损失。

(3) 核反应、核子辐射和放射性污染所致的损失。

(4) 被保险货物的自然损耗、本质缺陷、特性所引起的污染、变质、损坏,以及因货物包装不善所致的损失。

(5) 在保险责任开始前,保险货物已存在的品质不良或数量短差所致的损失。

(6) 市价跌落、运输延迟所致的损失。

(7) 属于发货人责任引起的损失。

(8) 投保人或被保险人的故意行为或违法犯罪行为所致的损失。

(9) 行政行为或执法行为所致的损失。

(10) 其他不属于保险责任范围内的损失。

（四）保险期限

国内铁路货物运输保险的保险期限自签发保险单后,被保险货物运离保险单上注明的起运地发货人的最后一个仓库或储存处所时开始,到该项货物运抵保险单上注明的目的地收货人在当地的第一个仓库或储存处所时终止。但被保险货物运抵目的地后,若收货人未及时提货,则保险责任的终止期最多延长至收货人接到《到货通知单》后的 15 天（以邮戳日期为准）。

（五）保险金额

国内铁路货物运输保险的保险金额由投保人参照保险价值自行确定,并在保险合同中载明。保险金额不得超过保险价值；超过保险价值的,超过部分无效,保险人应当退还相应的保险费。保险价值为货物的实际价值,按货物的实际价值或货物的实际价值加运杂费确定。

（六）赔偿处理

被保险人向保险人申请索赔时,应当提供下列有关单证：保险单、运单（货票）、提单、发票（货价证明）；承运部门签发的货运记录、普通记录、交接验收记录、鉴定书；收货单位的入库记录、检验报告、损失清单及救护货物所支付的直接费用的单据；被保险人所能提供的其他与确认保险事故的性质、原因、损失程度等有关的证明和资料。

在对铁路货物运输保险进行赔偿处理时,还要注意：

(1) 被保险货物发生保险责任范围内的损失时,保险金额等于或高于保险价值的,保险人应根据实际损失计算赔偿,但最高赔偿金额以保险价值为限；保险金额低于保险价值的,保险人对被保险人的损失金额及支付的施救保护费用按保险金额与保险价值的比例计算赔偿。保险人应分别计算货物损失以及因施救或保护货物而支付的直接、合理的费用的赔偿金额,并各以不超过保险金额为限。

(2) 被保险货物发生保险责任范围内的损失,如果根据法律规定或有关约定,应当由承运人或其他第三者负责赔偿部分或全部,则被保险人应首先向承运人或其他第三者提出书面索赔,直至诉讼。保险事故发生后,保险人未赔偿保险金之前,被保险人放弃对有关责任方请求赔偿权利的,保险人不承担赔偿责任;若被保险人要求保险人先予赔偿,则被保险人应签发权益转让书,同时应将向承运人或第三者提出索赔的诉讼书及有关材料移交给保险人,并协助保险人向责任方追偿。由于被保险人的故意或重大过失致使保险人不能行使代位求偿权的,保险人可以相应扣减保险赔偿金。

(3)经双方协商同意,保险人可将其享有的保险财产残余部分的权益作价折归被保险人,并可在保险赔偿金中直接扣除。

由于航空货物运输保险的内容与国内水路、陆路货物运输保险的内容大致相同,在此不再详述。

 **本章讨论案例**

【案情】

德国 A 公司(卖方)与中国 B 公司(买方)达成 CIF(成本费加运费加保险费)买卖,货物采用集装箱装运,从德国经海路运至上海,交给买方指定的收货人。货物运抵上海港后,收货人凭提单在港区提货,并运至其所在地的某园区内存放。联合发展有限公司(以下简称"联合公司")在该园区内为收货人拆箱取货时,货物坠地发生全损。

涉案货物起运前,A 公司向德国某保险公司投保,保险公司向 A 公司签发了海上货物运输保险单,保险单背面载明:被保险人为保险单持有人;保险责任期间为"仓至仓"。但未载明到达仓库或货物存放地点的名称。事故发生后,保险公司支付 A 公司保险赔款 19 万德国马克后取得权益转让书,并向联合公司提起海上货物运输保险合同代位求偿诉讼。

【审判】

一审法院经审理认为,收货人凭提单提货,货物的所有权已经转移,A 公司不能证明事故发生时其具有保险利益,且货损事故发生时保险责任期已经结束,保险公司不应再予理赔。保险公司不能因无效保险合同或不当理赔而取得代位求偿权。一审法院遂判决对保险公司的诉讼请求不予支持。

保险公司不服,提起上诉。二审法院认为,货物交付后,海运承运人责任期即终止,所以海上保险责任期也已结束,对于海上货物运输保险合同终止后发生的货损事故,保险公司不必理赔;即使保险公司从托运人处取得代位求偿权,也只能追究承运人的责任,而不能追究货物交付后第三人造成的货损责任,因此保险人的代位求偿权不成立。二审法院据此驳回上诉,维持原判。

资料来源:海上货物运输保险人代位求偿权案例评析[EB/OL].(2020-03-19)[2020-08-31]. https://www.66law.cn/laws/46242.aspx,有删改。

【讨论的问题】

1. 在这起海上货物运输保险合同代位求偿诉讼中,保险人向第三人行使代位求偿权时,法院是否应当审查保险合同?

2. 投保人 A 公司是否具有保险利益?

3. 本案货损事故是否发生在保险合同约定的"仓至仓"保险责任期间内。

思考与练习

【基础知识题】
1. 货物运输保险的特点是什么？
2. 货物运输保险有哪些类别？
3. 海洋货物运输保险承保的范围有哪些？
4. 简述海洋货物运输保险的基本险种及其相互关系。
5. 国内水路、陆路货物运输保险的保险责任有哪些？

【实践操作题】
收集相关资料，分析我国货物运输保险的发展现状，并预测其发展趋势。

【探索研究题】
试分析一切险与平安险、水渍险的关系。

# 第九章　责任保险和信用与保证保险

> **学习目标**
>
> - 掌握公众责任保险的概念、性质及其与其他责任保险的区别,了解公众责任保险的基本内容和种类
> - 掌握产品责任保险的概念及特点,了解产品责任保险的基本内容
> - 掌握雇主责任保险的概念、特征及其与相关保险的区别,了解雇主责任保险的基本内容
> - 掌握职业责任保险的概念、特点和法律依据,了解职业责任保险的分类和基本内容
> - 掌握环境责任保险的概念、特点和法律依据
> - 掌握信用保险的概念,了解信用保险对经济发展的影响
> - 掌握保证保险的含义及其作用
> - 掌握第三者责任保险的概念、特征,以及机动车第三者责任保险的保险责任,了解第三者的概念、第三者责任保险的分类、机动车第三者责任保险的基本内容
> - 综合运用:能够运用所学知识分析我国险企 P2P 履约保证保险存在的问题

### 导读案例

多买一份保险,就多一份安全保障,但同时也会多一份短期支出。近日,从国家税务总局传来好消息:企业参加雇主责任险、公众责任险等责任保险,按照规定交纳的保险费,准予在税前扣除。该政策适用于 2018 年及以后年度企业所得税汇算清缴。

随着我国经济的发展,责任险在企业经营活动中的使用频率越来越高,对企业分散经营责任风险、切实保护当事人权益、促进社会和谐稳定具有重要的作用。国家税务总局表示,近期,有关部门、企业反映雇主责任险、公众责任险等责任保险保险费税前扣除问题。为统一责任保险保险费税前扣除政策口径,便于纳税人执行,更好地促进企业化解经营责任风险,增强抗风险能力,国家税务总局明确了相关政策。

近年来,我国责任险市场快速发展。银保监会统计数据显示,2018 年上半年责任险保单量达 32.36 亿件,同比增长 112.12%;从保额来看,责任险保额 310.19 万亿元,同比增长 220.41%。

责任险的发展与相关政策的鼓励和各地的大力推动不无关系。例如,早在 2014 年 7 月,国家卫生健康委员会等五部门就联合出台指导意见,为医疗责任险的全面推开提出刚

性要求:"到 2015 年年底前,全国三级公立医院参保率应当达到 100%,二级公立医院参保率应当达到 90%以上。"又如,2018 年甘肃省继续推行养老机构责任险工作,年内养老机构责任险及雇主责任险投保率必须达到 100%。同时,上海市食品药品监督管理局 2018 年 9 月发布的《上海市食品安全责任保险管理办法(征求意见稿)》要求,新成立的高风险食品生产经营者应当在取得相关许可证之日起 30 日内投保食品安全责任险。

分析人士指出,企业购买责任险保险费的税前扣除政策,一方面将继续促进责任险市场的发展,另一方面也将对目前的团体意外险市场造成一定的挤压,因为企业为普通职工购买的团体意外险保险费并不能税前扣除,且雇主责任险的保障范围比团体意外险更宽,加上税收政策的支持,部分团体意外险将被相关责任险取代。

### 案例详情链接

企业参加责任险 保费可税前扣除[EB/OL].(2018-11-13)[2020-08-31].http://www.ce.cn/macro/more/201811/13/t20181113_30764525.shtml,有删改。

### 你是不是有下面的疑问

责任保险这么重要,那么责任保险到底有哪些种类呢?每种责任保险的基本内容有什么?

责任保险按承保的内容分类,可以分为公众责任保险、产品责任保险、雇主责任保险、职业责任保险、环境责任保险、第三者责任保险等。

## 第一节 公众责任保险

### 一、公众责任保险概述

#### (一)公众责任与公众责任保险

#### 1. 公众责任

公众责任是指致害人在公众活动场所由于疏忽或过失等侵权行为,致使他人的人身或财产受到损害,依法由致害人承担受害人的经济赔偿责任,又称公共责任或综合责任,在法学界又称第三者责任。公众责任有两个特征:其一,致害人所损害的对象不是事先特定的某个人;其二,损害行为是对社会大众利益的侵犯。由于责任者的行为损害了公众利益,因此这种责任被称为"公众责任",公众责任的构成,必须以在法律上负有责任为前提。

公众责任的法律依据是各国的民法及有关的单行法规。如英国有住宅法、旅馆所有人法、动物法和有缺陷的场所法等专门的法律、法规,对损害赔偿问题做出了详细规定。美国有侵权行为法,详细规定了损害赔偿责任。德国民法典规定,一个人如果违反法律,故意或粗心大意地损害他人的生命、身体、健康、自由、财产或其他权利时,应当赔偿该人由此蒙受的任何损害。我国《民法典》是规范民事关系的基本法,对承担民事责任的范围及方式也有详尽规定。

公众责任风险是普遍存在的,比如商店、旅馆、展览馆、医院、影剧院、运动场、动物园等各种公共场所,都有可能在生产、营业过程中发生意外事故,造成他人的人身伤害或财产损失,致害人就必须依法承担相应的民事损害赔偿责任,为此就有分散、转嫁公众责任风险的必要,这是各种公众责任保险产生并得到迅速发展的基础。

2. 公众责任保险

公众责任保险又称普通责任保险或综合责任保险,英文为 general public liability insurance。它是责任保险中一项独立的、适用范围极其广泛的险种。广义的公众责任保险几乎承保所有的损害赔偿责任;狭义的公众责任保险仅以被保险人的固定场所为保险区域范围,主要承保企业、机关、团体、家庭、个人以及各种组织(单位)在固定场所从事生产、经营等活动以及日常生活中由于意外事故造成他人人身伤害或财产损失,依法应由被保险人承担的各种损害赔偿责任。

(二)公众责任保险的性质与形式

1. 公众责任保险的性质

公众责任保险主要承保被保险人由于意外事故而造成社会公众(第三者)人身伤害或财产损失,依法应承担的损害赔偿责任。从表面上看,第三者倒像是保险对象,但实际上直接保障的对象是被保险人。在日常生产生活中,疏忽或过失在所难免,由此引起的赔偿责任对被保险人来讲是一种额外的经济负担。为了保证当事人的经济权益,其可投保公众责任保险,把这种可能发生的赔偿责任转嫁给保险人,从而以固定、较少的费用支出保障自身经营的稳定性。同时,由于保险人代替被保险人承担了这种赔偿责任,从而对受害的第三者的利益起到了可靠的保障作用,有利于社会的稳定。

总而言之,由于公众责任保险直接的保障对象是被保险人,因此任何第三者都无权直接向保险人索赔,但保险人认为有必要时,可以代表被保险人直接与受害的第三者进行交涉。同时,按照我国《保险法》第六十五条的规定,保险人对责任保险的被保险人给第三者造成的损害,可以依照法律的规定或合同的约定,直接向该第三者赔偿保险金。

除上述法律责任外,公众责任保险也可以扩展承保被保险人按照契约规定承担的应由契约另一方负责的赔偿责任,即国外所称的"免除契约对方责任协议的责任",通常适用于工程承包、物资供应以及修理服务等行业。例如,有的工程承包合同规定,承包人在履行合同过程中,对他人造成的损害,由业主负责赔偿,业主通过投保上述责任保险,即可获得经济保障。这是一种契约赔偿责任,但如果契约本身根据法律的原则订立,则契约的履行也受到法律的保护,因此这种契约责任也常有法律责任的性质。

2. 公众责任保险的形式

公众责任保险在欧美一些国家也称普通责任保险,是责任保险的一项独立的、适用范围较为广泛的险种。为了适应不同的保险需要,国外保险公司通常采用在一张普通责任总保险单下,按不同对象的需要分成若干具体保险项目的做法,供被保险人选择投保。总保险单规定了各个项目均适用的共同条件,另在具体项目下规定了特别条款,并分别订明各自的赔偿限额,收取各自的保险费。

(三)公众责任保险的历史渊源

公众责任保险始于 1855 年英国铁路旅客保险公司向铁路部门提供的承运人责任保险。最先开办的业务有承包人责任保险、升降梯责任保险以及业主、房东、住户责任保险等。到 20 世纪 40 年代,公众责任保险在工业化国家已进入家庭,个人责任保险得到发展,标志着公众责任保险的成熟。进入 80 年代,由于公众对损害事故的索赔意识增强,法制不断完善,意外事件造成的人身伤害和财产损失事件明显增加,以及法院的判决往往有利于受害人等,公众责任保险在各工业化国家尤其是欧美发达国家中,成为机关、企业、团体和各种游乐、公共活动场所以及家庭、个人转移风险的最佳选择。

在我国 1979 年恢复办理国内保险业务以前,公众责任保险对中国人而言还是一块陌生的领地。直到 20 世纪 80 年代初期,随着商品经济的发展,改革开放的深入,各种外国机构、团体、个人来华投资,兴办合资、合作企业,进行各种经济、贸易文化交流活动以及旅游观光者越来越多,客观上产生了确保其人身、财产安全的需求。为了适应这种需求,中国人民保险公司参考国际习惯做法,设计了公众责任保险和一些属于公众责任保险范畴内的部分专项责任保险,使得这项业务在我国发展起来。但限于当时的情况,只有《中国人民保险公司(涉外)公众责任保险条款》这一份相对完善的全国统一的总条款来规范公众责任保险业务。随着经济的发展以及人们保险意识的逐渐增强,公众责任保险在我国有了很大的发展,仅有些关于涉外公众责任保险的条款已经远远无法适应人们的现实需求。1999 年,由中国保险监督管理委员会核准并备案了《中国人民财产保险股份有限公司公众责任保险条款》。

(四)公众责任保险与其他责任保险的区别

1. 与第三者责任保险的区别

广义的公众责任保险包括第三者责任保险,狭义的公众责任保险中遭受人身或财产损害的他人与第三者责任保险中遭受人身或财产损害的第三者都是指不特定的他人,并无实质上的差异。只是第三者责任保险合同通常与特定物的财产保险合同相联系,由一个保险人承保,所以将其与公众责任保险相区别。公众责任保险中涉及的风险通常发生在一些固定的场所和地点,而第三者责任保险中涉及的风险多与各种运输工具有关,如机动车第三者责任保险、飞机第三者责任保险、船舶碰撞责任保险,但也有例外,如工程项目第三者责任保险。

2. 与产品责任保险的区别

产品责任保险承保的对象是产品责任,是产品在使用过程中因缺陷而造成用户、消费者或公众人身伤害、财产损失时,依法应由产品制造商、销售商或修理商承担的民事损害赔偿责任。而公众责任保险的承保对象是公众责任,是指致害人在公众活动场所的疏忽或过失等侵权行为,致使他人的人身或财产受到损害,依法应由致害人承担对受害人的损害赔偿责任。二者有可能交叉,如对于公共场所安置的新产品的质量问题而导致的公众人身伤害或财产损失,公众责任保险与产品责任保险都可起到补偿受害者,保障生产、生活顺利进行的作用。但应注意二者在性质上有很大的差别,而且二者的保险范围不同。

公众责任保险的保险范围一般只限于被保险人的固定场所,也就是保险人只对被保险人在固定场所发生的损害事故且依法应负的损害赔偿责任负责,对超越固定场所范围的活动所造成的损害赔偿责任一般不予承保;而产品责任保险的承保范围就不仅限于被保险人的固定场所,而是在产品销售和使用地区。

3. 与职业责任保险的区别

一般来说,职业责任保险由提供各种专业技术服务的单位投保,承保各种专业技术人员因工作上的疏忽或过失而造成合同双方或其他人的人身伤害或财产损失所应承担的经济赔偿责任。其中,受到损害的既可能是合同对方也可能是不确定的公众,明显的表现是建筑工程(包括勘察、设计、施工)面临越来越大的风险,它既可能对合同对方造成损害,又可能对没有合同关系的其他人或法人造成损害,其中当然包括公众的人身伤害或财产损失。若有一座公共建筑因设计不合格发生倒塌事故而致公众人身伤害或财产损失,则此时既可能涉及公众责任保险又可能涉及职业责任保险。而我们应看到二者在性质上的根本差别。公众责任保险主要承保企业、机关、团体、家庭、个人以及各种组织(单位)在固定场所从事生产、经营等活动以及日常活动中由于意外事故而造成他人人身伤害或财产损失,依法应由被保险人承担的损害赔偿责任,它与职业责任保险在投保人、承保的风险以及损害赔偿对象方面存在根本区别。

4. 与雇主责任保险的区别

一般来说,保险人对被保险人(雇主)承担的责任,就是被保险人根据民法或雇主责任法或雇佣合同的规定应承担的责任,一般得到损害赔偿的对象仅限于雇员,是特定化了的人,但因为可以附加雇员第三者责任保险,所以可以承保被保险人的雇员在执行职务过程中造成他人人身伤害或财产损失并依法应由被保险人承担的经济赔偿责任。如在一些娱乐场所中,由于其中工作人员的过失而造成公众的人身伤害或财产损失,就可能同时涉及公众责任保险和雇主责任保险附加雇员第三者责任保险,但二者的差别是实质性的。公众责任保险和雇主责任保险附加雇员第三者责任保险是基于不同的法律关系来投保的,前者大多数情况下是基于对公共场所的一种所有或管理的关系,后者是基于雇佣关系;并且,前者是一种独立的险别,后者是投保了雇主责任保险之后又加投的一种附加险别;而且,二者发生的地域范围不同,前者一般发生于公共场所,后者则无此规定,只要被保险人的雇员在执行职务过程中造成他人人身伤害或财产损失并依法应由被保险人承担经济赔偿责任,保险人都要对此承担给付责任。

5. 与环境责任保险的区别

环境责任保险是由公众责任保险发展而来的新险种。公众责任保险承保被保险人因污染环境而承担的损害赔偿责任,但一般限于被保险人因污染环境而造成的突然发生的损害事故。被保险人污染环境的行为在事实上逐渐引起的损害赔偿责任因不具有突发性而被排除于公众责任保险承保的范围。任何并非突然和意外而发生的污染,均属责任免除。

我国保险公司使用的公众责任保险条款未将被保险人的环境责任作为责任免除加以约定,除了因烟熏和水污等而引起的责任(包括限期治理责任),应当受公众责任保险的保障。一般情况而言,责任保险中的投保人即被保险人。

## 二、公众责任保险的种类

公众责任保险自19世纪80年代产生以来,险种不断增多。尤其是近二十多年来,由于意外事故造成公众损害的程度日趋严重以及公众索赔意识的增强,公众责任保险的种类更是不断增加,成为责任保险中适用范围最广的一个险种。通常情况下,公众责任保险分为场所责任保险、电梯责任保险、承包人责任保险、承运人责任保险、个人责任保险等几个基本险种。

### (一)场所责任保险

场所责任保险主要承保固定场所由于存在结构缺陷或管理不善,或者被保险人在被保险场所内进行生产经营活动时因疏忽而发生意外事故,造成他人人身伤害或财产损失应承担的经济赔偿责任。这是目前公众责任保险中业务量最大的部分,具体有旅馆责任保险、电梯责任保险、车库责任保险、展览会责任保险、机场责任保险、娱乐场所责任保险、商场等经营场所责任保险等若干险种类别。

### (二)电梯责任保险

电梯责任保险主要承保被保险人的电梯在运行期间造成乘客人身伤害或财产损失所应承担的经济赔偿责任。它可以专项独立承保,也可以归入场所责任保险之内附加承保。各种住宅、公寓、宿舍、商店、办公楼、工厂、旅馆、医院、学校等公众场所内使用的电梯,其所有人、管理人或经营人都可以按规定投保该险种。

### (三)承包人责任保险

承包人是指承包建筑安装工程和装卸作业,以及承揽加工定做、修理修缮、印刷、设计、测绘测试、广告业务的建筑安装公司、装卸搬运队、修理公司、设计所和测绘所等法人、自然人。承包人责任保险专门承保承包人在承包工程和作业中因合同约定的意外事故而造成他人人身伤害和财产损失依法应承担的经济赔偿责任。其中,对建筑安装工程承包人法律责任的保险可以附加在建筑安装工程保险合同中。

### (四)承运人责任保险

承运人是指提供客货运输服务的自然人和法人。承运人责任保险是就承运人在运输服务过程中对运送对象(旅客和货物)所发生的法律责任而提供的保险。根据运输对象和运输方式划分,有旅客责任保险、承运货物责任保险和运送人员意外责任保险等。

### (五)个人责任保险

个人责任保险承保自然人或其家庭成员因其作为或不作为而对他人的身体及财物造成损害依法应承担的经济赔偿责任。在国际保险市场上,个人责任保险分为综合个人责任保险和住宅责任保险。综合个人责任保险是普遍适用的综合性个人责任保险,承保个人或其家庭成员在居住、从事体育运动及其他一切日常活动中致使他人人身伤害或财产损失,依法应由被保险人承担的经济赔偿责任。该险种承保范围广、承担风险大,是很有市场的一个险别。住宅责任保险承保由于被保险人的住宅及住宅内的静物(如家用电器、液化气灶、阳台上的花盆等)发生意外事故致使其雇佣人员(如保姆)或客人或通行的他人在住宅内部或附近遭受伤害或财物被损毁,依法应由被保险人承担的经济赔偿责任。

### 三、公众责任保险的基本内容

（一）公众责任保险的当事人

1. 投保人（被保险人）

《中国人民财产保险股份有限公司公众责任保险条款（1999版）》第二条规定："凡依法设立的企事业单位、社会团体、个体工商户、其他经济组织及自然人，均可作为被保险人。"由此可见，发展到今天的公众责任保险范围已经涉及生活的各个角落，与20世纪80年代刚开办时仅限于涉外的公众责任保险范围相比，可以说是不可同日而语，其在经济生活中必将发挥更加重要的作用。

2. 保险人

保险人又称承保人，此处是指与投保人订立公众责任保险合同，承担赔偿或给付保险金责任的保险公司。

3. 得到损害赔偿的第三人

得到损害赔偿的第三人也就是保险金的受领人。这是责任保险与其他财产保险的根本区别，一般财产保险在发生保险事故后，保险人将保险金交付财产遭受损失的被保险人，实现财产保险弥补损失的作用。而在责任保险中，保险事故发生后，能受领保险金的不是被保险人，而是在保险事故中遭受损失的第三人。也就是说，原来应由致害人交付受害人的经济赔偿，通过对致害人投保责任保险的方式转嫁给保险人。保险人既替代了被保险人的经济赔偿责任，又保障了受害人应有的合法权利。被保险人并非责任保险的直接受益人，因而责任保险较少发生道德风险。

在公众责任保险中，被保险人因保险事故而受到损害是不能要求损害赔偿的，因为被保险人不属于责任保险中第三人的范畴。

（二）公众责任保险的责任范围

1. 保险责任

《中国人民财产保险股份有限公司公众责任保险条款（1999版）》第三条规定："在本保险有效期内，被保险人在本保险单明细表中列明的地点范围内依法从事生产、经营等活动以及由于意外事故造成下列损失或费用，依法应由被保险人承担的民事赔偿责任，保险人负责赔偿。"

公众责任保险的责任范围包括以下几项：①第三者人身伤害或财产损失；②事先经保险人书面同意的诉讼费用；③发生保险责任事故后，被保险人为缩小或减少对第三者人身伤害或财产损失的赔偿责任所支付的必要的、合理的费用。

其中第一项责任里的"第三者"即指公众，是保险人与被保险人以外的任何人；"人身伤害"是指受害人身体上的伤残、疾病、死亡，但对于受害人精神上的伤害也列入赔偿范围则存有争议。精神损害赔偿制度最近几年才在我国有较大的发展，随着人们权利意识的加强，在诉讼中要求精神损害赔偿的案例越来越多，而且往往数额巨大，如果将精神损害赔偿排除在公众责任保险范围以外，那么这是不利于弥补第三者遭受的损害并影响公众责任保险的发展的。以美国的保险单为例，人身伤害赔偿通常包括以下项目：一是医疗费用;二是丧葬费用;三是收入损失;四是整容费用;五是疼痛和痛苦。其中,疼痛和痛苦属于精神损害的范畴,由此可见美国的责任保险明显承认精神损害是可承保的。

第二项责任是事先经保险人书面同意的诉讼费用,包括被保险人和受害人在法院进行诉讼或抗辩而支出的费用,以及被保险人向有关责任方进行追偿而产生的诉讼费用。这些费用的支出必须事先经保险人的认可。在国外,关于公众责任的诉讼一般要经历很长的时间,所花费的诉讼费用数额也是巨大的,很多情况下,保险人为了能少负担诉讼费用的给付责任,往往不要求进行诉讼而是由被保险人与第三人达成和解,所以诉讼费用的支出只有在经过保险人的同意以后,才能由保险人负担,否则保险人可拒绝赔偿。

第三项责任是必要的、合理的费用,包括:一是抢救受伤人员和受灾财产所支出的费用。需要注意的是,这笔费用的支出必须是必要的、合理的,否则保险人可拒绝赔偿。二是通过诉讼以外方式达成赔偿协议应由被保险人负担的调解费用。三是被保险人为防止或减轻对他人损害的赔偿责任而支付的合理费用,或在损害是由他人直接造成的情况下,被保险人为向肇事人保留索赔权或进行追偿所支付的费用。

2. 责任免除

我国公众责任保险责任免除采取概括式和列举式并举的方式。如《中国人民财产保险股份有限公司公众责任保险条款(1999版)》第四条至第九条以列举的方式规定了公众责任保险的几种责任免除,分为基于原因除外和基于损失除外两种情形;第十条则以概括式的方式做了兜底式的规定,对第四条至第九条可能遗漏的责任免除以及随着经济发展而可能产生的新的未加以规定的新型责任加以规定,条文如下:其他不属于本保险责任范围内的一切损失、费用和责任,保险人不负责赔偿。

公众责任保险的责任免除可分为三个方面:一是绝对责任免除,即不能承保的风险;二是相对责任免除,即不能在公众责任保险中承保但可以在其他保险中承保的风险;三是可以附加承保的责任免除,即经过加贴批单、增收保费才能承保的风险。

(1) 绝对责任免除。绝对责任免除又可分为基于原因的绝对责任免除和基于损失的绝对责任免除。①基于原因的绝对责任免除包括:一是被保险人及其代表的故意或重大过失行为;二是战争、敌对行为、军事行为、武装冲突、罢工、骚乱、暴动、盗窃、抢劫;三是政府有关当局的没收、征用;四是核反应、核子辐射和放射性污染;五是地震、雷击、暴雨、洪水、火山爆发、地下火、龙卷风、台风、暴风等自然灾害;六是烟熏、大气、土地、水污染及其他污染;七是直接或间接由于计算机2000年问题引起的损失;八是未经有关监督管理部门验收或经验收不合格的固定场所或设备发生火灾爆炸事故造成第三者人身伤害或财产损失的赔偿责任,保险人不负责赔偿。②基于损失的绝对责任免除包括罚款、罚金或惩罚性赔款。

(2) 相对责任免除。公众责任保险不能承保,但其他险种可以承保的责任免除,包括以下几项:①锅炉爆炸、空中运行物体坠落;②被保险人或其代表、雇员人身伤害的赔偿责任,以及上述人员所有的或者由其保管或控制的财产的损失;③被保险人或其雇员因从事医师、律师、会计师、设计师、建筑师、美容师或其他专门职业而发生的赔偿责任;④不洁、有害食物或饮料引起的食物中毒或传染性疾病,有缺陷的卫生装置,以及售出的商品、食物、饮料存在缺陷造成他人的损害;⑤对于未载入保险单而属于被保险人的或其占有的或以其名义使用的任何牲畜、车辆、火车头、各类船只、飞机、电梯、升降机、自动梯、起重机、吊车或其他升降装置造成的损失;⑥由于震动、移动或减弱支撑引起任何土地、财产、建筑物的损害责任,被保险人因改变、维修或装修建筑物而造成第三者人身伤害或财产损失的赔偿责任;⑦被保险人及第三者的停产、停业等造成的一切间接损失。

(3) 可以附加承保的责任免除。包括:①被保险人与他人签订协议所约定的责任,但应由被保险人承担的法律责任不在此列;②被保险人因在保险单列明的地点范围内所拥有、使用或经营的游泳池发生意外事故而造成的第三者人身伤害或财产损失;③被保险人因在保险单列明的固定场所内布置的广告、霓虹灯、灯饰物发生意外事故而造成的第三者人身伤害或财产损失;④被保险人因在保险单列明的地点范围内所拥有、使用或经营的停车场发生意外事故而造成的第三者人身伤害或财产损失;⑤被保险人因出租房屋或建筑物发生火灾而造成的第三者人身伤害或财产损失。本类责任免除,经加批加费可予承保,但未经加批加费,均属于公众责任保险的责任免除,保险人对由此引起的损害赔偿事故不承担任何责任。

需要注意的是,目前精神损害的赔偿责任在我国的公众责任保险中属于责任免除,但经被保险人与保险人特别约定,保险人亦可慎重加保。

(三) 赔偿限额与免赔额

1. 赔偿限额

赔偿限额也称保单限额,是公众责任保险保险人承担经济赔偿责任的最高限额,也是厘定费率、计算保险费的重要因素。它一般按人身伤害和财产损失分别确定,有的保险人只确定一个总限额,即人身伤害和财产损失的最高赔偿责任合并为一个综合限额,作为控制赔偿责任的总标准。例如,美国公众责任保险中的综合个人责任保险的保险条款,对保险人因被保险人造成人身伤害和财产损失而应承担的责任规定了一个限额,这一限额表示保险人所承担的最高责任,而不管一次事故发生引起的伤亡人数或财产损失程度。

对于诉讼费用的赔偿限额,一般规定在人身伤害和财产损失的赔偿限额以内,但也有单独列出一个赔偿限额的,我国采取了前者的规定。事先经保险人同意的第三者人身伤害和财产损失与诉讼费用,每次事故赔偿金额不得超过保险单中列明的每次事故赔偿限额。除诉讼费用以外,对发生保险事故以后,被保险人为缩小或减少对第三者人身伤害或财产损失的赔偿责任所支付的必要的、合理的费用,保险人单独规定了一个赔偿限额,这部分费用不得超过保险单明细表中列明的每次事故赔偿限额。

确定公众责任保险赔偿限额的方法有以下几种:

(1) 规定每次事故赔偿限额,不规定累计限额,即只对每次事故的赔偿责任有制约作用,而对整个保险期内总的赔偿责任不起作用。在每次事故赔偿限额内可以规定人身伤害和财产损失的分项限额,也可以仅规定每次事故的混合限额。

(2) 规定每次事故赔偿限额,再规定保险期内累计限额,每次事故的赔偿限额制约每次事故的人身伤害和财产损失的赔偿责任,累计限额制约整个保险期内的赔偿责任。其中的人身伤害和财产损失既可以规定分项限额,又可以规定混合限额。

公众责任保险赔偿限额的高低,由保险双方当事人在签订保险合同时根据可能发生的赔偿责任风险大小协商确定,或保险人事先确定若干赔偿限额档次,由被保险人选定。

**2. 免赔额**

免赔额是保险人的免责限度,公众责任保险的免陪额以承保业务的风险大小为依据,并在保险单上注明,以督促被保险人加强防灾防损,从而减少赔偿额。我国公众责任保险单将免赔额列为其中一项内容,规定了每次事故财产损失免陪额。这一般是一种绝对免赔额,即无论受害人财产损失程度是否超过规定的免赔额,免赔额以内的损失保险人概不负责,而由被保险人自行负担,是保险人在赔偿他人财产损失时应绝对消除的数额。

**(四)保险费率及保险费**

按照国际保险界的习惯做法,保险人一般按每次事故的基本责任限额和免赔额订立保险费率;当基本责任限额和免赔额增减时,费率也应适当增减,但并非按比例增减。除考虑责任限额和免赔额因素外,保险人在厘定费率时,还应考虑以下因素:①被保险人的业务性质、种类、产品等产生损害赔偿责任可能性的大小;②被保险人的风险类型;③被保险人的管理水平和管理效果;④被保险人损害赔偿的记录;⑤承保区域范围的大小;⑥司法管辖权范围及当地法律对损害赔偿责任的规定。

**(五)附加条款**

公众责任保险承保对象复杂,险种众多,在一张总保险单内列举的责任范围往往无法满足投保人的需求,尤其是一些责任免除的规定。这使得投保人的需求更难以得到满足,如果使用附加条款经保险人与投保人的特别约定在总保险单基础上以批单的形式扩展承保某些风险,那么一方面可以满足投保人不同的保险需求,另一方面也有利于保险人扩大业务,同时增加保险费收入。

我国公众责任保险的附加条款有以下几类:附加客人财产责任条款、游泳池责任条款、出租人责任条款、电梯责任条款、广告及装饰装置责任条款、停车场责任条款、建筑物改动责任条款、锅炉爆炸责任条款、交叉责任条款、车辆装卸责任条款等几种。附加责任适用的费率是其适用保险单费率的 5%—35%。投保人可在投保公众责任保险基本险的基础上,与保险人约定适用的附加条款,以此扩大保险单的承保范围,使被保险人得到更全面的保障。

## 第二节 产品责任保险

### 一、产品责任与产品责任保险

**(一)产品责任的概念及特点**

产品责任又称制品责任,是产品侵权损害赔偿责任的简称。它是指由于产品存在缺陷,在消费、使用过程中发生意外,造成消费者、使用者或第三者的人身伤害或财产损失,依法应由制造商或销售商承担的经济赔偿责任。

产品责任是随着现代工业生产发展而出现的问题。工业革命的兴起,新技术、新产品的研制、开发和使用,使资本主义国家的经济得到高度发展。与此同时,由于产品缺陷导致消费者人身、财产损害的事故也日益增多,因而出现了很多消费者要求制造商、销售商赔偿由其产品缺陷引起的人身、财产损害的诉讼。由此,制造商、销售商对因其产品损害事故而承担的法律责任就被称为"产品责任"。

产品责任作为一种法律关系具有以下特点:

(1) 产品责任法律关系是由产品损害事故引起的,产品损害事故是引起法律关系产生的法律事实。

(2) 就产品责任法律关系的主体而言,责任方有制造商与销售商(义务主体),与之相对的是受损害方(权利主体)。

(3) 就产品责任法律关系的内容而言,是制造商、销售商对受害的消费者、使用者或第三者所负的损害赔偿义务。这种损害赔偿包括对人身损害的赔偿和对财产损害的赔偿。

(二) 产品责任保险的概念及特点

产品责任保险是指以产品的制造商、销售商因生产和销售的产品造成产品消费者、使用者或第三者人身伤害或财产损失而应承担的损害赔偿责任为保险标的的责任保险。产品责任保险的目的在于保护产品的制造商或销售商免受因其产品的使用造成他人人身伤害或财产损失而承担损害赔偿责任的损失。

产品责任保险有如下几个特点:

(1) 产品责任保险强调以产品责任法为基础。因为受害人与致害人之间为侵权关系,所以必须通过一定的法律来规定责任的划分和索赔的依据。

(2) 产品责任保险虽然不承担产品本身的损失,但它与产品本身有着内在的联系,即产品质量越好,产品责任风险越小,反之亦然;产品种类越多,产品责任风险越复杂,反之亦然;产品销量越大,产品责任风险越广泛,反之亦然。

(3) 由于产品是连续不断地生产和销售,因此产品责任保险的保险期限虽然为一年期,但强调续保的连续性和保险的长期性。

(4) 强调保险人与被保险人的协作和信息沟通。因为竞争的需要,产品必然要不断改进并更新换代,或者要采用新技术、新工艺、新材料,这一特征决定了产品责任保险的保险人必须随时把握被保险人产品的变化情况,并通过产品的变化评估风险,做出反应。

在商品经济发达国家,因为拥有比较完善的产品责任法律制度,消费者也有着强烈的自我保护意识和索赔意识,所以产品的制造商和销售商对制造、销售产品都持谨慎态度。这些环节的当事人为保护自己的经济利益,不得不购买保险,借以转嫁风险。

(三) 产品责任与产品质量违约责任的区别

在很多场合,人们很容易把产品责任与产品质量违约责任相混淆。事实上,这是两个虽与产品相关但完全不同的法律概念,二者有着严格的区别。

1. 发生根据不同

产品责任是民事责任,其发生根据是致害人的侵权行为;产品质量违约责任是违反合同的民事责任,其发生根据是债务人不履行合同所规定的义务。

2. 当事人之间的法律关系不同

在侵权民事责任的双方当事人中,事先并没有特定的权利义务关系,只有当侵权行为发生后,致害人与受害人之间才产生特定的权利义务关系;而违反合同的民事责任以当事人双方事先签订的合同为前提,在违约行为发生以前,当事人之间存在债权债务关系。

3. 承担责任的条件不同

侵权民事责任必须是在致害人给受害人造成损害事实的前提条件下才成立;而在违反合同的民事责任中,一方不履行合同义务,虽然未给对方造成损失,但也要承担民事责任,如继续履行合同、支付违约金等。

4. 对损害后果的要求不同

产品责任的构成必须有损害后果,这一损害后果必须是有缺陷产品在使用过程中造成消费者、使用者或第三者的人身伤害或财产损失;构成产品质量违约责任不以造成债权人的人身伤害和财产损失为要件,只要产品不符合合同规定的质量要求形成违约即可。

5. 责任承担者的范围不同

产品责任的承担者可以是产品制造商,也可以是产品销售商,还可以是产品的承运者、保管者。产品的制造商和销售商对产品责任负连带责任,受害人可以任择其一提出赔偿请求,也可以同时向各方提出赔偿请求;产品质量违约责任的承担者仅限于合同当事人中提供不合格产品的一方。

6. 承担民事责任的方式不同

产品责任的承担通常采取赔偿损失的方式;产品质量违约责任的承担方式可以是继续履行合同,也可以是修理、重做、更换、支付违约金,还可以是赔偿损失。

7. 保险人提供的保障不同

对于产品责任,保险人提供的是代替责任方承担因产品责任事故而造成的对受害人的经济赔偿责任,属责任保险范畴;对于产品质量违约责任,保险人提供的是带有担保性质的保证保险,仅承保不合格产品本身的损失。

## 二、产品责任保险的基本内容

(一)投保人与被保险人

在产品责任保险中,制造商、进出口商、销售商以及修理商等一切可能对产品责任事故造成的损害负有赔偿责任的人,都对产品责任保险标的具有可保利益,都可以投保产品责任保险。另外,根据具体情况的需要,可以由他们中的一人投保,也可以由他们中的几个人或全体联名投保。保险单中的被保险人,除投保人自身外,经投保人申请并经保险人同意后,可以将其他方也作为被保险人,并规定对各被保险人之间的责任互不追偿。各有关方中,制造商应承担最大风险,除非其他各方已将产品重新装配、改装、修理、改换包装或使用说明书,并由此引起的产品责任事故应由该有关方负责,凡产品原有缺陷引起的问题均将追溯至制造商负责。

(二)保险责任

产品责任保险的保险责任可以分为以下两项:

(1)在保险有效期内,被保险人生产、销售、分配(国外还包括修理)的产品发生事故,造成消费者、使用者或第三者(以下统称"用户")的人身伤害或财产损失,依法应由被保险人负责时,保险人在保险单规定的赔偿限额内予以赔付。

在这项保险责任里,需要明确以下问题:①产品责任保险承担赔偿责任以产品有缺陷为前提,而该缺陷必须是在产品离开制造商或销售商控制以前已经存在。②保险人承担缺陷产品损害赔偿责任具有一定的限制条件。一般情况下,保险人在产品责任保险项下承担的损害赔偿责任要受两个条件的制约。第一,造成用户损害的事故必须具有"意外""偶然"的性质,而不是被保险人事先能预料的。保险人承保的是偶然的而不是必然的产品缺陷引起的索赔。第二,保险事故必须发生在制造或销售场所以外的地方,而且产品的所有权已经转移至用户。如果造成伤害、损失的有缺陷产品仍在被保险人的生产场地内,则不属于产品责任保险的赔偿范围。但是,在承保餐厅、旅馆等的产品责任保险时,由于其本身生产或销售的食品、饮料等一般由用户在其场馆内食用,因此为了使被保险人因这类产品责任事故而引起的赔偿责任也能在产品责任保险项下获得保障,可以在加收保险费后在产品责任保险项下扩展承保。

(2)被保险人为产品责任事故所支付的诉讼、抗辩费用及其他经保险人事先同意支付的费用,保险人也予以负责。产品责任事故发生后,是否应由被保险人承担损害赔偿责任以及赔偿数额的大小,一般通过诉讼由法院裁定。由此产生的诉讼费用、抗辩费用、律师费用、取证费用等,保险人可予以负责。但是,有时因诉讼费用很高,或被保险人为了避免在法院诉讼影响其声誉,对于一些索赔金额不大、责任比较明确的案件,保险人也可以与受害人协商解决或通融赔付,保险人亦可承担对于这些费用的支付,但须坚持自己的原则。

通常情况下,保险人支付的诉讼费用在一个单独的赔偿限额内计算,或在双方约定的限额内赔付。

(三) 责任免除

产品责任保险的责任免除具体如下:

(1)被保险人根据与他人的协议应承担的责任,或即使没有这种协议,被保险人仍应承担的责任不在此限。在责任保险中,合同责任是一种常规的责任免除形式。由于合同规定,被保险人可能对第三者承担了本可以不承担的责任,或承担加大了的法律责任,这种合同责任不应该转嫁给保险人,应予除外。但即使没有合同存在,被保险人仍需对他人承担法律责任时,保险人还是应予负责的。这条责任免除并不是绝对的。如果被保险人要求取消,那么在承保时,保险人可要求被保险人申报所有合同责任,由保险人根据责任大小确定合适的费率加收保险费后,出具批单加保这些项目。但保险人对没有申报的合同责任仍不予负责。

(2)根据劳动法或雇佣合同应由被保险人对雇员承担的责任。雇主对雇员承担损害赔偿责任,法律上有规定的,按法律规定办;无明确法律规定的,按雇佣合同办。雇主对雇员的损害赔偿并不一定由侵权造成。根据雇佣关系,雇主对雇员既可能承担法律规定的赔偿责任,又可能承担雇佣合同上规定的赔偿责任。这种风险可以由被保险人投保雇主责任保险来转嫁,在产品责任保险中也将此条列为责任免除,但雇员作为消费者使用产品受到损害不在此限。

（3）被保险产品本身的损失或退换回收的损失。产品责任保险有两项重要限制：一是不负责因修理或置换有缺陷产品而产生的费用，二是只限于对第三者造成的人身伤害和财产损失。保险市场上的产品质量保证保险就是专门填补这两项空白的。

（4）被保险人所有、保管或控制的财产的损失。这类财产并不属于产品责任保险项下的第三者所有，被保险人可以投保财产保险来转嫁此类风险。

（5）被保险人故意违法生产、销售的产品或商品造成任何人的人身伤害、疾病、死亡或财产损失。从法律角度来讲，保险合同不能保护违法利益，保险人不能接受被保险人转嫁产品责任风险以助其谋取非法利益。从风险角度来看，无论是从保险单规定上还是从公共准则方面，保险人均要求被保险人履行和遵守当局颁布的一切法规并采取所有合理的预防措施，阻止有缺陷产品的生产或销售以防止发生人身伤害或财产损失。产品责任保险的责任范围中明确保险人负责的产品责任事故，应该是"意外的""偶然的"。如果被保险人故意违法生产、销售产品或商品，那么这种行为对制造商或销售商来说，造成产品责任事故就不是"意外的""偶然的"，由此造成的责任，保险人不予承担。

（6）产品仍在制造或销售场所，其所有权尚未转移至用户的产品责任事故，属于责任免除。

（7）保险产品造成的大气、土地及水污染及其他污染所引起的责任。

（8）由于战争、类似战争行为、敌对行为、武装冲突、恐怖活动、谋反、政变直接或间接引起的任何后果所致的责任。

（9）由于罢工、暴乱、民众骚乱或恶意行为直接或间接引起的任何后果所致的责任。

（10）由于核裂变、核聚变、核武器、核材料、核辐射及放射性污染所引起的直接或间接的责任。

（四）保险期限

产品责任保险的保险期限通常为一年，期满可以续保。与其他单独承保的责任保险一样，保险人对产品责任保险项下承担的责任，一般有两种承保基础，一种是"期内发生式"，另一种是"期内索赔式"。

（五）赔偿限额

赔偿限额是保险单上载明的保险人所应承担的最高赔付金额。赔偿限额的约定，是为了明确和限制保险人承担的产品责任风险范围。

在产品责任保险单中，通常规定两项赔偿限额，即每次事故的赔偿限额和保险单累计赔偿限额。以上每项限额还可以分别划分为人身伤害和财产损失两个限额，因产品责任事故导致用户人身伤害或财产损失时，分别适用各自的限额。保险人负责的诉讼抗辩费用，在赔偿限额以外赔付。

（六）费率厘定

按照保险经营理论，保险费率的高低，取决于保险人所承担风险的大小。产品责任保险承保的是各种不同类型的产品，产品的多样化和危险程度的差异性等，都要求保险人对不同的产品确定不同的费率。在厘定费率时，应考虑下列因素：

（1）产品的特点和可能对人体或财产造成损害的风险的大小。

（2）产品的数量和产品的价格。同类产品的投保数量大、价格高，销售额也高，保险费收入绝对额大,费率就可相对降低。

(3) 承保的地区范围,即承保产品销售地区范围大小。一方面,承保地区范围大,风险也大,产品责任保险费率较高,如世界范围出口销售的产品就比国内销售的产品的责任风险大;另一方面,承保销往产品责任严格的国家或地区的产品就比销往其他国家或地区的产品的责任风险大,因为这些国家或地区的索赔金额高且实行绝对责任原则,故费率亦高,如出口美国与出口非洲国家的产品,其产品责任保险在费率上就应有所区别。

(4) 产品制造者的技术水平和质量管理情况。保险人应根据产品种类、销售区域并在研究所有承保资料后考虑风险评估结果,最后再确定保险费率。

**拓展阅读**

### 美国产品责任法概况

根据美国《布莱克法律辞典》的规定,产品责任是指"生产者和销售者对于因制造和出售有缺陷的产品而使该产品的购买者、使用者及第三者遭受人身伤害或财产损失而进行赔偿的法律责任",调整这种法律责任而引起的权利义务关系的各种法律规范的总称就是产品责任法。

按照有关美国法律的解释,产品责任是一种侵权行为,因此产品责任法是侵权行为法的重要组成部分。然而,产品责任法又具有不同于一般侵权行为法的特点。由于美国有的州法认为产品责任的承担可以建立在完全独立的严格责任基础之上,这种严格责任既区别于过错责任,也不等同于一般侵权法上的无过错责任,受害人可以仅通过证明产品存在缺陷并且这种缺陷对受害人造成了损害,而无须证明生产者或销售者对缺陷的存在具有过失,即可请求责任人给予赔偿。因此,美国的产品责任法是一种以严格责任为主要归责原则的特殊的侵权行为法。

美国产品责任的立法形式多样,既有习惯法,又有成文法,包括联邦产品责任法、各州产品责任法及判例以及适用于各州的有关产品责任的规定、判例,还包括对司法实践有着指导作用的有关产品责任的示范法。为了统一各州产品责任法,美国商务部于1979年1月公布了《统一产品责任示范法》,作为专家建议文本,供各州在立法及司法中参考适用。此外,美国参议院商业科学和运输委员会下设的消费特别委员会于1982年公布的《产品责任法草案》以及美国法学会编撰的《第二次侵权法重述》(1965年版)在统一各州的产品责任法方面也起到了重要作用。特别是1997年5月2日,美国法学会通过了新的产品责任法重述——《第三次侵权法重述:产品责任》,标志着美国产品责任法的发展进入了一个新阶段。

资料来源:美国产品责任法的主要内容及特点[EB/OL].(2016-08-18)[2020-08-31].https://zhidao.baidu.com/question/562949798.html,有删改。

(七) 保险费计算方式

产品责任保险保险费的计算与赔偿限额的高低和销售额的大小关系极大。产品责任保险中的保险金额就是赔偿限额。销售额是被保险人在一段时间内售出产品的总计金额。赔偿限额与销售额是保险人计算责任保险保险费的主要依据之一。销售额是计算保险费的基础，赔偿限额是参考数值。产品责任保险保险费的计算公式为：

$$保险费 = 销售额 \times 费率$$

产品责任保险可以实行预收保险费制，即在签订产品责任保险合同时，按投保生产、销售的全部产品或商品价值计算收费，待保险期满后再根据被保险人在保险期内实际生产、销售的产品或商品价值计算实际保险费，对预收保险费实行多退少补，但实收保险费不得低于保险人规定的最低保险费。此外，还应注意以下事项：

第一，保险人有权在保险期限内要求被保险人提供一段时间内所生产、销售产品总价值的数据，并派人员检查被保险人的有关账册或记录，核实上述数据，以保证按规定准确计算保险费。

第二，保险期间，被保险人若生产新产品或改变原有产品的成分、用途等，则应及时通知保险人，保险人有权选择加收保险费或以其他方式维持保险单的效力；否则，保险人对该产品引起的产品责任事故不负责赔偿。

## 第三节　雇主责任保险

### 一、雇主责任保险概述

#### （一）雇主责任与雇主责任保险

1. 雇主责任

雇主责任是指依据国家有关法律、法规和雇主与雇员签订的劳动合同，雇员受雇于雇主期间，在从事与职业相关的工作中，因发生意外或职业病而引起的人身伤害，雇主应承担经济赔偿责任。

一般而言，雇主所承担的对雇员的责任，包括雇主自身的故意行为、过失行为乃至无过失行为所致的雇员人身伤害赔偿责任。但保险人承保的责任风险并不与此一致，即将被保险人的故意行为列为责任免除，而主要承保被保险人的过失行为所致的经济赔偿责任，或者将无过失风险一起纳入保险责任范围。构成雇主责任的前提条件是雇主与雇员之间存在直接的雇佣合同关系，即只有雇主才有解雇该雇员的权利，雇员有义务服从雇主的管理从事业务工作，这种权利义务关系通过书面形式的雇佣或劳动合同进行规范。

下列情况通常被视为雇主的过失或疏忽责任：雇主提供危险的工作地点、机器设备或工作程序；雇主提供的是不称职的管理人员；雇主本人直接的疏忽或过失行为，如对有害工种未提供相应的合格的劳动保护用品等即为过失。

凡属以上情形者且不存在故意意图的均属于雇主的过失责任，由此造成的雇员人身伤害，雇主应负经济赔偿责任。此外，许多国家还规定雇主应当对雇员承担无过失责任，即只要雇员在工作中受到的伤害而不是自己故意行为所导致的，雇主就必须承担起对雇员的经济赔偿责任。因此，雇主责任相对于其他民事责任而言较为重大，雇主责任保险承保的责任范围超出了过失责任的范围。

国际上通常对雇主、雇员有明确的定义和界定，如在英国，雇主是指占用或雇用另一个人,或对他实施权利和管制的人。雇主在雇佣关系中表现为:雇主有选择受雇人的权利;雇主应对雇员支付工资或其他酬金;雇主掌握工作方法的控制权;雇主具有终止或解雇受雇人的权利。雇员是指同意执行其雇主指令的人。雇员包括:工长或工长提供的人;供应劳务的分包合同雇用的人;被保险人根据合同借用的人;正在接受工作培训或实习的人;被保险人工资名单上的人。

英国的雇主责任是:①雇主本人的过失行为;②未能注意选聘适任的雇员;③未能注意提供足够安全的工作场地;④未能注意提供足够安全良好的机器、厂房及设备,或未使之处于足够安全的工作状态;⑤未能制定并执行安全生产(或工作)的规章制度;⑥雇主对其雇员的工作过失承担替代责任。

在生产或工作过程中,如果雇主未能部分或全部履行自己保证雇员安全的义务致使雇员遭受人身伤害或疾病,则雇员有权依法要求雇主赔偿经济损失。

2. 雇主责任保险

雇主责任保险是指承保雇员在受雇期间发生的人身伤害或根据雇佣合同应由雇主承担的经济赔偿责任的一种保险。它在责任保险中最先产生,且最先成为许多发达国家的法定保险。也有一些国家将类似业务纳入社会保险范围,即以工伤社会保险取代雇主责任保险。在日本,工伤社会保险与雇主责任保险并存,前者负责基本的保障,后者负责超额的保障。不论采用何种方式经营,都表明雇主承担着相当的民事责任风险,在没有工伤社会保险或工伤社会保险不足的条件下,均要求保险公司开办雇主责任保险业务。

(二) 雇主责任保险的特征

雇主责任保险是责任保险中的一个大险种。它除了具有一般责任保险的共同特征,还具有自己的特征,具体表现为:

1. 责任主体的特殊性

雇主责任保险的责任主体是各行业的雇主,即与雇员有直接雇佣合同关系,掌握着解雇雇员的权力,并承担着对雇员在受雇期间遭受伤害的经济赔偿责任的自然人或法人。

2. 承保风险范围的特殊性

与公众责任保险的承保风险不同,雇主责任保险承保的区域范围一般不仅限于被保险人的固定场所。只要雇员所受的伤害是源于并在雇佣过程中发生的,保险事故具体发生于何处就不那么重要了;而且,即使保险事故发生在雇主的工厂或企业中,雇主也不必然要承担责任,因为伤害必须"源于雇佣"。例如,某人的工作相对轻松,却在工作时因心脏病而死亡,其家人较难证明其死亡与工作之间的必然联系,进而无法获得相应的赔偿。

3. 保险对象的特殊性

与其他责任保险相同,雇主责任保险的对象均包括第三者。然而,公众责任保险的第三者被固定在某一场所、地点或运输途中,产品责任保险的第三者只能是产品的消费者、使用者或受害者,职业责任保险中的第三者仅包括那些由于各种专业技术人员因工作上的疏忽或过失而受损害的人。而以企业、公司所雇用的员工为雇主责任保险的第三者,是雇主责任保险区别于其他责任保险的重要特征。

**4. 保险期限的特殊性**

雇主责任保险的保险期限一般以劳动合同为基础。通常情况下,保险期限为一年,若雇主限于某些特殊的劳动合同期限的需要,也可以按该劳动合同的期限投保不足一年或一年以上的雇主责任保险。

**(三) 雇主责任保险与相关保险的比较**

**1. 雇主责任保险与劳动保险的比较**

在我国,劳动者因工受到伤害时,只有在全民所有制企业才可以得到劳动保险制度的保障;农业劳动者和个体劳动者一般由自己负担;在集体所有制企业或其他经济类型的企业,由经营者、生产资料所有者(即雇主)承担。由此可见,两种保险的差异在于:

(1) 保险对象不同。劳动保险的保险对象限于全民所有制企业的劳动者;雇主责任保险则没有此限制,任何性质的企业雇用的一切雇员,无论长期固定工、短期工、临时工、季节工、徒工等均可以包括在内。当然,国有企业同样可以为职工投保雇主责任保险。

(2) 保险费的给付人不同。雇主责任保险的保险费由雇主支付;劳动保险的保险费则通常由政府、雇主或雇员按比例支付。

(3) 保险金的给付对象不同。雇主责任保险的赔偿金交给已做赔偿的雇主;劳动保险的赔偿金则直接交给受伤害的雇员。

(4) 保险性质不同。雇主责任保险属于责任保险的范畴,它基于雇主因未能尽其法律义务或者过失或疏忽而产生的法律赔偿责任;雇员在遭受人身伤害时获得赔偿,是其依劳动法应享有的权利。

**2. 雇主责任保险与人身意外伤害保险的比较**

虽然雇主责任保险与人身意外伤害保险都是对人的身体与生命的保险,但二者存在根本的区别:

(1) 保险性质不同。雇主责任保险承保的是雇主的民事损害赔偿责任或法律赔偿责任,是一种无形的利益标的,属于责任保险范畴;而人身意外伤害保险承保的是自然人的身体与生命,是一种有形的实体标的,属于普通人身保险的范畴。

(2) 保险责任不同。雇主责任保险仅仅负责赔偿雇员在执行任务或在工作场所内遭受的意外伤害;而人身意外伤害保险则对被保险人不论是否在工作时间或工作场所受到的伤害均予负责。雇主责任保险还承保雇员的职业病,而人身意外伤害保险不承担此项责任。

(3) 承保条件不同。雇主责任保险需要以民法和雇主责任法或雇佣(劳动)合同为承保的客观依据;而人身意外伤害保险只要是自然人均可以自由投保。

(4) 保险效果不同。雇主责任保险的被保险人是雇主,但客观上又直接保障了雇员的权益,且采取强制承保的方式,被公认为具有社会保障性质;而人身意外伤害保险只是保障被保险人自己的利益,完全采取自愿投保的方式,是保险人与被保险人之间的等价交换行为,只能成为社会保障的补充。

(5) 计费与赔偿的依据不同。雇主责任保险计算保险费与赔偿金的依据,是雇员的月工资收入,即每一个雇员的月工资收入是计算其应交保险费和应得赔偿金的基础;而人身意外伤害保险以保险双方事先商定的保险金额为计算保险费和赔偿金的依据。

由于人的身体和生命是没有客观价值标准的,即使上述保险同时存在,雇员所获得的赔偿金(医疗费用除外)也不使用比例赔偿的方式。例如,孙某参加了人身意外伤害保险,保险金额5万元;孙某所在的单位参加了雇主责任保险,其中孙某的赔偿限额标准是60个月的工资收入,约6万元。孙某在工作场所因意外事故而丧生,则其家属依据民法的原则和雇佣或劳动合同可以向雇主索取经济赔偿,承保雇主责任保险的保险人应当代雇主支付受害人家属赔偿金6万元;同时,孙某的家属可以依据孙某生前与保险人签订的人身意外伤害保险合同,索取5万元的人身意外伤害保险金,二者可以兼得。雇主或保险人均不能以孙某家属获得了双份赔偿金而拒付或分摊赔偿金。

(四) 雇主责任保险的法律依据

严格地说,雇主责任保险的法律依据应仅仅限于雇主责任法。但是由于各国法律制度的差异和立法完备程度的不同,各个国家雇主责任保险的法律依据也有所不同。

第一,在立法完备,民法、劳工法、雇主责任法同时并存的西方发达国家(如美国、英国等),民法是雇主责任保险的法律基础,劳工法是社会保险性质的劳动保险的法律依据,雇主责任法则是商业保险性质的雇主责任保险的直接法律依据。

第二,在只有劳工法,没有雇主责任法的国家或地区(如中国、日本等),雇主责任保险的法律依据就是劳工法以及雇主与雇员之间的雇佣合同。我国雇主责任保险的开展是为了配合劳动用工制度的改革,保障职工(雇员)权益,减轻企业压力,促进市场经济的发展。随着市场经济改革的深化,合同工、季节工及临时工队伍日益庞大,传统的国家统包的社会福利或安全保障制度显然是不够的,需要有雇主责任保险作为劳动用工制度改革的配套措施来保障合同工、季节工、临时工等在国有企业、集体企业、事业单位工作而又不能享受劳动保险的劳动者在职期间的正当权益。

## 二、雇主责任保险的基本内容

(一) 雇主责任保险的主体

雇主投保责任保险的目的,就在于通过交付保险费的方式向保险人转嫁其对雇员在受雇期间发生的责任事故依法应承担的经济赔偿责任。投保雇主责任保险,在保障雇主、企业稳定自身经营的同时,也有效地保障了员工的利益。作为被保险人的雇主及其聘用的员工和保险公司,共同构成了雇主责任保险合同的主体。在此,我们简要介绍雇佣合同中的被保险人和被保险人聘用的员工。

1. 被保险人

雇主责任保险的被保险人就是与雇员签订了雇佣合同,承担着对雇员在受雇期间遭受伤害的法律赔偿责任的雇主。在此,对雇主应做广义的解释,不仅包括作为自然人的公司、企业的负责人,而且可以是作为法人的各类公司、企业或事业单位、社会团体。例如,在一些国有大中型企业、厂矿内,雇主责任保险的要旨在于保障企业生产经营的一种持续性,而不仅仅针对经理、厂长。在实践中,雇主责任保险的被保险人多为各种类型的企业及个体工商户,主要是由于这类单位较一般机关、社会团体更经常产生雇主责任问题。

2. 被保险人聘用的员工

"聘用的员工"是指在一定或不一定期限内,接受被保险人给付薪金工资而提供劳务,年满16周岁的人员及其他按国家规定和法定途径审批的特殊人才。

雇主聘用的一切员工,无论长期固定工、短期工、临时工、季节工、徒工等均可以包括在内。但雇主本人、未在本单位工作的雇主的直系亲属、已办离退休手续的员工、在投保当时已患重疾症的患者不纳入雇主责任保险承保对象。虽然我国《劳动法》第九十四条规定,用人单位不得非法招用未满16周岁的未成年人,但如果雇主能证明其并非因故意或重大过失而不知道的,则保险人仍应因损害发生负赔偿责任。按国外惯例,常以雇主雇用违反法律规定年龄或性别的雇员为除外责任。

(二) 雇主责任保险的保险责任

雇主责任保险以雇主为被保险人,保障雇主因雇佣合同规定而应承担的经济赔偿责任。劳动保险的保障范围已经很广泛,已有此保险,为何还需要雇主责任保险呢?原因在于劳动保险的给付金额为法令规定,因此存在给付较低不符合雇佣合同规定的情况,也有雇主因其雇员人数低于强制保险的人数或不符合强制保险的其他规定而不必投保的情况。随着多种经济形式的发展,人们对雇主责任保险也有了进一步的需要。

1. 保险责任的范围

凡被保险人聘用的员工,于保险有效期内,在受雇过程中(包括上下班途中),从事保险单所载明的被保险人的业务工作而遭受意外或患了与业务有关的国家规定的职业性疾病所致伤残或死亡,对被保险人根据雇佣合同和中华人民共和国法律、法规须承担的医疗费及经济赔偿责任,包括应支付的诉讼费用,保险人根据保险单的规定,在约定的赔偿限额内应予以赔付。

(1) 为了把救济限定在雇员的工作与所受伤害之间确实存在关系的范围内,雇主责任保险只承保那些"源于并在雇佣过程中发生的"伤害事故。具体包括:

第一,伤害事故必须"源于雇佣",即工作的环境是造成伤害的原因。例如,由于长期从事某项职业,患了与此项职业有关的职业性疾病,就是一种典型的源于雇佣的伤害。职业性疾病风险的估计对保险费的厘定有重要影响,保险人在承保时,应进行职业性疾病的调查,选用一些指标对职业性疾病的发生及危害程度进行估计。

第二,伤害事故必须"在雇佣过程中"发生。被保险人的雇员应在受雇过程中,从事与其所雇业务有关的工作,因此被保险人的雇员从事与所雇业务无关的工作自然得不到补偿。怎样理解与工作有关呢?如果雇员在工作中为私利而工作则为不相关,如办私事或在工作中兼办私事的;其他,如加班、工作中必要的教育训练和必要的应酬均应理解为与工作相关。对于外勤人员,因保险合同中并没有规定雇员需在保险单列明的地点工作,也应视为与工作有关。

第三,伤害事故应发生在"保险有效期或保险单载明的雇佣合同有效期内"。所以,确定保险人的赔偿责任需看保险事故发生的时间是否满足这一条件,如果保险事故未发生在保险有效期内,那么保险人不负赔偿责任。

第四,保险人只在被保险人受到损害赔偿之请求时,才负赔偿责任。虽然雇员大多均依雇佣合同而提出赔偿请求,但因雇员的素质不同也未提出或因其他关系而没有提出赔偿请求的,此时依保险的损失补偿原则,保险人无须承担赔偿责任。

(2)为限制诉讼费用的无限膨胀而加给雇主的"压倒性重担",雇主责任保险承保雇主基于上述伤害事故纠纷而支出的诉讼费用。该项诉讼费用包括律师费用、取证费用以及经法院判决应由被保险人代所聘用员工支付的诉讼费用。但该项费用必须使用在雇主责任保险范围内的索赔纠纷或诉讼案件上,且是合理的诉诸法律而支出的额外费用。此项费用的限额由被保险人和保险人约定,保险人按照实际发生诉讼费用的金额在该项赔偿限额内予以赔偿。

(3)基于上述伤害事故所致雇员伤残、死亡或患了与业务工作有关的国家规定的职业性疾病,雇主须承担的医疗费、经济赔偿责任,保险人均应予以赔付。

2. 保险责任的除外

以下所列各项均为责任免除,保险人不予负责:

(1)战争、类似战争行为、民众骚乱、罢工、暴动或由于核子辐射所致的被雇用人员伤残、死亡或疾病。

(2)被雇用人员由于职业性疾病以外的疾病、传染病、分娩、流产以及因这些疾病而施行内外科治疗手术所致的伤残或死亡。

(3)被雇用人员由于自加伤害、自杀、犯罪行为所致的伤残或死亡。

(4)被雇用人员出于非职业原因而受酒精或药剂的影响所致的伤残或死亡。

(5)被保险人的故意行为或重大过失。此处的故意行为不仅限于故意违约行为。通常,被保险人如违反劳动法的强制规定而使雇员受到伤害者,均被视为故意行为或重大过失行为。

(6)被保险人对其承包商雇用的员工的责任。

(7)除有特别规定外,在中华人民共和国境外所发生的被保险人聘用的员工的伤残或死亡。对于那些需要负责境外责任的被保险人,保险人可以在加收保险费的前提下,在保险单中加批员工公(劳)务出国条款承保此部分风险。

(8)其他不属于保险责任范围内的损失和费用。

(三)雇主责任保险的扩展责任

1. 一般雇主责任保险的扩展责任

(1)附加雇员第三者责任保险。附加雇员第三者责任保险扩展承保被保险人聘用的员工,在保险单有效期内,从事保险单列明的被保险人的业务工作时,由于意外或疏忽导致除雇员以外的第三者人身伤害或财产损失,以及由此引起的对第三者的医疗费和赔偿费用,依法应由被保险人承担的经济赔偿责任。比如,雇员在工作中造成他人伤害并由此导致的医疗费、误工工资、赔偿金或抚恤金等,根据法律或雇佣合同应由雇主承担赔偿责任,雇主面临的这些由雇员带来的责任风险,就有借第三者责任保险转嫁责任风险的必要。保险人可以将其作为雇主责任保险的扩展责任予以加保,并另行计算收取保险费,但赔偿限额仍适用于雇主责任保险单上规定的赔偿限额。

(2)附加第三者责任保险。附加第三者责任保险扩展承保被保险人由于疏忽或过失行为导致除雇员以外的其他人人身伤害或财产损失依法应承担的经济赔偿责任。此项责任实际上是公众责任保险的范畴,雇主可以投保公众责任保险来转嫁风险,但若被保险人要求在雇主责任保险项下加保，则保险人可以采用公众责任保险的方法予以扩展承保，并另行收取保险费。

（3）附加医疗费用保险。附加医疗费用保险是保险人应被保险人的要求扩展承保被保险人的雇员在保险单有效期内因患疾病等而需支付的医疗费用的保险，实际上属于人身保险或医疗保险的范畴。雇员医疗费用的发生，不论是否遭受意外伤害，也不论是否与职业有关，凡是因疾病（包括正常疾病、传染病、分娩、流产等）而支付的治疗费、医药费、手术费、住院费等，均可以通过附加医疗费用保险获得保障。除另有约定外，附加医疗费用保险只限于在我国境内的医院或诊疗所的治疗行为，并凭其出具的单证赔付。医疗费用的最高赔偿金额，不论一次或多次赔偿，每人累计以不超过保险单附加医疗费用的保险金额为限。

（4）附加战争等风险的保险。战争、罢工、民众骚乱等均是责任保险的常规责任免除，但在雇主责任保险中，此类风险中的部分风险责任，保险人可以将其作为附加责任予以扩展承保。在实务经营中，若被保险人要求加保雇员因战争、类似战争行为、造反、罢工、暴乱、民众骚乱而遭受的人身伤害，则保险人应在保险单上列明，并规定限制条件。通常，附加上述风险责任的限制条件有如下几条：第一，被保险人及其雇员不能是上述事件的制造者或参与者；第二，保险单列明的上述事件以外的原因所致的雇员人身伤害除外；第三，保险人有权提前24小时通知被保险人取消该项附加责任。

2. 我国雇主责任保险常用扩展责任

我国雇主责任保险经保险双方约定后，一般可以扩展承保以下五项保险责任：

（1）第三者责任。该附加险扩展承保被保险人聘用的员工在保险单有效期内，从事保险单列明的被保险人的业务工作时，由于意外或疏忽造成第三者人身伤害或财产损失，以及由此引起的对第三者的抚恤、医疗费用和赔偿费用，依法应由被保险人承担的赔偿责任。该附加险应规定每次事故的赔偿限额，对财产损失还要确定每次事故的免赔额，并加收保险费。应该注意的是，第三者责任保险是基础险的附加险，一般来说，责任限额不宜高过基础险。目前该附加险的费率是固定的，没有行业差别，应避免投保人将这一附加险当成公众责任保险的基础险来采用以获得费率上的优惠。

（2）由于罢工、暴动、民众骚乱引起的责任。该附加险扩展承保在保险单明细表中列明的地点范围内，直接由于罢工、暴动、民众骚乱导致被保险人聘用的员工在保险单有效期内，从事保险单列明的被保险人的业务工作时发生意外造成其伤残或死亡，被保险人依照雇佣合同应承担的医疗费用和经济赔偿责任。

（3）核子辐射责任。该附加险扩展承保从事核工业生产、研究、应用的被保险人聘用的员工在保险单有效期内，从事保险单列明的被保险人的业务工作时，由于突然发生的核泄漏事件造成其伤残、死亡或由于核辐射使员工患有职业性疾病而致伤残、死亡，被保险人依照雇佣合同及相关法律应承担的医疗费用和经济赔偿责任。

（4）员工公（劳）务出国有关的责任。该附加险扩展承保被保险人聘用的员工在保险单有效期内，从事保险单列明的被保险人的业务工作时，由于公（劳）务出国发生意外或患职业性疾病而致伤残、死亡，被保险人依照雇佣合同及相关法律应承担的医疗费用和经济赔偿责任。该附加险应规定每次事故的赔偿限额。

(5) 2000年责任免除。"2000年问题"指因涉及2000年日期变更,或此前、期间、期后任何其他日期变更(包括闰年的计算),直接或间接引起计算机硬件设备、程序、软件、芯件、媒介物、集成电路及其他电子设备中类似装置的故障,进而直接或间接引起和导致保险财产的损失或破坏问题。

当然,保险人还可以根据雇主责任保险的特点,针对被保险人的不同要求设计相应的扩展责任条款。

(四) 雇主责任保险的保险费

雇主责任保险采用预收保险费制,保险费按不同工种雇员的适用费率乘以该类雇员年度工资总额计算,原则上在签发保险单时一次收清。

在订立雇主责任保险单时,保险人根据被保险人的估计,按在保险单有效期内被保险人付给雇员工资、薪金、加班费、奖金及其他津贴的总数,计算预期实际付出的保险费。在订立保险单后的一个月内,被保险人应提供保险单有效期内实际付出的工资、薪金、加班费、奖金及其他津贴的准确数额,借以确定保险费的具体数额。预付保险费多退少补。

保险费率即保险价格,是保险人按单位保险金额向投保人收取保险费的标准,其厘定应符合充分性、合理性、公平性、稳定性的原则。确定雇主责任保险费率的依据有:

1. 行业特征、工作特征

保险费率往往因职业的危险程度不同而有所差异。在美国的劳工保险制度中,根据危险程度的不同将职业分门别类,确定不同的保险费率。例如,在某一费率水平居中的州,私立保险人的最高保险费率是每百元工资77.10美元。我国保险公司也编制了雇主责任保险各行业费率表。

2. 赔偿限额的高低

雇主责任保险的费率不仅受到不同类职业的不同危险程度的影响,还受到相关法律规定的影响。同一工种,若法律规定的赔偿限额较高,则费率也会倾向于较高;反之亦然。

3. 责任范围的大小,是否有扩展责任

经保险人与被保险人双方同意,雇主责任保险可以扩大承保责任的范围,如扩展承保由于罢工、暴动、民众骚乱引起的责任,但须交纳附加保险费。

## 第四节 职业责任保险

### 一、职业责任保险概述

(一) 职业责任风险与职业责任保险

1. 职业责任风险

职业责任风险是指从事各种专业技术工作的单位或个人因工作上的失误而导致的损害赔偿责任风险,它是职业责任保险存在和发展的基础。职业责任风险的特点在于:第一,它属于技术性较强的工作导致的责任事故;第二,它不仅与人的因素有关,也与知识、技术水平及原材料等的欠缺有关,技术人员未必有主观上的过失;第三,它限于技术人员从事本职工作中出现的责任事故,如某会计师同时又是医生,但若他的单位是会计师事务所,则其行医过程中发生的医疗职业责任事故就不是保险人可以负责的。

在当代社会,医生、律师、会计师、建筑师、设计师、经纪人等技术工作者均存在职业责任风险,可以通过投保职业责任保险的方式转嫁风险。

###  典型实例

2006年9月,深圳市南山区法院审理了一起当事人状告律师的案件,由于律师疏忽大意,未能及时采取措施,导致追讨债务的当事人错过诉讼时效,百余万元打水漂。

深圳市一家混凝土公司以汕头市某建筑公司深圳实业公司拖欠货款146万余元,向法院提起诉讼,并聘请律师事务所的律师为诉讼代理人,由该律师起草起诉状,以建筑公司深圳实业公司为被告诉至福田区人民法院,并于2002年12月一审胜诉。

二审中,法院认为建筑公司深圳分公司(实际债务人)和建筑公司深圳实业公司是两个性质不同的民事主体,发回重审后,该案因主体错误被驳回起诉。由于长时间的诉讼,该债务已超过两年诉讼时效,混凝土公司的胜诉权不再受法律保护。

混凝土公司认为:律师未能仔细研究案件材料,未发现起诉对象错误而及时采取措施,导致超过诉讼时效,无法追回债务,要求律师事务所赔偿损失236万元。

法院认为:混凝土公司因指示性错误而负主要责任,但律师未尽到审慎义务,而且在二审时,对于诉讼主体错误未及时采取有效措施,指导原告向债务人及时主张债权,因此对错过诉讼时效也负有责任,法院判决该律师事务所及三名合伙人连带赔偿8万元。

资料来源:职业责任保险案例[EB/OL].[2020-08-31].http://pi.gbaoxian.com/case_pi.html,有删改。

2. 职业责任保险

职业责任保险是指承保各种专业技术人员因在从事职业技术工作时的疏忽或过失而造成合同对方或他人的人身伤害或财产损失所应承担的经济赔偿责任的责任保险。由于职业责任保险与特定职业及其技术工作密切相关,因此又被称为职业赔偿保险或业务过失责任保险。

职业责任保险主要承保医生、律师、会计师、建筑师、设计师等专业技术人员因工作过失而造成他人人身伤害和财产损失所应承担的经济赔偿责任,是责任保险的一个重要险种。

(二)职业责任保险的特点与分类

1. 职业责任保险的特点

作为责任保险的一种,职业责任保险在具有一般责任保险的特征的同时,在以下几方面有着自己的特点:

(1)责任保险以完善的法律制度为其存在和发展的基础,对于职业责任保险来讲,民法和各种专门的民事法规以及各类职业相关法律制度的出台,对职业责任保险的发展起着促进作用。

(2)除医疗责任保险及建设工程设计责任保险等少数险种外,其他职业责任保险多是赔偿第三者的经济损失,而不是身体伤害或财产损失。

（3）职业责任保险承保的是被保险人因从事职业技术工作时的疏忽、过失而造成的对委托人的赔偿责任,而一般责任保险更多地承担因意外事故或事件而造成的被保险人对第三者人身伤害和财产损失的赔偿责任。

（4）由于职业责任保险的风险程度较高,因此多采用"以索赔提出为基础"的承保方式。

（5）在国外,对于大部分职业来说,投保职业责任保险不仅是因为责任和风险的压力较大,更是以此为提高自身信誉、增加竞争实力的手段。

2. 职业责任保险的分类

职业责任保险根据不同的需要有以下三种分类方法:

（1）以投保人为依据。以投保人为依据,职业责任保险可以分为普通职业责任保险和个人职业责任保险两类。前者以单位为投保人,以在投保单位工作的个人为保险对象;后者以个人为投保人,保障的也是投保人自己的职业责任风险。

（2）以承保方式为依据。以承保方式为依据,职业责任保险可以分为以索赔为基础的职业责任保险和以事故发生为基础的职业责任保险两类。

（3）以被保险人从事的职业为依据。以被保险人从事的职业为依据,职业责任保险可以分为医疗责任保险、律师责任保险、会计师责任保险、建筑师责任保险、设计师责任保险、兽医责任保险、教师责任保险等众多业务种类。

（三）职业责任保险的法律依据

职业责任源于法律责任。所谓法律责任,是指由于某种侵权或违约行为的出现依法应承担的一定的义务,可以分为刑事责任、民事责任和行政责任。而职业责任保险所承保的是民事责任,根据民事违法行为的性质,民事责任可以分为违约责任与侵权责任。

1. 违约责任

违约责任(合同责任)包括直接责任和间接责任。直接责任是指合同一方违反规定的义务造成另一方损害时所应承担的赔偿责任;间接责任是指合同一方违反合同规定使另一方造成他人(第三者)损害时所应承担的赔偿责任。大多数情况下,职业责任保险承保的是直接责任。

我国《民法典》第一百六十四条规定,代理人不履行或者不完全履行职责,造成被代理人损害的,应当承担民事责任。代理人和相对人恶意串通,损害被代理人合法权益的,代理人和相对人应当承担连带责任。第五百七十七条规定,当事人一方不履行合同义务或者履行合同义务不符合约定的,应当承担继续履行、采取补救措施或者赔偿损失等违约责任。

2. 侵权责任

侵权责任从行为人的主观心理状态来看,包括故意和过失两种。职业责任保险只承保过失责任,故意责任属于责任免除,不予承保。我国《民法典》第七编对侵权责任做出了规定。

需要指出的是,职业责任保险除以上述一般民事责任规定为法律依据以外,还以各类职业的相关法律为依据。例如,律师职业责任保险要以《中华人民共和国律师法》为依据,注册会计师职业责任保险要以《中华人民共和国注册会计师法》(以下简称《会计师法》)为依据等。

(四)职业责任保险的发展状况

1. 职业责任保险产生和发展的基础

职业责任保险作为责任保险的一种在国外保险市场比较发达,自 20 世纪 70 年代以来,英国、美国、澳大利亚等配合国家的相关法律和保险市场的需求,甚至发展形成了专门的职业责任保险公司。总结职业责任保险的市场情况,可以得出以下几点职业责任保险产生和发展的原因:

(1)相关法律的强制性要求是职业责任保险产生和发展的基础。

(2)职业风险的广泛存在是职业责任保险产生和发展的动力,"无风险,无保险"。

(3)职业竞争的需要。随着市场竞争的加剧,专业技术人员也需要利用保险人的相关保障来提高自己的信誉,吸引更多的客户。

(4)法院对职业过失诉讼案的审判往往带有感情色彩和主观成分,这样客观上诱发了人们通过诉讼案获得高额赔偿的动机,这一方面促使许多专业技术人员寻求采用保险的方法转移可能的高额赔偿责任,另一方面又使一些专业技术人员因较高的保险支出而陷入财务困境。

2. 我国的职业责任保险

(1)我国职业责任保险的发展现状。我国的职业责任保险尚不发达,业务面还很狭窄,发展十分缓慢。近年来,随着市场经济的发展,各种专业技术人员面临的职业损害赔偿责任日益增大,人们已开始将目光转向职业责任保险,以此分散、转嫁职业责任风险。因此,职业责任保险在我国正逐渐被认识、了解,有着广阔的发展前景。目前,国内保险公司依据现有的法律、法规,开办的比较成熟的职业责任保险主要有医疗责任保险和建设工程设计责任保险。医疗责任保险主要承保被保险人允许的合格医务人员在从事诊疗护理工作中,因诊疗护理工作的过失直接致使病员死亡、残废、组织器官损伤导致功能障碍而造成医疗事故,依法应由被保险人承担的经济赔偿责任,由保险人按条款规定补偿被保险人的经济损失,用于医疗事故产生的善后工作。对于下列各项,保险人不负赔偿责任:被保险人的故意行为;虽然有诊疗护理错误,但未造成病员死亡、残废、功能障碍的;由于病情或病员体质特殊而发生难以预料和防范的不良后果的;发生难以避免的并发症的;因病员及其家属不配合诊治而造成的;医疗器械在作用前经过详细检查,但在操作运转中突然发生非人为的难以避免的故障或临时停电等意外,造成不良后果的。建设工程设计责任保险根据有关建设工程勘察设计合同及法律、法规的规定,承保设计部门因勘察设计错误而造成工程损失,依法应由该设计部门承担的经济赔偿责任。但是,保险人对造成的损失并不是全部负责赔偿,下列原因造成的损失属于责任免除:被保险人故意不按照现行的标准、规范、规程和技术条例进行勘察设计的;冒用持证单位的名义进行勘察设计或将勘察设计任务转让、转托其他单位和个人的;勘察设计项目未按规定的建设程序进行的;勘察设计单位不按规定的等级或超越规定的等级范围承担任务的;不论任何原因导致拖延工期所致的损失。

(2）我国职业责任保险险种体系的完善。①我国开办职业责任保险的必要性。民事责任理论和实践的发展，促进了责任保险的发展和完善。职业责任保险作为一个重要的责任保险险种，在现实生活中具有重要意义。但我国的职业责任保险体系还很不完备，有必要开办和开展各种职业责任保险业务，表现在：一是职业责任风险大量存在，社会上存在对职业责任保险的潜在需求；二是大众的保险意识日益提高，已认识到保险分散风险的功能；三是受害人的权益需要保护，这也是责任保险存在的原因之一。②我国开办职业责任保险的条件。职业责任保险具有专业性、技术性的特点，需要具备一定的条件才能开办。大体来说，需具备的基本条件为：一是完备的法律制度。职业责任的确定需要以完备的民事法律制度为基础，职业责任保险业务也需要完善的保险法律、法规做保障。我国现已颁布实行的相关法律、法规有《民法典》《保险法》《注册会计师法》《医疗事故处理条例》等。二是人员条件。职业责任保险承保的是各种专业技术责任事故的损害赔偿责任，需要保险人拥有多种专门技术人才。三是权威鉴定机构。由于职业责任与专业技术有关，被保险人与受害人之间的责任纠纷，必须有权威的事故鉴定才能做出合理的划分。③职业责任保险的险种体系。完善的职业责任保险险种体系，应覆盖各种专业技术性职业，如医疗责任保险、律师职业责任保险、教师职业责任保险、会计师职业责任保险、建筑师职业责任保险、设计师职业责任保险、兽医职业责任保险等众多业务种类。

## 二、职业责任保险的基本内容

（一）职业责任保险的保险责任

在国外，职业责任保险的责任范围，通常在保险条款中做如下规定：根据本保险单规定的条件、责任免除和赔偿限额，对被保险人或其从事该业务的前任或其任何雇员或从事该业务的雇员的前任，在任何时候、任何地方从事该业务时，由于疏忽行为、错误或失职行为违反或被指控违反职业责任所致的损失，在本保险单有效期内，向被保险人提出的任何索赔，本公司同意给予赔偿。由此可见，职业责任保险承保的是各种职业技术人员由于职业上的疏忽行为、错误或失职行为所致的损失，它实际上包括以下几项内容：

第一，保险单承保的被保险人的职业责任风险，不仅包括被保险人自己，还包括被保险人的前任、被保险人的雇员及从事该业务的雇员的前任的疏忽行为所致的损失。

第二，保险单承保的被保险人的职业责任风险必须与保险单上列明的职业有关，而不负责与该职业无关的原因及其他行为造成的损失。

第三，保险人承保的赔偿责任包括被保险人对合同对方或其他人的人身伤害或财产损失应承担的法律赔偿责任，以及经保险人同意或在保险单上列明的有关费用的补偿。

（二）职业责任保险的责任免除

职业责任保险的一般责任免除，可以概况为以下几项：

第一，因文件的灭失或损失而引起的任何索赔。

第二，被保险人的隐瞒或欺诈行为引起的任何索赔。比如被保险人投保时已经掌握或察觉索赔，但没有如实向保险人报告，这种情形本身是被保险人违背诚信原则或带有道德风险的因素，保险人不予负责。

第三，被保险人在投保或保险有效期内不如实向保险人报告应报告的情况引起的任何索赔。比如服用的药物将要过期、建筑工地地下情况复杂等。

第四，被保险人被指控对他人有诽谤或恶意中伤行为引起的索赔。比如律师诽谤原告或被告导致的索赔，再如记者利用报道诽谤或中伤他人等，均属于违背社会公德及有关法律的行为，保险人不予负责。

第五，被保险人的故意行为引起的任何索赔。比如医生利用药物谋杀他人，被保险人借机报复或打击合同对方或其他人等明知故犯行为等，均为现行法律所不允许，属于违法犯罪行为，保险人自然不予负责。

第六，职业责任事故造成的间接损失或费用（法律诉讼费用及经保险人同意支付或保险单上载明负责的费用除外）。比如设计师提供有缺陷的图纸给建筑单位，使建筑单位不能如期施工或生产而导致的利润损失，保险人不予负责。

### （三）职业责任保险的特约可保责任

经过特别约定，保险人也可以扩展承保下列职业责任风险：

第一，因雇员不诚实行为致使他人受到损害而应由被保险人承担的法律责任，保险人可以扩展承保。值得指出的是，职业责任保险扩展承保的雇员不诚实行为不能与雇员诚实保证保险混为一谈，因为前者承保的是雇员对他人的损害，而后者承保的是因雇员的不诚实行为而使被保险人自己受到的损害。

第二，经过特别约定，保险人也可以扩展承保因文件的灭失或损失而引起的索赔，但须加收保险费。比如设计院因图纸丢失或被盗而造成委托单位的损失，可以通过扩展承保，由保险人负责。

第三，被保险人被指控对他人有诽谤或恶意中伤行为引起的索赔，也可以作为特别职业责任予以扩展承保，但因被保险人故意行为所致的仍须除外。

### （四）职业责任保险的赔偿限额

一般而言，保险人承保赔偿金和法律费用两项赔偿责任。在赔偿金方面，保险人通常规定一个累计赔偿限额，而不是规定每次事故的赔偿限额，但也可以采用每次索赔或每次事故赔偿限额而不规定累计赔偿限额的方式；法律费用则在赔偿限额之外另行计算赔付，如果被保险人最终赔偿金额超过保险赔偿限额，那么保险人只能按比例分担法律费用。

### （五）保险费率

保险费率的厘定，是职业责任保险中十分复杂且重要的问题。各种职业都有自身的风险与特点，从而也需要有不同的费率。只有科学地厘定费率，才能既保证保险人有足够的偿付能力，又维护投保人的利益。从总体上讲，在厘定职业责任保险的费率或收取职业责任保险的保险费时，应着重考虑以下因素：

第一，职业种类。指被保险人及其雇员所从事的专业技术工作。

第二，工作场所。指被保险人及其雇员从事专业技术工作所在的地区，如医院所在地、会计师事务所所在地。

第三，业务数量。指被保险人在保险期内提供专业技术服务的数量、服务对象的多寡等。

第四，被保险人单位的性质，如营利性或非营利性等。

第五,被保险人及其雇员的专业技术水平。

第六,被保险人及其雇员的工作责任心和个人品质。

第七,被保险人职业责任事故的历史统计资料及索赔情况。

第八,赔偿限额、免赔额和其他承保条件。

综合考虑以上因素后,保险人确定标准不一的保险费率,以适应各类专业技术人员投保不同的职业责任保险的需要。

## 第五节　环境责任保险

### 一、环境责任概述

近代工业革命以来的历史,基本上是一部人与自然的斗争史,在"擅理智,役自然"的观念下,环境问题层出不穷,环境污染和环境破坏对人类自身造成了巨大的伤害。在日益突出的"公害"问题面前,传统的法律理论因环境问题的科学性、技术性以及环境污染损害成因的多样性、复杂性而显得力不从心,在这样的背景下,环境侵权责任问题日益凸显。

(一)环境侵权责任构成的特殊性

1. 环境侵权的存在是一种事实状态

传统的民事侵权责任中,"行为的违法性"是构成要件之一,这一理论也得到相当多民法学者的支持。但是对于环境侵权行为,违法性原则受到了挑战。在环境侵害中,经常存在合法行为损害他人人身和财产的情况,事实上,由于外在因素的影响,各种达标的排污、排废行为往往也会造成环境污染损害,从而产生环境侵权责任。因此,环境侵权民事责任并不以违法性为构成要件,而是以侵权事实的存在为前提。

2. 环境侵权行为是一种间接侵权行为

通常而言的环境污染是指环境因物质和能量的介入而导致其化学、物理、生物或放射性等特征的改变,从而影响环境功能以及资源的有效利用或危害人体健康和人类生活的现象。由此可见,环境侵权行为的后果是不同的,应当属于一种间接的民事侵权行为。相应的,环境侵权行为的这种特殊性使得其构成要件也具有特殊的要求,传统民事侵权责任中强调的直接因果关系在环境问题上难以适用,新的诸如"因果关系推定""盖然性因果关系"等理论在环境侵权责任制度中成为通说。

3. 环境侵权行为是一种无过错行为

民法理论的通说一般将过错作为承担责任的要件,即以行为人主观上的故意或过失为条件,这也是近代民法中"自己责任原则"在侵权行为法中的体现,即民事主体只对自己有过错的行为后果负责。而在环境侵权中,世界各国已经纷纷选择无过错责任作为归责原则,这也是与环境侵权行为的特殊性紧密联系的。

(二)环境侵权责任的责任承担

1. 几种特定状态下的环境侵权责任

如前所述,环境侵权行为的责任是以无过错责任为归责原则的,但是在几种特定的状

态下,环境侵权责任的承担也有特殊的规定:

第一,共同危险责任。这是指数个主体的环境污染和环境破坏行为都有可能造成对他人环境权益的损害,但无法确定具体的致害人,而依法律规定由数人共同承担赔偿责任的制度。共同危险责任的承担可分为对内责任和对外责任两种。一般而言,共同责任致害人对受害人承担连带责任,而在致害人内部依损害发生时过错大小和危害程度按比例分担。

第二,混合责任,又称过失竞合。它是指对于环境损害事实的发生,致害人和受害人双方均有过错的情形。在这种情况下,受害人根据自身的过错承担相应的后果;对于致害人,也应将损害后果完全由受害人自身过错引起的情况下相对人(致害人)的免责情形区别开。

第三,正当理由。它是指法律规定的特定理由出现时免除致害人的环境侵权责任的情况。法定的正当理由包括:依法执行公务、正当防卫、紧急避险和自助行为。一般而言,行为人在上述情况下均会造成一定的环境损害,但由于其行为具有合法的目的且为社会公德所鼓励,同时既是为了履行及时制止环境侵害的义务,又是享有环境保护权利的行为,因此行为人的行为得以免责,但同时并不排除行为人给予相对人合理范围内的补偿。

2. 环境侵权责任承担者的范围

目前,从司法实务来看,环境侵权责任承担者的范围有扩大的趋势。环境法制较为先进的国家,两罚制乃至多罚制的运用越来越广泛,即对环境侵权行为,不仅追究行为人的民事责任,还追究与之相关的组织或个人的民事责任。

现实中,环境侵权行为大多是为经济组织的利益、受组织领导人的指示而进行的。法人内部工作人员的行为往往也是法人决定或代表法人进行的。因此,所谓两罚制,实质上是指对于损害事实,既追究行为人的责任,又追究法人的责任;对于因执行上级机关任务或指示的行为,也可以追究相应领导的责任。

我国目前在环境侵权责任领域主要实施的是两罚制,即对环境侵权行为除了追究行为人的责任,还追究行为人所在企业或企业领导人的责任。我国《民法典》第六十一条规定,依照法律或者法人章程的规定,代表法人从事民事活动的负责人,为法人的法定代表人。法定代表人以法人名义从事的民事活动,其法律后果由法人承受。法人章程或者法人权力机构对法定代表人代表权的限制,不得对抗善意相对人。第六十二条规定,法定代表人因执行职务造成他人损害的,由法人承担民事责任。法人承担民事责任后,依照法律或者法人章程的规定,可以向有过错的法定代表人追偿。我国《民法典》的上述规定,可以成为环境侵权领域确定责任者的依据。

## 二、环境责任保险概述

环境责任保险是世界保险业中一个迟来的新客。它是随着环境污染事故的不断出现和公众环境权利意识的不断增强而应势而生的。在世界主要发达国家,环境责任保险业务和保险制度已经进入较为成熟的阶段。在我国保险市场中,环境责任保险基本属于空白地带,但是在相关的保险业务(如公众责任保险、第三者责任保险)中有涉及环境侵权责任的规定。

# 第六节　第三者责任保险

## 一、保险法上的第三者的概念

1. 财产保险中的第三者

此处是指狭义的财产保险,我国《保险法》第六十条规定:"因第三者对保险标的损害而造成保险事故的,保险人自向被保险人赔偿保险金之日起,在赔偿金额范围内代位行使被保险人对第三者请求赔偿的权利。"根据我国民事立法中对民事主体的规定,此处的第三者显然是指保险人与被保险人之外的,造成保险财产损失,并且依据法律规定应该承担赔偿责任的法人、公民(自然人)及其他经济组织和团体。

除此之外,在财产保险中,作为受益人的第三方也可称为第三者。通常而言,在财产保险中,因领受保险金的人多是被保险人自己,故通常无受益人的规定。换言之,一般财产保险的受益人就是被保险人自己,即投保人。但在实务中,仍可在保险合同中另行规定第三者(一般为债权人)有优先领受保险金的权利。因此,此处的债权人亦称第三者。

2. 保证保险中的第三者

保证保险就其实质而言是一种担保业务,是由保险人为被保证人向权利人担保,如因被保证人不履行合同义务而致权利人利益受损,则保险人给予经济补偿。保证保险法律关系中的当事人有三方:保证人即保险人,被保险人即权利人或受益人,被保证人即义务人。其中,被保证人即为第三者,其特征在于保险人有权以自己的名义在理赔后向第三者求偿;保险费用一般也由第三者支付;对于第三者的故意行为造成的损失,保险人仍需负责赔偿。因此,保证保险的目的,实质上是为增强第三者的信用而设。

3. 责任保险中的第三者

从责任保险的定义来看,它是指保险人在被保险人依法应对第三者负民事赔偿责任,并被提出赔偿要求时,承担赔偿责任的财产保险形式。由此定义不难看出,在责任保险中,第三者的含义与前述几类保险有明显的区别,第三者所包含的范围受到法律限制。在实务中,保险条款一般采用排除法对不属于第三者范畴的民事主体予以明确规定。

(1) 机动车第三者责任保险中,第三者是指本车司乘人员、搭乘人员、乘客以及违反交通规则的爬车者、吊车者(私有车辆还包括被保险人的家庭成员)之外的民事主体。

(2) 船舶与飞机第三者责任保险中,第三者是指被保险人及被保险人船舶上人员之外的民事主体,飞机上的驾驶员、机组人员、机载乘客及被保险人的地勤人员之外的民事主体。

(3) 工程项目第三者责任保险中,第三者是指被保险人及其职工、施工场地的工作人员和该工程项目的承包人、承包人的职工及其他现场施工人员之外的民事主体。

家庭成员作为第三者的认定,除以血缘或亲缘关系为依据之外,还需以居住、经济利益关系为依据,如分家另过的家庭成员在保险法律关系中不视为家庭成员。

## 二、第三者责任保险的沿革、特征与分类

第三者责任保险的基本理论是围绕着第三者责任展开的。所谓第三者责任,实质上

是被保险人对第三者所负的责任,是指以被保险人在法律上对第三者应承担一定责任为前提的一种民事赔偿责任。广义的第三者责任包括责任保险的全部类别;狭义的第三者责任则仅指与特定的财产标的或施加在特定财产标的上的行为相联系而产生的民事赔偿责任,也就是本章介绍的第三者责任。

1. 第三者责任保险的沿革

如前所述,第三者责任保险是随着与第三者责任相关的法律制度的建立而产生和发展起来的,各种意外伤害的法律规范是其产生和发展的基础。

第三者责任保险最早的法律规定源于英国,1846年,英国颁布《致命伤害事故法令》,随后第三者责任保险才以一种偶然的方式为自己的发展开辟了道路。

1870年,英国工程保险商对因爆炸事件而造成的第三者财产损毁给予补偿,开辟了工程项目第三者责任保险的先河。随后,欧洲各国和美国保险商纷纷效仿,在工程项目财产保险合同中附加第三者责任保险条款。到20世纪,工程项目第三者责任保险已被广泛采用,并且逐步形成由附属条款向单独承保方向发展的趋势。

运输工具第三者责任保险也肇始于英国。1875年,英国伦敦暨地方铁路客车公司开办了马车第三者责任保险,以马车意外事故致人损害(财产和人身)的经济赔偿责任为保险标的。1896年,英国颁布《公路机动车辆法令》,机动车第三者责任保险市场逐步形成并活跃起来。

20世纪中期以后,伴随着现代科技革命的步伐,日常生活对第三者责任保险的需求愈加显著,这同现代交通运输工具的发达和工程建设项目的增多是紧密联系的。比如,美国1986年责任保险保险费总额达669亿美元,占非寿险的38%,而其中仅机动车第三者责任保险的保险费就高达44亿美元。目前,世界上已有近百个国家将机动车第三者责任保险列为法定保险,大部分国家将飞机第三者责任保险也列入法定保险的范围。

在我国,责任保险业务的起步比较晚,1979年以前,无任何法律规定责任保险作为独立的险种办理。但是,关于第三者责任保险的规定较早地出现在保险业务中。比如,在20世纪50年代初期,我国曾开办作为附加险的汽车第三者责任保险,涉外保险业务则涉及船舶、飞机保险附加的第三者责任保险。1979年以后,随着国民经济的复苏,国内保险业也迎来了它的春天,最早出现的就是汽车第三者责任保险业务。1984年,国务院强制实施机动车第三者责任保险,涉外保险业务则涉及船舶、飞机、建筑安装工程等各项第三者责任保险。2003年《中华人民共和国道路交通安全法》颁布以后,确立了事故责任中的公平分担原则,直接推动了我国机动车第三者责任保险业务的发展。

2. 第三者责任保险的特征

从责任保险的历史来看,第三者责任保险无论是在出现时间还是在业务份额上都处于领先位置。第三者责任保险在责任范围、承保方式、第三者的构成、责任发生场所、经营模式等方面均区别于其他责任保险;当然,作为责任保险的一个分支,第三者责任保险在赔偿限额及除外责任等方面与其他责任保险还是一致的。本节仅论述二者的区别。

(1) 承保方式。第三者责任保险最早是作为附加险承保的,随着第三者责任保险业务的迅速发展,到现在,它既可以作为独立险种承保,又可以以附加险方式承保,还可以作为财产保险的基本责任承保。但是无论采取何种承保方式,第三者责任保险都与特定的财产标的有内在联系,而责任保险的其他险种(如公众责任保险、产品责任保险、雇主责任保险等)均采取独立承保的方式经营,并不要求它们与特定的财产标的有必然的内在联系,相比较而言,第三者责任保险之外的责任保险的"无形财产保险"的特性更加纯粹。在保险市场上,对于机动车第三者责任保险和飞机第三者责任保险,一般予以独立承保;对于船舶第三者责任保险,一般列入财产保险中船舶保险的基本责任予以承保;对于工程项目第三者责任保险,一般作为建筑、安装、建造、拆修工程项目保险的扩展责任予以承保,但也可以独立承保;对于新兴的企业财产保险附加第三者责任保险、货物运输保险附加第三者责任保险等,一般采用扩展责任或附加险的方式予以承保。

(2)第三者的构成。在前文对于第三者的界定中,对责任保险中第三者的特征和范围已有所论述,这里就第三者责任保险中第三者构成的特点概括如下:①第三者同被保险人事先无任何利益上的合同关系或其他民事关系;②第三者同被保险人所保的标的无任何事先必然的联系;③第三者同被保险人的具体民事活动无任何必然的联系。在上述各项中,其他责任保险中的第三者均无此特点,例如在医生职业责任保险中病人作为第三者与医生存在医疗关系等。

(3)责任发生场所。在第三者责任保险中,责任发生场所比责任事故的发生更加具有不确定性,责任发生场所不可预测性更强。比如各种交通运输工具产生第三者责任的场所具有广泛的流动性,事故发生频率高,且损失概率难以测算;而在工程项目第三者责任保险中,第三者责任发生场所相对固定。

(4)经营模式。从经营理论和原则上看,第三者责任保险多附属于特定的财产保险,即使单独承保也与特定的财产标的具有内在联系,它不仅适用于责任保险的一般经营理论和原则,也与特定财产保险业务在许多方面有相通性;从经营效益考核方式上看,第三者责任保险的业务收支通常列入狭义的财产保险范围,一般很难准确考核其经营效益,而其他责任保险的业务收支及其经营活动均单独核算,效益考核比较容易进行。因此,将第三者责任保险的经营效益纳入责任保险范围更为适宜。

3. 第三者责任保险的分类

第三者责任保险作为责任保险中业务量最大、特征明显的类别,按照不同的标准可以做出不同的分类。

(1)按照投保主体划分。按照投保主体的不同,第三者责任保险可以做如下划分:

一是法人第三者责任保险。法人第三者责任保险是以具有法人资格的企业、事业单位、机关、团体为投保人的第三者责任保险。法人第三者责任保险是最主要的第三者责任保险业务。

二是个人第三者责任保险。个人第三者责任保险是以家庭或个人为投保人的第三者责任保险,一般包括公民自行车或其他公民自用非机动车第三者责任保险等。

三是非法人单位第三者责任保险。非法人单位第三者责任保险是以不具备法人资格的经济组织、事业单位、团体等为投保人的第三者责任保险,包括不具备法人资格的各类联营企业、法人的各种派出机构、农村承包经营户和个体工商户(以机动车辆为运输工具)、各种合伙型经济组织等。

(2)按照承保方式划分。第三者责任保险的承保方式与其他责任保险相比有相当大

的区别。按照承保方式的不同,第三者责任保险可做如下划分:

一是独立的第三者责任保险。独立的第三者责任保险是指单独承保、拥有独立的保险合同的业务。它虽然与特定的财产标的具有内在联系,但形式上是分离的,即投保人投保第三者责任保险与是否投保与之联系的财产保险无关。

二是扩展承保的第三者责任保险。扩展承保的第三者责任保险不是独立的保险业务,也没有单独的保险合同,它只能附属于特定的财产保险合同。特定财产保险是其成立的前提条件,受到特定财产保险关系的制约,以特定财产保险合同中的附加条款为直接依据。

三是作为基本责任保险的第三者责任保险。这种形式的第三者责任保险是作为财产保险基本责任而进行承保的,投保人投保特定财产标的同时就等于同时投保了该特定财产标的的第三者责任保险,成为财产保险的当然内容。

(3)按照业务内容划分。按照业务内容的不同,第三者责任保险可做如下划分:

一是运输工具第三者责任保险。运输工具第三者责任保险通常包括机动车第三者责任保险、船舶第三者责任保险、飞机第三者责任保险及其他运输工具第三者责任保险。

二是工程项目第三者责任保险。工程项目第三者责任保险通常包括建筑工程第三者责任保险,安装工程第三者责任保险,建造、拆修、维护工程第三者责任保险等。

三是其他类别的第三者责任保险。其他类别的第三者责任保险通常包括企业财产保险附加第三者责任保险、货物运输保险附加第三者责任保险等。

## 第七节 信 用 保 险

### 一、信用保险

信用保险是保险人根据权利人的要求担保被保证人信用的保险。从信用保险的业务内容来看,它一般分为国内信用保险、出口信用保险和投资保险三类,各自又可以进一步分为若干具体险种。其中,国内信用保险承保在延期付款或分期付款时,卖方因买方不能如期偿还全部或部分货款而遭受的经济损失。目前,许多国家的商业保险公司开办此业务,以支持和促进国内贸易的发展。出口信用保险承保出口商因进口商不履行贸易合同而遭受损失的风险。投资保险承保本国投资者在外国投资期间出于政治原因遭受损失的风险。我国目前开办的信用保险业务主要有出口信用保险和投资保险

(一)信用保险的作用

信用保险是社会和经济发展的产物,成为保险领域相对独立的组成部分,并随着自身的发展与完善逐渐反作用于社会和经济。这主要表现在以下五个方面:

1. 促进贸易活动的健康发展

外贸出口面向的是国际市场,风险大、竞争激烈,一旦出现信用危机,出口企业就会陷入困境,进而影响市场开拓和国际竞争力。如果企业投保了出口信用保险,那么当被保险人因商业风险或政治风险而不能从买方收回货款或合同无法执行时,可以从保险人那里得到赔偿。因此,出口信用保险有利于出口企业的经济核算和开拓国际市场,最终促使其为国家创造更多的外汇收入。

2. 加强企业的风险管理

在市场经济条件下,企业在生产经营过程中面临大量的风险因素,需要建立和完善风险的识别、监测及控制制度。其中,信用风险是主要风险之一,特别是应收账款不能及时回收,在很大程度上影响着企业经营活动的连续性。在提供信用保险服务的过程中,保险公司将在承保前对企业(或其经济关联方)的资信和履约能力进行调查,承保期间加强经营和履约情况的检查监督,以及发生赔付后对有关责任方追偿,协助企业进行销售分户账管理、应收账款催收和信用风险控制,这些活动将有效地改善和促进企业的信用风险管理,保障企业的稳健经营和发展。

3. 为企业资金周转或融通提供便利

银行向企业发放贷款必然要考虑贷款的安全性,即能否按期收回贷款。企业投保了信用保险以后,将保险单作为一种保证手段抵押给贷款银行,通过向贷款银行转让保险赔款、要求保险人向贷款银行出具担保等方式,使银行得到收回贷款的可靠保证,解除了银行发放贷款的后顾之忧。可见,信用保险的介入,使企业较容易得到银行贷款。这对于缓解企业资金短缺、促进生产经营和发展均有保障作用。

4. 促进商品交易的健康发展

在商品交易中,当事人能否按时履行供货合同,销售货款能否按期收回,一般受到多种因素的影响。而商品的转移又与生产者、批发商、零售商及消费者有着连锁关系,一旦商品交易中的一道环节出现信用危机,不仅会造成债权人自身的损失,而且常常会引起连锁反应,最终阻碍商品交易的健康发展。有了信用保险,无论在何种交易中出现信用危机,均有保险人提供风险保障。

5. 提高企业的竞争能力

贸易类信用保险是保险公司信用对企业信用的支持,有保险公司的风险保障做后盾,企业可以锐意开拓市场,并可以借此制订灵活、便利的销售计划,运用灵活的支付方式,从而提高企业的市场竞争力。

(二) 国内信用保险

1. 国内信用保险的含义

国内信用保险也称商业信用保险,它是指在商业活动中,一方当事人为了避免另一方当事人的信用风险,作为权利人要求保险人将另一方当事人作为被保证人并承担由于被保证人的信用风险致使权利人遭受商业利益损失的保险。

2. 国内信用保险的种类

国内信用保险的种类一般有贷款信用保险、赊销信用保险、预付信用保险和个人贷款信用保险。

(1) 贷款信用保险。贷款信用保险是保险人对银行或其他金融机构与企业之间的借贷合同进行担保,以承保借款人信誉风险的保险。在市场经济较为发达的国家,贷款信用保险是很常见的信用保险业务,它是银行转嫁贷款中信用风险的必要手段。在商品经济条件下,企业经营管理不善或决策失误以及自然灾害和意外事故等因素的存在,贷款不能及时偿还或受损的风险是客观存在的。因此,有必要建立起相应的贷款信用保险制度以维护正常的金融秩序。在贷款信用保险中,贷款方(即债权人)是投保人。当保险单签发后,贷款方即成为被保险人。银行对贷出的款项具有全额的保险利益。当企业无法归还贷款时,债权人可以从保险人那里获得补偿。贷款人在获得保险人的补偿后,必须将债权转让给保险人,由保险人履行代位追偿权。贷款信用保险的目的是保证银行信贷资金的安全性。贷款信用保险的承保金额应是银行贷出的全部款项。保险人在厘定保险费率时,应与银行利率相联系,并着重考虑下列因素:企业的资信情况、企业的经营管理水平与市场竞争力、贷款项目的期限和用途、不同的经济地区等。

(2)赊销信用保险。赊销信用保险是为国内商业贸易(批发)中的延期付款或分期付款行为提供信用担保的一种信用保险业务。在这种业务中,投保人是制造商或供应商,保险人承保的是买方的信用风险,目的在于保证被保险人(即权利人)能按期收回赊销货款,保障商业贸易的顺利进行。赊销信用保险一般适用于一些以分期付款方式销售的耐用商品。比如汽车、船舶、住宅等这类商业贸易往往金额较大,一旦买方无力分期付款,就会造成制造商或供应商的经济损失。赊销信用保险的特点是赊账期限较长、风险较分散、承保业务手续较复杂,保险人必须在仔细考察买方资信情况的条件下决定是否承保。

(3)预付信用保险。预付信用保险是保险人为卖方交付货物提供信用担保的一种信用保险业务。在这种业务中,投保人(被保险人)是商品的买方,保险人所承保的是卖方的信用风险。

(4)个人贷款信用保险。个人贷款信用保险是指以金融机构对自然人进行贷款时,由于贷款人不履行贷款合同义务致使金融机构遭受的经济损失为保险对象的信用保险。由于个人的情况千差万别,且居住分散、风险不一,保险人要开办这种业务,必须对贷款人的贷款用途、经营情况、日常信誉、私有财产物资等进行全面的调查了解,必要时还可要求贷款人提供反担保;否则,不能轻率承保。

(三)出口信用保险

1. 出口信用保险的概念及其与财产保险的区别

出口信用保险是承保出口商在经营出口业务的过程中因进口商方面的商业风险或进口国方面的政治风险而遭受损失的一种特殊的保险。根据保险合同,投保人交纳保险费,保险人将赔偿出口商因债务人不能履行合同义务支付到期的部分或全部债务而遭受的经济损失。由于这种保险要应付的风险巨大,而且难以使用统计方法测算损失概率,因此一般的保险公司不愿经营这种保险业务。当今世界上的出口信用保险大多是靠政府支持而存在的。出口信用保险与其他以实物为保险标的的财产保险相比,有如下主要区别:

(1)经营目的不同。出口信用保险的目的是鼓励和扩大出口,保障出口商以及与之融通资金的银行因出口所致的各种损失,其业务方针体现着国家的产业政策和国际贸易政策;而其他财产保险除海上保险与一国对外贸易政策紧密相联外,均是为了稳定国内生产和生活,与一国的对外贸易关系不大。

(2)经营方针不同。出口信用保险在经营上实行非营利方针,通常是以比较低的收费承担比较高的风险,最终以国家财政为后盾,其经营亏损由国家财政加以解决。

(3)经营机构不同。因出口信用保险承保的风险比较大,所需的资金比较多,故经营机构大多为国有机构,包括政府机构或由国家财政直接投资设立的公司或国家委托独家代办的商业保险机构,因而带有明显的政府担保下的非企业化经营的特征,其经营目标更侧重于社会效益。其他财产保险则以盈利为目的,由商业保险公司经营。这些商业保险公司大多采取企业化经营方式,根据市场规律展开激烈的竞争,在追逐本身利润最大化的进程中实现对社会经济生活进行补偿和保障的社会效益,其经营目标更侧重于经济效益。同时,出口信用保险业务开办的好坏受国际政治和经济波动情况的影响。政治稳定,经济发展正常,信用风险就小;反之,信用风险就大。这也是出口信用保险由政府主办或委托办理的原因。

(4)费率厘定不同。在其他财产保险中,概率论是其得以经营的数理基础,基本定律之一是大数法则。保险人在厘定费率时以保险金额损失率为依据,根据以往若干年的损失统计资料,利用大数法则进行计算,以确定未来年度的保险收费标准。由于保险人承担的风险是自然灾害和意外事故,其发生往往具有稳定的重复规律,因而保险人可以合理、科学地厘定未来的费率。而在出口信用保险中,由于其风险的特殊性,信息在厘定费率时起着举足轻重的作用。尽管短期综合险业务在一定程度上可以通过大数法则,即分析公司若干年内各种致损原因,得出其重复发生的概率,但信用风险中包括很多人为因素,往往受社会政治环境及进口商经营情况的影响。因此,出口信用保险机构在厘定费率时,除应考察保险机构以往的赔付记录外,还应考察进口商资信、规模和经营出口贸易的历史情况,以及进口国的政治、经济和外汇收支状况等,同时,还应考虑国际市场的经济发展趋势,并在费率厘定后根据新的情况经常调整,以便及时、准确地反映风险的变化趋势,确保保险费率的合理和公平。

(5)投保人不同。出口信用保险的投保人必须是本国国民或本国企业,投保的业务一般应是在本国生产或制造的产品的出口。

(6)适用范围不同。凡出口商通过银行以信用证、付款交单、承兑交单、赊账等支付方式结汇的出口贸易,均可以投保出口信用保险。投保人在投保时,应先填写保险人提供的投保单,同时向保险人申请国外买方的信用限额,并每月向保险人申报一次出口货物金额,以便保险人据此承担保险责任和收取保险费。

2. 出口信用保险的产生

第一次世界大战以后,欧美一些国家中的少数私营保险公司为了适应国际贸易发展的需要,开始办理出口信用保险。20世纪30年代经济危机以后,许多西方国家为了重振出口贸易,先后成立了由政府直接经营或由政府授权的官方或半官方性质的出口信用保险机构,经办出口信用保险业务,为本国出口商提供收汇风险的保障。20世纪70年代以后,随着国际贸易竞争的加剧,不少国家为了鼓励出口,纷纷开办出口信用保险业务。

我国于1988年9月1日在中国人民保险公司内部成立了出口信用保险部,专营出口信用保险业务。1994年中国进出口银行成立后,则由这家政策性银行和中国人民保险公司出口信用保险部同时经营出口信用保险业务。据不完全统计,目前全世界建立的官方或半官方出口信用保险机构达50多个。

3. 出口信用保险的经营体制

开办出口信用保险业务,可以促进和鼓励本国商品的出口,保障本国出口商在国际贸易市场上的竞争地位。然而,出口信用保险又不同于一般的财产与责任保险,它承保的是进口商的道德风险,因而是复杂的,需要一套承保、理赔的专业调查网络予以配合,是一般保险公司所无力承受的。

世界各国的出口信用保险体制虽然不同,但大多获得政府支持。根据政府支持程度的不同,各国的出口信用保险体制大致可分为以下几种:

(1) 政府直接办理型,即办理出口信用保险业务的机构本身就是政府的职能部门,其业务收入与赔款支出直接纳入国家预算。最具代表性的是英国的出口信用担保局和1930年成立的日本通产省输出保险课。此外,丹麦、瑞典和瑞士等国也属此类型。

(2) 政府间接办理型,即由政府投资建立独立的经济实体,专门办理出口信用保险业务,并以提供财务担保的方式做后盾。加拿大的出口信用开发公司、澳大利亚的出口融资和保险公司、印度的出口信用担保公司等均属此类型。

(3) 政府委托私营机构代理型,即由政府指定一家私营机构出面代办出口信用保险业务,风险由政府承担,如美国的对外信用保险协会等。

(4) 混合经营型,即出口信用保险部分业务由保险公司自己经营,部分业务由政府代理经营,如法国的对外贸易保险公司、荷兰的出口信用保险局等。

4. 出口信用保险的种类

目前,我国办理的出口信用保险包括短期出口信用保险、中长期出口信用保险、特约出口信用保险三种。

(1) 短期出口信用保险。这是指承保支付货款信用期不超过180天的出口贸易的保险。它一般适用于大批量、重复性出口的初级产品和消费性工业制成品。短期出口信用保险是国际上出口信用保险适用面最广、承保量最大的一个险种。在实务经营中,强调被保险人必须在本国注册,按全部营业额投保,并及时向保险人申报出口情况。其保险责任包括商业风险与信用风险两类。经出口商与保险人协商,保险期限也可延长到365天的出口贸易。

(2) 中长期出口信用保险。这是指承保放账期(credit term)在1年以上结算的出口贸易的保险。它适用于大型资本性货物(如飞机、船舶、成套设备等)的出口,也能承保海外工程承包和技术服务项目的费用结算收汇风险。

(3) 特约出口信用保险。它适用于资信程度较高的被保险人因业务需要,临时性的或比较特殊的在其他出口信用保险中不能承保的业务。

5. 出口信用保险的费率厘定

出口信用保险的费率,因可能发生的收汇风险程度不同而有所不同,厘定费率时一般考虑下列因素:买方所在国的政治、经济及外汇收支状况;出口商的资信、经营规模和出口贸易的历史记录;出口商以往的赔付记录;贸易合同规定的付款条件;投保的出口贸易额大小及货物的种类;国际市场的经济发展趋势。

对于短期出口信用保险费率,通常应考虑进口商所在国或地区所属类别、付款方式、信用期限。一般而言,出口信用保险机构通常将世界各国或地区按其经济形势、国际支付能力、外汇政策及政治形势的不同划分成五类。第一类国家或地区的经济形势、国际支付能力、政治形势均较好,因而收汇风险小;第五类国家或地区的收汇风险则非常明显,大部分保险人不承保此类国家或地区的出口信用保险业务。对第一类到第四类国家或地区的出口信用保险业务,因其风险大小、支付方式不同,即付款交单和承兑交单及信用证方式付款所带来的收汇风险各不相同,保险人收取保险费的费率也各不相同。放账期长的费率高,放账期短的费率低。出口信用保险保险费的计算公式为:

$$保险费 = 发票总额 \times 费率表确定的费率 \times 调整系数$$

其中,调整系数的大小是根据出口商经营管理情况的好坏以及对出口商赔付率的高低决定的。

**拓展阅读**

企业"走出去"最担心什么?无疑是风险。而有了出口信用保险的护航,企业就能放心大胆地走出去。有"保"就有"赔",对于大多数对外经贸企业来说,"赔"无疑是它们更关心的焦点。

2018年8月,福尼嘉与国外买方签订出口贸易合同,货物金额共4万多美元。10月,货物到港后买方提货,却迟迟没有付款。令福尼嘉没想到的是,这个与其合作多年且一直付款及时的老客户,在临近收汇日时突然告知即将破产重组,导致暂时无法支付货款。幸好福尼嘉在年初投保了出口信用保险,于是迅速联系保险公司寻求帮助。保险公司了解情况后,与企业共同分析案情,指导企业报案并提交材料,最终按照保险单约定及时进行了赔付。这笔赔款极大地缓解了企业的资金周转压力。

在对外经济贸易大潮中,面广量大的小微出口企业对稳定就业、惠及民生尤为重要,但小微企业规模小、抗风险能力弱,有时一次风险就可能让企业走上破产的边缘。一旦发生风险,出口信用保险的理赔服务就成了小微企业的"最后一道屏障"。中国出口信用保险公司依托全球的渠道资源,为众多小微出口企业提供专业服务,帮助企业爬坡过坎,渡过一个又一个难关。

资料来源:中企出海风险保障还看信保[EB/OL].(2019-05-22)[2020-08-31].http://epaper.comnews.cn/xpaper/appnews/84/1094/5465-1.shtml? from=singlemessage,有删改。

(四)投资保险

1. 投资保险的概念

投资保险又称政治风险保险,是为保障投资者利益而开办的一种保险。国际投资是国际资本输出的一种形式,对资本输出国来说,能为过剩资本谋求出路,获取较高利润;对资本输入国来说,能利用外资解决国内资金不足问题,并借此引进技术,发展经济。但是,向国外投资,特别是私人直接投资,会面临各种风险。投资保险是为鼓励和保障海外投资开办的保险,主要承保被保险人(投资者)出于政治原因或签约双方不能控制的原因而遭受的损失。

2. 投资保险的责任范围

投资保险的责任范围包括:

(1)汇兑风险。例如,东道国政府实行外汇管制,禁止外汇汇出;东道国发生战争或暴乱,无法进行外汇交易;东道国政府对投资者各项应得收入实行管制(如冻结);东道国政府取消对各项应得收入汇回本国的许可;东道国政府对各项收入予以没收。

(2) 征用风险,又称国有化风险,即投资者在国外的投资资产被东道国政府或地方政府、团体征收或国有化。

(3) 战争及类似行为风险。由于战争、暴乱致使投资者的保险财产遭受损失、破坏或被夺取留置,均属承保范围。投资保险仅保障投资财产中有形资产的直接损失,不包括间接损失,对证券、档案、文件、债券和现金的损失以及一般的骚乱风险不予以承保。

3. 投资保险的责任免除

投资保险对被保险人的下列投资损失不负赔偿责任:

(1) 被保险人及其代表违背或不履行投资契约,或故意、违法行为导致政府有关部门征用或没收造成的损失。

(2) 被保险人投资项目受损后造成被保险人的一切商业损失。

(3) 政府有关部门如规定外汇汇出期限而被保险人未能按期汇出造成的损失。

(4) 核武器造成的损失。

(5) 投资契约范围以外的任何其他财产的被征用、没收造成的损失。

4. 保险期限

投资保险的保险期限分为短期和长期两种:短期为1年;长期最短的为3年,最长的为15年。投保3年以后,被保险人有权要求注销保险单;但若未到3年提前注销保险单,则被保险人须交足3年的保险费。保要单到期后被保险人可以续保,但条件仍需双方另行商议。无论是长期还是短期保险,保险期限内被保险人可随时提出退保,但保险人不能中途修正保险合同,除非被保险人违约。

5. 保险金额与保险费

投资保险的保险金额以被保险人在海外的投资金额为依据,是投资金额与双方约定比例的乘积,保险金额一般规定为投资金额的90%。但短期投资项目和长期投资项目有所不同,短期投资项目的保险金额为该年的投资金额乘以双方约定的百分比,保险金额一般规定为投资金额的90%;长期投资项目每年的投资金额在投保时按每年的预算投资金额确定,当年保险金额为当年预算投资金额的90%,长期投资项目需确定一个项目总投资金额下的最高保险金额,其保险费需在年度保险费的基础上加差额保险费,长期投资项目期满时按实际投资金额结算。

投资保险费率的确定,一般根据保险期的长短、投资接受国的政治形势、投资者的能力、工程项目及地区条件等因素确定。它一般分为短期费率和长期费率,且保险费在当年年初预收,每年结算一次。20 世纪 90 年代中期,我国投资保险的短期年费率一般为 8%,长期年基础费率一般为 6%。

## 第八节 保证保险

保证保险是指被保证人根据权利人的要求,要求保险人担保自己信用的保险。当被保证人的作为或不作为致使权利人遭受经济损失时,保险人负经济赔偿责任。保证保主要有以下几种险别。

## 一、履约保证保险

1. 履约保证保险的概念

履约保证保险是指在被保证人不按约定履行义务,从而造成权利人受损时,由保险人负责赔偿的一种保险。保险标的是被保证人的违约责任。

2. 履约保证保险的特点

履约保证保险具有如下特点:

(1) 履约保证保险所承担的风险是被保证人履行一定义务的能力或意愿。

(2) 履约保证保险的投保人只能是被保证人自己。

3. 履约保证保险的种类

在实务中,履约保证保险主要有以下五种形式:

(1) 合同履约保证保险。这是指承保因被保证人不履行各种合同义务而造成的权利人经济损失的保险。它包括:①供给保证保险。在供给保证保险中,当供给方因违反合同规定的供给义务而使需求方遭受损失时,由保险人承担经济赔偿责任。例如,一制造商与某加工厂订立合同,由制造商按期供给一定数量的半成品给加工厂,制造商违反供给义务将使加工厂遭受损失,在此情况下,保险人应负经济赔偿责任。②建筑保证保险。该险种承保因建筑误期而造成的各种损失。③完工履约保证保险。该险种承保借款建筑人因未按期完工和到期不归还借款而造成的有关权利人的损失。

(2) 司法履约保证保险。在司法程序中,原告或被告向司法机关提出某项要求时,司法机关会根据具体情况,要求其提供保证。这时,法院面临原告或被告违约的风险。司法履约保证保险是指对这种风险进行承保的一种保证保险。司法履约保证保险主要包括信托保证保险和诉讼保证保险两大类。

(3) 特许履约保证保险。特许履约保证保险是一种担保从事经营活动的领照人遵守法规或履行义务的保证保险,即保证人(保险人)保证被保证人(领照人)能够按照规定履行义务。政府要求从事某种经营活动的人在申请执照或许可证时,必须提供这种保证,故又称其为许可保证。在特许履约保证保险中,如果被保证人的行为违反政府法令或有损于国家利益和社会公共利益,并由此造成损害,那么由保证人承担其责任。常见的特许履约保证保险有两种:第一,在被保证人违反政府法令或其行为有损于国家或公众利益时,由保证人承担由此引起的赔偿责任;第二,保证被保证人将按国家法律履行纳税义务。

(4) 公务员履约保证保险。公务员履约保证保险是对政府工作人员的诚实信用提供保证的保险。它分为两种:一是诚实总括保证,是指对公务员不诚实或欺诈等行为所造成的损失承担赔偿责任;二是忠实执行职务保证,是指对公务员因工作中未能忠于职守而给政府造成的损失承担赔偿责任。

(5) 存款履约保证保险。它以银行为投保人,保证存款人的利益。

## 二、忠诚保证保险

1. 忠诚保证保险的概念

忠诚保证保险又称诚实保证保险,是一种在权利人因被保证人的不诚实行为而遭受经济损失时,由保险人作为保证人承担赔偿责任的保险。此保险以雇员(被保证人)的诚实信用为保险标的,当雇员由于偷盗、侵占、伪造、私用、非法挪用、故意误用等不诚实行为造成雇主(权利人)受损时,保险人负责赔偿。

2. 忠诚保证保险的特点

忠诚保证保险具有如下特点:

(1) 保险合同涉及雇主与雇员之间的关系;

(2) 承保的危险只限于雇员的不诚实行为;

(3) 投保人既可以是被保证人(雇员),又可以是权利人(雇主)。

3. 忠诚保证保险的种类

忠诚保证保险包括如下种类:

(1) 指名保证保险。它是以特定的雇员为被保证人的忠诚保证保险。在雇主遭受由被保证人所造成的损失时,保险人负责赔偿。在这种保险中,雇员的名字被列在保险单上,并做出相应的保证金额规定。例如:

| 李明总裁 | 40 000 元 |
| 张红出纳员 | 20 000 元 |
| 王辉会计 | 10 000 元 |

如果雇员离开了公司,这一保险就将终止。它并不适用任何接替该雇员的人,除非保险单上做了特别的说明。指名保证保险又可分为两种形式:其一,个人保证保险,即以特定的雇员单独为被保证人,当该雇员单独或与他人合谋造成雇主损失时,保险人承担赔偿责任。个人保证保险合同只承保特定的个人,保险费通常由被保证的雇员支付。其二,表定保证保险,即同一保证保险合同承保两个(投保人数可随机增减)以上的雇员,每个雇员都有各自规定的保证金额。

(2) 职位保证保险。它是以各种职位及其人数为被保证人的忠诚保证保险。职位保证保险与指名保证保险的不同之处在于,它不列出被保证人的姓名,而只是列出各级职位及其人数,每个职位都有规定的保证金额。例如:

| 1 位会计 | 20 000 元 |
| 2 位出纳员 | 10 000 元 |
| 5 位销售员 | 8 000 元 |

职位保证保险又可分为两种形式:其一,单一职位保证保险。在该保险中,同一保证保险合同承保某一职位的若干被保证人,不论何人担任此职位均有效。如果相同职位中有一人投保,那么其余人员也必须投保。其二,职位表定保证保险,即同一保证保险合同承保几个不同的职位,每个职位都有各自规定的保证金额。在职位保证保险中,如果某一职位的雇员人数超过职位保证保险规定的人数,那么保险人对这一职位的责任就相应减少了。在这种情况下,保险人只承担保险单上规定的责任的一部分。

（3）总括保证保险。它是指在一个保证保险合同内承保雇主所有的正式雇员。它又可以分为两种形式：其一，普通总括保证保险。它是指对单位全体雇员（不指出姓名和职位）的保证保险。保险费按年计算，在交费后一年内如人数增加，则除企业合并外，不另加保险费，只要认定损失是雇员的不诚实行为所致，保险人均承担赔偿责任。其二，特别总括保证保险。它是指承保各种金融机构的雇员因不诚实行为而造成的损失的保证保险。它最早起源于英国伦敦劳合社开办的银行总括保证保险，以后逐步延伸到各种金融机构。各金融机构中的所有金钱、有价证券、金银条块以及其他贵重物品，因其雇员的不诚实行为而造成的损失，保险人均负赔偿责任。

（4）伪造保证保险。它是指承保因伪造或篡改背书、签名、收款人姓名、金额等而造成的损失的保证保险。它又可以分为两种形式：一是存户伪造保证保险，承保被保证人或被保证人往来的银行因他人以被保证人的名义伪造或篡改支票、汇票、存单及其他凭单票据等所致的损失，此处的承保票据仅指支付票据；二是家庭伪造保证保险，承保个人在收支款项时因他人伪造所致的损失，此处的承保票据包括支付票据、收入票据及收入伪钞。

（5）三 D 保单。三 D 保单是指不诚实（dishonest）、损毁（destruction）及失踪（disappearance）的综合保单，包括诚实保证和盗窃保险两者在内，承保企业因他人的不诚实、盗窃、失踪、伪造或篡改票据而遭受的各种损失。三 D 保单有下述优点：对性质不明的风险，保险人不得借故推诿赔偿责任；无到期日的规定，不会因被保险人忘记保险单到期日而使损失发生后得不到赔偿；手续简便，一次投保后，各种因盗窃和不诚实等而造成的损失都能得到保障。

### 三、产品保证保险

1. 产品保证保险的概念

产品保证保险也称产品质量保险或产品信誉保险，它承保被保险人因制造或销售的产品丧失或不能达到合同规定的效能而应对买主承担的经济赔偿责任，即保险人对有缺陷产品本身及由此引起的有关间接损失和费用承担经济赔偿责任。

2. 产品保证保险的责任范围

产品保证保险的保险责任有：

（1）为用户或消费者更换或整修不合格产品或者赔偿有质量缺陷产品造成的损失和费用。

（2）赔偿用户或消费者因产品质量不符合使用标准而丧失使用价值造成的损失及由此引起的额外费用，如运输公司因购买不合格汽车而造成的停业损失（包括利润和工资损失）以及为继续营业临时租用他人汽车而支付的租金等。

（3）被保险人根据法院判决或有关行政当局的命令，收回、更换或修理已投放市场的有严重质量缺陷的产品所造成的损失和费用。

产品保证保险除保险责任外，还有一些免除责任，如产品购买者故意行为或过失引起的损失；不按产品说明书安装调试、使用造成的损失；产品在运输途中由外部原因造成的损失或费用等。凡上述原因导致保险事故发生所造成的损失，保险人均不负赔偿责任。

### 3. 产品保证保险的保险金额、保险费率和保险期限

产品保证保险的保险金额，一般按投保产品的出售价格或实际价值确定，如出厂价、批发价、零售价，具体采用何种价格，由保险双方根据产品所有权的转移方式及转移价格确定。

在费率厘定方面，应以下列因素为依据：产品制造者、销售者的技术水平和质量管理情况，这是厘定费率的首要因素；产品的性能和用途；产品的数量和价格；产品的销售区域；保险人承保该类产品以往的损失记录。

产品保证保险的保险期限是根据不同产品的性能、用途和行业规定的正常使用时间确定的，也可以在行业规定的正常使用时间内选择一段时间作为产品保证保险的保险期限。

### 4. 产品保证保险与产品责任保险的关系

产品保证保险和产品责任保险都与产品有关，但在保险标的和业务性质方面存在很大的区别。从两者的标的分析，产品保证保险的标的是产品质量，而产品责任保险的标的是产品责任本身。从两者的性质分析，产品保证保险是保险人以担保人的身份为被保险人的产品质量提供担保，只对产品本身质量实施保险；而产品责任保险是保险人为被保险的产品可能产生的民事损害赔偿责任提供保险服务。

**拓展阅读**

近年来，食品安全问题频发，无论是某著名餐饮连锁品牌后厨脏乱差事件，还是之前的三聚氰胺、瘦肉精、苏丹红等事件，"舌尖上的安全"已然成为老百姓心中的一条红线，也是企业、政府管理工作的一条红线。

中国银保监会数据显示，2018年我国责任险保额866.14万亿元，同比增长244.04%；责任险新增保单72.7亿件，同比增长81.7%。2019年第一季度数据显示，国内责任险已经成为继车险、健康险以后，规模在财产险中排名第三的险种。

但与之相对的是，食品安全责任险（下称"食责险"）的覆盖率一直没有进入"快车道"。

据了解，食责险已在上海、浙江、福建、山东、山西、河北、甘肃等多省市试点推行，但是投保率不足10%，远低于国外平均50%以上的投保率，且大多是因为出口需要。

实际上，食责险从企业、消费者、政府工作等方面来看，都有其必要性。对企业来说，食责险有利于企业避免重大经营危机甚至破产危机，实现持续稳健经营。对消费者来说，食责险有利于消费者及时且有效地得到损害赔偿，切实保护消费者权益。对政府来说，食责险有利于减少政府参与责任风险事故善后的时间、人力和财力耗费，避免企业出事后由"纳税人埋单"，促进政府职能转变；有利于减轻政府压力，使政府摆脱事故的处理，减少财政负担，实现职能转变，提高行政效能。

为何食品安全事件频发但投保热情提不上来？相关专家分析，原因主要有三个方面：

第一，当前国内法律环境不完善。责任险的发展需要与完善的法律体系以及对不合规、不合法行为的惩罚有机结合。如果上述两方面缺失，那么很少有企业愿意投保责任险。

第二,我国食品行业整体规模较小,尤其是大规模企业相对较少。

第三,目前运营的食责险主要起到赔付功能,尚未有效介入食品行业的风险管理领域,未能发挥风控功能。

该如何改变当前局面?

为此,业内人士建议,落实生产经营者主体责任,对企业采用无过错责任制度,并增加惩罚性赔偿;同时,制定食品安全信息追溯管理的法律、法规,建立食品安全信息追溯体系,对生产、收获、加工、包装、运输、贮藏和销售等环节实行全过程监控。

权威人士称,食责险的发展亟待法律环境的完善,只有这样才能真正产生市场化的需求。而当需求产生后,保险公司才能充分发挥风险管理的作用,通过费率杠杆等经济激励机制,与食品企业合作,尽可能减少食品安全事件。

目前我国对食责险的发展以鼓励为主。《中华人民共和国食品安全法》提出,国家鼓励食品生产经营企业参加食品安全责任保险;《学校食品安全与营养健康管理规定》也指出,鼓励学校参加食品安全责任保险。

把"建议"投保变为"强制"投保也是目前众多行业人士的一种看法。

资料来源:从"鼓励"到"积极","舌尖上的保险"之困有望破局?[N].国际金融报,2019-05-22。

## 本章讨论案例

甲矿业公司(以下简称"甲公司")与乙保险公司(以下简称"乙公司")为主承保人的共保体签订了一份雇主安全责任保险(以下简称"安责险")合同,承保资料约定附加雇员死亡赔偿,每次事故每人死亡赔偿金限额为20万元。

合同生效后第三个月的上旬和下旬,甲公司A员工、B员工分别在两次生产现场遭遇石头袭击、触电经抢救无效死亡,当地工伤保险机构认定两名员工均构成工伤;当地安监部门均认定构成一般事故,对甲公司分别处罚20万元,乙公司勘验后认为符合安责险责任范围。

经协商,甲公司向A员工家属一次性补偿58.8万元(其中工伤保险补偿55万元),向B员工家属一次性补偿59.8万元(其中工伤保险补偿55万元)。

就安责险赔偿金额,甲公司、乙公司分歧相差151万元,前者认为后者应赔偿158.6万元(即两份补偿118.6万元加上两笔罚款40万元);后者按照前者实际承担的赔偿金额,认为应向前者赔偿8.6万元(即不赔偿40万元罚款,仅赔偿甲公司实际向A员工家属承担的补偿金3.8万元、向B员工家属承担的补偿金4.8万元)。协商未果,甲公司提起诉讼,诉求:①乙公司赔偿原告40万元;②判令从一定时间起支付40万元利息;③承担诉讼费用。

一审期间,甲、乙公司对安责险合同、出险事实等没有异议,法院查明工伤保险机构实际补偿A员工家属563 381.4元、B员工家属568 984.8元,核算甲公司实际补偿(损失)合计53 633.8元(分别为24 618.6元、29 015.2元)。法院认为本案属于保险法律关系纠纷,所涉险种为安责险,保险标的为被保险人对第三者依法应负的损害赔偿责任,故本案应为责任保险合同纠纷。判决乙公司向甲公司支付53 633.8元,驳回甲公司的其他诉求。

甲公司不服一审判决,遂上诉,理由如下:一是适用法律错误,认为安责险与工伤保险是两个分别独立的法律关系,不应该适用"损失补偿原则";二是保险期间死亡两名员工,应该按照附加条款合计补偿40万元;三是40万元罚款属于实际损失应当赔偿。二审期间,甲、乙公司均未提交新的证据,法院查明双方长期合作且在相关保险资料中甲公司声称认可相关保险合同条款,判决维持一审判决。

资料来源:安全责任事故,"安责险"和工伤保险"双赔"吗?[N].中国保险报,2019-03-08.

【讨论的问题】

雇主责任保险和工伤保险应"叠加式"分别赔偿还是"吸收式"合并计算赔偿?

 复习思考题

【基础知识题】

1. 简述公众责任保险的概念、性质及其与其他责任保险的区别。
2. 什么是产品责任保险?它的特点有哪些?
3. 什么是雇主责任保险?试述雇主责任保险的保险责任。
4. 试述职业责任保险的法律依据。
5. 什么是环境责任保险?
6. 第三者责任保险的概念和特征是什么?
7. 出口信用保险有哪些作用?
8. 忠诚保证保险的特点是什么?
9. 产品保证保险和产品责任保险有何区别?

【实践操作题】

1. 浏览长安责任保险股份有限公司网站(http://www.capli.com.cn),了解公司责任保险业务的开展情况,列举主要的责任保险业务类型。
2. 浏览阳光财产保险股份有限公司网站(http://chanxian.sinosig.com/index),了解公司责任保险业务的开展情况,列举主要的责任保险业务类型。

【探索研究题】

1. 环境责任风险的特征及其对环境责任保险的影响是什么?
2. 信用保险和保证保险在很多情况下不容易区分,为什么?

21世纪经济与管理规划教材
保险学系列

# 第三编

# 财产与责任保险运营

第十章　财产与责任保险产品设计
第十一章　财产与责任保险经营过程
第十二章　财产与责任保险欺诈及其防范

# 第十章 财产与责任保险产品设计

> **学习目标**
>
> ✐ 了解保险产品的概念及特性
> ✐ 了解财产与责任保险产品设计的概念
> ✐ 了解财产与责任保险产品设计的现实意义
> ✐ 了解财产与责任保险产品设计的原则
> ✐ 掌握财产与责任保险产品设计的方法
> ✐ 掌握财产与责任保险产品设计的基本类型
> ✐ 重点掌握财产与责任保险产品设计的策略和程序
> ✐ 掌握财产与责任保险的费率组成及费率确定
> ✐ 综合运用:能够运用所学知识设计一款财产保险产品

 **导读案例**

**【案情简介】**

2017年10月21日上午,甲雇用乙到某收购站装运废铁,10时许,正在车上装货的乙不慎被头顶的10千伏高压电线击伤,乙当即被送往医院进行治疗,经诊断为"双上下肢电击伤4%Ⅲ—Ⅳ度、左下肢外伤",共住院101天,支出医疗费103 847.06元。2018年5月14日,当地司法鉴定所做出鉴定意见,评定乙为十级伤残。该高压线路的经营者是A供电公司。A供电公司在B保险公司投保了供电责任保险。2018年3月12日,乙因个人在C保险公司投保的"医无忧"险获得了99 268.02元赔款。后乙将甲、收购站、A供电公司起诉至当地法院,要求上述被告共同承担因高压电线击伤导致的人身损害赔偿责任。B保险公司作为第三人参加诉讼。

经审理,一审法院判决:①A供电公司赔偿乙医疗费103 847.06元、护理费17 374.88元(140.12元×124天)、住院伙食补助费10 100元(100元×101天)、营养费3 030元(30元×101天)、误工费21 495.62(3 068.83元×6个月+140.12元×22天)、残疾赔偿金56 638元(28 319元×20年×10%)、精神抚慰金5 000元、被扶养人生活费6 015.30元(20 051元×6年×10%)、鉴定费700元、律师代理费3 000元,合计227 200.86元的80%即181 760.69元;②收购站、甲不负赔偿责任;③B保险公司在承保范围内对A供电公司的赔偿责任承担连带给付义务。

B保险公司不服一审判决结果,提起上诉。后经二审法院的审理,B保险公司的上诉请求不成立,判决驳回上诉,维持原判,二审诉讼费用1 000元由B保险公司承担。

【案情分析】

（1）本案是因高度危险作业而引发的触电人身损害责任纠纷案件。公民享有生命健康权。高压输电线路和高压设施致人损害,属于高度危险责任,是特殊侵权行为,侵权责任法及相关法律有明确的规定,应当适用无过错责任归责原则。

（2）A供电公司在B保险公司投保了供电责任保险,按照供电责任保险的条款内容,在保险有效期限内,被保险人在保险单明细表中列明的供电区域内,由被保险人所有或管理的供电设备及供电线路,因保险责任范围内的事故导致第三者的人身伤害或财产损失,依法应由被保险人承担的民事赔偿责任,保险人负责赔偿。

（3）与一般性的责任保险相比,供电责任保险是针对特定主体的责任保险,具有以下特点:一是投保人为供电企业;二是依据侵权责任法的规定,供电责任保险承担的是较为严格的无过错责任,本身具有较高的危险性;三是责任保险本质上仍属于财产保险范畴,应适用损失补偿原则,与人身保险并不冲突。

结论:保险业应进一步完善处理同类型财产保险的赔付规则。

 **案例详情链接**

李霞.高压电伤人,保险怎么赔？[N].中国保险报,2019-04-25.

 **你是不是有下面的疑问**

1. 什么是保险产品？
2. 保险产品到底是怎么一回事？
3. 财产保险产品的增加对我们的生活是利大还是弊大？
4. 保险产品是如何设计出来的？

# 第一节　保险产品

任何时候、任何企业所拥有的产品优势都只是相对的、暂时的,在科学技术迅速发展、国际化的市场竞争日趋激烈的今天,任何一个产品的寿命周期都是非常有限的,企业所能拥有的产品优势越来越短暂。因此,新产品开发对于企业来说具有非同寻常的意义,它决定企业未来的发展变化,并最终决定企业的命运。

## 一、产品的概念

现代市场营销学之父菲利普·科特勒把产品定义为:所谓产品,是指能提供给市场,引起人们注意,供人取得、使用或消费,并能满足人们某种欲望和需要的任何东西。产品包括实物、服务、场所、主意等,它是一个整体的概念,包括核心产品、有形产品和附加产品。

(1) 核心产品是指消费者购买某种产品时所追求的利益,是消费者最为看重的东西。很多时候,消费者购买某种产品并不是为了占有或获得产品本身,而是为了获得能满足某种需要的效用或利益。因此,核心产品在产品整体概念中是最基本的和主要的部分。

(2) 有形产品是核心产品借以实现的形式,即向市场提供的实体和服务的形象。如果有形产品是实体物品,那么它在市场上通常表现为产品的质量、特色、式样、品牌和包装等,并通过商品—货币—商品买卖交换活动实现价值;如果有形产品不是实体物品,而是一种服务或者风险和责任的转移,那么它在市场上就会以约定的价格,通过书面合同形式来满足双方的需要。

(3) 附加产品是指消费者购买有形产品时,所获得的全部附加服务和利益,包括提供信贷、免费送货、提供担保或保证、安装、售后服务和仓储等。附加产品的概念源于人们对市场需求的深入认识。美国学者西奥多·莱特曾说过,设计的竞争不仅在于企业能提供什么新产品,而且在于各企业向客户提供的产品给客户带来的各种附加利益是什么,即企业真正的竞争发生在局外。

产品的分类方法各种各样,根据消费者的购买习惯,产品可以分为便利品、选购品、特殊物品(指消费者习惯愿意多花时间和精力去购买的物品)和非渴求物品(指消费者不知道的物品,或者虽然知道但没有兴趣购买的物品)等四类。

## 二、保险产品的概念

保险产品是由保险人提供给保险市场,能够引起人们注意、购买,从而满足人们减少风险或转移风险,必要时能得到一定的经济补偿和给付需要的承诺性服务组合。

这个定义有四层意思:①它能够引起人们注意和购买;②它能够转移风险;③它能够提供一定的经济补偿和给付;④它是一种承诺性服务组合。

因此,保险产品的真正含义是满足消费者的保障与补偿的心理需要。它保障被保险人在发生不幸事故时仍能拥有生活下去的基本条件,并能使人们以最小的代价获得最大的经济补偿。

保险产品也是一个整体的概念,包括核心产品、有形产品和附加产品。

(1) 核心产品即保险合同的主要条款,它载明了风险或责任转嫁的内容。当发生保险责任范围内的事故后,被保险人所得到的是一种经济补偿,是被保险人安全需要的真正内涵。保险产品的核心产品不像普通产品的核心产品,它有两个特点:一是被保险人购买保险后,不一定都能得到核心产品,即使得到也是滞后的;二是产品质量好坏不能现场试验,且一般要经过一段时间才有答案。

(2) 有形产品即书面保险合同,是核心产品借以实现的形式。市场营销者应首先着眼于消费者购买保险产品所追求的利益,以求更完美地满足其需要;然后从这一点出发,去寻找利益得以实现的形式,进行有形产品的内容和形式的设计。

(3) 附加产品是保险人所提供的主业服务与延伸服务,或者说是售前服务与售后服务。

保险产品属于非渴求物品。非渴求物品的性质决定了保险公司必须加强对保险产品的广告、推销工作,使消费者对这些保险产品有所了解并产生兴趣,千方百计地吸引潜在消费者以扩大销售。同时,保险产品又是一种无实物形态的特殊物品,没有交换,保险产品就是一纸空文,什么价值都没有,当然也就不能转换为保险合同,继而成为保险产品。

### 延伸阅读

#### 恪尽职守的保险卫士

在"金钱万能"的西方世界,忠诚的朋友是很难得的。而一些西方保险公司拥有许多虽其貌不扬,但恪尽职守、身怀绝技的"保险卫士"。它们以自己的实际行动使保险人免受了许多经济损失,从而赢得了保险人的无比信赖,成为保险人忠诚的朋友。

**镜头之一:胆大艺高的鸵鸟看守员**

在美国,一家大型租车场在为停在场内的汽车投保了巨额盗窃保险后,保险公司要求租车场加强警卫力量,还租用了一只训练有素的鸵鸟担任警卫员。由于鸵鸟生性敏捷,一旦发现形迹可疑的人就会怒目直视,直到吓跑他们;若窃贼不"识趣",继续胆大妄为,则鸵鸟便会毫不客气地狂奔过来,用强健有力的长腿猛踢,用嘴乱啄,直到赶跑窃贼。

**镜头之二:尽职尽责的鹅卫士**

在苏格兰的格拉斯哥市,有一家全英国最大的威士忌酒厂,厂内贮藏着十多亿夸脱的名酒,其中一些陈年老酒已贮藏了半个多世纪。就价值而言,简直就是"滴酒成金"。酒厂向当地保险公司投保后,为防止名酒被盗,保险公司特意检查了酒厂的安全防卫措施,其中包括电脑监控系统及警卫力量的配备。然而,警卫总有疏忽打盹的时候,就是电脑监控系统,在科技高度发达的今天,犯罪分子也可以通过许多手段令它们暂时失灵。为此,保险公司还做了第三种准备,在酒厂周围的围墙内放养了一群训练有素的鹅,这些鹅每只都是诚实称职的"警卫员",工人们则称其为"苏格兰的蓝天卫士"。这些鹅不怕风霜雨雪,日夜放哨巡逻,它们一旦发现生人便会紧盯不放,进行尖厉的攻击,直至来人逃离。自从鹅群担任卫士后,酒厂的偷窃案明显下降,盗贼几乎不敢贸然行事了。实践证明,使用鹅卫士比用狗更划算、更有效率。因为鹅的听力灵敏异常,一有动静,整个鹅群都会惊动起来,发出"咯咯咯"的呼叫声,从而呼唤警卫人员的到来,以便赶跑或抓住偷窃者。

**镜头之三:奇特勇猛的护宝队**

盗窃事件是珠宝店十分头痛的老大难问题。但在德国南部的兰茨胡特市,有一家参加保险的著名珠宝店却很少丢失东西。原来保险公司向这家珠宝店赠送了一支十分奇特勇猛的护宝队,它由数十只以凶猛著称的泰国蝎子组成,每只蝎子长约三英寸,牙床能分泌剧毒液体,很是凶猛。谁若被咬上一口,如不"及时"抢救,则很可能命归西天。这种蝎子经训练后,非常忠于职守,总是在贵重珠宝周围徘徊、巡视,忠实地护围着这些珠宝。这不仅有效地防止了妄想染指珠宝的歹徒,而且蝎子们长相奇特、张牙舞爪,成为该店独有的景观,招徕了大量顾客,该店经理逢人便夸保险公司。珠宝店自参加保险并引进蝎子护宝队后,生意越做越红火,认为保险费再高也是值得的。

资料来源:唐金成.世界保险趣论[M].西安:西北大学出版社,1994:12。

### 三、保险产品的特性

(一) 保险产品的层次性

1. 核心层次

核心层次的产品是指产品的基本功能或效用。任何产品都有基本功能。就保险产品而言,其基本功能就是经济补偿,即保险人对被保险人遭受保险合同约定的风险事故时,按照合同和法律规定对被保险人或受益人进行赔偿或给付。

2. 形体层次

物质产品都有具体的结构、造型、颜色、包装等。产品的核心功能不同,所匹配的形体层次也不同,而恰当的形体层次更有助于产品的畅销。保险产品是一种服务产品,服务产品的最大特点之一是无形性,那么保险产品有无形体层次呢？回答是肯定的。保险产品的形体层次包括具体的保险合同文本以及与此相关的品牌、名称、宣传材料、公司形象等。销售保险产品是提供一种保障承诺,这是无形的,但为了提高市场份额,需要将无形服务有形化,提高其感知度,在保险合同、品牌、名称、宣传材料、公司形象等方面做好文章,让消费者很容易接近、感知、理解保险产品和保险公司。

3. 延伸层次

延伸层次的产品又叫附加产品,是提供给消费者的附加利益,包含在售前、售中、售后三个环节中。销售保险产品本身就是提供服务,服务水平与服务质量的高低关系到公司的生存和发展,一些保险公司千方百计地为客户提供真诚、周到的服务,如为客户提供家庭投资、理财的长远规划;在客户生日当天赠送生日卡等;一些大的保险公司有自己的急救医院、康复中心,客户可以在那里享受优惠的服务,且投保数额大的客户可以享受免费疗养。在保险市场竞争激烈的西方国家,保险服务的竞争不断升级,现在开始流行在传统的赔偿给付保险产品上附加一些服务补救性的保险保障的做法。例如,如果被保险人家中的保姆突然患病,则其可向保险公司求助,保险公司会为他找到满意的临时保姆;如果被保险人的车辆受损或被窃,则保险公司可提供相同型号的车辆给他,以供急用。

(二) 保险产品的服务性

作为服务产品,保险产品与其他服务产品有共同之处。

(1) 无形性。保险产品本质上是一种承诺,承诺是无形的。当然,购买时可以见到保险合同条款,但这只是承诺的文字化,并不是保险服务本身。

(2) 不可分性。保险产品是一种承诺,是一系列有价值的活动或过程,服务过程中保险人或其代理人与投保人(被保险人)或受益人必须直接发生联系,因此保险产品的生产过程也就是消费过程。

(3) 差异性。尽管同一种保险产品的条款是一致的,但以下两方面的原因使得保险服务质量出现差异:一是保险人或其代理人的素质参差不齐,二是客户的直接参与,且客户也各不相同。

(4) 不可储存性。由于服务的无形性和生产与消费同时进行,使得服务不可能像有形产品那样可以储存起来。尽管提供服务的人员和设备可以提前准备好,但生产出来的服务如不当时消费,就会造成损失(如车船的空位等)。不过,这种损失仅表现为机会的丧失和折旧的发生。保险产品也是如此。

(5) 无所有权转移。服务是无形的且不可储存,所以服务的生产和消费过程中一般不涉及任何所有权的转移。消费者购买保险后拿到的只是一份保险合同,万一发生保险事故,被保险人或受益人可以获得赔偿(给付),这是根据保险合同本应享有的权利。至于财产与责任保险中由于保险标的变动引起被保险人变更和寿险中受益人变更等要求保险人提供的保全服务,则是公民处理自己财产和权益的行为,并不是因保险而产生的。

### (三) 保险产品的非寻求性

保险产品为应对风险、管理风险而生,它不可避免地涉及损失、死亡、疾病等事故。这些事故人们往往不愿正视,或讳莫如深,或谈之色变。因此,人们一般不愿主动购买保险产品,不会像逛商店选购商品一样去保险公司购买保险产品,除非一些突发性的灾害事故促使人们正视风险,在短期内主动采取购买行为。例如,2000年6月22日,一架由湖北恩施飞往武汉的小型客机遇恶劣天气在武汉市附近坠毁,机上30多人全部遇难。翌日,武汉市的航空旅客意外伤害保险投保率猛增到80%,而空难之前仅40%左右。保险产品的这一特点要求采取直销或其他有效营销方式,主动宣传保险,培育人们的保险意识。

### (四) 保险产品有明显的期限性

投保人所购买的保险产品,一般都有明确的期限。大多数保险产品的期限在一年以下,但有的(如寿险)则可能是几年甚至几十年。在这方面,保险产品与储蓄有所不同。虽然储蓄也有明显的期限性,但原则上个人可以自由、随时、无条件地提取储蓄存款,而不可以自由地提取为了购买保险产品所支付的保险费。

### (五) 保险产品有损失补偿性

从性质上看,保险产品与其他产品的不同之处在于:保险产品是一种避害性产品,其他产品则多为趋利性产品。正是这种避害性,使得保险产品能够在被保险人发生合同范围内的损失时,按合同规定得到一定的经济补偿。一般保险合同所承担的保险责任,都能保证被保险人在遭受保险事故后,得以恢复正常生活。

## 第二节 财产与责任保险产品设计

### 一、财产与责任保险产品设计概述

#### (一) 财产与责任保险产品设计的概念

财产与责任保险产品设计,是指保险公司根据财产与责任保险目标市场的需求,进行调查研究,组织新产品设计及老产品改造等活动的过程。

对于这个概念,我们必须掌握:

(1) 市场需求是财产与责任保险产品设计的前提。

(2) 新产品设计。保险的新产品着眼于"新",这个"新"是指保险标的新、保险责任新和承保方式方法新。保险业务只要具备其中的一个方面,就是"新产品"。

(3) 老产品改造,即对已经实施的产品进行部分更换的行为。

(二) 财产与责任保险产品设计的必要性和现实意义

1. 财产与责任保险产品设计的必要性

(1) 经济的发展,必然会不断地对财产与责任保险产品提出新的要求。如过去的若干年里,有些农民在农田农作的空余时间利用淡水养鱼,无非想换点零花钱,补贴生活开支,即使死了鱼也不至于影响农户的正常生活。但随着市场经济的发展,需大面积、大范围地养鱼才能满足人们日益增长的经济需求,如果死了鱼,那么不但会影响到专业户的正常生产和生活,而且可能严重影响到社会供给,因此开办这方面的保险成为必然。

(2) 人们生活水平的提高,对保险产品提出新的要求。一般情况下,人们生活水平提高,就有可能使用一些高精尖产品,这样就需要保险为之配套,如厨房里从炭炉、煤气炉、管道煤气到电子设备等不断先进。

(3) 我国幅员辽阔,不同区域的经济状况、地理环境差异甚大,各地对财产与责任保险产品也提出新的要求。

(4) 科学技术的进步,对保险产品不断提出新的要求。伴随科学技术的进步可能不断产生新的风险,如在海上开采石油,它是科学进步的结果,但海上石油开采要比陆上石油开采风险大得多,需设计适应这种情况的保险。

(5) 适应经济体制改革的需要。企业的股份制改造,迫使企业要对财产安全负责,保险就有存在的必要。

2. 财产与责任保险产品设计的现实意义

(1) 它是保险企业生存和发展的基础。一般说来,有产品才有保险企业的生存和发展,有产品效益才有保险企业的经济效益;产品的保障性、适应性和竞争力决定保险企业的保障性、适应性和竞争力。

(2) 它是提高保险企业经营效益的重要途径。保险企业的经营效益主要来自自身经济效益和社会效益,这两个效益都要通过产品效益来实现。一方面,新产品可以带来新业务,使保险企业的保险费收入得到增加;另一方面,新产品增加了市场供给量,使投保人有了更多的选择余地,从而达到吸引保户、服务社会的目的。

(3) 有利于推动保险企业的技术进步和职工素质的提高。保险产品设计涉及保险经济学、概率论及大数法则、保险法律以及灾害学、心理学等方面的知识,具有很强的技术性。要设计较高水平的保险产品,必须有较高水平的人才和技术手段,从而有利于推动保险企业的技术进步和保险职工素质的提高,进而促进保险企业整体素质的提高。

### 典型实例

**不怕地震的保险大厦**

世界上最大的城市之一墨西哥城是一座美丽的城市。可是谁能想到1985年9月19日灾难却悄悄地光临了这座繁华的都城。这天早晨至21日,这里连续遭受了震中里氏8.1级的大地震及强余震的蹂躏,一幢幢大楼纷纷倒塌,数万人伤亡或失踪,20万人无家可归,直接经济损失50多亿美元,损失惨重。这次大地震使全世界近百家保险公司及再保公司受到牵连,保险人支付赔款近3亿美元。

在这次大灾难中,位于震中破坏最严重的地区瓦砾成堆、惨不忍睹,唯有一座高达180余米的43层建筑——拉美保险公司总部大厦安然无恙,仍巍然屹立于街头。其实大厦附近的土质是松软的沙土,它之所以安然无恙,完全归功于科学的设计。大楼建筑时考虑到地质差,特在1 100平方米的地基下打进了361根水泥柱,它们支撑2.5万吨的建筑物是绰绰有余的。但为了确保大厦的安全系数,建筑公司又在地基下设计了一个大水池,使整座大厦好像浮在水面上,更确保了大厦的安全。因为水的浮力不但可以承载40%的楼体重量,减轻水泥桩的承重,而且能够控制、调节楼体的垂直性,对地震起到缓冲作用。这座大厦1956年落成几十余年,历经数次地震,均完好无损。1985年的强烈地震也仅震坏了底层的几块玻璃,其他完好无损,真是名副其实"不怕地震的保险大厦"。

资料来源:张品梅:保险趣闻[M].北京:经济管理出版社,1993:2。

## 二、财产与责任保险产品设计的原则

保险人设计、推销产品,既是为了满足国民经济发展和人民生活不断提高对风险保障的需要,又是为了满足巩固与拓展业务、提高经济效益及对外竞争的需要,因此,在产品设计时应遵循下列原则。

### (一)效益统一原则

从广义而言,保险企业经营任何产品都必须考虑效益问题,财产与责任保险产品设计同样如此,要有利润,才能谈到保险保障。但是,单考虑保险企业自身的经济效益还不够,还必须看到保险的社会效益,看到保险企业对社会稳定做出的重要贡献。

### (二)科学技术原则

1. 科学计算

科学合理地确定费率是财产与责任保险产品设计的重要内容。保险企业所能承保的只是那些可以价值化、数量化的需求,纯费率部分要与财产损失概率相一致,附加费率要与产品经营费率相一致,并力求有适当的利润率,所有这一切必须通过科学的计算才能得出。

2. 科学预测

科学预测的要求主要包括:

(1)要采用科学技术手段,比如预测方法与数理统计学、管理学、计算机技术相结合,定性预测与定量预测相结合等。

(2)预测的内容要全面、系统、合理和准确,不仅包括风险程度、范围的预测,而且包括对社会、经济、政策等制约保险偿付能力的环境条件的预测。

(3)要评定和鉴别预测结果,保证其真实可靠,并具有一定的可行性和预见性。

### (三)连续性和系统性原则

1. 连续性

财产与责任保险产品设计的连续性体现在设计产品时应实行梯级设计、紧密衔接原则。为了保持产品不间断,保险人应根据保险产品社会普及率及其生命周期进行设计。

(1)产品社会普及率是指某一特定市场一定时期内某产品已购买的保险数量(或金额)与该产品可以购买的保险数量(金额)的比率。比如,机动车辆保险普及率=该地区已投保机动车辆数/该地区机动车辆总数×100%。可以看出,如果产品社会普及率还未饱和,那么显然不能再设计新产品,必须继续发展该产品。

(2)产品生命周期是指产品从研制、设计到引入市场,历经成长期、成熟期、衰退期直至退出市场、走完生命旅程的周期。我们可通过产品社会普及率来量化产品生命周期,如表10-1所示。

表10-1 产品生命周期各阶段参考的社会普及率

| 生命周期阶段 | 引入市场期 | 成长期 | 成熟期 | 衰退期 | 退出市场 |
|---|---|---|---|---|---|
| 社会普及率 | 小于10% | 10%—50% | 50%—70% | 70%以上 | 0 |

2.系统性

财产与责任保险产品设计的系统性体现在产品的配套或系列上。比如,针对"企业"保险产品需求可设计计划、设计、建筑、安装、生产、伤害、责任、利润等系列产品。

### 三、财产与责任保险产品设计的方法

(一)希望列举法

1.定义

希望列举法是一种建立在社会、保户及潜在客户对保险公司服务所寄希望基础之上的产品设计方法。

2.应用过程(具体步骤)

希望列举法的应用过程为:

(1)调查收集社会各界人士对保险服务的希望和要求;

(2)应用保险原理,联系本公司的实际,对社会各界人士的希望和要求进行分类排序,区分可承保与不可承保的项目,再从可承保的项目中挑选出具有必要性、具有一定市场潜力的项目作为设计产品的基础;

(3)进行产品设计。

3.设计举例

某业务员在调查中,了解到社会各界对保险服务有以下希望和要求:①某粮库希望开办储粮被盗保险;②某医院希望开办药品质量保险;③某纺织厂希望开办粉尘灾害保险;④一农户购买袋植香菇技术时,希望开办袋值香菇技术保险;⑤某股东希望开办股票保险;⑥某人希望开办现金保值保险。

保险公司经分析认为③、④两种希望较容易转化成保险产品且带有普遍性,于是将它们列为设计重点,进而设计成粉尘爆炸保险和袋植香菇技术保险。

运用希望列举法进行产品设计构思,因其直接面对市场,故容易产生创新型产品。

### (二) 缺点列举法

**1. 定义**

缺点列举法是一种对老产品展开分析,在列举其不足、寻求完善方案的基础之上进行产品设计的方法。

**2. 应用过程**

缺点列举法的应用过程为:

(1) 选择一个或若干个已开办的产品;

(2) 列举该产品在实务经营中的缺点;

(3) 分析缺点产生的原因;

(4) 寻找完善方法,进行产品设计。

**3. 设计举例**

比如,业务员对家庭财产与责任保险展开分析,列举出如下缺点:①现金和存折不在保险范围内;②自行车屋外丢失,保险人不负赔偿责任;③有些灾害(如海啸)本地区从未发生过,却也列入保险责任并收取保险费;④电器的损坏责任难以确定。针对这些缺点,保险公司可以设计出适当的产品与之配套。

### (三) 检查设问法

**1. 定义**

检查设问法是一种针对客户需求或现行保险业务提出问题,自问自答,挖掘产品设计思路的产品设计方法。

**2. 应用过程**

检查设问法的应用过程为:

(1) 调查研究,并在此基础上提出问题;

(2) 对问题产生的原因进行分析;

(3) 寻找问题解决的方法,进行产品设计。

**3. 设计举例**

(1) 某保险外勤根据对家庭财产与责任保险的调查,在此基础上提出问题:家用电器可以单独承保吗?

(2) 进行分析,认为与一般家庭财产相比,家用电器的特性在于:①以电力为动力,受电流强度、电压高低影响较大;②价值高、体积小且重量轻,易受损和被窃;③电器所有人很重视其安全问题。

(3) 综合分析寻找解决问题的方法:①从保险经营的角度看,家用电器混在普通家庭财产保险中,许多赔案不好处理;若能独立出来,则可以与电器生产厂家联系组织配套服务;以家用电器为保险标的单独设计成产品后,可以设专门人员进行管理,有利于加强管理,提高效益。②从客户的角度看,家用电器单独投保虽然费率差不多,但责任宽了,因电压、电流问题乃至电器质量问题引起的损坏,都可纳入保险赔偿范围。这些意外事故损失率要远远高于普通家庭财产保险承保的火灾、地震等危险,相比之下是可以被接受的。

经过可行性分析后,保险公司设计了家用电器保险。

(四)择优组合法

1. 定义

择优组合法是一种建立在对国外或外地开办的产品进行分析的基础之上,取各产品之所长,组合构思设计产品的方法。

2. 应用过程

择优组合法的应用过程为:

(1)收集样本产品;

(2)解剖各产品,分析产品的结构、特性和优缺点;

(3)选择各产品的长处,作为产品设计素材,根据社会所需进行产品构思与设计。

3. 设计举例

业务员从外省市收集到四个自行车保险条款。

(1)责任:甲省的条款与普通家庭财产保险一致,乙省的条款增加了碰撞责任,丙省的条款只承保盗窃责任,丁省的条款承保盗窃和火灾责任。

(2)承保方式:一是年缴费型,二是储金利息抵缴保险费型。

(3)承保标的:一是只承保新车,二是新车、旧车都承保。

(4)保额确定方式有三种:折旧价,重置价,现价的一定百分比。

解剖条款后,保险公司认为:自行车保险在社会上很受欢迎,投保人数有增无减,保险费收入连年上升,但近年来赔付率上升较快,原因是道德风险难以控制。针对这一实际问题,选择各省的长处,可以设计"高档名牌自行车保险",选择火灾、碰撞、盗窃三种风险作为保险责任事故,保险金额按现价90%确定,承保对象为高档名牌自行车,保险单采取由售车商店代售的办法,年保险费按车价1%计收,保险期限设定为1年、3年或5年三个档次供客户选择。

 **延伸阅读**

### 层出不穷的新奇保险

**一杆进洞险**

高尔夫球赛中,主办方往往会为"一杆进洞"提供丰厚的奖品或奖金。虽然对水平一般的俱乐部会员来说,一杆进洞的概率是十五万分之一,但是偏偏就有接连两次一杆进洞的例子出现。保险公司郁闷至极,纷纷提高一杆进洞险的承保门槛,有把费率提高至3%左右的,也有限定奖金数额的,还有的干脆不单卖,一定要与高尔夫球场综合险搭售以降低自身的经营风险。

**效期无忧险**

店里东西过期卖不掉可以找保险公司赔钱。蚂蚁保险推出"效期无忧险",码商卖不出的过期食品可获得赔付。目前,"效期无忧险"已经在零售通平台为26万码商提供服务,该保险大多也是由品牌商免费赠送。

**安心吃货险**

亲爱的"吃货们",还记得曾经因贪吃而遭的罪吗?安心保险公司推出的安心吃货险专门保障目前市场上常见的急性肠胃炎住院医疗,让您在享受美食的同时没有后顾之忧,9.9元保一整年,安心当"吃货"。

### 四、财产与责任保险产品设计的基本类型

概括地讲,产品设计的类型主要以下几种:

1. 全面设计型

即对保险业务进行全方位的产品设计,为全体保险客户提供多种多样的保险服务。在西方国家,一些综合型保险公司或大的保险公司(集团)在自己的业务经营范围内往往采取全面设计产品的方法,社会需要什么产品就设计、提供什么产品,每一种保险业务均有若干保险条款供客户选择,如英国劳合社就以设计、推出各种新的保险产品而著称于世。

2. 类别设计型

即对某一大类保险业务进行多方面的产品设计,为特定的保险客户群体提供多方面的保障服务。比如寿险公司设计各种寿险产品,财产与责任保险公司设计各种财产保险、责任保险产品等,其特点是在某一大类保险业务设计领域兼具广度与深度。

3. 有限设计型

在各国保险市场上,通常可见到一些保险公司根据自身的专长和能力,集中设计几个产品,以服务于特定客户。这种产品设计类型的特点是产品少而精、易管理,为中小保险公司所采用,并成为众多中小保险公司生存与发展的基础。

4. 专一设计型

这种类型的产品设计以保险对象专一、标的专一为特点,一般为专业保险公司所采用。比如汽车保险公司只为汽车用户服务,其产品设计亦以汽车及其责任为基本标的,设计出汽车车身保险、第三者责任保险、汽车综合保险等产品。

 **趣味阅读**

#### 细数明星五花八门的保险

**为"飞天"刘德华保费近亿元**

刘德华2007年9月1日在内蒙古呼和浩特市的个人演唱会中,化身空中飞人,还首次尝试站在10米高的空中吊台上,飞入观众席近距离接触歌迷。公司为他及整个演唱会购买了近亿元保险。

**为阿牛丑牙买保险**

在 2007 年 4 月的东方卫视真人秀节目《明星大练冰》第二场比赛上,因为非专业人员从事冰上运动存在一定危险性,节目组特意为李丽珍、阿牛等每位参赛明星投保了高额保险。说到保险中最另类的,则当数阿牛了,"我投的是我的牙齿。很多歌迷因为牙齿才记住阿牛,所以虽然它很丑,但也是我的标志,当然要好好保护了。"

**为声音 Rain 保险 7 000 万元**

韩国歌手并不像好莱坞明星一样购买全身各部位的保险,他们主要注重自己的声音保险一项。像 Rain,普通演出声音保险就高达 100 亿韩元(相当于人民币近 7 000 万元)。另外,著名主持人也是购买声音保险额度较高的一类人。

## 第三节 财产与责任保险产品设计的策略和程序

### 一、财产与责任保险产品设计的策略

财产与责任保险产品设计的策略,是指财产与责任保险产品设计的方法和途径,它集中地体现着保险公司的业务经营战略,是保险公司市场营销策略的重要组成部分。产品设计的目的在于选准公司的业务经营方向和战略,争取有利的竞争地位和较大的市场份额。各保险公司在设计产品时可以根据保险市场的具体情况和公司的现实条件采用不同的技术策略、组织策略和时机策略。

(一) 产品设计的技术策略

1. 创新型策略

创新型策略即根据保险市场的需求设计出新产品。它可以带来商业效益,有助于树立公司的良好形象。比如英国劳合社就设计了世界上第一张汽车保险单、第一张飞机保险单、第一张海洋石油保险单、第一张卫星保险单等多种新产品,从而奠定了其在世界保险业中的特殊地位。但是因创新型产品属于首创,保险公司要承担较大的风险。

2. 改进型策略

改进型策略即对其他保险公司的产品进行技术改进,保持其长处,克服其缺陷,以便对保险客户更具吸引力。该策略的运用可节省公司的人力、财力,许多保险公司采用这一策略来竞争保险业务,但它存在产品面孔老并易被其他公司仿效的缺点。

3. 更新型策略

更新型策略即对公司过去设计的老产品进行改进,使之符合保险客户的现实需求。比如在日本等地的寿险市场上,寿险保单就被寿险公司不断翻新,一些保险公司纷纷在原有寿险保单的基础上推出分红保单、保值保单等多种保险单,以确保保险客户的投保信心,分担保险客户投保过程中十分关注的通货膨胀风险。

### 4. 引进型策略

引进型策略即直接从其他保险公司那里原样引进产品。这种策略因有具体参照物又不费人力、财力，风险甚小，虽然在运作中具有滞后性，但亦为许多保险公司所采用。此外，在产品设计中，尤其是在财产与责任保险产品设计中，保险公司通常要在注重基本险的设计的同时，还要注意附加险的设计，有的产品能否吸引不同的保险客户，甚至取决于保险公司附加险数量的多寡。

### （二）产品设计的组织策略

在设计产品的过程中，如何组织人力、财力和技术，亦需要根据实际情况采取不同的策略。产品设计的组织策略主要包括：

#### 1. 自主设计产品

自主设计产品即保险公司通过自己的市场调查部门、产品设计部门及专门人员来设计保险产品，一般为实力雄厚的大保险公司所采用。

#### 2. 联合设计产品

联合设计产品即保险公司通过与其他保险公司、代理人、经纪人或有关社会机构的合作，共同设计推出新产品。例如，直接聘请有关社会机构的专家（保险、法律、制造工艺的专家等）介入产品设计，让他们参与产品设计，可以少走弯路，并提高产品的质量；依靠代理人或经纪人的调查和意见设计新产品；对一些涉及面较大的巨额风险，多个保险公司联合攻关、共同承保。这些均是各国保险公司惯常采用的产品设计的组织策略。

### （三）产品设计的时机策略

产品设计出来后，找准适当的时机进入市场也是很重要的。在保险经营实践中，并非各种产品都率先投入市场就好，反之就不好。例如，在20世纪80年代末，某公司设计出长效还本家财险并率先投入市场，当时因通货膨胀率很高，民众投保踊跃，但保险公司因随后银行利率的下降而亏损。因为该产品收取的是保险储金，保险费是储金所生利息，投保当年的年利率曾达到11%，后来却逐步降到7%以下，所以保险公司在通货膨胀率高的时期设计类似性质的产品显然是一个失败的教训。

在产品设计中，有如下时机策略可供选择：

#### 1. 争先策略

争先策略即争取在保险市场上最先推出某类或某个新产品。因产品是最先推出的，可实现最先占领某类保险市场、提高公司的形象和信誉的目标，还会因无竞争对手而获得相对较高的经营利润。但实施这种策略因无先例可借鉴，也可能存在较大风险。

#### 2. 随波逐流策略

随波逐流策略即根据其他保险公司某一新产品的经营状况，摸清市场及产品效益情况后再"跟"上去，立即组织研究设计该产品，分享产品市场份额和收益。同时，在某一产品的效益滑坡、走向衰竭之时，应迅速撤离市场以避免损失。

### 3. 拖后策略

拖后策略即先看其他保险公司的产品经营绩效,再借鉴其经验和教训,丰富自己的产品设计。虽然在时机上滞后了,但因以更新、更有吸引力的产品吸引保险客户,也会取得良好的营销效果。

总之,保险公司在观念上应以动态的观点去看待产品,因为产品存在的意义在于能够满足保险客户的需求,而保险需求又在不断变化,所以保险产品也应随之变化。保险需求具有多层次性,产品的保障内容也应具有多层次性。产品设计必须为展业、承保、防灾防损、理赔等打好基础,为其他保险经营环节的顺利开展做好准备。

### (四) 险种系列设计组合策略

围绕某一中心目标进行险种设计,使险种形成系列,即险种系列设计。险种系列设计组合策略是现代保险公司的重要经营手段之一,与国家政策、社会需求及公众心理结合紧密,便于宣传,易于接受。中心目标确定后,可进一步细分为若干个更小的目标并设计险种,比如将为发展农业服务的绿色工程系列保险细分为乡镇企业保险、养殖业保险、种植业保险、捕捞业保险等。险种系列设计组合策略的实施又可分为险种广度设计、险种深度设计及险种关联度设计:险种的广度是指保险公司经营险种的数量,险种数量越多广度越大,它反映某一类保险业务的经营项目和经营范围;险种的深度是指某一系列(或类别)险种的数量,其服务方向专一,表示保险公司在某一领域内的服务程度,险种数量越多服务程度越好。险种系列设计组合策略还可具体分为以下几种:

### 1. 全面设计策略

全面设计策略即全方位进行险种设计,向社会提供尽可能多的险种。社会需要什么险种就开办什么险种,按这种方法设计险种,针对性强,有利于提高保险公司竞争能力,但需具有较强的人才优势和先进的设计手段。

### 2. 单一类设计策略

单一类设计策略即险种设计指向某一领域、某一特定范围。这样做有利于保险公司经营实现专业化、专门化,在某一特定险种系列中占据主导地位。但实施这种策略要有专门的人才、技术条件做基础,要有较高的管理水平。

### 3. 有限险种策略

有限险种策略即根据保险公司的专长和能力,集中设计某几个险种,以服务于特定客户。按此策略组织险种设计,可将人力、财力、物力集中用于有限的几个险种上,少而精、易管理。例如,某某地运输业较发达,保险公司根据这一实际情况,运用有限险种策略集中设计与运输业有关的货运险,使货运险业务量占全部业务量的80%,货运险业务的期限短、出险概率较小,其收效必然较好。

### 4. 专一险种策略

专一险种策略即根据专一对象、专一标的及特殊险种进行设计等。

在确定险种设计策略时,应根据保险公司自身能力、特点、目标、市场状况及发展而定,不能想当然办事。

### 保险谜语

| 谜面 | 谜底（猜一保险险种名称） |
|---|---|
| 生产无事故 | |
| 镖行 | |
| 君子一言驷马难追 | |
| 同舟共济渡难关 | |
| 婴宁 | |
| 安全分娩 | |
| 生得美人多薄命 | |

## 二、财产与责任保险产品设计的程序

### （一）信息收集和预测阶段

**1. 保险信息的收集**

（1）保险信息的定义。保险信息是指反映保险经济活动特征以及与保险工作有关的各种信息、数据、情报和资料等的总称。保险信息是保险人开展新业务的基础和依据，是新业务经营和管理正常进行的不可缺少的因素，因此，作为保险从业人员应随时随地注意收集和整理有关保险信息及社会各界的保险需求，为及时推出新产品做好思想上和组织上的准备。

（2）保险信息收集的原则。保险信息收集应遵循如下原则：

第一，广泛性原则。保险信息收集的广泛性，是指它涉及的范围、内容和载体上的广泛程度：范围的广泛性，为了设计新产品，必须在更广泛的领域收集保险信息，否则设计出来的新产品肯定不能适应社会方方面面的需要；内容的广泛性，收集到的每条保险信息必须在内容上具有广泛的代表性；载体的广泛性，收集到的保险信息在不同的载体上必须有具体说明。

第二，及时性原则。任何事物都在不断地发展变化，要想从瞬息万变的客观事物中获取对保险工作有用的信息，就必须迅速捕捉和反映有关事物的最新动态。若收集不及时，则很可能造成时过境迁。

第三，准确性原则。保险信息收集的准确性是指真实、可靠、客观地反映事物的本质特征。因此，在保险信息的收集过程中，要坚持边收集、边识别，弄清楚每条信息的来源和信息所反映事件背后的主要细节。

第四，针对性原则。就是按照一定的意图去收集所需的保险信息。在收集保险信息时，首先要弄清楚所收集的保险信息的服务对象和用途，要解决什么问题，然后有针对性地去收集。

第五，连续性原则。事物运动本身具有连续性。每条保险信息都是客观事物的反映和表现。新产品的设计有一个过程，这就要求我们随着事物的变化连续地收集信息，以保证其完整性。

（3）保险信息收集的途径。保险信息收集的途径有：①参与调查研究；②参加会议；③阅读文件和资料；④通过保户收集；⑤与有关单位交换信息资料；⑥向有关信息机构和单位索取；⑦从社会传播媒介中捕捉。

（4）保险信息收集的方法。保险信息可以通过多种途径、多种形式收集，只有区别不同情况，有针对性地运用一定的方法，才能提高保险信息收集的效率和准确性。信息收集的方法具体包括：①记录，即保险调研人员在参加有关会议时把有用的信息及时记录下来。②摘抄，即把有关书刊、报纸上面有关新产品设计需用到的信息摘抄下来。③复印，即把各类资料上篇幅较长的信息资料，利用复印机全文和部分进行复印。④录制，即利用录音机对有关人员的讲话进行录音。

（5）保险信息收集的对象。①消费者（客户）。主动的新产品营销策略是以消费者为导向了解市场需求的。根据美国的一项统计，60%以上的成功的新产品来自消费者创意。消费者的需求代表着潜在的利益市场，其建议是产品设计的重要来源。②员工。开展产品设计征集活动，鼓励员工提供创意。采取多种手段激励员工参与产品设计工作，挖掘保险潜在需求。通常情况下，创新究竟来自何方？是基层员工，还是较高层领导的头脑？实践证明创新大多源于基层。③专家学者、科研院所、中介机构。保险公司应借助"外脑"，更广泛地吸纳社会智力资源；与保险研究界和传媒界的精英建立良好的合作关系，将社会资源转化为公司资源；与专家学者、科研院所、中介机构合作，加强公司与社会信息资源的共享和沟通，实现研究项目"外包"，以便及时了解国内外学术界和市场发展的前沿动态，获取更充分的信息，为公司的产品创新提供技术支持、理论依据和创意来源，从而提升产品创新质量，更好地提高产品创新效率。

2. 保险预测

（1）保险预测的定义。保险预测是指根据收集到的各种信息和资料，运用科学的方法，对影响保险新产品的各种因素进行分析和测算，从而判断新产品的未来及发展变化。

（2）保险预测的内容。保险预测的内容包括：①对保险产品种类需求的预测。主要包括分析社会经济生活和人们消费结构发生了哪些变化，这种变化需要哪些新产品来适应；根据新的需求，现有产品需要进行哪些调整、补充和扩大，以及怎样调整、补充和扩大等。②对开办新产品业务的主要客观条件的预测。主要对社会经济发展情况、保险经济环境、保险经营条件等进行预测。③对具体新产品的开办及其发展前景的预测。主要包括对某产品的开办形式和办法及其发展潜力与可能出现的种种情况进行全面分析，从而为决策提供充分依据。

（二）调查研究阶段

在通过信息收集和预测选定新产品设计项目后，就应着手进行可行性调查研究，找出风险发生的固有规律，取得试办该产品的正确依据以避免盲目性和片面性。它主要分为以下几个阶段。

1. 初步调查阶段

应掌握项目的有关信息，包括：①被保险人及其保险标的的基本情况；②风险周期；③主要风险；④保险标的每一风险周期内的风险概率（如损失率）；⑤各风险周期内主要风险的分布情况;⑥保险标的的当前状况及长远规划;⑦风险的可预防性及有关部门的意见、要求等。

2. 抽样调查阶段

深入基层,采用随机抽样调查的方法,检查初步调查阶段从有关部门获得的资料和数据的准确性与可靠度。

3. 补充调查阶段

综合归纳整理已掌握的信息,从周密细致的角度审视已获得的资料,补充调查不足的地方。

4. 可行性论证阶段

分析已获得的资料,展望新产品的发展前景。

(三) 财产与责任保险产品的命名阶段

1. 直观命名法

直观命名法即直接表明财产与责任保险产品的保险对象和保险保障的具体内容,如"机动车大灯破碎险"。

2. 寓意命名法

寓意命名法即使用表示美好、吉祥、祝愿等被人们乐于接受的文字表明保险产品的基本内容,如"幸福之家保险"(家庭财产与责任保险)。

(四) 厘定费率、制定条款和设计单证阶段

1. 厘定费率

厘定新产品费率的方法有:

(1) 成本加成确定费率法,即按照单位成本加上一定百分比的加成确定费率。

(2) 目标费率法,即根据估计的总销售收入(总保费)和估计的总承保数量(总承保额)确定费率。

$$费率 = \frac{总保费 + 预定利润}{总承保额} \times 100\%$$

(3) 觉察价值确定费率法,即保险人利用产品质量、服务、广告宣传等影响需求方(投保人),使他们脑海中形成"觉察价值",然后依此确定费率。

(4) 随行就市确定费率法,即在高度竞争的市场上,营销同类产品的各个企业在确定费率时实际上没有多大的选择余地,只能按照同一市场上同行业的平均现行费率水平确定费率。

2. 制定条款

新产品的条款一般主要包括:① 保险目的;② 保险标的;③ 保险责任和责任免除;④ 保险费率和保险金额;⑤ 保险期限;⑥ 赔偿处理方法;⑦ 被保险人义务;⑧ 其他附则的处理,包括保险仲裁、诉讼、解释办法;⑨ 签订合同时间、签章等。

3. 设计单证

根据条款内容及业务规范化管理的要求,对投保单、保险单、保险费收据、批单的格式

以及新产品设计的有关实务手续进行设计。

（五）培训业务人员阶段

新产品往往有其特殊性，事前要组织业务人员进行学习，理解和领会新产品的目的和意义，掌握具体做法。

（六）先试点后铺开的试办阶段

为了减少新产品开办的风险，在实践中顺利实施和不断完善保险条款，首先要选择有代表性的单位进行试点，以检测保险条款的可行性；其次要在实践中加强业务管理，取得真实的第一手资料。试办阶段主要注意以下几个关键：

（1）抓好宣传工作，争取有关部门的配合与支持。①针对性。保险业务员应根据不同的对象、不同的场合、不同的时间，采取不同的宣传形式和内容，不能千篇一律、千人一面。②准确性。宣传有关保险的方针政策、条款内容、费率等级等，应事先做好充分的准备以确定宣传内容准确无误，说到做到，取信于人。③艺术性。宣传要讲艺术效果，做宣传工作，不仅要熟悉业务，还要掌握商业心理学、市场学、广告学等知识，并以流利的语言表达出来。

（2）确定好展业承保方式。对于保险标的高度分散、涉及面广、工作量大的业务，还要选择并建设好保险代办网点。

（3）切实做好防灾防损工作。

（4）按照"主动、迅速、准确、合理"的原则认真做好理赔工作。

（5）搞好财务，加强财务核算。

（6）内勤管理真正做到"账卡、账实、账证、账账"相平。

（七）效益评估阶段

效益评估是保险公司进行产品管理和产品设计鉴定的重要内容之一，它对于保证和提高产品设计质量具有重要作用。

1. 财产与责任保险产品的经济效益评估

产品的经济效益，一般是指产品投放市场后，给保险公司带来的经济效益。评估财产与责任保险产品经济效益的指标主要有：

（1）保险金额总量。保险金额总量反映保险公司在一定时期内向社会各部门及家庭提供的保险服务总量。可根据国家或集体、行业一定时期内可保财产总值的一定比率计算。

（2）保险费收入。根据费率及预计保险金额总量计算。

（3）费用支出。可参考性质相近、手段相似产品的费用估算，也可根据预计明细费用支出计算。

（4）保险赔偿及准备金提取。可根据保险标的社会调查损失率计算，也可参考相近产品赔款情况确定。

（5）利润额。根据保险费收入、预计各种费用支出、保险赔偿及准备金提取以及其他支出等数据计算。

（6）其他指标，如偿付能力、保额损失率等。

一般而言,经济效益的好坏是衡量产品价值的主要标志,即盈利越多,经营越稳定的产品,效益就越好,但不能仅以某一指标高低来确定产品经济效益的好坏,必须全面、综合地加以分析。

2. 财产与责任保险产品的社会效益评估

产品的社会效益是指产品投放市场后,所产生的有利于促进社会进步、提高保险人知名度和保险服务信誉的经济效益以外的其他效果。产品社会效益评估一般包括:

(1)满足需求评估。从市场学角度看,保险公司向社会不断推出新的产品,实际上是在不断地增加保险市场的有效供给,满足社会对保险服务的需求。在供求矛盾比较突出的情况下,产品的投放可以起到促进货币回笼、吸收闲散资金、缓解市场供应紧张的作用。产品满足需求评估指标主要有投保企业户数、保险保障总额、保险密度、保险深度等。

(2)文化效应评估。产品的文化效应是指产品投放市场后,对人们道德水平、思想观念及风俗习惯的更新和新风尚的树立等方面所产生的效果。保险产品的开发和投放使人们逐渐摆脱侥幸心理,树立了科学的灾害损失管理思想和国民保险习惯,有利于社会进步和推动现代管理科学的发展。产品文化效应评估指标主要有:在人们道德水平促进和提高方面的效应,在移风易俗方面的效应,在树立现代科学管理思想方面的效应,在促进新技术产业发展方面的效应,在促进国际文化交流与合作方面的效应,在促进改革及新国策实施方面的效应,以及在促进国家法律完善方面的效应等。

 **延伸阅读**

### 捡到的名犬

一个乞丐捡到了一只看起来很名贵的狗,它的主人是一个非常有钱的富翁。

丢失当天,富翁就通过电视台发了一则寻狗启事:本人不慎丢失宠物狗,归还者将得酬金1万美元。启事右上角,还贴了一张宠物狗的照片。

启事一出,半个城市都轰动了。乞丐也发现了那则广告,一下子兴奋之至——这辈子也没交过这种好运,有了这1万美元,做点小生意,自己以后再也用不着当乞丐了!

可是正当他准备牵着狗送回富翁家里时,却看到酬金在不断上涨,这时他犹豫了。他想,再等几天吧,等酬金涨到10万美元我再出手。

后来酬金真的涨到了10万美元,乞丐欣喜若狂地奔回自己的小草窝,却发现那只狗已经死了——它从小就吃鲜肉和牛奶,怎么受得了那些垃圾桶里捡来的食物!

一得:

待价而沽者,需要承担物品失去价值的风险,贪婪到头,很可能面临的就是失去。

一悟:

对于银行业和保险业的消费者来说,一味地追求更高的收益,就会走上高风险的悬崖,因为风险和收益是并存的。只有一步一个脚印,根据自己的承受能力稳健投资,才能获得更高的收益。

## 第四节 财产与责任保险费率的厘定

### 一、财产保险费率的厘定

(一) 财产保险费率概述

保险费率(insurance rate)简称费率,是保险人按单位保险金额向投保人收取保险费的比率,通常用百分率(%)或千分率(‰)表示。

保险费率由纯费率和附加费率构成。纯费率(net rate)又称基础费率或净费率,是保险人根据各类标的在某种风险情况下一定时期内的损失率计算出来的用于赔偿支出与建立保险基金的费率,主要包括风险保险费率(用于赔偿)和异常风险附加保险费率。附加费率是一定时期内保险人业务经营费用支出和预计利润总数与保险金额的比率,主要包括费用附加保险费率和利润附加保险费率。

(二) 财产保险费率厘定的原则

1. 法律原则

(1) 费率适当、保证保障原则。费率的厘定必须足以赔付所有正常的损失和支付所有的费用。

(2) 公平合理原则。公平是指费率的厘定必须考虑能适用于个别风险,使被保险人基本上按照保险标的的风险大小交纳保险费;合理是指保险费率水平应与被保险人的风险水平和保险人的营业需要相适应。

2. 业务原则

(1) 简明原则。这是指费率制度应该容易让人理解。主要包括:①让保险从业人员能更快、更好地理解;②让投保人懂得费率是如何厘定的;③小额保费计算上的便利。

(2) 稳定原则。这是指保险费率一经确定,能保证在相当长的时期内保持稳定。

(3) 灵敏原则。这是指费率应该对变化的损失率和经济状况做出反应。比如随着城市规模的扩大,交通事故的增多,以及随着机动车零配件价格的上涨,交通事故引起的赔款增多,在这种情况下,保险人的汽车保险费率必须跟上形势。

3. 促进防灾防损原则

财产保险费率的厘定必须能够促进防灾防损,减少风险事故的发生,即防灾防损做得好的,可以适当降低费率。

(三) 纯费率的确定

保险实务中,纯费率是根据保险统计资料中以往年度的保额损失率计算的。因此,纯费率的确定首先从保额损失率开始。

1. 保额损失率

(1) 保额损失率的定义。保额损失率就是保险赔偿金额(赔款)与承保责任金额(保险金额)之比。

例：某项保险业务保险金额总计3亿元,在保险期内共支付赔款60万元,该业务的保额损失率为：

$$保额损失率 = 600\,000/300\,000\,000 \times 1\,000‰ = 2‰$$

也就是说,发生的保险事故中每1 000元保险财产要损失2元。

(2) 保额损失率的保险含义。假使我们规定纯费率为保额损失率,那么应收取的纯保险费的计算公式为：

$$纯保险费 = 保险金额 \times 纯费率$$

按上例：

$$纯保险费 = 300\,000\,000 \times 2‰ = 60(万元)$$

这样收取的纯保险费恰好足以支付赔款。根据大数法则,如果上述数据是根据以往长期的、大量的统计资料得出的,那么这样的保额损失率将接近损失概率,我们可以用它来确定该项业务的纯费率。

纯费率是以损失概率为基础制定的,理论上可参考各类保险发生灾害事故的下列指标：

① 出险频率 $\dfrac{c}{a}$,指保险财产的出险次数；

② 损毁率 $\dfrac{d}{c}$,指每次出险的受灾财产数量；

③ 损毁程度 $\dfrac{f}{e}$,指每次受灾财产保险金额所支出的损失赔偿金额；

④ 危险比率 $\dfrac{e}{d} : \dfrac{b}{a}$,指受灾财产与保险财产两者的平均保险金额之比。

其中,$a$ 为保险财产数量,$b$ 为保险金额,$c$ 为出险次数,$d$ 为受灾财产数量,$e$ 为受灾财产的保险金额,$f$ 为赔偿金额。

$$保额损失率 = \frac{c}{a} \times \frac{d}{e} \times \frac{f}{e} \times \left(\frac{e}{d} : \frac{b}{a}\right) = \frac{f}{b}$$

在保险业务中,出险频率并不是保险的损失概率,出险频率只表示每承保100笔业务要出险几笔；然而,每次出险不一定只限于损失一笔业务,还必须计算损毁率,即每次出险受灾的财产数量；但每次出险也不一定是全部损失,还必须根据损毁程度计算赔偿率；此外还得计算危险比率。综合上述四项因素才能得到每单位保险金额所支付的损失赔偿金额,也就是保额损失率,这才是保险的损失概率。

(3) 平均保额损失率的计算。将各个年份的保额损失率加总后除以有关年份数,就得到一个平均保额损失率。计算公式为：

$$\overline{X} = \frac{\sum_{i=1}^{n} x_i}{n}$$

例：某公司过去10年某项业务各年保额损失率统计如表10-2所示：

## 第十章 财产与责任保险产品设计

表 10-2 保额损失率 单位:‰

| 年份 | 保额损失率 | 年份 | 保额损失率 |
|------|-----------|------|-----------|
| 2010 | 6.1 | 2015 | 6.3 |
| 2011 | 5.7 | 2016 | 6.0 |
| 2012 | 5.4 | 2017 | 6.2 |
| 2013 | 6.4 | 2018 | 5.9 |
| 2014 | 5.8 | 2019 | 6.2 |

该公司 10 年平均保额损失率为：

$$\overline{X} = \frac{1}{10}(6.1‰ + 5.7‰ + 5.4‰ + 6.4‰ + 5.8‰ + 6.3‰ + 6‰ + 6.2‰ + 5.9‰ + 6.2‰) = 6‰$$

计算平均保额损失率时，"各个年份"的选择要"适当"：

第一，必须有足够的年份，至少不低于 5 年。

第二，每年的保额损失率必须建立在本年大量统计资料的基础上。

第三，选定的这一组保额损失率必须是稳定的，即没有巨灾（异常）风险出现。

2. 稳定性系数

（1）稳定性系数的定义。稳定性系数是指选定的一组保额损失率的均方差与其算术平均值的比值。用公式表示为：

$$K = \frac{\sigma}{\overline{X}}$$

其中，$\sigma$ 为均方差，$\sigma = \sqrt{\dfrac{\sum_{i=1}^{n}(x_i - \overline{X})^2}{n}}$；$\overline{X}$ 为算术平均值，$\overline{X} = \dfrac{\sum_{i=1}^{n} x_i}{n}$。

（2）稳定性系数的数学含义。根据数学原理：①稳定性系数 $K$ 越大，这组保额损失率的稳定性越差，即各年保额损失率差别越大，损失赔付情况越不平衡；②稳定性系数 $K$ 越小，该组保额损失率的稳定性越好，即各年保额损失率差别越小，损失赔付情况越均匀。

3. 附加均方差

一般认为，附加均方差与平均保额损失率之比以 10%—20% 为宜，即

$$10\% \leq \frac{n\sigma}{\overline{X}} \leq 20\%$$

例：某公司过去 10 年某项业务各年保险赔款与保险金额如表 10-3 所示。

表 10-3 保险赔款与保险金额 单位:万元

| 年份 | 保险赔款 | 保险金额 | 年份 | 保险赔款 | 保险金额 |
|------|---------|---------|------|---------|---------|
| 2010 | 6.1 | 1 000 | 2015 | 6.3 | 1 000 |
| 2011 | 5.7 | 1 000 | 2016 | 6.0 | 1 000 |

单位:万元(续表)

| 年份 | 保险赔款 | 保险金额 | 年份 | 保险赔款 | 保险金额 |
|---|---|---|---|---|---|
| 2012 | 5.4 | 1 000 | 2017 | 6.2 | 1 000 |
| 2013 | 6.4 | 1 000 | 2018 | 5.9 | 1 000 |
| 2014 | 5.8 | 1 000 | 2019 | 6.2 | 1 000 |

第一步,计算各年的保额损失率,结果如表10-4所示。

表 10-4 保额损失率                          单位:‰

| 年份 | 保额损失率 | 年份 | 保额损失率 |
|---|---|---|---|
| 2010 | 6.1 | 2015 | 6.3 |
| 2011 | 5.7 | 2016 | 6.0 |
| 2012 | 5.4 | 2017 | 6.2 |
| 2013 | 6.4 | 2018 | 5.9 |
| 2014 | 5.8 | 2019 | 6.2 |

第二步,计算平均保额损失率。

$$\overline{X} = \frac{\sum_{i=1}^{n} x_i}{n} = \frac{1}{10}(6.1‰ + 5.7‰ + 5.4‰ + 6.4‰ + 5.8‰ + 6.3‰ + 6‰ + 6.2‰ + 5.9‰ + 6.2‰) = 6‰$$

第三步,计算均方差,结果如表10-5所示。

表 10-5 均方差

| 保额损失率(‰)$x_i$ | 平均保额损失率(‰)$\overline{X}$ | 偏差(‰)$(x_i - \overline{X})$ | 偏差的平方$(x_i - \overline{X})^2$ |
|---|---|---|---|
| 6.1 | 6 | 0.1 | $0.01 \times 10^{-6}$ |
| 5.7 | 6 | -0.3 | $0.09 \times 10^{-6}$ |
| 5.4 | 6 | -0.6 | $0.36 \times 10^{-6}$ |
| 6.4 | 6 | 0.4 | $0.16 \times 10^{-6}$ |
| 5.8 | 6 | -0.2 | $0.04 \times 10^{-6}$ |
| 6.3 | 6 | 0.3 | $0.09 \times 10^{-6}$ |
| 6.0 | 6 | 0 | 0 |
| 6.2 | 6 | 0.2 | $0.04 \times 10^{-6}$ |
| 5.9 | 6 | -0.1 | $0.01 \times 10^{-6}$ |
| 6.2 | 6 | 0.2 | $0.04 \times 10^{-6}$ |
| $\sum_{i=1}^{10} x_i = 60$ | 6 | $\sum_{i=1}^{10}(x_i - \overline{X}) = 0$ | $\sum_{i=1}^{10}(x_i - \overline{X})^2 = 0.84 \times 10^{-6}$ |

由此求出均方差：

$$\sigma = \sqrt{\frac{\sum_{i=1}^{10}(x_i - \overline{X})^2}{10}} = \sqrt{\frac{0.84 \times 10^{-6}}{10}} \times 1\,000‰ = 0.29‰$$

第四步，计算附加均方差。

$$10\% \leqslant \frac{n\sigma}{\overline{X}} \leqslant 20\%$$

$$10\% \leqslant \frac{n \times 0.29}{6} \leqslant 20\%$$

$$2 \leqslant n \leqslant 3$$

即附加 2 次或 3 次均方差都是合适的。

第五步，确定纯费率标准。

$$6‰ + 2 \times 0.29‰ = 6.58‰$$

$$6‰ + 3 \times 0.29‰ = 6.87‰$$

即纯费率应为 6.58‰—6.87‰。

(四) 附加费率的确定

1. 附加费率

附加费率(additional rate)是一定时期内保险业务经营费用支出和预计利润总数与保险金额的比率。其计算方法有统计资料法和经验法。

(1) 统计资料法。附加费率计算公式为：

$$附加费率 = \frac{附加费用}{保险金额} \times 1\,000‰$$

$$= \frac{保险费 \times 按保险费提取附加费用的比率}{保险金额} \times 1\,000‰$$

$$= 保险费率 \times 按保险费提取附加费用的比率$$

(2) 经验法。经验法即以纯费率的适当百分比为附加费率。这种方法一般适用于新开办险种的费率厘定。

2. 保险业务经营费用的测算

保险业务经营费用又称附加费用，测算时应考虑以下几点：

(1) 签订新合同的费用，主要包括检查费、宣传费和印刷费等；
(2) 续保费用，主要表现为手续费，以及为收取保险费而支付的各种费用、各种税金；
(3) 生存费用，主要包括保险人的办公费、水电费、员工工资等；
(4) 处理申请保险金的费用，主要包括查勘费、诉讼费等；
(5) 运用保险基金的费用，即为运用保险基金所必须开支的费用；
(6) 发展费用，包括新险种开发、职工培训等费用；
(7) 其他各种合理费用。

例：某种财产保险的总保险金额为 80 亿元，纯费率为 2.1‰，附加费用包括代理手续费 65.4 万元、其他管理费 150.6 万元、职工工资等 86 万元、增值税 106 万元、预计经营利润 40 万元。

那么，附加费率为：

$$附加费率 = \frac{附加费用总额}{保险金额} \times 1\,000‰$$

$$= \frac{65.4 + 150.6 + 86 + 106 + 40}{800\,000} \times 1\,000‰$$

$$= 0.56‰$$

附加费率实际上也是一个平均值，而未来年度经营费用却不可能是一个稳定的数值，节约经营费用支出就会增加利润，超支就会减少预计利润，甚至发生亏损。

在保险实务中，附加费率通常按照纯费率的一定百分比计算，如规定附加费率为纯费率的 20%。

（五）财产保险费率

财产保险费率的计算公式为：

$$财产保险费率 = 纯费率 + 附加费率$$

例：假设纯费率为 0.223%，附加费率比率为 20%，则附加费率为 0.223% × 20% = 0.0446%。那么，财产保险费率为：

$$财产保险费率 = 0.223\% + 0.0446\% = 0.2676\%$$

## 二、责任保险费率的厘定

（一）厘定责任保险费率的原则

保险费是保险合同的重要内容之一，无论是法定保险还是自愿保险，投保人都必须交纳约定的保险费，作为参加保险的对价，保险公司以收取保险费来弥补被保险人的灾害事故损失，建立各项责任准备金和开支经营费用。

保险费率是计算保险费的基础，它是依据责任保险的风险大小及损失率高低来确定的。在不同的责任保险中，保险费与保险费率的计算方式不同。例如，产品责任保险的保险费一般是保险费率乘以产品的销售额；雇主责任保险的保险费是赔偿限额乘以保险费率或年工资乘以保险费率；医疗责任保险的保险费由医疗机构年度保险费加医务人员保险费构成。

与其他保险一样，责任保险费率的高低要视保险单中约定的保险人承担的风险大小而定。在厘定责任保险费率时，应遵循的原则是：①计算出来的保险费应与所承担的风险大小成正比，风险越大，费率越高；②应简便易行，便于计算；③厘定费率的基础应正确无误并易于取得。

为了保障保险人的经济补偿能力，最终保护受害者的利益，责任保险单中常常有最低保险费和最低赔偿限额的规定。例如，通常一份雇主责任保险单的最低保险费为 500 元，一份餐饮场所责任保险单的最低保险费为 200 元，一份产品责任保险单的最低保险费为 2 万元。

## （二）厘定责任保险费率的方法

不同险种的责任风险不同，厘定费率的基础也不相同。具体来说，在厘定责任保险费率的过程中，主要应考虑下列具体的责任风险损失因素：①被保险人的业务性质、工作环境、产品种类、销量、员工素质、发生意外损害赔偿责任事故的可能性；②赔偿限额和免赔额；③营业范围；④承保区域；⑤司法管辖、当地法律对损害赔偿的规定（法律环境）。除上述因素外，还应考虑保险人以往类似业务经营情况（费率经验及损失记录）和每种业务的数量。

保险人在对被保险人的总体风险进行评估的基础上，着手厘定保险费率时还应参照过去承保的经验费率、再保险人的报价、国外保险公司的费率等因素。

以出口美国商品的产品责任保险费率厘定为例。保险公司应考虑的该投保产品的责任风险损失计算基础主要有：①投保产品的总体概况。产品的名称、性能、用途；产品的销售区域、销售额；产品生产采用的标准；生产企业管理水平；过去该类产品的损失记录。②产品选用材料。材料品质是否含有毒有害等危害健康的化学成分，材料供应商的资信水平，材料缺陷对产品所能造成的各种损失及最大损失。③产品生产过程。产品生产过程是否有严格的工序流程规范，产品生产线产品检测点布局是否合理，工人操作技术水平如何。④企业质量管理体系。企业是否通过ISO9000质量体系认证，是否严格执行产品检测标准，生产各个流程是否进行了检测，检测人员的经验和水平如何。⑤产品包装、运输。包装是否符合标准，标识是否清楚地表示产品的主要内容，产品的运输方式。⑥销售环节。销售商的资信和管理水平。⑦产品安装。产品在最终用户手中应由谁进行安装，安装人员的业务水平如何。⑧销售地的法律环境。如损害赔偿法律制度。⑨以往该类产品的损失及用户投诉记录。⑩其他方面。

保险人应根据上述责任风险损失计算基础，通过综合预测、分析未来责任风险趋势，并根据承保的经验费率、再保险人的报价、国外保险公司的费率，最后确定该产品的费率。

### 保险谜语

| 谜面 | 谜底（猜一保险名词） |
|---|---|
| 安全员 | |
| 替身演员 | |
| 镖局收入 | |
| 治理通货膨胀 | |
| 银行加岗哨 | |
| 用盐水来磨刀 | |
| 醉后开快车 | |
| 决定只生一个 | |

**知识积累**

### 财产保险公司保险产品开发指引

#### 第一章 总 则

**第一条** 为保护投保人、被保险人合法权益,规范财产保险公司保险产品开发行为,鼓励保险产品创新,根据《中华人民共和国保险法》《财产保险公司保险条款和保险费率管理办法》,制定本指引。

**第二条** 本指引所称保险公司,是指经中国保监会批准设立,依法登记注册的财产保险公司。

**第三条** 本指引所称保险产品,是指由一个及以上主险条款费率组成,可以附加若干附加险条款费率,保险公司可独立销售的单元。

本指引所称保险条款,是指保险公司拟订的约定保险公司、投保人和被保险人权利、义务的文本,是保险合同的重要组成部分。

本指引所称保险费率,是保险公司承担保险责任收取的保险费的计算原则和方法。

**第四条** 保险公司是保险产品开发主体,并对保险条款费率承担相应法律责任。

#### 第二章 产品开发基本要求

**第五条** 保险公司开发保险产品应当遵守《中华人民共和国保险法》及相关法律法规规定,不得违反保险原理,不得违背社会公序良俗,不得损害社会公共利益和保险消费者合法权益。保险公司开发保险产品应当综合考虑公司承保能力、风险单位划分、再保险支持等因素,不得危及公司偿付能力和财务稳健。

**第六条** 保险公司开发保险产品应当坚持以下原则:

(一)保险利益原则。财产保险的被保险人在保险事故发生时,对保险标的应当具有保险利益。人身保险的投保人在保险合同订立时,对被保险人应当具有保险利益。

(二)损失补偿原则。财产保险产品应当坚持损失补偿原则,严禁被保险人通过保险产品获得不当利益。

(三)诚实信用原则。保险条款中应明确列明投保人、被保险人权利、义务,不得损害投保人、被保险人合法权益。

(四)射幸合同原则。保险产品承保的风险是否发生、损失大小等应存在不确定性。

(五)风险定价原则。费率厘定应当基于对实际风险水平和保险责任的测算,确保保费与风险相匹配。

**第七条** 保险公司不得开发下列保险产品:

(一)对保险标的不具有法律上承认的合法利益。

(二)约定的保险事故不会造成被保险人实际损失的保险产品。

(三)承保的风险是确定的,如风险损失不会实际发生或风险损失确定的保险产品。

(四)承保既有损失可能又有获利机会的投机风险的保险产品。

(五)无实质内容意义、炒作概念的噱头性产品。

(六)没有实际保障内容,单纯以降价(费)、涨价(费)为目的的保险产品。

（七）"零保费""未出险返还保费"或返还其他不当利益的保险产品。

（八）其他违法违规、违反保险原理和社会公序良俗的保险产品。

**第八条** 保险公司开发保险产品特别是个人保险产品时，要坚持通俗化、标准化，语言应当通俗易懂、明确清楚，切实保护投保人和被保险人的合法权益。

保险产品可以分为个人产品和非个人产品。其中，个人产品是指被保险人为自然人的保险产品，非个人产品是指被保险人为非自然人的保险产品。

## 第三章 命名规则

**第九条** 保险条款和保险费率名称应当清晰明了，能客观全面反映保险责任的主要内容，名称不得使用易引起歧义的词汇，不得曲解保险责任，不得误导消费者。

**第十条** 主险保险条款和保险费率名称应当符合以下格式：

保险公司名称+（地方性产品地域名称）+主要保险责任描述（险种）+（版本）。

附加险保险条款和保险费率名称应当符合以下格式：

（保险公司名称）+（主险名称）+附加+（地方性产品地域名称）+主要保险责任描述（险种）+（版本）。

其中，括号中内容为可选要素。"保险公司名称"可用公司全称或者简称。"地方性产品地域名称"是指地方性产品经营使用的行政区划全称或者简称。"主要保险责任描述"由公司自定，应当涵盖条款的主要保险责任。保险责任可明确归类为某险种的，可使用险种名称。"版本"可以包括适用特定区域、特定销售对象、特定业务性质、版本序号等内容。附加险保险条款和保险费率名称未包含主险名称的，应包含保险公司名称。

原则上保险条款和保险费率名称不使用个性化称号。中国保监会对具体险种命名另有规定的，从其规定。

**第十一条** 保险公司险种分为机动车辆保险、农业保险、企业财产保险、家庭财产保险、工程保险、责任保险、信用保险、保证保险、船舶保险、货物运输保险、特殊风险保险、意外伤害保险、短期健康保险及其他。不能界定具体险种和明确近因归属的保险产品，其险种归属为其他。

**第十二条** 保险产品名称参照保险条款和保险费率命名规则，原则上应当与主要保险条款和保险费率名称保持一致。保险产品名称可以在保险公司名称后增加个性化称号。个性化称号字数不得超过10个字，不得使用低俗、不雅、具有炒作性质的词汇。

## 第四章 保险条款要求

**第十三条** 保险公司开发保险条款可以参考以下框架要素：总则、保险责任、责任免除、保险金额/责任限额与免赔额（率）、保险期间、保险人义务、投保人/被保险人义务、赔偿处理、争议处理和法律适用、其他事项、释义等。

保险条款具体内容可以根据各险种特点进行增减。保险条款的表述应当严谨，避免过于宽泛。

**第十四条** 保险条款总则可以约定投保人、被保险人、保险标的等内容。

**第十五条** 保险条款的保险责任可以约定以下内容：

（一）损失原因。列明在保险期间内，由于何种原因造成的损失，保险人按照本保险合同的约定负责赔偿。

（二）损失内容。列明在保险期间内的何种损失，保险人按照本保险合同的约定负责赔偿。

（三）其他费用损失。被保险人支付的其他何种必要的、合理的费用，保险人按照保险合同的约定负责赔偿。

**第十六条** 保险条款责任免除可以约定以下内容：

（一）情形除外。列明出现何种情形时，保险人不负责赔偿。

（二）原因除外。列明因何种原因造成的损失、费用，保险人不负责赔偿。

（三）损失除外。列明何种损失、费用，保险人不负责赔偿。

（四）其他除外。其他不属于本保险责任范围内的损失、费用和责任，保险人不负责赔偿。

所有涉及保险人不承担、免除、减少保险责任的条款，应在责任免除部分列明。

**第十七条** 保险条款的保险金额/责任限额与免赔额（率）可以约定以下内容：

（一）保险金额/责任限额由投保人与保险人自行确定，并在保险单中载明。保险条款约定的保险金额不得超过投保时的保险价值。

（二）免赔额（率）由投保人与保险人在订立保险合同时协商确定，并在保险单中载明。

**第十八条** 海上保险的保险条款应当按照《海商法》的相关规定约定保险价值。

**第十九条** 保险条款的保险期间可以约定明确的期间，也可以约定以保险单载明的起讫时间为准。

**第二十条** 保险条款的保险人义务可以约定包括签发保单、及时一次性通知补充索赔证明和资料、及时核定赔付等义务。保险人义务具体内容可以根据不同险种情况进行增减。

**第二十一条** 保险条款的投保人、被保险人义务可以约定包括告知义务、交付保险费义务、防灾义务、危险程度显著增加通知义务、损害事故通知义务、损害赔偿请求协助义务、追偿协助义务、单证提供义务等。投保人、被保险人义务具体内容可以根据不同险种情况进行增减。

**第二十二条** 保险条款赔偿处理可以约定包括赔偿责任确定基础、保险标的损失计算方式、免赔额（率）计算方式、赔偿方式、残值处理、代位求偿等内容。

**第二十三条** 保险条款争议处理可以约定以下内容：因履行保险合同发生的争议，由当事人协商解决。协商不成的，可以提交保险单载明的仲裁机构仲裁；保险单未载明仲裁机构且争议发生后未达成仲裁协议的，依法向中华人民共和国人民法院起诉。

保险条款法律适用应当约定保险合同争议处理适用法律。

**第二十四条** 保险条款的其他事项可以约定以下内容：

保险责任开始前，投保人要求解除合同的，应当按照合同约定向保险人支付手续费，保险人应当退还保险费。

保险责任开始后，投保人要求解除合同的，保险人应当将已收取的保险费，按照合同约定扣除自保险责任开始之日起至合同解除之日止应收的部分后，退还投保人。

货物运输保险合同和运输工具航程保险合同，保险责任开始后，合同当事人不得解除合同。

**第二十五条** 保险条款的释义可以约定保险条款涉及的专业术语释义。

## 第五章　保险费率要求

**第二十六条**　保险费率厘定应当满足合理性、公平性、充足性原则。

**第二十七条**　保险公司应当在经验分析和合理预期的基础上，科学设定精算假设，综合考虑市场竞争的因素，对产品进行合理定价。

保险公司应当充分发挥保险费率杠杆的激励约束作用，强化事前风险防范，减少灾害事故发生，促进安全生产和突发事件应急管理。保险公司应当对严重失信主体上浮保险费率，或者限制向其提供保险服务。

**第二十八条**　保险费率由基准费率和费率调整系数组成。厘定基准费率包括纯风险损失率和附加费率。

**第二十九条**　保险公司应当根据实际风险水平测算纯风险损失率，或参考使用行业纯风险损失率。

**第三十条**　保险公司应当合理确定附加费率。附加费率由佣金及手续费、经营管理费用、利润及风险附加等组成。保险公司附加费率不得过高而损害投保人、被保险人利益。

**第三十一条**　保险公司应当合理厘定费率调整系数，费率调整系数是风险差异和费用差异的合理反映，不得影响整体费率水平的合理性、公平性和充足性。

## 第六章　产品开发组织制度

**第三十二条**　保险公司应当制定本公司产品开发管理制度，明确规定保险公司产品开发工作的组织机构、职能分工、工作流程、考核奖惩等内容。

**第三十三条**　保险公司应当成立产品管理委员会或建立类似机制，由公司主要负责人牵头，各相关部门负责人参加，负责审议公司产品开发和管理重大事项。

**第三十四条**　保险公司应当指定专门部门履行产品开发管理职能，负责产品全流程归口管理。保险公司产品开发部门应当配备专职的产品开发人员负责保险产品开发、定价、研究和管理等工作。

保险公司相关业务部门可以配置相关人员负责本业务条线产品研究论证和开发管理工作。保险公司各省级分公司可以配置相关人员负责地方性产品研究论证等工作。

**第三十五条**　保险公司主要负责人对本公司的产品开发管理工作负领导责任，保险公司履行产品开发管理职能的部门负责人对公司产品开发管理工作负直接责任。销售职能部门和分支机构对产品销售工作负直接责任。

精算审查人和法律审查人由保险公司内部认定，分别负责产品精算定价审核和条款依法合规性审查，并承担相应法律责任。

**第三十六条**　保险公司可以研究建立产品开发激励机制，鼓励业务部门和分公司加大产品研究开发力度，鼓励产品创新。鼓励保险公司采取设立保险产品创新试验室等形式，实行专业化研发和管理，强化保险产品创新能力。

## 第七章　产品开发流程

**第三十七条**　保险公司应当根据公司实际情况，制定本公司产品开发流程，并不断优化调整。

保险公司在产品开发过程中应当充分听取保险消费者的意见建议，应当尊重法律审查人和精算审查人的专业意见。保险公司开发保险产品可以参考使用行业示范条款和行业纯风险损失率。鼓励保险公司加强国际保险产品的研究借鉴，不断提高产品质量水平。

第三十八条　保险公司产品开发流程应当包括计划准备、研究论证、条款开发、费率定价、内部论证审核、报送审批备案（注册）、发布宣传。

第三十九条　保险公司应当根据市场需求和公司发展规划等合理确定公司产品开发计划，并采取科学的调研方法对市场需求信息、同类产品信息等资料数据进行收集、整理和分析，做好各项准备工作。

第四十条　保险公司应当加强条款费率开发的研究论证，做好产品开发的可行性分析，准确分析潜在风险，科学制定风险控制措施，明确产品销售推广、承保、理赔等后续各环节经营管理计划和方案。

第四十一条　保险公司应当根据法律法规和监管规定要求，完成条款费率开发和其他开发要件的编写工作。

保险公司开发保证保险产品，应当制定相应的风险管控措施，并在向中国保监会报送审批备案时提交相关材料。

第四十二条　保险公司应当制定明晰的产品开发内部审核论证机制。保险公司法律审查人对保险条款的依法合规性进行审核并签字；精算审查人对费率定价和精算报告进行审核并签字。政策性较强的产品、应当报送审批的产品、行业首创的产品、预计保费收入或保险金额较高的产品、风险较高的产品、风险或保险标的特殊的产品、经营模式独特的产品等重点产品开发还应当提交公司产品管理委员会审议，并在报送文件中说明。

第四十三条　保险公司应当根据法律法规和监管规定，将开发的保险条款和保险费率报中国保监会审批备案。根据《中国保监会关于开展财产保险公司备案产品自主注册改革的通知》和《中国保监会办公厅关于启动财产保险公司备案产品自主注册平台的通知》规定实行自主注册的产品应当在自主注册平台注册。

第四十四条　保险公司应当按照要求做好产品信息披露工作。

第四十五条　保险公司提供的格式合同文本中的责任免除条款、免赔额、免赔率、比例赔付或给付等免除或者减轻保险人责任的条款，应当以足以引起投保人注意的文字、字体、符号或者其他明显标志作出提示，并对保险合同中有关免除保险人责任条款的概念、内容及其法律后果以书面或者口头形式向投保人作出常人能够理解的解释说明。

第四十六条　保险公司保险产品宣传应当客观准确，不得误导保险消费者。未经审批或注册的保险条款和保险费率不得宣传销售。

保险产品名称同保险条款和保险费率名称不一致的，应当在保险合同和保险宣传材料上列明适用的保险条款和保险费率名称。

第四十七条　保险公司应当加强保证保险产品管理，应对保证保险条款投保人、被保险人的类型予以明晰，进一步加强对保险责任和责任免除的提示说明，有效强化投保人、被保险人的权益保护。

保险公司开展保证保险业务，不得以一年期以内产品通过逐年续保、出具多张保单等方式变相替代一年期以上产品。

## 第八章　评估修订与清理注销

第四十八条　保险公司应当按照保险公司偿付能力监管规则的要求，对当期签单保费占比在5%以上的在售产品的销售情况、现金流、资本占用、利润等进行评估。对上市两年以内的产品至少每半年评估一次,对上市超过两年的产品至少每年评估一次。对当期签单保费占比在5%以上的在售产品,应当对其保费充足性至少每年评估一次。

**第四十九条** 保险公司应当根据市场情况、保险消费者反映和新闻媒体报道等,密切跟踪、及时评估公司条款特别是新开发条款的合法合规性和适应性,对存在问题的保险条款及时修订,对不适宜继续销售的产品及时停止销售。

保险公司应当根据历史经验数据、经营情况和准备金提取等实际情况,按规定对保险费率进行合理性评估验证和调整。

**第五十条** 保险公司应当每年清理保险产品,对不再销售的保险产品应当及时注销。

**第五十一条** 保险公司应当编写产品年度评估报告,统计分析产品开发情况、产品经营使用情况、产品修订情况、产品注销情况等,提交公司产品管理委员会审议通过后,于每年三月底前报送中国保监会。

### 第九章 附 则

**第五十二条** 保险产品开发未尽事宜以中国保监会相关规定为准。农业保险(涉农保险)、机动车辆保险、意外险、健康险及其他险种另有规定的,从其规定。

**第五十三条** 本指引由中国保监会负责解释。本指引自2017年1月1日起施行。

## 第五节 财产保险的准备金

### 一、准备金概述

准备金(reserves)是指保险人根据国家的有关法令规定或本身的特定需要从保费收入中按期提取的一定的资金。

准备金有法定准备金与任意准备金之分。

法定准备金(statutory reserves)是指保险公司根据国家有关法令规定必须提取的准备金。如我国《保险法》第九十八条规定:"保险公司应当根据保障被保险人利益、保证偿付能力的原则,提取各项责任准备金。"

任意准备金(voluntary reserves)是指保险公司根据特定需要自由提取做其他用途的准备金,如为投资或巨灾风险而设立的特定危险准备金,又称总准备金。

### 二、未到期责任准备金

(一)未到期责任准备金的概念

1. 未到期责任

由于财产保险业务大都是定期的,而保险业务的会计核算是按年度办理决算,即从每年的1月1日起至12月31日止。在这种情况下,只有当年1月1日出单的业务,才会在12月31日到期,其全部有效期在同一个会计年度内,而其他日期出单的业务,或多或少有一部分有效期是在会计核算的下一年度之内,这种超越本会计年度的保险有效期的业务就叫"未到期责任"。

## 2. 未到期责任准备金

未到期责任准备金(unearned liability reserves)又称保费准备金、未满期责任准备金、未了责任准备金、未满期保费准备金,是指保险人在会计年度决算时将保险有效期尚未届满,应属于下一会计年度的部分保费提取出来而形成的准备金。

### (二)未到期责任准备金的计算方法

#### 1. 逐日计算

逐日计算是指根据每张保单的第二年有效天数,逐笔计算未到期责任准备金。其计算公式为:

$$未到期责任准备金 = \frac{第二年有效天数}{保险天数} \times 保费收入 \times 比例$$

需要说明的是:

(1)必须是保费收入,储金应该折算。

(2)签单当日应该除外,因为签单当日一般不承担保险责任,而是从次日0时或次日中午12时开始承担保险责任。

(3)若未到期责任应承担的费用已在签单年度支付,则应在已计算出的未到期责任准备金的基础上打一定折旧。比如,已开支费用15%,则在已计算出的未到期责任准备金的基础上乘以85%作为提取数。

例:某保单当年6月1日投保,第二年5月31日到期,保费收入100元,则年终应计提的责任准备金为:

$$\frac{153}{365} \times 100 \times 100\% = 41.92(元)$$

假如已开支费用20元,则未到期责任准备金的实际计提应为:

$$41.92 \times \frac{100-20}{100} = 33.54(元)$$

#### 2. 月平均计算法

按月计算可分为以下三种:

(1)假定平均的缴费签单日是每月月中的1/24提取法。假定每月所承保的保单都是在每月15日开始承担保险责任,则可把全年划分为24个时间单位,1月签发的保单按1/24提取,2月签发的保单按3/24提取,3月签发的保单按5/24提取……12月签发的保单则按23/24提取,如表10-6所示。

表10-6 缴费签单日是每月月中的1/24提取法

| 签发保单月份 | 1 | 2 | 3 | 4 | 5 | 6 | 7 | 8 | 9 | 10 | 11 | 12 |
|---|---|---|---|---|---|---|---|---|---|---|---|---|
| 年末未到期责任 | 1/24 | 3/24 | 5/24 | 7/24 | 9/24 | 11/24 | 13/24 | 15/24 | 17/24 | 19/24 | 21/24 | 23/24 |

未到期责任准备金 = 月保费收入 × 未到期责任

例:11 月保费收入为 100 000 元,计算未到期责任准备金。

未到期责任准备金 = 100 000 × 21/24 = 87 500(元)

（2）假定平均的缴费签单日是每月 1 日的 1/12 提取法。假定每月所承保的保单都是在每月 1 日开始承担保险责任,则可把全年划分为 12 个时间单位,1 月签发的保单全部为当年责任,无须提取未到期责任准备金,2 月签发的保单按 1/12 提取,3 月签发的保单按 2/12 提取……12 月签发的保单则按 11/12 提取,如表 10-7 所示。

表 10-7 缴费签单日是每月 1 日的 1/12 提取法

| 签发保单月份 | 1 | 2 | 3 | 4 | 5 | 6 | 7 | 8 | 9 | 10 | 11 | 12 |
|---|---|---|---|---|---|---|---|---|---|---|---|---|
| 年末未到期责任 | 0/12 | 1/12 | 2/12 | 3/12 | 4/12 | 5/12 | 6/12 | 7/12 | 8/12 | 9/12 | 10/12 | 11/12 |

未到期责任准备金 = 月保费收入 × 未到期责任

例:11 月保费收入为 120 000 元,计算未到期责任准备金。

未到期责任准备金 = 120 000 × 10/12 = 100 000(元)

（3）假定平均的缴费签单日是每月月底的 1/12 提取法。假定每月所承保的保单都是在每月月底开始承担保险责任,则可把全年划分为 12 个时间单位,1 月签发的保单有 1 个月未到期责任,按 1/12 提取,2 月签发的保单按 2/12 提取,3 月签发的保单按 3/12 提取……12 月签发的保单则按 12/12 提取,如表 10-8 所示。

表 10-8 缴费签单日是每月月底的 1/12 提取法

| 签发保单月份 | 1 | 2 | 3 | 4 | 5 | 6 | 7 | 8 | 9 | 10 | 11 | 12 |
|---|---|---|---|---|---|---|---|---|---|---|---|---|
| 年末未到期责任 | 1/12 | 2/12 | 3/12 | 4/12 | 5/12 | 6/12 | 7/12 | 8/12 | 9/12 | 10/12 | 11/12 | 12/12 |

未到期责任准备金 = 月保费收入 × 未到期责任

例:10 月保费收入为 120 000 元,计算未到期责任准备金。

未到期责任准备金 = 120 000 × 10/12 = 100 000(元)

3. 按季计算未到期责任准备金

假定每季度所承保的保单,均以已入账保单开始承担保险责任的日期为每季度的中间,则把全年四个季度划分为 8 个时间单位,第一季度已入账保单按 1/8 提取未到期责任准备金……第四季度已入账保单则按 7/8 提取未到期责任准备金,如表 10-9 所示。

表 10-9　按季计算未到期责任准备金

| 签发保单季度 | 1 | 2 | 3 | 4 |
|---|---|---|---|---|
| 年末未到期责任 | 1/8 | 3/8 | 5/8 | 7/8 |

$$未到期责任准备金 = 季保费收入 \times 未到期责任$$

例:第三季度入账保费 800 000 元,计算未到期责任准备金。

$$未到期责任准备金 = 800\,000 \times 5/8 = 500\,000(元)$$

4. 年平均计算法

假定每年所承保的保单是在 365 天逐日均匀签发的,则一年中所签发全部保单平均承担保险责任的期限为 6 个月,故可按全年保费的 50% 提取未到期责任准备金,考虑到费用因素,可在 50% 提取比例的基础上给予一定折扣。

$$未到期责任准备金 = 全年保费收入 \times 未到期责任准备金的提取比例(50\%)$$
$$(或 \times 实收保费率)$$

例:全年财产保险保费收入为 15 000 000 元,试按年平均计算法提取未到期责任准备金。

$$未到期责任准备金 = 15\,000\,000 \times 50\%$$
$$= 7\,500\,000(元)$$

以上几种计算方法都是在保费均匀分布的情况下进行的,这种情况在实际中很少见,我们需对以下几种情况进行研究:

(1) 全年业务逐月递增,且递增额每月都是相等的;
(2) 全年业务逐月递减,且递减额每月也是相等的;
(3) 全年业务逐月呈递增趋势,但各月递增无规律可循;
(4) 全年业务逐月呈递减趋势,但各月递减无规律可循;
(5) 全年业务逐月呈不规则变化。

### 三、未决赔款准备金

(一) 未决赔款准备金的概念

未决赔款准备金(outstanding loss deposit)又称赔款准备金,是保险人在会计年度决算时,为该会计年度已发生保险事故应付而未付赔款所提取的一种资金准备。

产生未决赔款的原因有:

(1) 未决赔款。被保险人提出索赔,但保险人对事故的认定、赔偿金额的大小难以确定。
(2) 已决未付额。保险人对索赔案件已调查结束,应赔金额亦已确定,但出于结算原因,支付过程尚未完成。
(3) 已发未报案件。在年内发生,但由于被保险人尚未索赔,需要在次年赔付的保险责任案件。

(二) 计算方法

1. 逐案估计法(individual estimate method)

由保险理赔人员逐一估计每起索赔案件的赔款金额,然后记入理赔档案,到一定时间把这些数值汇总,并根据调查资料加以修正,据以提取未决赔款准备金的方法。其计算公式为:

$$未决赔款准备金 = 保险金额 \times 损失程度$$

该方法主要适用于索赔金额确定,或索赔金额大小相差悬殊而难以估算平均赔款的保险业务。

2. 平均估值法(average value method)

一般先根据保险公司以往损失经验数据估算出每案的平均赔款金额,再根据对将来赔款金额的预测进行修正,以这一平均值乘以已报告赔案数目提取未决赔款准备金的方法。其计算公式为:

$$每案平均赔款金额 = 以往年份赔款总额 / 以往年份案件总数$$

$$未决赔款准备金 = 赔案件数 \times 每案平均赔款金额$$

该方法主要适用于索赔次数多、索赔金额差异小的保险业务,如机动车辆保险的车损险。

3. 赔付率法(loss ratio method)

赔付率法又称损失率法,即使用一个选定时期的预计赔付率,把估计的最终赔款金额减去已付赔款和理赔费用得出未决赔款准备金的方法。其计算公式为:

$$未决赔款准备金 = (当年保费 - 已提取未到期责任准备金) \times 预计赔付率 - 已付赔款和理赔费用$$

例:某公司全年保费收入为 5 000 000 元,未到期责任准备金的提取采用年平均估算法,预计赔付率为 35%,已实际发生赔款及理赔费用 800 000 元,试计算未决赔款准备金。

$$未决赔款准备金 = (5\ 000\ 000 - 2\ 500\ 000) \times 35\% - 800\ 000 = 75\ 000(元)$$

即当日应提取未决赔款准备金 75 000 元。

该方法简便易行、易于操作,但也存在一些缺点,例如若预计赔付率与实际赔付率出入较大,则提取的未决赔款准备金不很准确。

(三) 注意事项

如果采用逐案估计法和平均估值法计算出来的未决赔款准备金高于采用赔付率法计算的结果,则应以前者为准。

未决赔款准备金是否需要提取,采取何种方法提取,还须经国家主管保险公司的监督机构认定。

趣味阅读

**保险楹联选集**

1. 居安思危,勿吝投钱保险;
   有备无患,须知未雨绸缪。
2. 春燕剪柳,神州大地添秀色;
   喜鹊登梅,保险事业沐朝晖。
3. 热血阳刚,抒中华腾飞壮志;
   有为儿女,献保险事业青春。
4. 尽早提防,处事务求双保险;
   勤加检点,精心做到最安全。
5. 人难免旦夕祸福,勿临渴掘井;
   天亦有风云静动,宜未雨绸缪。

### 四、总准备金

#### (一) 总准备金的概念和特点

总准备金(general reserves)又称自由准备金(free reserves)、平衡准备金(equalization reserves)、波动准备金(fluctuation reserves)、巨灾准备金(catastrophe reserves),是保险公司从决算后的利润中按一定比例提取并逐年积累,用以应付巨大赔款时弥补亏损的资金。

总准备金具有如下特点:①积累的时间比较长;②可以运用;③总公司可以调剂分公司的总准备金;④影响总准备金的因素比较多。

#### (二) 总准备金的计提

1. 总准备金等同于公积金

总准备金又称公积金。① 而公积金的计提,我国有关法律有明确规定。例如,我国《保险法》第九十九条规定:"保险公司应当依法提取公积金。"《保险公司财务制度》第五十七条规定:"公司利润总额按国家有关规定作相应调整后,依法缴纳所得税。"第五十八条规定:"公司缴纳所得税后的利润,除国家另有规定者外,按下列顺序分配:

(1) 被没收的财物损失,支付各项税收的滞纳金和罚款,利差支出,以及保险监督管理部门对公司因少交或迟交保证金的加息。

(2) 弥补公司以前年度亏损。

(3) 提取法定盈余公积金。公司法定盈余公积金按税后利润(减弥补亏损)的10%提取,法定盈余公积金累计达到注册资本的50%时,可不再提取。

(4) 提取公益金。

(5) 经批准提取总准备金。公司经主管财政机关或公司董事会批准提取的总准备金

---

① 郝演苏.财产保险[M].成都:西南财经大学出版社,1996.

用于巨灾风险的补偿,不得用于分红、转增资本金。

(6) 向投资者分配利润。公司以前年度未分配的利润,可以并入本年度向投资者分配。其中,股份有限公司按下列顺序分配:①付优先股股利。②提取任意盈余公积金。任意盈余公积金按公司章程或股东会议的决议提取和使用。③支付普通股股利。"

2. 总准备金按纯保费收入的一定比例提取

即总准备金=纯保费收入×提取比率,其理由有:

(1) 总准备金是纯保费收入的构成要素。我们知道,保险的纯费率由保额平均损失率和异常风险附加构成。保额平均损失率是根据大数法原则,在以往若干年正常风险资料的基础上平衡计算出来的,它占保费的比例应大致与当年的正常赔付率相等。而异常风险附加应该是根据若干年甚至几十年中可能遇到的诸如地震、台风、洪水等自然灾害所造成的保险财产损失总和计算出来的平均每年应预提保费的系数,即我们通常所说的总准备金。所以,总准备金应是纯保费收入的组成部分,应按纯保费收入的一定比例提取。

(2) 这种提法有利于保险公司财务的稳定。如按税后利润提取,则提取额不仅要受到保费收入的影响,还要受到赔付率、费用率甚至上年转入责任准备金多少的影响,由于这些因素每年的情况不一样,因此提取额是个极不稳定的数字。而采用按纯保费收入的一定比例提取,由于纯保费收入每年的变动总是呈现一种递增趋势,因此每年总准备金的提取是一个稳定且规律的数值。

**延伸阅读**

自燃险有必要买吗?这是一个有争议的话题。2019年4月21日,上海市一个地下车库内,一辆特斯拉突然起火,保险赔不赔?特斯拉起火,保险公司赔不赔要看起火原因。如果是外界火源所致,则属于车损险的赔偿范围,这也是绝大部分车主都会购买的保险。从目前曝光的现场视频来看,车辆底盘先冒烟后起火,未见外部火源,这种情况属于车辆自燃,是车损险的除外责任,无法获赔。

自燃险保障因本车电路、线路、油路、供油系统等故障引起火灾而造成的车辆损失。自燃险需要单独投保,但车辆自燃的概率较低,因此大部分车主的投保意愿不高。以一辆车龄为3年、价值10万元的车辆为例,自燃险的保费为200元。

自燃险有必要买吗?其实是有必要的,就以上事件来说,假如车主购买了自燃险,那么事故后便可向保险公司获取相应赔偿。虽然自燃险不是全赔,实行20%的绝对免赔率,但从总体来看,事故后获得补偿总比全部自掏腰包要好得多。汽车在炎热的夏天容易自燃,尤其是使用较久车辆的自燃风险更大。自燃险保费不多,购买自燃险防患于未然,是性价比很高的一项保险消费选择。

请对上述案例进行分析:购买自燃险有什么好处?体现了哪些财产保险知识?我们可以得到什么启发?

资料来源:车辆自燃哪些保险能赔?[EB/OL].(2019-04-24)[2020-08-31].http://news.dayoo.com/finance/201904/24/139999_52549891.htm,有删改。

## 第六节 偿付能力

我国《保险法》第一百三十七条规定："国务院保险监督管理机构应当建立健全保险公司偿付能力监管体系,对保险公司的偿付能力实施监控。"这为保险公司建立偿付能力制度奠定了法律基础。

### 一、偿付能力的概念

偿付能力是指保险公司对所承担的风险在发生超出正常年景的赔偿数额时的经济补偿能力。保险公司偿付能力的经济内涵一般是指保险公司的偿付准备金。

1. 偿付准备金的构成

具体说来,保险公司的偿付准备金就是实际资产减去实际负债的净值,即

$$偿付准备金 = 实际资产 - 实际负债 = 净资产$$

保险公司的实际资产是指保险公司拥有的并得以支配和处分的所有的积极财产,包括开业资本金、财产权利(动产和不动产)、投资收益和保费收入。

保险公司的实际负债是指保险公司依照保险合同应当对被保险人或受益人承担的实际发生的赔付责任,保险公司因其他合同的侵权行为、不当得利或因管理不善而对他人负担的全部债务或责任,一般由各种赔款准备金构成。

我们认为偿付准备金的构成为：

$$偿付准备金 = 资本金 + 总准备金 + 未分配盈余$$

2. 偿付准备金的资金来源

(1) 资本金。一般是由国家保险监督管理机构硬性规定的,我国《保险法》第六十九条规定:"设立保险公司,其注册资本的最低限额为人民币 2 亿元。"《保险公司管理规定》第七条第三款规定:"投资者承诺出资或者认购股份,拟注册资本不低于人民币 2 亿元,且必须为实缴货币资本。"保险公司的资本金除用在开业所必需的开办费用(办公场所、办公环境)、交通通信、保单设计等方面外,还主要用作偿付准备金的资金来源。这是因为:①保险公司在刚开办保险业务时,就有可能发生赔款,因而必须承担支付赔款的义务,这样就应有一定的资金储备;②保险公司在开业初期因承保范围不广,分保风险尚未健全,风险很难分保出去;③社会公众对刚开业的公司情况不够了解,业务很难在短期内广泛展开,使保险公司承保的风险不能在地区之间、公司之间以及各险种之间进行分散,风险因此过于集中,使出险概率增大,为了应付这种可能出现的巨额损失索赔,保险公司就应有一定的资本金。

(2) 总准备金。主要来源于风险附加及保险公司每年利润分配中的一部分盈余积累。

(3) 未分配盈余。保险公司根据国家规定从利润中提取的各种基金可以转化为资本金。

## 二、偿付能力额度

偿付能力额度是指在任何一个指定日期,保险公司资产负债表中的资产和负债的差额,即

$$E(t) = A(t) - L(t)$$

其中,$E(t)$ 表示 $t$ 时点的偿付能力额度,$A(t)$ 表示 $t$ 时点的资产,$L(t)$ 表示 $t$ 时点的负债。

保险公司在某段时间内具有的偿付能力,可以表述为:在此段时间内的任何时点 $t$,保险公司的资产均大于负债。换言之,在此段时间内,不论保险公司的经营状况如何,即使发生超出正常年景的赔付与给付,保险公司的资产也足以抵付负债,使得偿付能力额度大于 0,则保险公司在此段时间内具有偿付能力。

偿付能力额度的内容包括:①保险公司实际具备的偿付能力额度。保险公司实际具备的偿付能力额度就是在某一时点上资产与负债的差额,即在此时点上资产能随时变现。②保险监督管理机构要求保险公司必须具备的最低偿付能力额度。它是由国家法律明文规定的,我国《保险法》第一百零一条规定:"保险公司应当具有与其业务规模和风险程度相适应的最低偿付能力。保险公司的认可资产减去认可负债的差额不得低于国务院保险监督管理机构规定的数额;低于规定数额的,应当按照国务院保险监督管理机构的要求采取相应措施达到规定的数额。"

## 三、法定最低偿付能力额度的计算

保险监督管理机构要求保险公司必须具备的最低偿付能力额度是偿付能力额度的最低标准,这个标准是保险公司财务处于危险状态的"早期危险信号",它比企业管理自身所承担风险的偿付能力时的偿付能力额度标准要低,一般被称为法定最低偿付能力额度。法定最低偿付能力额度的计算受多种因素的影响,没有统一的计算公式。

## 四、我国对财产保险公司偿付能力的监管规定

我国的保险监督管理机构对保险公司偿付能力的监管是一个从无到有、逐渐深化的过程,大致可以分为三个阶段:从以市场行为监管为主,到市场行为监管和偿付能力监管并重,最后到目前的以偿付能力监管为核心。

（一）我国对财产保险公司偿付能力监管的回顾

在 1995 年《保险法》实施以前,中国人民银行负责对保险业的监管,以市场行为监管为主,很少涉及对偿付能力的监管。偿付能力概念首次在法规里出现是 1985 年国务院发布的《保险企业管理暂行条例》:"经营长期人身保险以外的各种保险业务的保险企业,应具有的最低偿付能力是实际资产减去实际负债的差额不低于国家保险管理机关规定的金额,不足时,应当增加资本,补足差额。"可见当时并没有对偿付能力进行监管的体系,主要的原因是:市场竞争主体的数目不多,可以对市场行为进行相对有效的监管。

1995 年《保险法》实施以后到 2003 年修订的《保险法》实施之前。我国对保险业的监管是市场行为监管和偿付能力监管并重。1998 年中国保险监督管理委员会成立(2018 年

3月,根据国务院机构改革方案,将中国银行业监督管理委员会和中国保险监督管理委员会的职责整合,组建中国银行保险监督管理委员会)。在这段时间内,我国的保险市场发展迅速,市场主体不断增加,保险业实现产寿分业经营,各保险公司的管理水平都有了很大的提高,保险监管的组织体系和法规体系逐步建立。

《中华人民共和国保险法》在1995年10月1日正式施行。《保险法》对与保险偿付能力有关的最低偿付能力、最低注册资本、保险资金应用范围、业务规模、资本金和公积金之间的比例等问题都做出了明确规定。1996年中国人民银行发布的《保险管理暂行规定》根据《保险法》在第七章规定了保险公司偿付能力管理的有关内容,主要是对财险和寿险公司提出了最低偿付能力的标准,并规定了实际偿付能力额度的计算方法和对达不到要求的公司采取的监管措施。2001年中国保监会出台了《保险公司最低偿付能力及监管指标管理规定》(现已废止),2003年中国保监会修订出台了《保险公司偿付能力额度及监管指标管理规定》,作为我国比较全面系统的专门关于偿付能力监管的保险规章,它详细规定了两套针对保险公司偿付能力的监管方法,即保险公司偿付能力额度和监管指标的规定,可见偿付能力监管的重要性已经为保险业界和监管机构所认可。基于以上分析,我们可以看出该阶段我国在努力建立偿付能力监管体系。

(二) 我国现行的对财产保险公司偿付能力监管的具体规定

《保险公司偿付能力额度及监管指标管理规定》中关于财产保险公司偿付能力管理的规定具体如下。

1. 偿付能力额度

(1) 财产保险公司应具备的最低偿付能力额度为下述两项中数额较大的一项:①最近会计年度公司自留保费减税金及附加后1亿元以下部分的18%和1亿元以上部分的16%。②公司最近3年平均综合赔款金额7 000万元以下部分的26%和7 000万元以上部分的23%。综合赔款金额为赔款支出、未决赔款准备金提转差、分保赔款支出之和减去摊回分保赔款和追偿收入。经营不满3个完整会计年度的保险公司,采用第①项规定的标准。

(2) 保险公司实际偿付能力额度等于认可资产减去认可负债的差额。保险公司的认可资产是指保险监督管理机构对保险公司进行偿付能力考核时,按照一定的标准予以认可、纳入偿付能力额度计算的资产。保险公司应按照中国保监会制定的编报规则填报认可资产。保险公司的认可负债是指保险监督管理机构对保险公司进行偿付能力考核时,按照一定的标准予以认可、纳入偿付能力额度计算的负债。保险公司应按照中国保监会制定的编报规则填报认可负债。

(3) 中国保监会为评估偿付能力制定的编报规则,是保险公司编报认可资产表、认可负债表和计算偿付能力额度的唯一标准,不受会计制度、财务制度等其他部门规定的影响。

上述几条分别界定了偿付能力额度的概念,规定了偿付能力额度的计算方法及法定标准。

2. 财产保险公司偿付能力监管指标

(1) 保费增长率=(本年保费收入-上年保费收入)/上年保费收入×100%,本指标值的正常范围为-10%—60%。若经营期不满一个完整会计年度,则指标值为999%。

（2）自留保费增长率=（本年自留保费-上年自留保费）/上年自留保费×100%,本指标值的正常范围为-10%—60%。若本年为开业年度,或者上年自留保费为零、负数或上年经营期不满一个完整会计年度的,则指标值为999%。

其中,自留保费=保费收入+分保费收入-分出保费,各项目的口径与会计报表中对应项目的口径相同。

（3）毛保费规模率=（保费收入+分保费收入）/（认可资产-认可负债）×100%,本指标值的正常范围为不大于900%。若认可资产与认可负债之差为零或负数,则指标值为999%。

（4）实际偿付能力额度变化率=（本年实际偿付能力额度-上年实际偿付能力额度）/上年实际偿付能力额度×100%,本指标值的正常范围为-10%—30%。若本年度上年实际偿付能力额度为零或负数,则指标值为999%。

其中,实际偿付能力额度=认可资产-认可负债,公式中的认可资产应扣除年度内增资、接受捐赠等非经营性因素的影响金额。

（5）两年综合成本率=两年费用率+两年赔付率,本指标值的正常范围为小于103%。

其中,两年费用率=[本年和上年的营业费用（减摊回分保费用）之和+本年和上年的手续费（含佣金）支出之和+本年和上年的分保费用支出之和+本年和上年的税金及附加之和+本年和上年提取的保险保障基金之和]/本年和上年的自留保费之和×100%；

两年赔付率=[本年和上年的赔款支出（减摊回赔款支出）之和+本年和上年的未决赔款准备金提转差之和-本年和上年的追偿款收入之和]/（本年和上年的自留保费之和-本年和上年的未到期责任准备金提转差之和-本年和上年的长期财产险责任准备金提转差之和）×100%。

经营期不足两年的新公司,以已有的经营期为限计算本指标。

以上公式中,未来赔款准备金提转差、未到期责任准备金提转差、长期财产险责任准备金提转差按照认可负债表中对相应准备金提取规定的口径计算,其他项目的口径与会计报表中对应项目的口径相同。

（6）资金运用收益率=资金运用净收益/本年现金和投资资产平均余额×100%,本指标值的正常范围为不小于3%。

其中,资金运用净收益=投资收益+利息收益+买入返售证券收入+冲减短期投资成本的分红收入-利息支出-卖出回购证券支出-投资减值准备。投资收益、利息收益取自利润表；买入返售证券收入是指公司从事买入返售证券业务、融出资金而得到的利息收入；卖出回购证券支出是指公司从事卖出回购证券业务、融入资金而发生的利息支出；投资减值准备是根据《认可资产表编报说明》的要求提取,同时未在利润表的"投资收益"项目中反映的那部分投资减值准备。

本年现金和投资资产平均余额=（上年年末现金和投资资产+本年年末现金和投资资产）/2,相应数据取自认可资产表的"现金和投资资产小计"项的"账面价值"。

（7）速动比率=速动资产/认可负债×100%,本指标值的正常范围为大于95%。若速动资产为零或负数,则指标值为999%。

其中,速动资产是指认可资产表中的"现金和投资资产小计"项的净认可价值,认可负债是指认可负债表中"认可负债合计"项的金额。

（8）融资风险率＝卖出回购证券／（实收资本＋公积金）×100％，本指标值的正常范围为不大于50％。

其中，卖出回购证券为认可负债表中的"卖出回购证券"，实收资本为公司资产负债表中的"实收资本（营运资金）"，公积金等于资产负债表中的"资本公积"和"盈余公积"两项之和。

（9）应收保费率＝应收保费／保费收入×100％，本指标值的正常范围为不大于8％。

其中，应收保费是指认可资产表中"应收保费"账面价值中账龄不长于1年的那部分应收保费价值。

（10）认可资产负债率＝认可负债／认可资产×100％，本指标值的正常范围为小于90％。

（11）资产认可率＝资产认可价值／资产账面价值×100％，本指标值的正常范围为不小于85％。

其中，资产认可价值、资产账面价值分别等于认可资产表中"资产合计"项的"本年净认可价值"和"本年账面价值"。

前述影响偿付能力的因素，如业务增长率、赔付率、投资收益率、费用水平及再保险安排等，在上述监管指标中均得到了反映。以上11项具体监管指标，不但每一项都有严格的计算方法界定，而且对每项指标值的正常范围做出了明确的规定。通过对上述11项指标的监管，能使保险监督管理机构及时、全面、深入地了解各财产保险公司偿付能力的实际状况，以便及时采取有效措施，确保财产保险公司的偿付能力，防范与化解经营风险。

3. 偿付能力额度和监管指标的管理

（1）保险公司应于每年4月30日前将注册会计师审计后的上一会计年度的偿付能力和监管指标报告一式两份送交中国保监会。公司对报告内容的真实性、完整性负责，由法定代表人、精算责任人和财务责任人签字并加盖公章。中国保监会可根据需要，调整各公司或单个公司的报告报送频率。

（2）保险公司应当根据中国保监会的有关规定，对偿付能力额度和监管指标信息进行披露。保险公司在产品介绍与商业性广告中不得使用本公司或其他公司的偿付能力额度和监管指标信息。

（3）保险公司在任何时点实际偿付能力额度低于最低偿付能力额度，公司法定代表人、精算责任人、财务负责人及其他高级管理人员应及时向中国保监会报告，并采取有效措施，使其实际偿付能力额度达到最低偿付能力额度。

（4）偿付能力充足率等于实际偿付能力额度除以最低偿付能力额度。对偿付能力充足率小于100％的保险公司，中国保监会可将该公司列为重点监管对象，根据具体情况采取以下监管措施：①对偿付能力充足率在70％以上的公司，中国保监会可要求该公司提出整改方案并限期达到最低偿付能力额度要求，逾期未达到的，可对该公司采取要求增加资本金、责令办理再保险、限制业务范围、限制向股东分红、限制固定资产购置、限制经营费用规模、限制增设分支机构等必要的监管措施，直至达到最低偿付能力额度要求。②对偿付能力充足率在30％到70％的公司，中国保监会除采取前款所列措施外，还可责令该公司拍卖不良资产、责令转让保险业务、限制高级管理人员的薪酬水平和在职消费水平、限制公司的商业性广告、责令停止开展新业务以及采取中国保监会认为必要的其他措施。③对偿付能力充足率小于30%的公司,中国保监会除采取前两款所列措施外,还可根据《保险法》的规定对保险公司进行接管。

(5)在《保险公司偿付能力额度及监管指标管理规定》(2003年3月24日)施行前按本规定计算的偿付能力充足率小于100%的保险公司,应积极采取有效措施改善自身的偿付能力状况。除适用第(4)条规定外,中国保监会还可根据各公司的特殊情况,采取必要措施,促使公司提高偿付能力。

(6)《保险公司偿付能力额度及监管指标管理规定》的监管指标旨在对可能出现偿付危机的保险公司做出预警。若保险公司有4个或4个以上监管指标超过正常范围(若指标值为999%,中国保监会将根据具体原因决定是否超过正常范围),中国保监会可根据具体情况决定是否采取以下措施:①要求保险公司提供报告说明指标超正常范围的原因、对偿付能力的影响和改进方案;②对保险公司进行全面检查以评估其实际偿付能力的状况和趋势;③根据评估结果,按照本规定的相关条款采取必要的监管措施。

上述几条全面阐述了保险监管的具体措施。这些措施既具有较强的可操作性,又具有鲜明的时代性,还具有法律赋予的强制性。

4. 我国对认可资产的规定

为了对保险公司进行偿付能力监管,使我国建立的偿付能力监管体系能较好地发挥作用,《保险公司偿付能力额度及监管指标管理规定》规定,中国保监会为评估偿付能力制定的编报规则,是保险公司编报认可资产表、认可负债表和计算偿付能力额度的唯一标准,不受其他会计制度、财务制度等规定的影响。这就规定了对保险公司资产价值进行认可时,应以《保险公司偿付能力额度及监管指标管理规定》附件中的"认可资产表编报说明"为唯一标准。认可资产表编报说明主要规定了认可资产表的填报格式和项目(见表10-10)。

表10-10 认可资产表

编报单位:  单位:万元

| | 账面价值<br>(1) | 非认可价值<br>(2) | 本年年末净认可价值<br>(3)=(1)-(2) | 上年年末净认可价值<br>(4) |
|---|---|---|---|---|
| 1. 银行存款 | | | | |
| 1.1 其中:存出资本保证金 | | | | |
| 2. 政府债券 | | | | |
| 3. 金融债券 | | | | |
| 4. 企业债券 | | | | |
| 5. 股票投资 | | | | |
| 5.1 其中:上市股票 | | | | |

单位:万元(续表)

| | 账面价值<br>(1) | 非认可价值<br>(2) | 本年年末净认可价值<br>(3)=(1)-(2) | 上年年末净认可价值<br>(4) |
|---|---|---|---|---|
| 6. 证券投资基金 | | | | |
| 7. 保单质押贷款 | | | | |
| 8. 买入返售证券 | | | | |
| 9. 拆出资金 | | | | |
| 10. 现金 | | | | |
| 11. 其他投资资产 | | | | |
| 12. 融资资产风险扣减 | | | | |
| 13. 现金和投资资产小计 | | | | |
| 14. 应收保费 | | | | |
| 15. 应收分保账款 | | | | |
| 16. 应收利息 | | | | |
| 17. 预付赔款 | | | | |
| 18. 存出分保准备金 | | | | |
| 19. 其他应收款 | | | | |
| 20. 应收预付款项小计 | | | | |
| 21. 固定资产 | | | | |
| 22. 无形资产 | | | | |
| 23. 其他资产 | | | | |
| 24. 非独立账户资产小计 | | | | |
| 25. 独立账户资产 | | | | |
| 26. 资产合计 | | | | |

本表的主词栏为各资产项目;宾词栏描述各资产项目的本年账面价值、非认可价值、本年年末净认可价值以及上年年末净认可价值。其中,账面价值是指报表项目在会计账簿上的记录价值(对需要计提坏账、跌价等减值准备的资产,账面价值为计提准备前的资产价值);非认可价值是指报表项目的账面价值中不被认可的部分;净认可价值是指报表项目的账面价值扣除非认可价值后的净值。

具体的资产项目编报说明在此处省略。

认可资产表编报说明对资产的认可标准做出了规定:保险公司的资产是指过去的交易或事项形成并由公司控制或拥有的未来经济利益。在所有的资产中,只有那些可以被保险公司任意处置的、可用于履行对保单持有人义务的资产,才能被确认为认可资产。保

险公司的资产认可,应符合以下三个原则:

(1) 确认原则。在保险公司的资产中,那些虽然具有经济价值但不能被用来履行对保单持有人的义务,或者出于抵押权限制或其他第三方权益的缘故而不能任意处置的资产,均不能被确认为认可资产。保险监督管理机构对保险公司的资产采取列举法进行认可,一项资产如果被保险监督管理机构明确指明为非认可资产,或者没有被明确指明为认可资产,均应确认为非认可资产。

(2) 谨慎原则。资产认可应遵循谨慎原则。对一项资产,如没有充分的证据表明其符合认可资产的定义,则应确认为非认可资产;保险公司在面临不确定因素的情况下对资产的估值进行判断时,应当保持应有的谨慎,充分估计到各种可能的风险和损失,避免高估资产。保险公司应严格按照认可资产表编报说明计提各项减值准备,计提金额在认可资产表的"非认可价值"一栏中反映。

(3) 合法原则。所有违反法律、行政法规和中国保监会规定而拥有或控制的投资资产及非投资资产,均为非认可资产。

在现行的认可资产表中并没有出现认可比例这个核算项目,这表明资产价值的认可已经由相对固定的比例认可制转为富有弹性的项目认可制。与比例认可制相比,项目认可制显得更加灵活、合理和科学。

项目认可制将所有的资产认可都统一到一个相同的标准之下,即认可资产的定义和确认原则,符合这个标准的资产就是认可资产,不符合这个标准的资产就是非认可资产,避免了比例认可制的不足。然而,项目认可制也有缺点,因为根据认可资产的定义和原则,有些项目特别是部分非认可资产仍需编报人员根据经验做出判断,这样就大大减弱了各保险公司编报出的认可资产表的可比性,影响了保险监管的公平性和有效性。

### 五、影响偿付能力的因素

影响保险公司偿付能力的因素是多方面的。

#### (一) 保险公司偿付准备金的绝对数额

保险公司偿付能力的强弱体现为偿付准备金(偿付能力额度)的多少,它与偿付能力成正比。偿付准备金的数额越大,保险公司应付超常损失的能力就越强,即偿付能力越强;反之,保险公司的偿付能力越弱。

影响偿付准备金数额大小的因素有:

1. 赔付率

赔付率的高低会影响偿付准备金的积累,从而影响偿付能力的大小。保险公司的赔付率是指赔款支出与保费收入的比值,它是衡量保险公司经营状况的指标之一。当赔付率相对较低时,保险公司用于赔款支出的数额占保费收入的比例相对较小,这一年度的利润就会增加,偿付准备金的提取数额就较高;当赔付率相对较高时,偿付准备金的提取数额就会降低。所以,赔付率的大小影响偿付能力的大小。

2. 投资收益

一般情况下,投资收益的高低与偿付能力的大小正向变化。投资收益可以弥补保险经营成果的不足,当赔付率较高时,高投资收益可以缓冲赔付率较高对经营成果造成的影响,使保险经营处于稳定状态。所以,投资收益的高低,直接关系到保险公司的经营成果,从而影响偿付准备金的提取数额和偿付能力的大小。

3. 附加费用额

保险费由纯保险费和附加保险费构成,而附加保险费则由费用附加和安全附加构成。安全附加中包括风险附加和预期盈利部分,它们都是偿付准备金的来源。费用附加也称附加费用,是控制业务流量和盈利水平的重要杠杆,降低费用水平是提高保险公司经营成果的良好途径。当保险公司经营处于不利状况,需要寻找补救措施时,费用的节约是一种潜在的盈利来源。费用水平的高低,直接影响保险公司盈利的高低,同时也影响公司的经营稳定性和偿付能力。

(二) 保险公司偿付准备金的相对数额

评估保险公司偿付能力是否充分,要与保险公司经营的业务量相联系。即使两个保险公司的偿付准备金数额相等,也不能说明两个公司的偿付能力是相同的。例如甲保险公司和乙保险公司的偿付准备金均为 2 000 万元,而甲保险公司的保费收入为 5 000 万元,乙保险公司的保费收入为 7 000 万元,则甲保险公司的实际偿付能力要比乙保险公司的实际偿付能力强。因此,保险公司偿付准备金的绝对数额不能全面反映偿付能力的大小,要考虑偿付准备金的相对数额,一般用偿付准备金与保费收入的比值作为衡量标准。如上例,甲保险公司的该比值为 40%,乙保险公司为 28.6%,则甲保险公司的偿付能力强于乙保险公司的偿付能力。

(三) 赖以建立保险基金的损失概率的准确性和可靠程度

损失概率是计算保费、建立保险基金的基础。损失概率的准确性和可靠程度越高,即偏差越小(财务稳定系数越小),发生超常损失的可能性越小,超常损失的赔偿与给付额就越小,对偿付能力额度的要求相对越低;反之,对偿付能力额度的要求相对越高。

损失概率的准确性和可靠程度可用财务稳定系数 $K$ 来衡量。$K$ 值越大,说明损失概率的准确性和可靠程度越低,保险公司业务的财务稳定性越低。保险公司的财务稳定性表示保险公司承保业务的纯保费收入能否保证赔款支出的可靠程度。财务稳定性包含两层含义:保险公司纯保费收入与实际赔款支出之间的对等关系,保险公司所累积的准备金与突发特大风险造成的损失所需赔款之间的对等关系。损失概率的准确性和可靠程度制约着保险公司的财务稳定性,从而对偿付能力额度的要求也有所不同。反过来,保险公司的偿付能力直接影响着保险公司业务的财务稳定性,法定最低偿付能力额度要求是保险公司财务稳定性的临界水平。偿付能力额度越大,保险公司的财务稳定性越良好。

(四) 影响保险公司偿付能力的风险因素

影响保险公司偿付能力的风险因素有很多,这些风险因素作用于保险经营过程,致使保险公司财务状况发生变化,即支出(主要是赔款支出)和收入(主要是保费收入和投资收入)发生变化,从而短期或长期地影响保险公司的偿付能力额度。这些风险因素主要包括以下几个方面:

1. 政治风险

政治风险包括国家政策的变化、经济发展策略的调整等,特别是国家对保险公司政策的变化。例如,国家对保险公司资金使用的限制、国家的利率政策等,都会影响保险公司的收支及偿付能力。

2. 经济风险

经济风险包括保险公司间的竞争、经营周期的变化、投资收益的变化、通货膨胀和市场利率的变化等。利率风险因素的影响,主要表现为投资收益率的高低,如果实际投资收益率小于预期最低收益率,即保险基金不能按预定的利率增值,就会影响保险公司的偿付能力。通货膨胀风险因素不仅可以使实际投资收益率降低,而且可以引起资产实际价值的变化,使得保险公司的偿付能力发生波动。另外,通货膨胀直接影响赔款支出和经营管理费用的变化,而且长期分析的结果可以说明,通货膨胀影响投资收益和保费收入水平,影响保险公司的经营成果,引起保险公司偿付能力的波动。

3. 经营风险

最主要的经营风险是承保风险。保险经营中因承保过程而产生的风险是多方面的,这些风险因素造成经营过程发生波动,影响保险公司的财务稳定性。保险公司将保险标的的风险集中于企业中,保险标的所处环境和经济状况的变化都会造成灾害事故发生时损失分布的波动,即预期估计赔偿额与实际赔偿额存在差异。承保质量的好坏,也会影响保险标的损失概率预测的准确性和可靠程度,引起损失分布的波动。

除上述风险外,仍有大量的其他风险对保险公司的偿付能力构成威胁,包括如何运用合理的会计制度分析公司财务的实际状况及其变化趋势,风险的选择,其他相关决定的制定,再保险经营的成败,保险公司的管理水平等。不合理的监管制度也是保险公司经营中潜在的风险因素。

(五) 再保险安排

财产保险公司应善于运用再保险这一有效工具,通过合理的再保险安排,使其承保能力与自身的偿付能力相适应,尽可能降低偿付能力不足的风险。我国《保险法》第一百零二条规定:"经营财产保险业务的保险公司当年自留保险费,不得超过其实有资本金加公积金总和的四倍。"第一百零三条规定:"保险公司对每一危险单位,即对每一次保险事故可能造成的最大损失范围所承担的责任,不得超过其实有资本金加公积金总和的百分之十;超过的部分应当办理再保险。"《保险法》的上述规定,对财产保险公司安排再保险提出了强制性要求。

(六) 其他因素

财产保险公司的偿付能力还受以下因素的影响:

(1) 政治、社会等外部因素。该因素变动会造成财产保险公司业务经营的不稳定,如法律条文的改变可能导致责任险索赔金额的大幅度变化。

(2) 红利分配。红利分配直接影响财产保险公司偿付准备金的提取,从而对其偿付能力产生影响。该因素对寿险公司偿付能力的影响远大于对财产保险公司偿付能力的影响。

（3）业务增长率。财产保险公司业务稳定而适度地增长能增加利润，但过快的业务增长势必导致未到期责任准备金也迅速增长，这会给财产保险公司的偿付能力及财务稳定性带来风险。

## 本章讨论案例

张某部分家庭财产如下：房屋 170 万元、装修费 35 万元、家用电器 16 万元、洗衣房设备 10 万元；丈夫月收入 6 000 元、张某所有的洗衣房月收入 4 000 元；家庭月支出 3 000 元。

【讨论的问题】
1. 请为张某设计一款适合其家庭的"温馨家园"产品或产品组合。

**产品组合设计方案**

| | |
|---|---|
| 总保额（万元） | |
| 分项保额（万元） | |
| 1. 房屋及装修 | |
| 2. 家用电器 | |
| 3. 卧具、服装 | |
| 4. 家具 | |
| 5. 盗抢险 | |
| 6. 水暖管爆裂险 | |
| 7. 家庭住户第三者责任一切险 | |
| 8. 租房费用损失险 | |
| 9. 门、窗、锁恶意破坏损失险 | |
| 总保费（元） | |
| 方案设计原因 | |

2. 关于张某有可能获得的保险利益：

【假定风险事故 1】2017 年 4 月 10 日，张某家被盗，丢失录像机一台，价值 8 000 元。张某向公安机关报案，并持有效单证向保险公司索赔。保险公司于 7 月 10 日支付赔款。9 月 12 日，公安机关追回了张某失窃的录像机，张某领回后花 200 元修好了录像机。保险公司得知后，要求张某退回赔款或将录像机给保险公司，张某拒绝，遂成纠纷。

该案应如何处理？依据何在？

【假定风险事故 2】2017 年春节，张某为儿子买了 200 元的烟花爆竹，2 月 22 日夫妻出门访客。其子独自在家感觉无聊，翻出张某所藏的烟花爆竹并在屋内玩耍，不慎引起火灾，造成衣服、被褥、家电、家具等均有不同程度的损坏，损失 10 000 元。张某向保险公司索赔。

保险公司应赔付多少？

【假定风险事故 3】2017 年 11 月 19 日，张某家水管爆裂，由于家中没人，损失惨重。(1) 若木质地板全被泡毁,装修损失达12万元,电器损失达2万元,水管损失达1.5万元。保险公司应赔付多少?(2)若木质地板全被泡毁,装修损失达12万元,电器损失达15万元,水管损失达4万元。保险公司应赔付多少?

3. 家庭财产保险的保险人主要承担哪些责任?

4. 目前我国财产保险公司有多少款家庭财产保险产品?

## 复习思考题

【基础知识题】

1. 简述保险产品、保险产品设计、保险费率的概念。
2. 财产与责任保险产品设计的现实意义是什么?
3. 财产与责任保险产品设计的原则是什么?
4. 简述财产与责任保险产品设计的方法。
5. 财产与责任保险产品设计的基本类型有哪些?
6. 试分析财产与责任保险产品设计的策略和程序。
7. 财产保险的纯费率和附加费率的确定方法有哪些?

【实践操作题】

1. 浏览大地财险(http:www.ccic-net.com.cn/)、华泰保险(http:www.ehuatai.com)、都邦保险(http:www.dbic.com.cn)三家公司网站,试比较三家公司财产保险业务的开展情况。

2. 浏览中国银保监会官方网站(http://www.cbrc.gov.cn),了解网站提供的保险行业要闻、保险机构信息、保险统计数据、保险监管、保险常识等资料。

3. 浏览美国保险信息协会网站(http://www.iii.org),了解财产与意外保险的相关内容。

【探索研究题】

比较下列机动车辆保险投保方案的优缺点。

| 投保方案 | 优点 | 缺点 |
| --- | --- | --- |
| 投保交强险 | | |
| 投保交强险、机动车辆损失险、商业第三者责任险 | | |
| 投保交强险、机动车辆损失险、商业第三者责任险、全车盗抢险、不计免赔率特约险、玻璃破碎险、自燃损失险 | | |

# 第十一章 财产与责任保险经营过程

**学习目标**

- 了解财产与责任保险展业过程
- 掌握财产与责任保险承保程序
- 掌握财产与责任保险核保工作的内容
- 掌握财产与责任保险理赔的具体程序
- 重点掌握财产保险赔款的计算方式
- 重点掌握保险事故现场查勘的方法
- 综合运用:能够运用防灾防损手段降低保险财产的损失概率

 **导读案例**

2018年9月16日,第22号台风"山竹"正面袭击广东,直接经济损失巨大。为切实做好应对台风灾害的保险服务工作,广东保险业提前部署,迅速响应,充分发挥商业保险机制在风险防范、损失补偿、恢复重建等方面的作用。

据统计,截至2018年9月30日8时,广东保险业(不含深圳)累计共接到灾害损失报案11.33万件,报损总金额44.66亿元(其中,车险报案9.11万件,报损金额9.35亿元;农业保险报案0.52万件,报损金额4.25亿元;其他险种报案1.7万件,报损金额31.06亿元);完成查勘11.15万件,定损金额24.53亿元。台风"山竹"触发了多个地市的巨灾指数保险赔付,其中阳江、茂名两个地级市的台风巨灾赔付全部完成,赔付金额分别为5 500万元、2 000万元。接下来,广东保险业将进一步全力做好各项灾害保险理赔服务工作。

 **案例详情链接**

广东保险业全力应对台风"山竹"灾害[EB/OL].(2018-10-08)[2020-08-31]. http://guangdong.circ.gov.cn/web/site15/tab877/info4122011.htm,有删改。

 **你是不是有下面的疑问**

1. 财产与责任保险在实务中如何展业?
2. 案例中的保险承保实施途径是什么?

3. 保险理赔有哪些具体实务工作?
4. 保险人如何在理赔中做好定损风险的防范?

## 第一节 财产保险的展业与承保

### 一、展业

保险展业亦称"保险招揽",是保险公司拓展业务的简称。

(一)展业准备

展业人员在展业前应掌握以下情况:

(1)本地区事业、机关团体等单位的数量和资产状况,本地区企业单位的数量、经济性质、经营状况、资产状况、生产经营内容、隶属关系。

(2)本地区各类企业的经营性质,财产坐落范围、主要风险,房屋建筑物的建筑结构、建造年代,机器设备的购置年代、新旧程度,各类财产的市场价值。

(3)本地区主要支柱产品的有关情况,如产值、产量、销售情况和销往的地区范围。

(4)本地区重点工程项目和规划、设计、筹建、建设及投资方的情况。

(5)本地区三资企业和私营企业参加的各种商业保险及社会保险情况。

(6)本地区主要灾害及成灾情况,各种意外事故造成的第三者伤害情况及赔偿标准。

(7)本地区社会保险资源状况,已参加保险和未参加保险的单位及其资产状况,可以挖掘的保险资源情况,各类企业在其他地区保险公司保险的情况。

(8)本地区保险市场情况,其他地区保险公司在本地区的业务开展情况,中介机构及专职或兼职代理人的机构、数量、业务开展情况。

(9)保险条款、保险条款解释等保险业务知识。

(10)承保工作程序,准备好投保单、明细附表、财产保险风险问询表及有关宣传资料。

(二)展业宣传

宣传保险是业务发展的首要环节,展业宣传应结合本地区的特点和典型案例、人们的心理状况、投保人的保险需求,适当地利用广播、电视、报纸、广告等传媒工具,广泛深入地宣传参加保险的目的、意义、条件和手续,并重点介绍保险条款的内容。

(三)展业方式

财产保险的展业方式多种多样,概括起来主要有三种:

(1)直接展业。这是业务拓展的主要渠道,指保险公司依靠自己的业务人员,在企事业单位中直接发展客户。

(2)代理人展业。指保险公司依靠保险代理公司或保险营销员发展客户。

(3)经纪人展业。指保险公司依靠保险经纪公司发展客户。

(四)展业服务

保险展业时,应充分考虑投保人的要求,尽可能为被保险人提供优质的服务。

（1）帮助投保人分析自己所面临的风险，而不同的风险需要不同的保险计划。每家企业的生产状况不同，面临的风险也不相同，保险人要指导投保人分析其面临的多种风险，且哪种风险最迫切需要保险保障。

（2）帮助投保人确定自己的保险需求。投保人在确认自己所面临的风险及其严重程度后，需要进一步确定自己的保险需求。保险人应当将投保人所面临的风险分为必保风险和非必保风险，投保人应优先考虑必保风险。一般来说，投保人确定保险需求的首要原则是高额损失原则，即某一风险事故发生的频率虽然不高，但造成的损失严重，应优先投保。

（3）帮助投保人估算投保费用。对于投保人来说，确定保险需求后，还要考虑自己究竟能拿出多少资金投保。资金充裕，便可以投保保额较高、保险责任较宽的险种。

（4）帮助投保人制订具体的保险计划。保险人替投保人安排保险计划时确定的内容应包括：保险标的情况、投保的责任范围、保险金额的大小、保险费率的高低、保险期限的长短等。

## 二、承保程序

### （一）填写投保单

**1. 投保单填写要求**

投保单和明细表是保险合同的重要组成部分，也是保险人接受要约签发保险单的重要凭证，必须由投保人亲自填写，保险业务人员应予以指导和协助。如有错误或遗漏需要更正，则投保人必须在更正处签名，更正处超过两项应重新填写，以保证投保单作为保险合同组成部分的严肃性和有效性。

**2. 要求投保人填写财产保险风险问询表**

风险问询表是投保单的重要组成部分，也是投保人履行告知义务的具体表现。投保人应根据保险标的实际情况按要求填写财产保险风险问询表。

### （二）审核验险

审核是保险人收到投保单后，对其进行审定和核实，包括审核保险标的及其存放地址、运输工具行驶区域、保险期限、保险费率与保险金额的匹配等。验险时对保险标的风险进行查验，从而对风险进行分类。验险分财产保险验险和人身保险验险两种。

### （三）缮制单证

缮制单证是指在接受业务后，填制保险单或保险凭证等手续的过程。保险单或保险凭证是载明保险合同双方当事人权利和义务的书面凭证，是被保险人向保险人索赔的主要依据。因此，保险单质量的好坏，直接影响到保险合同能否顺利履行。填写保险单的要求有以下几项：

（1）单证相符。保险人应以投保单、核保意见为原始凭证，据此填制保险单。单证相符是指投保单、保险单、批单、财产清单及其他单证符合制单要求，内容相符。

（2）保险合同要素明确。保险合同要素是指保险合同的主体、客体和内容。保险单中应正确填写被保险人的姓名、单位名称、负责人的姓名及详细地址；应标明保险标的的范围及地址、保险责任、保险金额、责任免除、保险费、被保险人的义务以及其他特约事项。

(3)数字准确。填制保险单时,每一个数字都代表着保险人和被保险人的利益。在这些数字上的微小疏忽,都可能给保险当事人造成重大损失,或导致不该发生的纠纷,所以填制保险单时一定要做到反复核对每一个数字,切实做到数字准确无误。

(四)复核签章

1. 复核

复核员接到投保单、保险单及附表和保险费收据后,按以下要求复核:

(1)保险单、投保单和附表的编号一致。
(2)保险单、投保单和附表上的各项内容、数字相符,无错漏。
(3)分项、总保险金额计算无误,大小写相符。
(4)保险费率的确定、保险费的计算准确无误,大小写相符。
(5)保险费收据填制正确。
(6)附加险条款或特约批单加贴正确,并盖有骑缝章。
(7)特约措辞符合要求。
(8)签字盖章完备。

2. 签章

复核完有关单证,确认无误后,复核员签字并在单证上加盖有关章戳。

(五)单证清分

1. 签收

(1)复核员复核签章完毕后,应填制发送单证签收单一式两份。
(2)复核员将投保单、保险单(正本)及附表、保险费收据、发送单证签收单各一份及其他有关单证,交业务部门外勤人员送达被保险人签收,保险单附表应贴于保险单背面并加盖骑缝章。

2. 单证分发

(1)交会计部门的单证有:保险单副本一份,保险费收据一联以及按规定应交会计部门的单据。
(2)交统计部门的单证有:保险单副本一份,保险费收据一联以及按规定应交统计部门的单证。
(3)交业务部门留存的单证有:保险单副本一份,投保单及明细表一份,保险费收据一联以及发送单证签收单两份。

3. 登记"××保险承保登记簿"

(1)业务部门内勤人员根据留存的有关单证,分险种依保险单编号按顺序登记"××保险承保登记簿"。
(2)每日和月末业务终了,业务部门内勤人员填制日报表和月报表。月末须与会计、统计部门进行核对,做到承保数量、保险金额、保险费等有关事项相符。
(3)保险单凡有分期交纳保险费等特别约定的,业务部门内勤人员应将此内容填入

"××保险承保登记簿"附栏内。

(4) 凡有批改、赔款和拒赔等事项的,业务部门内勤人员应将批单编号、赔案编号、拒赔编号等填入"××保险承保登记簿"附栏内。

4. 业务资料装订管理

(1) 业务单证按照保险费收据、发送单证签收单、保险单副本、保险单附表的顺序装订。

(2) 作废的保险单(正本、副本)上应加盖"作废"戳记。作废单证不得丢弃与撕毁,应与已签发的保险单一起装订。

(3) 每100份装订为一册,加上封面,在封面上注明年份、承保公司名称、保险单起止号和装订日期,并实行专人专柜保管。

(4) 单证装订后,进行领销号登记,并检查单证是否做到使用、作废、剩余与领用数量相符合。

(5) 保险责任期满后,注明"责任期已满,未续保"或"责任期已满,已续保"字样。如一本保险单全部期满,则应交档案管理部门保存。

### 三、保险金额的确定

在承保实践中,有一个承保依据问题。根据现行财产保险条款的规定,无论是固定资产、流动资产还是账外及代保管资产,其保险金额的确定均存在两种形式,即按账确定保险金额和按实物确定保险金额。前者就是我们常说的"看账承保"。在按账承保的前提下,承保依据是企业的资产负债表及资产负债表项下的资产类总账和有关的明细账。按实物承保则是我们所指的按其他方式确定保险金额,承保依据是企业的实物财产。这种方式等同于现行财产保险条款中"按其他方式"和"由被保险人自行确定保额"的方式,带有估价性质。

由于按实物承保的方式简便易行,理论上也没有太多的问题,故此处不做过多探讨,以下讨论的承保及理赔等问题,均建立在"按账承保、依账理赔"基础之上。

### 四、财产保险的核保

核保是指保险人对招揽的业务依据保险条款和经营原则进行业务的选择与承保控制,从而决定是否承保、承保条件和厘定费率的全过程。承保是保险经营的一个重要环节,核保质量如何,关系到保险公司经营的稳定性和经济效益的好坏,同时也是反映保险公司经营管理水平的一个重要标志。

(一) 财产保险核保工作的意义

核保是保险经营中必不可少的环节。保险人对投保人的投保并非来者不拒,而是先要进行审核,只有符合承保条件的风险,保险人才同意承保。通过核保,保险人可以筛选非可保风险或不合格的被保险人和保险标的,以保证承保质量,增强保险公司在市场上的竞争能力。

1. 有利于合理分散风险

保险经营的对象是风险,但无论哪一个保险人都不能承担所有的风险。事实上,保险人承担风险都是受到一定限制的,保险人追求的是承保在一定费率之下预期发生的风险。核保的目的就是使可保风险得以合理分散。

合理分散风险有两方面的含义:一是同质风险的集合,即将大量性质相同的风险集中起来承保。由于这类风险的种类、大小与损失金额基本相同,因此有利于风险的分散。例如,同为木质结构的房屋,其中一栋价值极高的房屋发生火灾,损失金额是其他建筑物的10倍,从保险的角度看,这栋房屋就不属于同质风险。二是风险在地域上的分散。即便是同质风险,如集中于某一地区,也有造成巨大损失的可能性,保险人在承保时要对此种风险加以分散。

2. 有利于保险费率的公正

保险费率是根据不同风险的性质和损失的程度来制定的。承保的核心工作就是厘定公正合理的保险费率,求得承保风险与保险费率保持更为合理的关系。保险公司制定了级差费率、浮动费率、优惠费率等制度,然而,再精确的保险费率,如果没有良好的核保制度相配合,也无法体现公正性和合理性。换言之,公正合理的保险费率的最终实现,是以核实保险标的的风险程度及其损失概率为基础的。只有通过核保,确定了不同保险标的的风险程度和损失概率,才能使保险费率水平与风险损失程度相当。

在核保中,通常是由精算师制定费率,但是对于一些保险标的少的险种,其费率是由承保人根据以往的经验来制定的,即制定费率也是核保的一项重要工作。

3. 有利于促进被保险人防灾防损

保险的目的并不限于处理赔案、提供经济补偿,还要立足于积极的预防,提高全社会的防灾防损能力,进而保证人民生活的长期稳定和社会生产的持续进行。

核保的目的就是要识别风险、分析风险,促使被保险人采取有效的风险管理措施,将损失减至最小程度。因此,保险人在核保时要审查保险标的的状况、可能发生最大损失的程度以及被保险人的情况。在承保后,还要定期检查和分析这些风险是否发生了变化。如果某个被保险人的风险增加了,保险人就可能需要提高保险费,或者增加保险限制条件,或者不再接受该投保人的续保。

(二)财产保险核保工作的内容

1. 审核投保申请

对投保申请的审核主要包括对投保人资格的审核、对保险标的的审核、对保险费率的审核等内容。

(1)审核投保人的资格。根据我国《保险法》的规定,投保人必须具备三个条件:一是投保人应具备相应的民事权利能力和民事行为能力;二是投保人对保险标的应具有法律上承认的利益,即保险利益;三是投保人应履行支付保险费的义务。审核投保人的资格主要是审核第二项条件,即了解投保人对保险标的是否具有保险利益。一般来说,财产保险合同中,投保人对保险标的的保险利益来自所有权、管理权、使用权、抵押权、保管权等合法权益。保险人审核投保人的资格,是为了防止出现投保人或被保险人故意破坏保险标的以骗取保险赔款的道德风险。

(2)审核保险标的。这是指对照投保单或其他资料核查保险标的的使用性质、结构性能、所处环境、防灾设施、安全管理等情况。例如,承保企业财产时,保险人要了解厂房结构、占用性质、建造时间、建筑材料、使用年限以及是否属于危险建筑等情况,并对照事先掌握的信息资料予以核实,或者对保险标的进行现场查验后,保险人方予以承保。

(3)审核保险费率。一般的财产和人身可能遭遇的风险基本相同,因此可以按照不同的标准对风险进行分类,制定不同的费率等级,并在一定范围内使用。例如,承保建筑物的火灾保险,确定费率时要考虑的因素有:①建筑物的类别,是砖结构还是木结构;②建筑物的占用或使用性质,是商用还是民用;③周围建筑物的状况;④建筑物所在区域能提供的火灾防护设施;⑤与建筑物相关的任何安全保护设施,如是否安装自动洒水灭火装置或警报器等。保险人承保时只需按程序将建筑物划分为不同的等级,套用不同的费率即可。

2. 控制承保风险

控制承保风险就是保险人在核保时,依据自身的承保能力进行承保控制,并尽量防止与避免道德风险和心理风险的发生。保险人通常从以下几个方面控制承保风险:

(1)控制逆选择。所谓逆选择,是指那些有较大风险的投保人试图以平均费率购买保险。逆选择意味着投保人没有按照应支付的公平费率去转移自己的风险。例如,居住在低洼地带的居民按照平均费率选择投保洪水保险。这样一来,某个更容易遭受洪水损失的投保人购买了保险而无须支付超过平均费率的保险费,保险人就成了逆选择的牺牲品。因此,保险人核保的任务之一就是控制逆选择的发生。保险人控制逆选择的方法是对不符合保险条件者不予承保,或者有条件地承保。事实上,保险人并不愿意一概拒保所有不符合保险承保条件的投保人和投保标的。例如,投保人就自己易遭受火灾的房屋投保火灾保险,保险人就会提高保险费率承保,这样一来,保险人既接受了投保,又在一定程度上抑制了投保人的逆选择。

(2)控制保险责任。只有通过风险分析与评估,保险人才能确定承保责任范围,才能明确对所承担的风险应负的赔偿责任。一般来说,对于常规风险,保险人通常按照基本条款予以承保;对于一些具有特殊风险的保险标的,保险人需要与投保人充分协商保险条件、免赔数额、责任免除和附加条款等内容后予以特约承保。特约承保是指根据保险合同当事人的特殊需要,在保险合同中增加一些特别约定。其作用主要有两个:一是满足被保险人的特殊需要,以加收保险费为条件适当扩展保险责任;二是在基本条款的基础上附加限制条款,以限制保险责任。通过控制保险责任,将使保险人所支付的保险赔偿额与预期损失额十分接近。

(3)控制人为风险。控制逆选择和保险责任是保险人控制承保风险的常用手段,但是有些风险,如道德风险、心理风险和法律风险,往往是保险人在核保时难以防范的。因此,有必要对这些风险的控制进行具体分析。

第一,道德风险。道德风险是指人们以不诚实或故意欺诈的行为促使保险事故发生,以便从保险中获得额外利益的风险因素。投保人产生道德风险的原因主要有两种:一是丧失道德观念,二是遭遇财务上的困难。从承保的观点来看,保险人控制道德风险发生的有效方法就是将保险金额控制在适当额度内。例如,在财产保险中,如果一栋价值50万元的房屋向保险人投保时确定投保金额为80万元,这就意味着损失发生时,被保险人可能获得30万元的额外利益。因此,保险人在核保时要注意保险金额是否适当,应尽量避免超额承保。因为只有保险金额低于或等于保险标的的实际价值,道德风险才不可能发生。但是由于技术上的困难,保险人很少能够在投保时先行估计保险标的的实际价值,保险人为了防范道德风险,在条款中规定保险赔偿只能以实际损失为限。

第二,心理风险。心理风险是指由于人们的粗心大意和漠不关心,以至于增加了风险事故发生机会并扩大损失程度的风险因素。例如,投保了火灾险,就不再小心火烛;投保了盗窃险,就不再谨慎防盗。从某种意义上说,心理风险是比道德风险更为严重的问题。任何国家的法律对道德风险都有惩罚的办法,保险人也可以针对道德风险在保险条款中做出相应规定。但是心理风险既非法律上的犯罪行为,保险条款又难以制定适当的规定来限制它。对于心理风险,保险人在核保时常采用的控制手段有:第一,实行限额承保,即对于某些风险,采用低额或不足额的保险方式,规定被保险人自己承担一部分风险。保险标的如果发生全部损失,那么被保险人最多只能获得保险金额的赔偿;如果发生部分损失,那么被保险人只按保险金额与保险标的实际价值的比率获得赔偿。第二,规定免赔额(率)。免赔额有绝对免赔额和相对免赔额之分。前者是指在计算赔偿金额时,不论损失大小,保险人均扣除约定的免赔额;后者是指损失在免赔额以内,保险人不予赔偿,损失超过免赔额时,保险人不仅要赔偿超过部分,还要赔偿免赔额以内的损失。这两种方法都是为了激励被保险人克服心理风险因素,以防范损失的发生。

第三,法律风险。法律风险的主要表现有:主管当局强制保险人使用一种过低的保险费标准;要求保险人提供责任范围广的保险;限制保险人使用可撤销保险单和不予续保的权利;法院往往做出有利于被保险人的判决等。这种风险对保险人的影响是,保险人通常迫于法律的要求和社会舆论的压力接受承保。例如,我国的机动车第三者责任保险就是一种强制性保险,其费率不高,但赔偿责任不小,保险人却不能以此为由不承保该项保险业务。

### 延伸阅读

#### 电动车保险终见曙光

电动车保险是电动车迅速普及的产物,自问世以来,普及之路始终艰难,治理效果尚未完全发挥,湖北宜昌保险业参与电动车治理的创新探索,为电动车保险发展困局解锁,探索了一种新的可能。

电动车是当前城市治理"又爱又难"的管理对象。据统计,目前我国电动车保有量约2亿辆,全国查处电动车交通违法数量和肇事事故起数、死亡人数均呈逐年上升趋势。以宜昌为例,电动车数量庞大,遍布城乡,违规停放、违规行驶等乱象层出不穷,造成其隐患多、事故多、被盗多等问题。量大面广,事故率高,赔偿处理难,社会矛盾多——这是交通管理部门对电动车事故矛盾的18字总结。

2018年年初,在业内电动车保险普遍遇冷、宣传效果不佳、市场认可度不高的背景下,人保财险宜昌市分公司采取"曲线治理"的方式,在社会治安综合保险的保险责任中纳入电动车保险责任。自推广至今,当地涵盖电动车责任的社会治安综合保险大受欢迎,完全覆盖全市所有县市区,据统计,2018年,宜昌参加该保险的投保居民累计逾34.84万户,累计为城乡居民提供财产人身保障逾259.71亿元。

电动车盗抢险在酝酿期就受到了不少阻力。2018年下半年,伴随科技升级,专门的电动车保险应运而生。2018年,湖北智纵物联网科技有限公司研发的电动车物联网防盗芯片及监控平台投入运行,在这场浪潮中,保险公司同步推出了无缝对接的关联保险服务。随后,人保财险宜昌市分公司与其合作,决定将电动车盗抢险和物联网防盗芯片联合推出,同时含有赔偿限额为2万元的第三者人身伤害责任保险和赔偿限额为1万元的驾驶员意外伤害责任保险。防盗芯片与保险保障携手,给电动车装上物联网防盗芯片,并投入24小时监控平台,与公安机关110报警连接,及时处理盗抢警情。新、老车主均可在电动车经销商处进行实名登记,只需支付258元,即可获得一份电动车盗抢险和享受一年运维服务,并免费安装智能防盗芯片。电动车专属保险一经推出,就广受电动车用户的关注和喜爱,新购置电动车的用户购买一份盗抢险基本已成标配。据了解,推出电动车专属保险和防盗芯片后,2019年第一季度,宜昌市城区电动车盗窃案警情同比下降59%,共抓获39名嫌疑人,向市民退还59台被盗车辆。

2019年5月,与《宜昌市电动自行车管理条例》共同"亮相"的电动车第三者责任保险,真正从产品功能上实现了对电动车使用风险的全覆盖。至此,电动车车主面临的盗抢丢失、意外事故均有了对应的专属保险产品,完成了保险保障"闭环"。与宜昌推出的其他电动车保险产品相比,电动车第三者责任保险专门针对意外事故,责任限额提升到10万—20万元,保障范围涵盖意外事故中产生的人身伤害、财产损失及相关法律费用。

人保财险宜昌市分公司总经理战胜昌介绍:"下一步,我们将继续与警保联动同频同调,通过进乡镇、进社区开展安全宣传,为宜昌电动车车主安心行驶提供多一种保障。"

资料来源:从"曲线治理"到完成"闭环"——人保财险宜昌市分公司参与电动自行车治理纪实[EB/OL].(2019-05-15)[2020-08-31].http://xw.sinoins.com/2019/05/15/content_291401.htm,有删改。

## 第二节 财产与责任保险的理赔

### 一、理赔概述

（一）理赔的定义

理赔是指保险人对被保险人提出的索赔请求进行赔偿处理的行为。保险理赔是保险人履行义务的具体体现,也是保险人遵循最大诚信原则的要求。

（二）理赔的原则

财产保险理赔时应遵循下列原则,以保证保险合同双方行使权利与履行义务:

(1)恪守信用原则。重合同、守信用是财产保险在理赔过程中应遵循的首要原则。保险合同中明确规定了保险人与被保险人的权利和义务,保险合同双方当事人都应恪守合同规定,保证合同的顺利实施。对于保险人来说,在处理各种赔案时,应严格按照保险合同的条款规定受理案件,确定损失;在理算赔偿金额时,应提供充足的证据,拒赔时也应提供充足的法律依据。

（2）实事求是原则。被保险人提出索赔的案件形形色色，案发原因也错综复杂。因此，对于一些损失原因极为复杂的索赔案件，保险人除应按照条款规定处理赔案外，更应实事求是、合情合理地处理，这样做既符合条款规定，又遵循实事求是的原则。此外，实事求是原则还体现在保险人通融赔付方面。所谓通融赔付，是指按照保险合同条款的规定，保险人可赔可不赔的经济损失，由于一些其他因素的影响，保险人给予全部或部分补偿或给付。当然，通融赔付不是无原则的随意赔付，而是对保险损失原则的灵活运用。具体来说，保险人在通融赔付时应掌握的要求有：第一，有利于保险事业的稳定与发展；第二，有利于维护保险公司的信誉及其在市场竞争中的地位；第三，有利于社会的安定团结。

（3）公平合理原则。公平合理原则要求保险人在理赔时做到"主动、迅速、准确、合理"，其宗旨在于提高保险服务水平，争取更多客户。我国《保险法》第二十三条规定："保险人应当将核定结果通知被保险人或者受益人；对属于保险责任的，在与被保险人或者受益人达成有关赔偿或者给付保险金额的协议后十日内，履行赔偿或者给付保险金义务。"第二十五条规定："保险人自收到赔偿或者给付保险金的请求和有关证明、资料之日起六十日内，对其赔偿或者给付保险金的数额不能确定的，应当根据已有证明和资料可以确定的数额先予支付；保险人最终确定赔偿或者给付保险金的数额后，应当支付相应的差额。"《保险法》的上述规定指出了保险人应当在法律规定和保险合同约定的期限内及时履行赔偿或给付保险金的义务，即应在理赔中坚持上述"八字"方针。其中，"主动、迅速"，即要求保险人在处理赔案时应积极主动、不拖延并及时深入事故现场进行查勘，及时理算损失金额，对属于保险责任范围内的灾害事故所造成的损失应迅速赔偿；"准确、合理"，即要求保险人在审理赔案时，分清责任、合理定损、准确履行赔偿义务。对不属于保险责任的案件，保险人应当及时向被保险人发出拒赔通知书，并说明不予赔付的理由。

（三）理赔人员应具备的条件

理赔是一项认真、细致的工作，政策性、技术性、业务性很强。理赔人员一般应具备下列条件：

（1）廉洁奉公，秉公办事，认真负责。在理赔工作中，理赔人员要同保户打交道，同时会接触到大量的公私财物，在与不同对象的接触和对各种公私财物的处理中，也往往是对理赔人员思想觉悟和工作作风的检验。特别是有个别保户，为了达到其目的以请客送礼、行贿等手段拉拢腐蚀理赔干部。因此，理赔人员应具有不怕吃苦、善于克服困难的精神，廉洁奉公、秉公办事、作风正派，按照理赔人员工作守则行事。

（2）精熟条款，实事求是处理赔案。赔案的依据是保险合同条款，理赔人员必须认真领会保险合同条款，吃透精神，站在法律角度掌握条款。灾害事故发生的原因往往错综复杂，理赔人员应通过现场查勘，分析研究调查了解到的客观情况，弄清出险原因，确定是否属于保险责任；之后应认真定损，确定损失程度，详细鉴定损失范围，特别是涉及第三者的损失，要本着实事求是的精神慎重处理。

（3）熟悉或掌握有关专业知识。理赔工作涉及各种各样的保险财产，因此理赔人员应熟悉和掌握有关专业知识。一般来讲，理赔工作质量如何，往往取决于理赔人员对所涉及专业知识的熟悉和掌握程度。理赔人员如果不懂有关专业知识，定责定损时就会无说服力，人云亦云，不可避免地出现错定现象，理赔工作质量也会因此而受到影响。

## 二、理赔程序

### （一）出险受理

出险受理就是对被保险人申报的出险案情进行记录、了解和核实，以待理赔处理。重视出险受理工作，对于减少理赔工作的盲目性、加强监督、保证工作质量有着重要意义。

1. 受理报案

保险财产出险后，被保险人一般是以口头或电话、电报形式向保险人报案，然后再补送书面出险通知书。内勤人员接到报案时，应详细询问被保险人名称(姓名)、投保险别、出险标的、保险单号码、出险时间、出险地点、出险原因及事故损失等情况，作为报案记录；并应分别在"出险案件登记簿"上进行登记(根据不同险种，分别建立"出险案件登记簿")，同时要求被保险人尽快填写"保险出险通知书"，以便及时编号立案。

2. 查抄单底

做好报案记录后，理赔人员应立即通知内勤人员出具保险单抄件，根据被保险人报案记录和出险通知书，详细核对它们是否与保险单抄件内容一致。理赔人员应着重核实以下几点：

（1）投保险别是否相符，受损的财产是否属于保险财产范围，出险地点是否在保险单所载明的保险财产坐落地点范围内。

（2）出险原因是否属于保险责任。

（3）出险日期是否在保险有效期内，是否退保。

保险单抄件应由内勤人员填写，注明抄件日期，加盖抄件人印章，并由复核人复核，无误后由复核人签章。保险单抄件不得由外勤人员出具。

经过查抄单底、核实情况后，理赔人员应及时向业务部门负责人报告。对于情况复杂、损失较大的案件，负责人要向单位分管领导报告。对于重大的和超出核赔权限的案件，理赔人员应电告上级公司出险情况，并迅速先行电告总公司，报告内容包括险别、保险标的、出险时间、出险地点、出险原因、估计损失、保险金额等。结案后，理赔人员应填写"重大赔案报表"报总公司。

3. 登记立案

经查抄单底并复核后，凡可受理的案件内勤人员要及时在"出险案件登记簿"上编号立案。编号应反映出险别，并根据报案先后分别编号立案，冠以各地简称及年份，一次出险同时有几个被保险人发生损失应分别编号立案。对以电话或口头形式通知出险的，理赔人员应根据通知先行编号立案。出险案件无论是否赔付均应编号立案，赔案编号后，内勤人员应将已编案号填在出险通知书上，送业务部门负责人提出处理意见，然后将抄件一并交分管理赔人员签收处理，并建立专卷或案袋。有关该案的各项记录、单证、报告等文件，均应归于案卷内；有关往来文件要注明案号，以便查调案卷。

### （二）现场查勘

现场查勘是掌握出险情况的重要步骤。查勘的目的主要是明确保险责任和事故损失，为理赔工作提供依据和情况。只有坚持现场查勘，做到每次事故亲临现场，广泛进行调查、了解，才能掌握现场第一手资料，才能有理有据进行理赔处理。因此，做好现场查勘工作，对于减少理赔纠纷，准确、合理、及时地处理赔案，提高理赔工作质量，提高自身经济效益，保证经济补偿职能得以发挥都具有十分重要的意义。

1. 出险查勘

（1）查勘前的准备。理赔人员在赶赴现场之前，首先应了解保险标的承保情况、保险期限、保险责任、出险地点等；其次应根据灾害事故类别，携带必要的查勘工具和救护用具以及现场查勘手册与查勘记录等有关资料。

（2）现场查勘要求。①理赔人员接到去现场查勘的通知后，应立即奔赴灾害事故现场，及时与被保险人取得联系；如果出险地点在外地，需要前往查勘，就要与被保险人取得联系并一同前往。②到达出险现场后，理赔人员应及时与当地政府和有关救灾部门（公安、消防、水文、气象等单位以及附近群众等）取得联系，协助和配合其开展查勘工作；如果事故尚未控制住或保险财产、人员尚处在危险之中，则应立即采取积极的施救保护措施，避免损失扩大。③现场查勘坚持双人查勘。理赔人员应深入实际调查研究，认真负责，详细记录、收集情况和查看实物，向当事人和有关人员详细询问了解灾害事故的经过、原因和责任，收集旁证材料并初步查验保险标的损失程度、损失部位、估计损失金额，做到现场情况明、原因清、责任准、损失实。对有第三者伤亡的保险事故，理赔人员应初步掌握人员伤亡情况，了解伤员伤势和抢救、治疗经过。④查勘时，理赔人员必须尽快掌握被保险人的会计账册和有关资料，掌握出险时和出险当日的各项账面数据；如果来不及核对，必要时可视情况暂时封存，防止企业更改账册，弄虚作假。

（3）现场查勘的任务。①查勘出险时间。出险后，理赔人员应先查明是否在保险有效期内。如在投保时已经出险或期满后未办理续保手续而出险，则应拒赔。②查勘出险地点。查勘出险地点主要是为了核实是否与保险单所载明的地点和范围一致，是否属于保险单所载明的保险标的。理赔人员要核对出险地点与保险单所载明的财产坐落地点是否相符；如不符，则应将情况调查清楚，作为判定是否构成保险责任的依据。③查勘出险原因。保险财产的出险原因是多种多样的，而保险责任是有一定范围的。保险财产出险后需要查明原因，目的在于明确是否属于保险责任范围，以确定是否予以赔偿。首先应了解出险的事实经过，查明是属于直接原因还是间接原因，是自然因素还是人为因素。对于出险原因比较复杂的案件，理赔人员应深入调查，多听、多问、多看、多分析；情节有出入的，则要反复求证，并索取书面证明材料。在调查中，对于出险原因比较复杂的重点案件，理赔人员应做细致的工作，以防止出现漏洞。④收集证明材料。在现场查勘中，理赔人员应广泛收集各种与案件有关的证明材料和单证；对调查所得的各种材料，要反复加以分析和研究，有时还可以根据现场条件进行模拟试验；对技术性问题，如产品本身潜在缺陷、自然损耗等损失，可请有关专业部门进行技术鉴定，取得证明，特别是涉及第三者追偿时更应有可靠的证明。

总之，现场查勘是掌握出险现场第一手资料的重要工作，是做好理赔工作的重要前提。从某种意义上讲，现场查勘是理赔工作的灵魂，没有现场查勘的理赔工作是不完美的。我们应该予以高度重视，从组织上、制度上、人员上保证这项工作的落实。

2. 施救和保护

保险财产发生保险责任范围内的损失后，及时、正确地采取施救和保护措施，对于减少国家和人民生命财产损失,提高保险公司自身经济效益是十分重要的。因此,理赔人员到达现场后,应立即会同被保险人及有关部门共同研究救灾方案,采取紧急抢救措施。若灾害尚在蔓延,则首先要想办法予以控制;当物资已受到直接威胁时,应及时疏散物资,并做到有组织、有领导地进行,以免发生混乱;在搬运过程中对易燃易爆物品要谨慎处理,对疏散出来的物资要派专人负责看管,以免散失。如灾害基本消除,则应协助被保险人立即进行现场清理,以防止损失加重;对受损财产,应根据不同情况分别采取摊晒、烘烤、清洗等整理措施;对易变质、易腐烂的受损财产,经双方协商确定贬值程度和损余价值并报经有关部门批准后应尽快处理,以减少损失。

3. 损余物资处理

在灾害清除后,保险人除应协助被保险人对受损财产进行整理外,还应对损余物资进行处理,以防止损失加重。损余物资应当由保险人与被保险人议定价值后折归被保险人,并在赔款中扣除。

(1) 损余物资处理的办法如下:①对于不需要再加工或一时不能处理或修复的,可在当时作价折算,由被保险人自行处理。②对于能及时加工整理或修复的,可在修复后作价折归被保险人,有关费用由保险人负责。③对于虽有残余价值,但被保险人已无法利用的,可由保险人与被保险人共同协商作价转售给其他单位。④对于被保险人确实无法自行处理或作价过低的,保险人也可收回处理。有些物资受损后经过整理和修复是完全可以使用的;有些物资经修复要降质使用;有些物资无法修复,只能报废按全损处理。总之,保险人要实事求是、合情合理地处理,做到物尽其用并保证整理或修复后能符合技术要求与质量标准。

(2) 损余物资处理的管理如下:①坚持物尽其用的原则。损余物资达不到报废标准的不应按报废处理,能加工或修复使用的应尽量利用,以减少国家财产损失。②本着实事求是的原则。按照保险条款规定,对于受损财产的残余部分应根据可利用程度,合情合理地作价折归被保险人。经技术鉴定无法修复或不能利用的,在核实品名、数量、重量后,按废品折价由被保险人处理。折价额均从赔款中扣除。被保险人未经保险人同意,不得以任何借口擅自削价处理。如双方达不成协议,则可报经领导批准后做收回处理。③收回的损余物资要严格按规定办理手续,开列清单,列明损余物资的品名、数量、损失程度、残值数额等,由被保险人盖章,填制"损余物资回收单"一式三份,一份附赔案卷内,一份交财会部门做表外科目入账,一份交保管人员核实、登记留存。保险人对收回的损余物资要妥善保管,及时处理,防止损失。④对收回的损余物资进行处理时,应填制"损余物资处理单"一式三份,处理同上。损余物资处理后的收入,必须按规定冲减赔款,不得挪作他用和转移。⑤损余物资因工作需要留作保险机构内部公用的,须事先报经上级公司批准并合理作价,按照财务会计制度登记账册,保险机构不得擅自无偿占用。不准将损余物资作为福利在保险机构内部出售或分配给个人。

4. 损失估算和核实

受损财产经过施救整理后,保险人应对财产的实际损失进行计算和核实,其内容如下:

(1) 核对账册。主要核对哪些项目属于保险范围,核实损失价值。

（2）对房屋建筑物的估损。要了解建筑物建造金额,是否包括基础、沟渠、桥梁、道路、装修在内,对残余材料要逐项登记并确定价值。如发生全损,则要了解建筑物最近的账面折旧率;如系估价投保,则要了解建筑物估价依据;如系选择投保,则要注意建筑物是否在保险范围以内;如系部分损失,则要计算出受损部分的比例。

（3）对机器设备的估损。要掌握机器设备的种类、数量、损失程度,一一加以核对,并了解机器设备的折旧程度。

（4）对产品、物资的估损。要分别核对企业的产品、物资等流动资产,如原材料、辅助材料、半成品、产成品等的账面价值是否与损失清单所列相符。

现场查勘及损失估算完毕后,保险人要编制初步查勘报告,叙述清楚与处理赔案有关的情况,并附上收集的有关单证,以备进一步审核。

5. 缮制查勘报告

财产保险的赔案,无论赔款金额大小,均应缮制查勘报告,真实、全面地反映案件的情况,作为理赔工作的重要依据。查勘报告缮制的好坏,直接影响到理赔工作质量,关系到保险人经济补偿义务能否顺利履行。

缮制查勘报告应注意以下几点：

（1）报告的内容应全面准确。查勘报告应包括保险财产的出险时间、出险地点、出险原因、施救过程、损余物资处理、报损情况、定损和修理意见、善后措施等。查勘情况应准确,所列被保险人、保险标的、保险金额、保险期限等应与调查和核对有关单证的情况相一致,最后应提出查勘处理意见。出险时间、出险地点、出险原因、施救过程、责任划分等情况应来自现场查勘记录和其他调查记录,不能随心所欲,也不能按有关方面出具的材料照抄照录。报告必须由现场查勘人员缮制,要做到项目齐全、内容完整、字迹清楚、一人缮制、一人复核、两人签章。重大赔案应填制"重大赔案报表",超越核赔权限的赔案应加制份数报上级核批、备案。

（2）报告的书写应符合要求。查勘报告属于应用文体,在缮制过程中,应如实地反映事故发生和处理的全部过程,直接明了地说明情况,文字应简练,不能模棱两可或含糊其辞。

（3）对处理赔案有关当事人的姓名、职务及其处理赔案的有关主要情况,都应在查勘报告上阐述清楚。

（4）查勘中发现的因被保险人安全防灾措施不力而造成的灾害事故,应如实填写在查勘报告中。

（三）责任审定

保险责任审定是处理赔案的一项非常重要的工作。审定正确与否,决定着一个赔案是否成立。责任审定错了,即使做了大量的理赔工作,这个案子也是错的。因此,责任审定是理赔工作的核心。

责任审定包括审核查勘报告、有关证明文件和各项单证,是确定赔案是否属于保险责任和赔偿范围的一项工作。业务部门负责人对理赔人员送交的查勘报告及有关附件进行初审,按照规定的核赔权限,召集有关人员或召开会议进行集体研究,必要时请领导参加研究。经研究统一意见后,相关意见应记录在案。

1. 责任审定的主要内容

(1) 是否属于保险责任范围。审定发生的损失是否由保单条款规定的自然灾害或意外事故所引起,如属保险责任范围,则应予赔付,否则应拒赔。

(2) 是否属于保险财产。所保财产项目,应在投保时列明,凡不属保险财产应拒赔。

(3) 是否在保险有效期内。出险时间应在保险有效期内。

(4) 是否准确定损。包括核定的损失是否符合实际,受损财产项目是否按投保价定损,核定的损失百分比和修复费用是否准确。

(5) 是否为合理费用。审核费用时应考虑其是否必要和合理。在紧急情况下,必须采取某些抢救措施才能防损减损,这种费用就成为必要。比如邻居失火,根据当时的火力、风向等情况,确有波及可能,由此而产生的搬运财产的费用,保险人就应予负责;反之,如远处着火,无波及可能而盲目行动,保险人就不负责由此而产生的费用。如在发生火灾时,使用他人的消防器材,致使器材损坏、药物消耗,他人要求补偿时,应视为合理费用,保险人应予负责。反之,如在火灾并不可能波及保险财产的情况下,用自己的消防设备去救他人财产,由此而产生的耗费及损失保险人就不负责。当然,由于火灾发生的情况不同,要结合具体情况具体分析以做出判断。对于施救费用的赔付金额应有具体内容和单证,施救费用和损余残值不能互相抵销。

(6) 是否属于第三者责任。财产发生保险责任范围内的损失,根据国家法律规定或有关约定属于第三者责任时,保险人进行审核后,应被保险人要求可先行赔付,同时由被保险人填写授权书,将追偿权转移给保险人并积极协助追偿。若责任比较明确,第三者也同意负责赔付,则被保险人应先向第三者索赔,不足金额再由保险人赔偿;若第三者确因经济困难而无法赔偿,则应由保险人赔偿结案。

2. 责任审定时应注意的几个问题

(1) 认真分析出险原因。财产保险标的出险的原因有的比较明显,更多情况下则十分复杂,有直接的也有间接的,甚至还有人为的原因。要区分是否属于保险责任范围内的损失,就必须对出险原因进行深入了解,认真加以分析和研究,要结合出险时间、地点、气象、环境等情况进行综合分析。

(2) 依法履行保险合同条款。保险合同对保险双方当事人均具有约束力。合同一经签订,保险双方当事人就必须严格履行。当双方发生争议时,如果条款含义含混不清,那么应从有利于被保险人利益的角度进行解释。被保险人应履行保险法规和条款上规定的义务,如实告知保险财产的情况,维护财产的安全等。

(3) 熟悉法规条款,实事求是审核定性。保险责任审定工作的一个首要条件是理赔人员必须熟悉法规、条款、办法和有关规定,这样才能准确定性。理赔人员审定保险责任要根据法规、条款、办法和有关规定,认真审定灾害事故的性质、发生原因、责任范围和各种证明文件的可靠性、有效性、权威性,判断事故损失是否属于保险责任范围,属于或不属于哪一项责任。

理赔人员在根据条款中保险责任、责任免除和赔偿计算的有关规定进行审定的过程中,还应注意以下两点:

(1) 保险财产在受灾前已有损坏或准备检修、维修,因灾害而增加了新的损失,保险人只负责灾害所致新增加的那部分损失；若原有损失和新增加的损失不易分清，则保险人可与保户协商解决。

（2）发生保险事故时，在抢救过程中造成保险财产破损、变质、散失、被窃的损失，保险人应予负责，但对抢救搬运过程中的必然损耗不予负责。

3. 损失核定

受损财产经过施救、整理，明确保险责任之后，核定损失则是理赔工作的关键一环。损失核定是否准确，直接关系到保险人能否准确、合理地履行经济赔偿义务。这就要求保险人在理赔定损工作中，严格按条款规定办事，工作深入细致。保险人在理赔定损工作中要做好两个方面的准备工作：一是进行财产分类整理。在施救、清理的过程中，保险人应对不同品种、不同损失程度的财产进行分类存放并立即进行清理，以防止损失进一步扩大，便于定损和核实。二是根据灾害事故大小、损失程度、受损财产的类别，在自身技术力量达不到的情况下，聘请技术人员或专家协助定损。

（1）一般灾害事故的损失核定。具体包括：

第一，核定受损财产范围。①核定受损固定资产。包括：核对保险单上固定资产项目的保险金额是否与投保时的账面金额或按规定加成的金额一致；核对受损财产属于哪项会计科目，是否属于保险财产；凡保险单上未列明承保的财产应予剔除，如未入账的财产，租用、借用或代保管的财产，专用基金和未完工程或基建已完工投产未转账的财产，待报废处理的财产，替外单位修理的机器设备，新增加的固定资产等。②核定受损流动资产。包括：核对保险单上流动资产项目的保险金额是否与投保时的账面金额一致；核对受损的财产是在哪个过程出险的，属于哪项会计科目，是否属于保险财产；凡保险单上未列明承保的财产应予剔除，如未入账的物资，代购、代销、代保管的物资，待报废的物资，基建物资，已经摊销完尚在使用的低值易耗品，账外陈列的展览商品等。

第二，核定受损财产数额。核定受损财产数额是指根据企业提供的财产损失清单与实物进行核对，查明报损是否准确。对于受损的固定资产，应逐项核定损失程度及损失金额；对核定损失程度及损失金额有困难的，应及时聘请有关专家做技术鉴定。对于受损的流动资产，应查明受损原材料、半成品、产成品的报损单价是否与账面单价一致，根据报损清单提供的情况，会同被保险人盘点核对受损财产数量，查清完整无损的有多少、全损的有多少、部分受损尚可利用的有多少。通过对受损财产的实物盘点，弄清有无虚报损失数量、损失程度等情况。

（2）大面积水灾的损失核定。洪水的特点是来势凶猛、受灾面广、损失惨重，因而灾后的理赔工作十分复杂。实践表明，发生大面积水灾后，应首先进行全面查勘、拍照、清点数量、登记品名，详细记录受灾情况，进行施救、保护、整理工作；其次应有针对性、有重点地逐户核查，定损赔付。大面积水灾由于灾害涉及面广，要在短时间内做好大面积的理赔工作，保险机构面临来自各方面的压力：一是来自当地政府的压力。大面积水灾后，作为政府首先想到的是如何控制灾害、减少损失，使企业尽快恢复生产、商店恢复营业，以安定人民生活，稳定社会秩序。因此，政府部门希望保险公司尽快予以理赔。二是来自广大保户的压力。受灾后，保户希望能够尽快定损理赔，以及时恢复生产或营业，重建家园。三是来自时间的压力。大面积水灾与其他灾害不同的是，水灾过后，其损失仍然在逐步扩大，而且这种损失与时间成正比，即时间越长，损失越大。如果灾后不及时进行查勘、施救、清理，不及时进行理赔，保险财产损失就会与日俱增，直接影响保险机构的经济效益。因此，制订合理的救灾方案，统一理赔办法，对于做好理赔工作是非常重要的。

大面积水灾的损失核定应遵循以下基本方法和原则：

第一，"五先五后"原则。对于大面积水灾，受灾保户千家万户，保险公司要在较短的时间内采取全面开花的办法，人力上是做不到的，应有重点、分先后地进行。①先大后小。对于对当地工农业生产、国民经济发展影响较大的保户，保险公司应优先考虑，及时组织人员进行查勘定损，以便其尽快恢复生产；对于对全局影响相对较小的保户，在保证重点的情况下再予安排。②先急后缓。灾后保险公司应本着先急后缓的原则安排定损工作。这有多种情况，如一部分保户急于恢复生产和生活，保险不定损保户不好开展工作；保险财产受灾后，损失不断扩大，特别是易腐蚀、易变质的物品，若不及时清理，则不但会加重财产损失，甚至会污染周围环境。对此，保险公司应及时到现场查勘定损，从速处理。③先单位后个人。灾后定损工作的重点是单位，保险公司应把主要精力放在单位保户的定损上。这是因为单位保户与国民经济有着紧密联系，而且单位保户财产损失大。因此，如果家庭财产出险后不涉及人员伤亡，那么保险理赔人员可以通知保户先保护现场，后期再做处理。④先商业后工业。洪水过后，灾区人民群众要立即恢复生活，需要补充大量的日常生活用品。如果商店不及时恢复营业，人民群众的生活就会受到严重影响，这直接关系到社会安定。所以，保险公司应重点安排好商业系统的查勘定损工作，帮助其尽快恢复营业。⑤先城市后农村。城市人口集中、单位集中、财产也比较集中，在理赔定损工作中，应采取先城市后农村的办法。城市是当地政治、经济、文化的中心，保险公司及时帮助城市的工厂恢复生产、商店恢复营业，对于搞好农村救灾工作有着重要意义。

第二，宜快不宜慢、宜精不宜细原则。大面积水灾的理赔定损工作，要集中体现一个"快"字。查勘、施救工作亦是如此，这是水灾的特点所提出的要求。保险公司只有加快处理速度，才能有效控制灾害直接损失的扩大。因此，在定损工作中，对于技术性不强、损失比较直观的受损财产，保险公司应迅速同保户协商，能达成一致意见的，应尽快定损理赔。当然，这里所说的"快"只是相对而言，该快的就要快，该做细致工作的就要适当慢一点，其前提是必须保证理赔工作质量。实践证明，在大面积水灾的理赔定损工作中，由于财产损失情况复杂，而且损失数量巨大，工作不可能像局部灾害那样进行，特别是对于品种繁多、金额较小的财产，不可能逐一进行查勘定损，而应采取宜粗不宜细的原则，抽样定损，合理估价。

第三，定损标准一致原则。在大面积水灾的定损工作中，在一个地区应共同遵循一个基本统一的标准或办法。而这个标准、办法还应具有一定的权威性，能够普遍被保户接受。在定损工作中，对不同保户的同一受损物资，如果受损程度差异不大，其定损的比例幅度就应力求基本一致，以免保户相互"串户"，使工作出现反复。

水灾理赔案件的定损涉及行业多、物资种类多，加上各地灾情不一，地理环境不同，经济条件、消费习惯等各异，要求对各类物资定出一个全国完全统一的给付标准是不切合实际的，但总结出一个大致的定损标准，由各地结合当地实际情况灵活运用，在处理赔案时是必要的，以避免各地对处理同一类水损物资的定损标准出现差距过大的现象。这对于指导各地水灾理赔工作起到了一定作用。

（3）大面积火灾与大面积水灾的理赔定损工作有着许多共同点。一般来讲，火灾比水灾的损失更严重，理赔定损的工作难度也更大。火灾损失的核定方法如下：①有账有物的，重点在核对。对于账物俱在的，应重点放在核对工作上。对受损物资逐件清点，只要账上有，又能和残物符合就可以给予认定。②有账无物的，重点在查账。保户遭受火灾后，部分物品被全部烧毁，形成有账无物。这种情况下，应重点核查账目，如确属烧毁，则可采取按账核报的方法。③无账无物的，重点在调查。不少保户在发生火灾后，不但财产被烧毁，而且财务账册、原始单据、凭证等也被全部烧毁。对于这些既无物又无账的单位，除相信和依靠各级领导外，还要把重点放在调查上。调查对象重点放在保管人员、财会人员上。通过调查，摸清库存、损失和单价，然后同保户报损清单进行核对，逐项落实。

（4）施救费用的核定。如何判定施救费用是否合理，一般应从以下三点进行衡量：①是否发生保险事故。施救费用必须以发生保险责任范围内的灾害事故为前提；否则，保险人不予赔偿。如果是为了防止灾害事故的发生而采取预防措施支出的费用，则属于预防费用，保险人不应赔偿。②是否以减少保险财产损失为目的。保险财产发生保险责任范围内的灾害事故时，被保险人采取紧急措施，为控制和减少保险财产损失而支出的费用，保险人应予以赔偿。③是否以"直接""必要"和"合理"为原则。支付的施救费必须是为施救、抢救、整理、保护保险财产而支出的直接费用。

4. 代位追偿

追偿是保险标的发生损失后，经被保险人要求，保险人以代位求偿权向第三责任方提出索赔的行为，法律上称为代位追偿。代位追偿一般应按以下程序进行：

（1）签具权益转让书。根据现场查勘和有关事故证明材料证实事故确属保险责任，但事故损失应由第三者负责赔偿时，被保险人先向第三者索赔。被保险人为了迅速得到经济赔偿，要求保险人先予赔偿的，保险人可以根据条款规定先行赔偿，由被保险人签具权益转让书，连同各种有关文件、合同等有效证据，一并交给保险人。保险业务部门应立案，登入"第三者责任追偿登记簿"。保险财产被第三者致损后，被保险人未经事故处理部门处理，擅自放弃向第三者追偿的权利或私下了结而直接向保险人提出索赔的，保险人有权不予受理。

（2）向第三者追偿索赔。对于代位追偿的案件，保险人在追偿前，应结合具体案件重点审核事故原因，确定第三者应负的责任范围，收集有关材料，然后办理追偿。

（3）追回赔款、结案。保险人向第三者追回款项后，应当签具收据一式四份。一份送第三者收，一份送会计入账，一份送业务部门冲减已付赔款，一份归入原赔案案卷内。在追偿中，被保险人为协助保险人进行追偿工作而支出的各项合理费用，由保险人负责。

5. 拒赔、通融赔款及其他

（1）拒赔。在处理拒赔案件时，保险公司要充分掌握第一手资料，凡与案件有实质性关系的情况要了解清楚，关键性言证要掌握，疑点要求证；要以事实为依据，以条款为尺度，以法律为准绳，该赔的决不能惜赔，不该赔的要讲明道理，拒赔案件应填报"拒赔或注销案件报告表"。

（2）通融赔付。对于通融赔付，应从严掌握。在实际工作中，保险公司要根据具体情况具体分析，实事求是，认真处理，既要以条款为依据又不应死抠条款；凡与保险责任范围内的灾害事故有关系的赔款应合理掌握予以赔付;在特殊情况下极个别的与保险责任范围内的灾害事故无关联的赔款,确属人力不可抗拒的自然灾害或意外事故所致损失,赔付后不致产生消极因素的,经认真调查研究并报请省、自治区、直辖市保险公司审批后,方可通融赔付。

(3) 预付赔款。保险财产出险后,保户确需资金恢复正常生产或经营,在出险原因、责任明确的前提下,保险公司可适当预付。预付赔款应由保户提出书面申请,保险公司提出明确意见后报上级审批。

(4) 诉讼案件。保险诉讼案件处理的好坏,直接关系到保险公司的信誉和业务的发展。当被保险人与保险公司发生争议达不成协议时,双方都可以向法院提出书面诉状。保险公司接到起诉书后,应及时报告上级机构,并积极做好应诉准备。对于确系保险公司自身工作造成的起诉案件,当法院约请当事人进行调解时,保险公司要妥善处理;对于在法律上有充足理由的起诉案件,保险公司要积极做好应诉或反诉的一切准备工作;对于必须通过法院审判以保护合法权益的起诉案件,保险公司的应诉理由一定要充分,慎重行事。

(四) 赔款理算

保险赔案经过现场查勘、责任审定之后,赔款理算则是理赔工作的一个重要步骤。这项工作政策性很强,一定要严格按照各险种的条款和有关规定执行。

1. 赔偿金额计算

(1) 固定资产的赔偿金额计算。

第一,全部损失时。

保险金额低于重置重建价值的,计算公式为:

$$赔偿金额 = 保险金额 - \frac{保险金额}{重置重建价值} \times 残值$$

保险金额高于或等于重置重建价值的,计算公式为:

$$赔偿金额 = 重置重建价值 - 残值$$

第二,部分损失时。

保险金额低于重置重建价值的,计算公式为:

$$赔偿金额 = 损失金额 \times \frac{保险金额}{重置重建价值} - \frac{保险金额}{重置重建价值} \times 残值$$

如果按损失程度计算赔偿金额,则不必再按比例计算,计算公式为:

$$赔偿金额 = 保险金额 \times 损失程度$$

保险金额高于或等于重置重建价值的,计算公式为:

$$赔偿金额 = 损失金额 - 残值$$

(2) 流动资产的赔偿金额计算。

第一,全部损失时。

保险金额低于出险时账面余额的,计算公式为:

$$赔偿金额 = 保险金额 - \frac{保险金额}{出险时账面余额} \times 残值$$

保险金额高于或等于出险时账面余额的,计算公式为:

$$赔偿金额 = 出险时账面余额 - 残值$$

第二,部分损失时。

保险金额低于出险时账面余额的,计算公式为:

$$赔偿金额 = 损失金额 \times \frac{保险金额}{出险时账面余额} - \frac{保险金额}{出险时账面余额} \times 残值$$

保险金额高于或等于出险时账面余额的,计算公式为:

$$赔偿金额 = 损失金额 - 残值$$

(3)已经摊销或不列入账面财产的赔偿金额计算。

第一,全部损失时。

保险金额高于或等于实际价值的,计算公式为:

$$赔偿金额 = 保险金额 - \frac{保险金额}{实际价值} \times 残值$$

保险金额低于实际价值的,计算公式为:

$$赔偿金额 = 损失金额 - 残值$$

第二,部分损失时。

计算公式为:

$$赔偿金额 = 损失金额 - 残值$$

2. 施救、保护费用的赔偿金额计算

(1)计算施救费用,首先应区分保险财产与未保险财产。如果被施救的财产中包含未保险财产,且保险财产与未保险财产的施救费用无法分清,那么保险人应根据施救的保险财产占全部施救财产价值的比例负责,计算公式为:

$$应赔施救费用 = 施救费用 \times \frac{保险金额}{(保险金额 + 未保险财产价值)}$$

(2)施救费用应与保险财产赔偿金额分别计算,分别按保险金额负责,均以不超过保险金额为限。

(3)计算保险财产赔偿金额不需要比例分摊的,施救费用也不需要比例分摊。计算保险财产赔偿金额需要比例分摊的,施救费用也适用相同的比例分摊。企业财产保险的施救费用需要比例分摊的,计算施救费时,应对固定资产、流动资产以及已经摊销或不列入账面的财产分别计算。

3. 缮制赔款计算书和结案报告书

责任确定、理赔计算完成后,应立即缮制赔款计算书。赔款计算书是保险人支付赔款的重要凭证。在缮制赔款计算书时,保险人应根据保险单抄件、查勘报告和有关材料详细核对填写,项目要填写齐全,数字要准确,字迹要清晰,写明各项赔款的计算公式,不得任意涂改。

赔款计算书一式三份(如赔款超过核赔权限,份数应相应增加),一份附赔案案卷内,一份作为财会部门支付赔款的凭证,一份附贴在保险单副本上。赔款计算书缮制完毕,送业务部门负责人复核签章后,由理赔内勤人员登记送财会部门签收并凭以支付赔款。在缮制赔款计算书的同时,还应缮制结案报告书。结案报告书系赔案结案材料,要摘要记录赔案的理赔过程和有关事项,随赔款计算书经复核人员和业务部门负责人签章后,报送主管领导审批签章,超过核赔权限的应按规定上报审批。

（五）赔付结案

赔案材料的缮制和收集整理工作完成以后,理赔人员应对全案进行检查,经检查无误并签注经办人意见后,送业务部门负责人审批或报批。赔案的审批,应根据上级公司规定的审批权限,按规定审批,不可越权批案。赔案一经审批,理赔人员应在"赔案登记簿"上进行登记,并迅速将赔案案卷送财会部门凭以支付赔款。财会部门收到案卷单证后,应对赔款计算书进行复核,无误后及时发出"赔款通知书"。支付赔款后,内勤人员应缮制"赔款批单"一式三份,一份附在保险单副本上,一份交保户贴在保险单正本上,一份附赔案案卷内。有的险种需在批单上批明赔款后保险单的有效保险金额,计算有效保险金额时应只扣除标的赔款,而不包括赔付的施救费用。

（六）理赔档案管理

理赔档案是全面、真实地记载和反映保险财产出险情况的重要理赔资料,保险人应按要求进行装订、归档,做好理赔档案的管理工作。

1. 理赔档案的整理与装订

理赔档案的单证材料要齐全。一般情况下,理赔档案内应包括以下单证材料:①赔案批复文件;②出险通知书;③赔款计算书;④查勘报告;⑤保险单、批单抄件;⑥出险证明、事故裁决书;⑦损失鉴定书;⑧损失清单及原始单据;⑨赔款批单;⑩赔款收据;⑪现场照片及草图;⑫其他有关单证。

理赔档案内的单证材料应整理齐全,照片和原始单据一并贴在粘贴单上;各种材料每页应在右上角空白处依序编号;每个档案应有封面和扉页,目录上应能反映出档案内各种材料的数量及编号,做到编排有序,目录清楚;理赔档案的装订应整齐牢固、美观大方。目前不少地区实行规范化管理后,对理赔档案采取"三孔一线"的装订办法,既整齐、牢固,又能防止用订书钉装订出现的锈蚀现象,同时由于用线装订后,在档案封底的装订处贴上封条并加盖封条章,可以防止随意拆卷,避免档案材料散失,保持了理赔档案的严肃性。

理赔档案装订之后,应在档案封面上填明赔案编号、险别、档案序号、承保公司名称、装订日期。

2. 理赔档案的保管

理赔档案应做到一案一档,防止一档多案。理赔案卷在入档之前,内勤人员应登记"理赔档案保管登记簿"。登记簿的主要内容有归档日期、案卷序号、赔案编号、被保险人名称等。此登记簿由内勤人员保管,便于查找调阅档案。理赔档案的保管要求是:

（1）专人（一般由内勤人员）、专柜保管,并符合防盗、防火、防潮湿、防虫蛀的安全规定。

（2）按号装盒,依序归档,排列整齐,查找方便。

（3）做好档案登记工作,保管人员变动时,应严格交接手续,明确责任。

（4）分清险别和年度,定期检查和核对,发现受损或差错,应查找原因,防止丢失。

（5）保管年限按总公司规定执行。

3. 理赔档案的调借

理赔档案应严格调借制度。理赔档案一般不允许随意外借,确因工作需要调借时,须经领导批准,履行登记签章手续,并按期收回。任何人不得私自保存档案或随意抽出案卷材料或进行复制。查问或借用档案时,严禁涂改、圈划、拆封。

### 三、理赔中应注意的问题

（一）资产的理赔

1. 固定资产的理赔

由于固定资产在使用过程中原有实物形态相对固定、静止的特性,使得这部分资产的理赔工作与流动资产相比,一般情况下较容易进行,处理并不复杂。对这部分资产进行理赔时,首先要核实资产负债表所列固定资产是否足额投保,即是加成投保或按重置价值投保,还是按原值投保。按固定资产原值投保的,还要核定出险时固定资产账面价值情况,以决定按何种方式赔付。在此基础上,要根据企业设置的"固定资产明细账"和"固定资产卡片",对受损固定资产逐项核验定损,以掌握受损固定资产的损失程度。

在明确受损固定资产的损失程度和承保情况以后,就要根据以下几种情况分别进行合理赔付。

（1）全部损失。如果是按原值投保的,则按保险金额赔偿。但要注意,如果受损固定资产的保险金额高于重置价值,则赔偿金额以不超过重置价值为限,以防止道德风险。如果是按原值加成投保的,则赔付时应在原值基础上加上加成部分赔付。

（2）部分损失。部分损失根据是否足额投保理赔。如果是按原值加成投保和按重置价值投保的,则损失后按实际损失计算赔偿金额。这里要特别注意的是,对于加成投保的,若发生部分损失,则只按实际损失赔付,不能加成赔付。如果是按原值投保的,保险金额低于其重置价值的,则根据保险金额与重置价值的比例计算赔偿金额;如果二者相等,则按实际损失赔付即可。部分损失还有一种情况,即如果受损固定资产的价值在账面上无法与其他固定资产分清,则应按照该部分固定资产价值占总固定资产价值的比例确定该项受损固定资产的赔偿金额。对单项固定资产的全损或部分损失进行理赔时,还要以其明细账、卡片为依据,按照受损固定资产的明细账、卡片分项计算赔款,每项固定资产的最高赔偿金额分别不得超过其投保时确定的保险金额。

另外,固定资产发生全损并赔付原值后,不再支付其修复、安装等费用,因为这部分费用已包括在固定资产原值中。

对于下列受损固定资产,如果保险单未注明特约承保,则出险受损后,保险人应剔除不予赔付:①条款规定的特约财产和不保财产;②以经营租赁方式租入的财产;③代保管财产;④替外单位修理的机器设备;⑤报废财产;⑥折旧完毕仍在使用的财产。

2. 固定资产项目与固定资产明细账的关系

固定资产项目是指具有一定用途的独立物体,它包括固定资产必要的附属设备和附件,例如房屋以每幢房屋连同其不可分割的照明设备、取暖设备、卫生设备等为一个固定资产项目；生产设备以每一生产设备连同其机座和附属设备、工具、仪器等为一个固定资产项目。固定资产项目是企业登记固定资产明细账的基础。根据会计制度的规定，企业必须按每一独立的固定资产项目设立固定资产明细账。固定资产明细账一般采用卡片式，即固定资产卡片，一式两份，财会部门和使用单位各一份，每一卡片登记一个独立的固定资产项目。例如房屋按每幢开设一个明细账（卡片），其中包括与房屋不可分割的附属设备（如照明、取暖、卫生等），机器设备按每一台开设一个明细账（卡片），其中包括机座及有关的附属设备等。

明确固定资产项目与固定资产明细账的关系对理赔工作的意义在于：理赔中确定某项固定资产的保险金额或赔偿金额以固定资产项目为标准的，不能将本应属于固定资产项目内的设备或设施与固定资产项目主体割裂开计算赔偿金额，以防止被保险人以此谋取保险赔款，从而增加理赔水分。例如房屋、建筑物的损失，在定损中，不能将其附属设备（如供水、供暖设备）与房屋、建筑物分开计算损失。

对于租入固定资产的改良支出，按照会计制度的规定，企业应按该费用的种类设置明细账。因此，保险人对递延资产进行理赔时，查账的重点不是递延资产总账，而是企业按种类设置的明细账。递延资产是分年度摊销的，在一个保险年度中，递延资产中租入固定资产的改良支出一般不会发生较大数额的追加投资，但仍然应该在核查其明细账的基础上，确定是否足额投保，对其损失应按实际损失赔付；如果出险时该明细账的期末余额大于投保时的金额，则说明保险期间该支出又有追加，此时应按保险金额占该项资产追加投资后的期末余额的比例予以赔付。

3. 递延资产的理赔

递延资产中只有租入固定资产的改良支出具有实物形态，从而具备可保条件，其他递延资产，保险人原则上不予承保，因此，理赔时只考虑企业租入固定资产的投资部分。

根据现行会计制度，企业对以经营租赁方式租入的固定资产进行改造或改良，费用由承租人承担，租赁期满时，改良的设备归出租人所有，这样企业在租入的固定资产上进行改造和改良的工程，一方面不能作为自有资产入账，另一方面由于这类支出可使企业长期受益，也不能作为期间费用全部计入当期损益，只能作为递延资产分年度摊销。

需要指出的是，由租入单位安装在租入固定资产上的可移动的独立设备，如暖风设备、通风设备等，不应计入改良支出中，而应作为企业的固定资产独立核算。对此就要注意，一般情况下，在租入的固定资产中，其独立的可移动的资产不是递延资产，理赔时应予剔除。

4. 账外财产的理赔

账外财产由于无账可依，因此出险致损后的理赔工作具有很高的难度。理赔时，保险人首先要核对投保明细表，针对投保账外财产项目，在查勘定损中，逐项核对受损账外财产的真实性。其次要及时查勘现场，准确定损核损，掌握第一手资料，这是保证账外财产理赔质量的关键环节。账外财产的全部损失按实际损失赔偿，对账外财产按估价投保的，只要估价等于或基本等于实际价值，就可视同足额投保，也可按实际损失赔偿，赔偿金额只能以实际损失或实际价值为限，而不能超过保险金额。对于部分损失，应坚持足额投保按实际损失赔付、未足额投保按比例赔付的原则，即账外财产的实际价值高于以估价投保的保险金额的,对实际损失按比例计算赔偿金额。

(二)工业企业存货的理赔

1. 原材料的理赔

根据企业会计制度,"原材料"科目核算企业库存的各种材料,包括原料及主要材料、辅助材料、外购半成品(外购件)、修理用备件(备品备件)、包装材料、燃料等的计划或实际成本。根据这个科目的规定,在理赔时要注意两点:一是必须是库存的原材料才予负责。这样在定损时,保险人首先要查核有关的总账、明细账及仓库保管账,明确受损原材料是否在库,只有做到库中有实物、账上有记载,才符合原材料赔付的条件。二是要弄清楚受损原材料是按实际成本核算还是按计划成本核算,对按计划成本核算的企业,理赔时还要考虑到"材料成本差异"这个科目。这是因为"材料成本差异"是调整按计划成本核算的各种原材料的实际成本与计划成本之间差异的资产类科目。如果在理赔时不考虑这个科目,那么当计划成本低于实际成本时,可能出现超额赔付的现象。因此,在理赔时必须考虑原材料计划成本与实际成本之间的成本差异额。这里又分为两种情况:第一种情况,当库存原材料全部损失时,经查"材料成本差异"科目如果出现借方余额,就说明实际成本大于计划成本,赔付时要在受损原材料计划成本上加上差异借方余额予以赔付;如果出现贷方余额,就说明计划成本大于实际成本,赔付时则要在受损原材料计划成本上减去差异贷方余额予以赔付。第二种情况,当库存原材料部分损失时,由于其总差异额不容易划分,很难弄清楚受损部分原材料应负担多大的差异额,因此一般情况下,受损原材料应负担的差异额要通过成本差异率的计算得出。成本差异率的计算公式为:

$$本月原材料成本差异率 = \frac{月初结存原材料的成本差异 + 本月收入原材料的成本差异}{月初结存原材料的计划成本 + 本月收入原材料的计划成本} \times 100\%$$

$$上月原材料成本差异率 = \frac{月初结存原材料的成本差异}{月初结存原材料的计划成本} \times 100\%$$

上述两种方法均可使用,但企业只能使用其中一种方法,且计算方法一经确定,不得随意变动。

根据计算得出的成本差异率与受损原材料相乘,得出的差异额就是部分损失时受损原材料应负担的金额,计划成本与这个差异额的和、差数,就构成部分损失原材料的赔款金额。其计算公式如下:

部分损失原材料的赔款金额 = 部分损失原材料的计划成本 ± 部分损失原材料应负担的差异额

部分损失原材料应负担的差异额 = 部分损失原材料的计划成本 × 原材料成本差异率

例:假设某企业某种库存原材料发生火灾,造成库存原材料部分损失。经定损,该原材料的部分损失为40万元;经查,该企业实行计划成本核算,材料成本差异率为-2%。计算赔款金额如下:

$$差异额 = 40 \times -2\% = -8(万元)$$
$$赔款金额 = 40 - 8 = 32(万元)$$

根据工业企业会计制度的规定,"材料成本差异"科目应分别按"原材料""包装物""低值易耗品"设置明细科目,而不能使用一个综合差异率,因此在理赔中,我们要视损失原材料情况,分别按明细科目,核查计算其应负担的差异额。

总之,只要企业按计划成本核算,就可能存在差异科目对理赔定损的影响问题。如果按存货总量承保,由于此时的原材料已经还原为实际成本,就可不考虑还原问题;如果选择科目单项承保,由于此时的原材料总账反映的仍是计划成本,就应还原为实际成本,这时才需用差异科目予以调整。

2. 包装物的理赔

包装物是指为包装本企业产品而储备的各种包装容器,如桶、箱、瓶、坛、袋等。而其他包装材料如纸、绳、铁丝、铁皮等属于辅助材料,不在包装物核算之列。

根据企业会计制度,"包装物"科目核算企业库存的各种包装物的实际成本或计划成本,该科目的期末余额为库存未用包装物的实际成本或计划成本。从这个定义可以看出,该科目的核算有两个特征:一是必须在库,不包括发出或库外的包装物;二是必须未用。因此对受损包装物的理赔,可比照原材料的理赔办法处理,即在核查包装物会计账与保管账的基础上,弄清受损包装物是否在库和未用,只要符合这两个条件,就可予以负责。对实行计划成本核算的企业,与原材料理赔办法相同,还要结合"材料成本差异"科目进行理赔。

以上情况是就一般而言的。对于出租和出借包装物频繁且数额较大的企业,企业会计制度规定可以采用"五五摊销法"和"净值摊销法"计算出租、出借包装物的摊销价值。这时,"包装物"科目下就有可能出现"库存未用包装物""库存已用包装物""出租包装物""包装物摊销"四个明细科目,包装物的期末余额就反映期末库存未用包装物的计划成本或实际成本,以及出租、出借包装物和库存已用包装物的摊余价值。在这种情况下,理赔时要注意以下几点:

第一,如果损失的包装物是库存未用包装物,则比照上述一般情况下对包装物的理赔办法处理即可。

第二,如果损失的包装物是库存已用包装物,则需要核查"包装物"科目项下的"库存已用包装物"和"包装物摊销"等明细科目,弄清包装物受损时的账面价值,即以这两个明细科目的借、贷方余额的差数为理赔定损金额。如果企业采用"五五摊销法"且账上难以将已用包装物分清,则对受损库存已用包装物只能赔付其价值的50%,这是因为当这部分包装物出租、出借时,其价值已摊销一半,所以受损时其价值实际上只剩一半。

3. 低值易耗品的理赔

(1)定义。低值易耗品是指不作为固定资产核算的各种用具物品,即使用年限不满一年,单位价值在规定限额以内的劳动资料,如工具、管理用具、工作服和玻璃器皿等,以及在生产经营过程中周转使用的包装容器等。

低值易耗品的分类标准有多种,此处仅按用途予以分类,一般有以下六类:①一般工具,指生产产品所通用的工具,如刀具、夹具、装配工具等;②专用工具,指为了制造某种产品所专用的工具,如专用模具、专用工具、卡具等;③替换设备,指为了制造不同产品需要替换的机器装备和零件,如钢铁企业轧钢用的轧辊、炼钢用的钢锭模和其他模具等;④管理用具,指管理工作中使用的各种家具、办公用品等;⑤劳动保护用品,指为安全生产发给工人的工作服、鞋和其他防护用品等;⑥其他,指不属于上述各类的低值易耗品。

掌握和了解分类的标准在理赔工作时,有助于我们正确地把握固定资产与低值易耗品的特征,防止理赔时将固定资产与低值易耗品二者混淆,从而增加理赔水分。

"低值易耗品"科目属于资产类科目,它核算企业在库未用的低值易耗品的计划成本或实际成本,其期末余额为期末所有在库未用低值易耗品的计划成本或实际成本。企业会计制度规定,领用低值易耗品时,可采用一次摊销法,即在领用时一次摊入成本,数额较大的可通过"待摊费用"或"递延资产"科目核算。因此,"低值易耗品"科目的核算内容与"原材料"科目基本相同,在这种情况下,理赔时比照"原材料"科目的理赔程序处理即可。但是考虑到有些企业低值易耗品数量多且便于管理,也允许企业继续使用其他摊销方法。采用其他摊销方法的企业,根据企业会计制度的规定,要在"低值易耗品"科目下分别设置"在库低值易耗品""在用低值易耗品"和"低值易耗品摊销"三个明细科目,以核算和反映低值易耗品的库存、使用和摊销情况。

对于企业各车间及管理部门使用的低值易耗品,为了正确核算其价值的摊销和保证成本计算的准确性,原则上,每一使用部门(如各个车间)都应设置"在用低值易耗品及摊销"明细账。上述账簿及科目是我们核查账务、理赔定损的基础。

(2)摊销方法与理赔定损的关系。企业对低值易耗品的摊销方法大致有以下几种,即一次摊销法、分期摊销法、五五摊销法和净值摊销法。一般情况下,企业只用前三种方法,极个别企业涉及净值摊销法。由于净值摊销法已基本不用,此处不再论述,仅就前三种方法予以说明。

不同的摊销方法对理赔定损工作将产生不同的影响,下面介绍不同的摊销方法与理赔定损的关系:①一次摊销法是指在领用低值易耗品时,将其价值全部一次计入产品成本的方法。对一次摊销的低值易耗品,由于领用时已一次摊入成本,账上已无价值,即使还在用,理赔定损时也应剔除,不予赔付。②分期摊销法是指根据领用低值易耗品的原价和预计使用期限,计算每月平均摊销额,并计入产品成本的方法。对按使用期限分期摊销的低值易耗品,企业会计制度规定,其成本通过"待摊费用"科目核算,而不涉及"低值易耗品"科目及其明细科目。分期摊销时,已摊销金额是通过"待摊费用"科目的贷方余额反映的,而借方余额为未摊销额。因此理赔定损时,首先要确定企业是否已投保"待摊费用"科目,如果未投保,则不予赔付;如果投保,则以借方余额为依据确定理赔金额。③五五摊销法是指在领用低值易耗品时,先摊销其价值的一半,剩余的一半价值在报废时再摊销的方法。采用五五摊销法的低值易耗品,由于领用时已摊销其价值的一半,即50%已经摊入成本,故在理赔定损时,在核查"低值易耗品摊销"明细科目的基础上,只负责其价值的50%,另一半不予赔付。

另外,对于按计划成本核算低值易耗品的企业,理赔定损时要结合"材料成本差异"科目下的"材料成本差异——低值易耗品"明细科目进行,以保证"低值易耗品"科目理赔的准确性,其理赔方法与"原材料"科目大致相同。

4. 委托加工材料的理赔

"委托加工材料"科目核算企业委托外单位加工的各种材料的实际成本,其期末余额为委托外单位加工但尚未完工材料的实际成本和发出加工材料的运杂费。

根据构成存货的根本条件是所有权归属企业的原则,委托加工材料虽然物在外,但所有权仍属企业，因此该科目作为可保科目，承保时应填写受托加工单位名称、地址、加工材料品名明细表，以备理赔时核查。

在理赔这部分财产时应注意，由于是委托外单位加工，故承保、理赔工作会在异地进行，如果是异地出险理赔，则这部分财产还可以在受托加工单位的"受托加工材料"备查科目及有关材料明细科目查到，赔付时应将期末余额含有的加工费用剔除，因为"委托加工材料"科目只含材料费和运杂费。

5. 自制半成品的理赔

"自制半成品"科目核算企业库存的自制半成品的实际成本。自制半成品是指经过一定生产过程已检验交付半成品仓库，但尚未制造完成为成品，仍须继续加工的中间品。对于从一个车间转给另一个车间继续加工的自制半成品的成本，应在"生产成本"科目核算，不通过"自制半成品"科目。因此在出险理赔时，要查清受损半成品是否入库，未入库而是存放于车间内的，不能按"自制半成品"科目赔付。

自制半成品应按照类别或品种设置明细账，此明细账可以作为理赔依据。

6. 生产成本（在产品）的理赔

现行会计制度下已没有"在产品"科目，而由"生产成本"科目反映在产品的成本，因此"生产成本"科目基本等同于过去的"在产品"科目，二者的核算内容基本一致。"生产成本"科目核算企业进行工业性生产，包括生产各种产品（包括产成品、自制半成品、提供劳务等）、自制材料、自制工具、自制设备等发生的各项生产费用，其期末余额为尚未加工完成的各项在产品的成本。

"生产成本"科目下有两个明细科目（即基本生产成本、辅助生产成本），在出险理赔时，应分别按情况进行。当基本生产车间发生事故造成财产损失时，其基本生产成本包括直接生产费用、制造费用、辅助生产成本等，但"基本生产成本"科目并不能反映以上内容，理赔时，首先要核对明细账查清本车间到出险时止，共有多少种类和数量的在产品，然后采用倒挤或一一盘点清查的办法，得出受损部分的种类、数量，再以"基本生产成本"科目截至出险时发生的费用除以全部产品计算出的平均数乘以受损产品数量，得出受损产品的直接生产费用，最后将制造费用、辅助生产成本（合称间接费用）按规定应分配给受损产品的平均数乘以受损产品数量，得出受损产品的间接费用，直接生产费用与间接费用相加即得出赔款金额。辅助生产车间发生损失，按照基本生产车间的理赔方式处理即可。

7. 待摊费用的理赔

"待摊费用"科目核算企业已经支出但应由本期或以后各期分别负担的分摊期在一年以内的各项费用。本科目所含内容十分广泛和复杂，但由于其可保的仅是具有实物形态的财产（如低值易耗品、包装物等）的摊余价值，因此理赔时只将待摊费用中实物形态的未摊销部分作为赔付依据。

理赔时要特别注意，对于摊销期在一年以上的摊销费用，由于这部分待摊费用是在"递延资产"科目核算，理赔过程中要防止混淆，若发现则应予以剔除。

8. 产成品的理赔

"产成品"科目核算企业库存的各种产成品的实际成本。产成品包括企业已经完成全部生产过程并已验收入库合乎标准规格和技术条件,可以按照合同规定的条件送交订货单位,或者可以作为成品对外销售的产品;企业接受外来原材料加工制造的代制品和为外单位加工修理的代修品;可以降价出售的不合格产品等。

产成品的理赔应注意以下几个问题:

(1) 在企业的产成品中,有可能出现不合格产品。虽然按照企业会计制度的规定,不合格产品应与合格产品分开记账,且其售价明显低于合格品。但是,由于不合格产品与合格产品在成本投入上是相同的,而保险人承保的又是企业的成本价,因此在理赔时不应对两者区别对待,而应按实际损失的实际成本予以赔偿。

(2) 在受损产成品中,发现有已经完成销售手续但尚未发出的产成品(指已开出发票并收到货款,已将提货凭证交付购货单位但购货单位未及时提走的产成品部分),由于其所有权已经转让,不属于企业的存货,因此赔付时应予剔除。

(3) "产成品"科目可能会发生账面数大于库存数的情况,这是因为可能存在产成品已经发出但货物尚未出账的情况。保险人理赔时应予注意,要将这部分自赔款损失中扣除。

(三) 商业企业存货的理赔

1. 库存商品的理赔

库存商品发生损失理赔时,一是按承保明细表核对库存商品总账和明细账,重点核实外部商品,即外库的、其他单位代管代销的商品是否投保,如果确定已投保,则还要看其账面余额是否与保险金额相一致。如果保险金额低于账面金额,则应按比例赔付。二是库存商品发生损失后,应检查"受托代销商品"科目是否投保,如果未投保,则将其从库存商品中剔除,不予赔付。三是核对保管账与商品明细账,核实库存商品数量,剔除不在账商品,确定受损商品的数量与种类,按单位进货原价计算赔款金额。四是对按售价核算的库存商品,由于其是按售价入账的,因此理赔工作一定要结合"商品进销差价"科目进行,即必须核实库存商品的售价与对应的"商品进销差价"科目所反映的数额之间的差价,将其由售价还原为成本价后方予以赔付。

2. 受托代销商品的理赔

对受托代销商品的理赔,重点是确定是否为保险标的及投保比例。如果在核查受托代销商品总账及其明细账并清点实物以后,确定受托代销商品总额在保险金额限度以内,则可视其为足额投保,赔付时可按实际损失在保险金额限度内赔付。如果受托代销商品总额高于保险金额,则视为不足额投保。对此,对在保险单上分项注明的受托代销商品,即标的明确的受托代销商品,可在单项保险金额限度内,按实际损失赔付;对难以分清的且保险单上未分项注明的(即笼统承保的),应按比例赔付。

 **拓展阅读**

### 巴黎圣母院火灾引发的保险思考

当地时间 2019 年 4 月 15 日晚,法国巴黎圣母院深陷火海,这一事件引起了全世界的关注。美国顶级保险理赔服务公司塞奇维克(Sedgwick)艺术品业务主管米歇尔·奥诺

(Michel Honore)表示,巴黎圣母院珍藏的文物和艺术品约90%幸免于难。但不是所有文物都能如此幸运,比如2018年巴西国家博物馆的火灾,2 000万件馆藏中仅10%得以救出。

图为2019年4月16日,"浩劫"过后的巴黎圣母院。　　新华社记者　高静　摄

欧洲保险业多位专家表示,重建巴黎圣母院将是一项巨大而复杂的工程,仅费用项就需一年才能厘清,重建时间可能长达20年。对于巴黎圣母院损毁事故,并没有商业保险公司保障物质损失,仅有法国安盛(AXA)等保险公司承保了公众责任险。像巴黎圣母院这样的重大意外事故发生后,一般情况下,具有相应资质的专家、机构将对文物进行修复重建,资金大部分来自文物维护保障基金、政府拨款及私人募捐,商业保险公司只负责赔偿必要的合理费用。尽管如此,保险在类似文物损毁事故中仍不能缺席。针对历史古建筑遭到损毁的情况,目前市场上有对应的文物保险,比如包括中国书画、油画、雕塑等在内的艺术品风险事件,有艺术品综合保险。从风险控制角度而言,文物估值、修复、贬值厘定不仅是艺术界最为关心的话题,也是保险业在承保、出险理赔环节面临的"难题"。至今,文物保障仍是世界性课题,欧美发达保险市场也尚无十分完善的保险机制。

国家文物事业发展"十三五"规划显示,我国拥有不可移动文物76.7万余处,全国重点文物保护单位近4 300处,文物资源极为丰富,文物保险市场前景广阔。虽然如此,我国文物保险投保率却较低。人保财险相关负责人表示,缺乏文物领域权威的估值、鉴定机构,地方性机构辐射范围有限,资源整合成本高;文物领域知识壁垒高,保险公司培养专业的查勘、核保、理赔队伍需要较长的时间;文物保险没有成熟的国际再保险方案可供借鉴,风险分散方式有待摸索;对产业实施保费补贴尚未有明确依据,政府相关支持政策的操作流程需要具体化。这些都是文物保险投保率低的原因,同时也是需要改进的方面。据国家文物局网站消息,故宫博物院于2019年4月16日召开"消防安全紧急会议"。故宫作为世界上现存规模最大、最完整的古代木结构建筑群,火灾荷载大、耐火等级低、防火间距小,文物安全受到极大威胁。目前国内对于古建筑的风险保障以政府为主、商业为辅,类似欧美国家的文物保障操作机制还未在我国全面普及。综合被访人士的建议,保险除应发挥经济补偿作用外,更应与古建筑管理运营者共同制订风险管控方案,专业保险风险工程师可提供有效建议,将各种风险因素降到最低。文物主管部门可与保险业联合成立一个辐射全国的兼具文物估值、鉴定、修缮施工资质的机构,保险公司应利用其专业风控队伍,协助文物主管部门做好文物的全面风险管理工作。此外,政府加强引导也十分重要,可将采购保险纳入《政府向社会力量购买公共文化服务指导性目录》,明确将保险服务作为文物保护的手段之一,并可给予适当的保费补贴。

资料来源:巴黎圣母院火灾引发保险界思考"如何增强文物保障机制"成为热门话题[EB/OL].(2019-04-24)[2020-08-31].http://www.financialnews.com.cn/bx/ch/201904/t20190424_158769.html,有删改。

## 第三节　保险事故现场查勘

### 一、保险火灾事故案件的现场查勘

（一）火灾事故原因的分类

1. 按照起火源划分

按照起火源划分的火灾故事原因,归纳起来有以下几种:

（1）生产和生活中用火的工器具形成的起火源发生的火灾。比如焊割工具、打火机、烟头、蜡烛、喷灯、火炉、烟囱等,它们发出的火焰、火星或火花作用在可燃物上而引起火灾。

（2）电气设备及电热器具形成的起火源发生的火灾。比如电气线路、电动机、变压器、电气开关等带电设备,由于短路、超负荷、接触电阻过大发热或放电产生电弧、电火花引燃可燃物,以及电炉、电熨斗、电烙铁或大功率灯泡（灯管）的高温表面引燃周围可燃物。

（3）摩擦撞击打火或生热形成的起火源发生的火灾。比如金属、石块撞击产生的火花或高速运行中的粉碎机等机械设备由于混进金属块、石块形成的高温颗粒接触可燃物起火,以及带有轴承的一些设备,因缺少润滑油或轴承滚动件损伤后长时间运转生热引燃周围可燃物。

（4）高温固体表面形成的起火源发生的火灾。比如加热油管线或蒸气管线表面达到某些可燃物的自燃点,使与其接触的某些可燃物起火。

（5）聚光作用形成的起火源发生的火灾。比如由于太阳光线作用在玻璃容器、平板玻璃、凸面眼镜、镀锌铁板等的表面上产生日光聚焦和折射、反射作用,使被照射的可燃物起火。

（6）绝热压缩形成的起火源发生的火灾。比如常压气流急速转换压缩成高压时,由于没有热量交换,使被压缩物质产生热量点燃某些易燃物。柴油发动机就是利用空气压缩产生高温,使燃料燃烧的。

(7) 静电放电火花形成的起火源发生的火灾。比如一些固体介质间的相互摩擦，固体或液体介质与接地不良的一些金属摩擦，含有杂质的气体被喷射，粉体被喷出或在空中飞扬、浮动时摩擦等产生的静电，当发生放电达到一定能量时，就能使爆炸极限范围内的一些气体或粉尘爆炸起火。

(8) 雷电形成的起火源发生的火灾。当树木、建筑物、电气设备及一些可燃物堆垛遭受雷击时，由于强大的雷电流热效应和电动力、冲击波等的作用，使被击部位的物体变形、倒塌、破碎或起火。另外，在雷电感应的作用下，还会使电气设备的一些绝缘层被击穿而起火。

(9) 自燃起火源发生的火灾。自燃是指一些物质在没有外部火源作用的情况下，自身发热并蓄热所产生的自行燃烧现象。比如一些植物产品，硫化铁类，煤炭，浸油物质，某些与水、空气相互接触能自燃的化学物品等。

以上介绍的仅是几种常见的火灾事故原因中的起火源。在火灾事故现场查勘中，这些起火源有的在火灾后能留下痕迹物证，有的则没有留下。因此，有的起火源比较容易认定，有的起火源则常常因被某些表面现象或假象掩盖而一时很难认定。

2. 按照起火原因划分

按照起火原因划分的火灾事故原因，归纳起来有以下三种：

(1) 生产生活中的疏忽引发的火灾事故，经过调查通常可以找到明显的因果关系。

(2) 人为故意纵火引发的火灾事故，在保险领域，这种现象的发生通常会伴随道德因素，目的也是骗取保险赔偿。这种行为从法律意义上讲属于刑事犯罪的范畴。随着保险业务的范围不断扩大，此类现象呈逐年上升趋势，应引起保险理赔部门和司法机关的高度重视。

(3) 雷、电等自然现象引发的火灾事故。自然界有些现象变化无常，存在一些人力不可抗拒的因素，预防工作难以到位，会给人类社会造成很大的灾害；若预防措施得力，则是可以将灾害损失降到最低限度的。

火灾与爆炸相似，表面上看是一种物质形态发生质变的形式，但从实质上分析，火灾的形成有一定规律，需要一些环境条件，也有其自身的特点。掌握这些特点，有助于我们更快、更准确地查明火灾形成的原因。

(二) 火灾事故现场的特点

各类事故由于发生的原因、地点、范围不同，各有特点。火灾事故现场的特点主要有以下四种：

1. 现场可以见到烟雾或烟熏痕迹

火灾发生后，物质燃烧过程中都要产生烟雾，在火源周围的空间部分和某些物体上可以见到烟熏痕迹，并可闻到各种不同的异味。物质燃烧时产生烟雾的大小、颜色和散发的异常气味，可以为判断燃烧物质的种类提供参考依据。

2. 现场可以见到物质燃烧的火焰或燃烧痕迹

凡是可燃物质（包括气体、液体和固体）燃烧时都有火焰。由于可燃物质的成分、数量和起火方法及燃烧时间不同，燃烧时的火焰有大有小，颜色也有差异。有的可燃物质没有充分燃烧就被扑灭,只能看到烟雾,没有火焰。即使是这种情况,现场的起火点及其附近也会留有燃烧痕迹。根据火焰的大小、颜色和燃烧痕迹,可以为判断起火时间、可燃物质的种类和确定起火点提供依据。

3. 现场都有起火点

无论是人为纵火、事故起火还是自燃起火,现场都有起火点。准确地查明起火点,是查勘火灾事故现场的一个极为重要的问题。通过查找起火点,不仅可以查明起火的原因,为确定火灾事故的性质提供依据,而且是发现和提取放火残留物及有关痕迹物证的重要步骤。

4. 绝大多数火灾现场为变动现场

火灾一经发现,人们首先要做的是进入现场灭火,抢救财物或受伤人员,防止火势蔓延,使燃烧终止,所采取的扑救活动必定会使原来的燃烧痕迹损坏或变动,使其失去原始现场中痕迹所具有的规律性,从而给以后的现场查勘带来一系列难题。

(三)火灾事故现场查勘的步骤、重点和要求

1. 火灾事故现场查勘的步骤

火灾事故现场的实地查勘是一项十分艰巨的任务,实际工作中可按以下步骤进行。

(1)环境查勘,确定起火范围。环境查勘是指查勘人员在现场外围对火场进行巡视和观察,以便对整个现场全貌获得一个总体印象。通过环境查勘,可以了解现场全貌,核查与现场环境有关的情况,划分查勘范围,确定查勘的重点部位和先后顺序,组织有关人员分工负责实地查勘活动。环境查勘的主要内容包括:①选择火场及附近的制高点,观察整个现场的地形地貌和燃烧范围,燃烧破坏最严重的部位,建筑物倒塌、损坏的状况以及各种烟熏痕迹、玻璃破碎痕迹等。②火场中主要建筑物的相互位置关系与高度关系,起火前后的气象情况(阴、晴、风、雨、温度、湿度等)以及可能的雷击点与起火范围的关系。③根据现场周围民房、工厂烟囱的高度、与起火建筑物的距离、有无飞火星现象以及使用材料的种类和燃烧情况,判断有无外来火源。④根据火场内道路、墙壁有无可疑出入痕迹等,有无手印、脚印、攀登痕迹等,有无引火残留物,判断有无放火可能。⑤根据起火建筑物周围电源线路、通信线路的相互关系和分布情况,判断有无短路、漏电引起火灾的可能。⑥根据起火建筑物周围可燃物质的排放情况,地下可燃性气体、易燃液体管道阀门的情况,判断有无泄漏可能。环境查勘应在统一组织下进行,可以反复巡视,必要时可用望远镜观察。巡视、观察的顺序可先外后内、先上后下、先地面后地下,发现重点部位及时制作明显标记,并设专人保护。

(2)初步查勘,确定起火部位。初步查勘是在不触动现场物体、不改变物体原始状态的情况下进行的查勘。通过初步查勘,能够判断火势蔓延的路线和过程,大体确定起火部位和下一步查勘的重点。初步查勘的主要内容包括:①现场有无放火痕迹或可疑遗留物,门窗是否被破坏,室内外物体有无火前移位现象。②处于不同位置的物体在不同方向、不同高度的燃烧终止线。③建筑物倒塌部位,倒塌的方式,倒塌的方向、顺序及倒塌的原因等。④墙壁及室内设备的熏烤、燃烧情况,烟痕的位置及形状。⑤金属、玻璃、陶瓷类物品的熔化、变形和破碎状况。⑥原有火源、热源的原始位置和状态。

（3）详细查勘，确定起火点。详细查勘又称动态查勘，是对初步查勘过程中所发现的痕迹、物证在不破坏的原则下，逐一翻动检查的过程。详细查勘应注意观察现场有关物体的表面颜色、烟痕、裂纹、燃烧的灰烬，测量、记录有关物体的位置、木材炭化程度，寻找现场残留的发火物证，检查人员烧死、烧伤情况，通过死者姿态、烧伤部位来判断死伤前行动。同时，利用现场查勘的各种仪器设备进行照相、录像和绘图记录，并运用各种技术手段发现、收集与燃烧有关的痕迹、物证。根据主要情况，仔细研究每一种现象和各个痕迹形成的原因，进一步判定最初起火点和推断起火原因。

（4）专项查勘，确定起火原因。专项查勘是对火灾事故现场找到的发火物、发热体及可以供给火源能量的物体或物质进行的专门检查。根据它们的性能用途、使用存放状态、变化特征、有无故障，分析引发火灾事故的原因。专项查勘的主要内容包括：①检查各种发火物并分析其来源。②电气线路有无短路、过载现象，用电设备有无过热或内部故障，分析产生这些现象的原因。③机械设备有无摩擦痕迹和过热现象。④反应容器内部的特质、性质及工艺条件。⑤压力储存容器有无泄漏现象、泄漏原因以及形成爆炸、燃烧混合气体的条件。⑥现场可燃物质的性质及自燃条件。

2. 火灾事故现场查勘的重点和要求

火灾事故现场查勘主要解决的问题是火灾事故原因，凡与起火原因有关的部位、地点和场所都是查勘的重点。

为了找到火灾事故原因，通常重点查勘起火点、起火源、起火物、起火时间和造成起火的客观条件。以上五点是相辅相成、相互制约的，要做全面勘验。

（1）确定起火点。起火点是指在火灾事故现场中最先起火的有限部位，在一些特殊的火灾事故现场，起火点也许不止一处，可能会有多处。起火点是认定火灾事故原因的出发点和立足点，及时、准确地判定起火点，是尽快查清火灾事故原因的重要基础。起火点之所以重要，是因为它不仅限定了火场中最先起火的有限部位，更重要的是为我们分析和研究火灾事故原因限定了与发生火灾有直接关联的起火源和起火物。因为起火源和起火物一定在起火点范围之内，所以我们无论是收集起火源或起火物的证据，还是分析和研究起火的原因，都必须从起火点入手。对一个火灾事故现场来说，起火点的范围是有限的，但这个范围常常又不是很明显，因此我们以起火点为认定火灾事故原因的一个依据时，必须首先解决认定起火点可靠性的问题。由于其中存在某些特殊复杂的情况，我们不能简单地加以肯定或否定，必须进行认真的分析和研究，做出科学的、实事求是的判断，只有这样才能得出可靠的结论。以起火点为认定火灾事故原因的依据是重要的，但起火点又常常受一些因素的影响，使得情况变得比较复杂。起火点的范围是有限的，但这个范围很不明显，又容易受其他因素的影响而难以确定；尤其是一些起火时间不明、燃烧面积很大、燃烧破坏程度比较严重、建筑结构比较复杂的现场，准确划分起火点往往是比较困难的。一般情况下，起火点所在的部位，由于燃烧作用的时间长，可燃物被烧或一些物质受破坏的程度相对比较严重。但有时在气象、扑救活动、建筑构件的性能、物资的储存方式等客观条件的影响下，燃烧或破坏程度最严重的地方不一定是起火点。另外，放火、电气故障或火星飞落到可燃物上引起的火灾，往往是在火场中的几个部位上同时起火，因此在划定起火点时，必须对整个火灾事故现场进行全面、认真、细致的观察和勘验，弄清燃烧蔓延、发展和波及的先后关系,找出现场各部位燃烧或破坏程度,即使通过现场调查已经指出最先起火的部位,也应通过勘验活动找出客观证据。只有认真分析和研究各种燃烧痕迹的特征和形成条件以及可能造成起火的各种因素,并充分考虑到各种客观条件的影响,才能准确地判定起火点。

(2) 确定起火源。起火源是指具有一定温度和热量的物体,以一定方式产生并释放热能,引起可燃物燃烧的最初点燃能源。在火灾事故现场查勘中,我们不能把起火源简单地认为只是一个燃烧着的火源,它既有以某种方式产生并释放热量的物体(即发热物的含义),又有荷载某种热能的物体(即发火物的含义),还有容纳发火物的器具或设备的含义。确定起火源是认定火灾事故原因的重要依据之一,是火灾事故现场查勘中必须解决的重要问题。对于任何物质的燃烧,起火源是一个不可缺少的重要条件。一般情况下,我们在火灾事故现场所能查到的起火源证据,通常有以下两种:一种是能证明起火源的直接证据,另一种是能证明起火源的间接证据。所谓能证明起火源的直接证据,实际上就是起火源中的发火物或容纳发火物的器具的残留物,如火炉、电炉、打火机等。在火灾发生后,最初点燃可燃物的热能常常是不复存在的,残留的只是热能载体,即发火物或容纳发火物的器具。所以,在火灾事故现场查勘中所能获取的起火源的直接证据,多是发火物或容纳发火物的器具的残留物痕迹。对于这些残留物,在没有弄清与火灾有关的各种因素之前,我们不能轻易地加以肯定或否定。只有在进行认真、细致地分析和研究之后,才能做出肯定或否定的结论。所谓能证明起火源的间接证据,是指能证实某种过程或行为的结果能产生起火源的证据。如因静电放电、自燃、吸烟等引起的火灾中,我们虽然找不到起火源的直接证据,但在能证实或肯定某种过程和行为的条件下,以火灾事故现场这一事实为根据,经过科学的分析或严密的逻辑推理,就能得出起火源的间接证据。确定起火源可以从以下几方面考虑:①围绕起火点查找起火源。起火点是火灾的发源地,起火源必定在起火点的有限范围之内。在确定了起火点的前提下,查找起火源就有了比较集中的目标,就能缩小查找范围。②收集有关起火源的痕迹物证。火灾发生后,最初点燃起火点中可燃物的发火物、发热物多数已不复存在,但某些发火工具和容纳发火物的器具的残留物以及一些燃烧痕迹仍然不同程度地保留在现场中。现场查勘中,注意收集这些痕迹物证,有时能够获取起火源的直接证据。③起火源应与起火物、引燃时间等其他条件相一致。在确定起火源的过程中,起火源的发火、放热方式应与起火物的引燃方式相一致,并符合从起火到成灾的引燃时间;否则,均不能判定为起火源。④全面分析,逐一排除。在现场勘验未能获取发火物、发热物直接证据的情况下,应当根据现场所处的客观环境,对现场的环境温度、空气的相对湿度,物质的成分、性质和贮存方式,通风条件,现场的供电、用电状况,能否产生静电,有无自燃的条件等情况逐一进行分析,找出可能的起火源,必要时,可以通过模拟实验进行验证,以获取起火源的间接证据。

(3) 确定起火物。我们知道,凡是能够与空气中的氧气或其他氧化剂起剧烈反应并能发生燃烧的物质都可称为可燃物。起火物虽然在本质上与可燃物相同,但二者是有区别的。起火物是火灾事故现场中,在某种起火源的作用下,最先发生燃烧的可燃物。所以,起火物虽然也是可燃物,但它是在火灾事故的特定场所中,某一范围内存在的与火灾事故原因有直接关系的可燃物。火灾的发生、蔓延过程,与起火物和可燃物是有密切联系的。在特定条件下,任何可燃物都可能成为起火物。起火物有固体、液体和气体三种存在形式。在火灾事故现场查勘中,所认定的起火物必须满足以下条件和要求:①认定的起火物应当是起火点处的可燃物,在没有确定起火点的情况下,不能只根据一些可燃物的燃烧程度来认定起火物。②认定的起火物应当与起火源作用的方式和起火特征相吻合。起火物的种类较多,只要起火源的能量达到该物质的点火能量或者引燃所需的温度或热量,该物质就会发生燃烧或爆炸。当起火特征为阴燃时,起火源多是火星、火花和高温物体,起火物一般应是固体物质;当起火特征为明燃时,起火源往往是明火,起火物一般应是固体或可燃液体;当起火特征为爆燃时,起火物一般应是可燃气体、蒸汽或粉尘与空气的混合物。③认定的起火物比其周围的可燃物被烧或被破坏的程度严重。这是由于起火点处受高温作用的时间较长,常常得不到及时的扑救。确定起火物可以从以下几方面入手:①分析起火物的性质。比如起火物的燃点、自燃点、闪点、爆炸极限等,根据性质确定它的引燃条件。②分析现场中的燃烧痕迹特征及规律。比如同类物质的不同燃烧、炭化程度及原因,现场可燃物的燃烧速度等。③分析起火物的运输、储存、使用等情况和所处的环境状况。比如运输中的摩擦、碰撞、晃动;贮存中的日照、受潮、通风不良;使用中的振动、摩擦、喷溅、碾压、挤压、混入杂质;起火前起火物所处的环境温度、空气的相对湿度等,看其稳定性能是否受到破坏。④结合现场可能存在的起火源的情况,分析判定何种起火源能够使起火点处的何种可燃物成为起火物。

(4) 判定起火时间。起火时间是指起火物处于持续燃烧的最初时刻。准确地确定起火时间,可以衡量出起火点处的起火源作用于起火物的可能性的大小。在分析火灾事故原因时,起火时间也是不可忽略的依据。影响起火时间的因素主要有:①起火物的性质。在起火源的作用下,不同起火物的阴燃或引燃的时间不同。可燃物不同,其燃点、自燃点、燃烧速度均有差异,特定条件下的起火时间也不相同。②起火物的状态。相同材料的不同状态,在同样条件下的起火时间不同。比如锯末、木块和木板,用相同的火源点燃时,由于它们的蓄热、散热条件不同,其引燃的时间也不同。③起火物与起火源的距离。起火物与起火源的距离不同,起火时间也不同。④起火点处的客观环境。比如周围空间的开阔与狭窄、开口与封闭、地上与地下、室内与室外等诸方面客观条件,都不同程度地决定了初起之火形成的可能性与快慢时间差。在确定起火时间时,除应考虑起火物的性质、状态、相互位置关系外,还应考虑火灾发生时的气候条件、发现火情的时间、救火的措施和过程,并根据现场燃烧痕迹反映出的起火特征综合判定起火时间。

(四) 火灾事故案件的分析

在火灾事故现场的查勘工作结束之后,保险人应当及时组织现场查勘人员进行现场分析,也称临场讨论。首先应当汇总现场查勘所得到的各方面情况,包括现场物品存放情况,火情第一发现人及最初发现火情的时间,灭火、抢救人员的现场所见,发案单位的有关规章制度及执行情况,火灾发生前后有关人员的行为表现和精神状况等。其次应当听取查勘人员提出的分析意见,包括起火点的位置和起火源、起火物的有关情况,提取到的各种痕迹物证,现场记录情况,财产损失情况的初步统计,以及对起火原因的初步分析意见等。再次应当综合以上两方面的情况是否一致、有无矛盾、能否相互印证,以便对起火原因和火灾事故的性质做出初步结论,决定是否要求司法机关立案侦查。最后应当部署下一步工作,包括还有哪些遗留问题需要解决,现场有无继续保留的必要,还要找哪些人进行调查,哪些痕迹物证应当提交鉴定,并逐项分工落实。

由于物质燃烧时的条件不同和现场情况错综复杂,给分析、认定火灾事故原因带来了很多不利因素,还可能出现多种人为因素的干扰,因此在确定起火点、起火源、起火物和判定起火时间的过程中要充分考虑到各种条件的影响,在整个火灾事故的现场分析过程中也要充分考虑到各种条件的影响。此外,在整个火灾事故的现场分析过程中,不能先入为主、偏听偏信,只考虑事情的一个方面,而对其他方面的事实视而不见,仅凭一些现象草率地做出结论。现场分析就是通过集思广益、反复研究来防止这种偏差的出现。

通常情况下,起火源、起火物和助燃物在某些情况下与某些场合中可能是并存的,但燃烧不一定发生,它们还必须在共同作用于一点的条件下才能导致燃烧的发生。在容易发生火灾的场所,往往都有相应的规章制度以限制和约束人们的行为。这种情况下发生火灾,一般都是有意或无意违反规章制度造成的后果。现场分析应当通过所掌握的情况和客观证据,把燃烧的三要素与行为人活动的因果关系联系起来,只有这样才能形成完整的思路,得出正确的结论。

### (五)火灾事故原因分析中的技术鉴定

火灾事故原因分析中的技术鉴定是指为了认定火灾事故原因中的某一事实或专门鉴定某一痕迹物证,采用科学的仪器设备和检测方法得出的客观结论。技术鉴定具有较强的证据作用。随着科学技术的不断发展,人类使用的生产和生活工具以及人工合成的物质越来越多,火灾事故中的起火物、起火源及其他与起火有关的因素也越来越复杂,每起火灾事故的具体原因又夹杂着许多错综复杂的客观因素,这就增加了认定火灾事故原因的疑难程度。在这种情况下,只靠经验型的认定方法已远不适应时代发展和办案工作的需要,尤其是一些性能比较复杂的物质或技术性强的问题,若没有一定的技术手段就很难得出正确的结论。因此我们应当增强运用技术手段的意识,充分发挥技术鉴定的作用,为分析、认定火灾事故原因提供可靠的证据。

1. 物质成分分析

物质成分分析是指利用各种化学分析仪器,对不同的化学物质、易燃可燃物质进行定性、定量的理化分析检验的一种技术方法。只要我们得到被检验物质的定性、定量结果,就能够知道它的浓度、闪点、自燃点、爆炸极限等方面的物质性质,就能够为分析、认定火灾事故原因提供重要依据。进行物质成分的分析,首先应从火灾事故现场的残留物中选取足够的样品,然后根据物质的气态、液态、固态的不同存在形式和仪器分析的不同需要,采取相应的技术方法。物质成分分析是火灾事故案件中确定燃烧物、认定起火物的常用技术手段之一。

2. 金相分析

金相分析是指利用金相显微镜,对金属组织的相态进行分析检验的一种技术方法。通过金相显微镜观察金属材料被烧后金属组织的相态变化,能够反推出金属在火灾中从加热到冷却的过程,从而为分析、认定火灾事故原因提供客观证据。例如,通过金相分析可以判断出从火灾事故现场所提取物证受热燃烧的性质、燃烧温度的高低、保温时间的长短、冷却速度的快慢及导体熔痕形成的时间等情况,特别是对金属表面熔痕的金相分析,能够据此判定通电导体是否发生了短路、漏电、接触不良等故障,有无产生电弧、电火花、过热高温的可能,这对于认定电气设备或电热器形成的起火源和释电放电引起的火灾具有十分重要的意义。目前,在火灾事故原因的认定中,已较为普及地应用了金相分析技术。

3. 热分析

热分析是指在程序控制温度的条件下,测量物质的物理性能随温度变化的一种技术方法。它是通过检测被测样品在受控加热过程中的吸热、放热情况或热失重情况,鉴别出样品的热性能指标。我们可以通过鉴别某一物质的热性能为分析、认定火灾事故原因提供科学依据。另外,还可对火灾事故现场中受热后的某些物质进行实验对比分析,将其吸热、放热、减量等物理特征指标与样品进行比较,就可以推断出该物质的受热程度。若把火灾事故现场中各个部位的物质受热程度的分布通过所提取的样品检测出来,则还能为分析、判定起火点部位提供一定的参考依据。

4. 剩磁检测

剩磁检测是利用毫特斯拉计(高斯计)、磁通仪等磁场测定仪器,对火灾事故现场中可能存在剩磁的部位进行测定的一种技术方法。通过测量物体剩磁量的多少,可以鉴别被测物体附近是否发生过雷击、短路等强电流通过的现象,为分析、认定火灾事故原因提供参考依据。由于测定剩磁的方法简单、操作方便,结论又比较直观、准确,因此这种方法在火灾事故原因技术鉴定中经常被采用。在实际应用中,为了保证检测的准确性,应当注意以下问题:

(1)检测要及时。为防止磁性减弱或消失,提取的待测物体不能放置较长时间,以保证测定的效果。

(2)待测物体应妥善保管或处理,不可用力敲打或重摔,也不能与其他磁性材料接触或置于其他磁场中,以防止降低磁性或被其他磁体进一步磁化,影响剩磁检测的可靠性。

(3)测定的方法要正确。测量时,应在被磁化物体的两端进行,因为只有在被磁化物体的两端才显出较强的磁性,而物体中端属中性区,基本不显磁性。

(4)要注意区别,正确运用测定结果。对于雷电引发的火灾,可根据测定结果直接判定是否发生过雷电感应作用。而对于电气短路引发的火灾,其测定结果只能证明是否发生过短路,不能说明电气短路是发生在起火前还是起火后,所以只能当作分析、认定火灾事故原因的参考依据。认定电气短路引发火灾,还需要参考其他证据。

除上述技术手段外,根据之前查勘工作的需要和现场的具体情况,还可采用其他技术方法或手段,如采用接地电阻测试测量对地电阻值,采用兆欧表测定电气设备的绝缘性能或某一电气回路有无开路断线等,这些技术方法或手段都能为分析、认定火灾事故原因提供一定的帮助。

## 二、保险爆炸事故案件的现场查勘

(一)爆炸事故的类型

1. 爆炸的种类

日常生产、生活中的各种爆炸并不少见。按照物质爆炸的基本性质,爆炸可分为以

下三类:

(1) 物理爆炸。爆炸时,物质只产生能量的转换和物态的变化,物质的分子间不发生化学反应,没有新的物质生成。常见的物理爆炸是压力容器的爆炸,如锅炉爆炸、高压气罐爆炸等。

(2) 化学爆炸。爆炸时,不仅有能量的转换和物态的变化,而且物质的分子间发生化学反应,有新的物质生成。常见的化学爆炸有炸药爆炸、粉尘爆炸、易燃易爆气体爆炸等。

(3) 核爆炸。核爆炸是重原子核(铀、镭等)的裂变反应或轻原子核(氘、氚等)的聚变反应。反应过程中释放出大量热能(原子能),使裂变物或聚变物形成高温、高压气体,气体通过急剧膨胀而对外做功。这种由原子核变化产生的能量转换称为原子爆炸。

在实际生产、生活中,原子爆炸因技术复杂,只在局部范围内应用和发生。工业生产和工程建设中广泛应用的主要是炸药,其生产、储存、运输和使用过程中也常发生爆炸事故。物理爆炸在工业生产中不便于应用,所发生的爆炸多属于事故。

2. 常见爆炸事故的类型

在工业领域发生的各种各样的爆炸事故很多,能够构成重大事故的爆炸主要包括以下几种类型:

(1) 炸药爆炸事故。这是指专门利用爆炸后产生的超压进行做功的物质,在意外情况下获得起爆能源而引发爆炸的事故。这里需要强调的是,炸药是专指那些以爆炸产生的超压为目的,只要获得起爆能源即可爆炸的物质,并不是所有能够发生爆炸的物质都是炸药。

(2) 可燃气体爆炸事故,又称蒸汽云爆炸事故。这是指非炸药类的、能够燃烧或爆炸的气体物质,在与空气或氧化剂混合达到一定比例后,在点火源或不同热源的作用下发生的爆炸事故,如天然气爆炸事故、瓦斯爆炸事故等。

(3) 工艺设备爆炸事故,又称压力容器爆炸事故。这是指在一定温度下承受各种压力的工艺设备或密闭容器,在使用或试压时壳体发生破裂,使内部压力瞬间降至外界大气压力而引发爆炸的事故,如压缩机爆炸事故、反应釜爆炸事故、锅炉爆炸事故等。

(4) 粉尘爆炸事故。这是指与空气混合成一定比例的粉尘粒子,表面通过热传导和热辐射从点火源获得能量,表面温度急剧上升,形成粉体蒸汽或分解为气体,引起整个粉尘空间发生急速化学反应而引发爆炸的事故,如纤维尘爆炸事故、煤尘爆炸事故等。

上述几种爆炸事故类型彼此是有一定区别的,工艺设备爆炸属于物理爆炸,其余三种均属于化学爆炸。炸药的爆炸,只要获得起爆能源即可发生,即使是在与外界隔绝的环境中或在水中,爆炸都能发生。可燃气体爆炸和粉尘爆炸除需要起爆能源外,还需要与另外的物质(一般是氧化剂)混合才能发生爆炸,物质的燃烧极限浓度也称爆炸极限。粉尘爆炸需要的起爆能源比可燃气体爆炸要大,且爆炸发展的过程也比气体爆炸慢。此外,各种爆炸相互间也有一定影响,如压力容器发生破裂爆炸后,容器内的易燃易爆气体可能引起二次爆炸。

(二) 爆炸事故现场的特点

1. 爆炸事故现场的概念

爆炸事故现场是指发生爆炸的场所,与爆炸原因有关的场所、物品,以及爆炸所造成后果的场所的总和。

爆炸事故现场至少包括以下三个范围：

（1）爆炸点。爆炸的类型不同，爆炸点的类型也不同，有的明显，如炸药爆炸有炸坑，炸点处破坏严重；有的不明显，像粉尘、气体爆炸就没有炸坑。

（2）与爆炸原因有关的场所，即事故的起始点。例如外来的火星的出发点；电火花为起火源时，发出电火花的原来的电路处等。

（3）爆炸抛出物打到另外物体和行人造成的破坏和伤亡，以及冲击波在几百米甚至上千米处造成破坏的场所，都属于爆炸事故现场。总之，凡是与爆炸原因及后果有关系的场所都属于爆炸事故现场。

2. 爆炸事故现场的特点

爆炸事故现场与一般事故现场相比，具有不同的特点。这些特点主要表现在以下方面：

（1）现场建筑物、构筑物等有时会全部或部分坍塌、破坏，甚至燃烧。

（2）爆炸时产生的高温、高压或由于煤气、火炉、电器、电线等损坏造成现场起火，因此有时爆炸事故现场又具有火灾事故现场的特点。

（3）查勘人员进入现场具有一定的危险性。现场查勘时，需注意以下五点：①注意可能坍塌的墙壁、屋顶或将要脱落的构件，以防砸伤查勘人员。②注意可能有未爆的爆炸物品。现场若有未爆的爆炸物品，则必须在排除和清理后，才能进入。③注意可能存在有毒气体。炸药爆炸后，会产生大量有毒气体，在现场通风不良的情况下，长时间不会扩散消失，如在地下室、防空洞、巷道、地下铁道等场所发生的爆炸，有毒气体扩散很慢。因此，进入通风不良的爆炸现场，必须先通风或戴防毒面具。④注意正在燃烧或将要燃烧的物品。⑤注意未切断电源的电线和电器设备，防止触电。

（4）发生爆炸后，为了抢救伤员、灭火，现场的许多物体会失去爆炸前或爆炸后的原位、原状，因此爆炸事故现场大都属于变动现场，很少存在原始现场。

3. 爆炸事故现场与故意爆炸案件现场的区别

不论爆炸事故或故意爆炸案件，爆炸的特性是相同的，因此爆炸现场都有爆炸现象和爆炸作用产生的痕迹，都具有杂乱、范围广、变化大、取证难等共同特点。有些爆炸事件是属于爆炸事故还是故意爆炸案件比较容易分清，而有些爆炸事件则要经过仔细查勘以后才能分清。在爆炸现场，区分爆炸事故或故意爆炸案件的一般要点是：

（1）爆炸场所。爆炸事故多发生在爆炸物品生产、运输、储存、使用过程中，即爆炸事故现场原存在爆炸物品，包括存在爆炸性气体。而故意爆炸案件现场一般没有存放爆炸物品，但也有少数爆炸犯罪是利用原有爆炸物品进行爆炸破坏的。

（2）炸点位置。爆炸事故炸点发生在原存放爆炸物品的位置，无故意破坏的现象。而故意爆炸案件炸点发生在要害部位，原来一般没有爆炸物品存放，有明显故意破坏的痕迹。

（3）引爆方法。爆炸事故具备发生爆炸的条件，无专门的引爆装置。而故意爆炸案件不具备发生爆炸的条件，有专门的引爆装置。

（4）爆炸物品的自燃自爆性。故意爆炸案件一般不存在爆炸物品的自燃自爆性。炸药自燃爆炸事故的认定需满足以下条件：①存在可自燃爆炸的物品；②存在自燃爆炸的外因条件；③经调查没有发现人为引爆的各种因素；④现场查勘收集有自燃爆炸的物证和痕迹；⑤有充分的科学鉴定结论或模拟实验结论。

爆炸事故现场的查勘工作，通常分一般查勘和技术查勘两个步骤实施。

（三）保险爆炸事故现场查勘的重点

1. 炸药爆炸事故现场查勘的重点

一个爆炸事故发生后，由于爆炸所产生的巨大的破坏作用，会造成现场混乱。查勘人员进入爆炸事故现场后，要抓住爆炸事故现场的特点，有重点地进行查勘，一般要求从以下几个方面进行工作：

（1）判明爆炸的性质。查勘人员进入爆炸事故现场时，首先要注意观察爆炸事故现场的特征以及造成的破坏。哪里破坏较重，哪里破坏较轻，破坏什么物质，损失程度，伤亡程度，有没有炸点，都要做好记录，绘出现场图。还要进行调查研究，寻找当时在场的人员，了解当时发生爆炸的情况，包括发光、火焰颜色、爆炸声音等，并做好笔录，以判明爆炸的性质，是属于气体爆炸还是属于炸药爆炸。

（2）炸点的查勘。炸药爆炸一般有炸点，对炸点的查勘要十分认真、仔细，查勘时要注意以下几点：①炸坑的形状、坑口的直径、炸坑的深度、坑口外围震动环的大小，以及炸点到底是什么物质。②炸坑周围的气味。炸药爆炸时产生的气味，在炸坑保留时间一般较长，可以根据嗅到的气味判明属于何种炸药。③烟痕。炸药爆炸后，在炸坑或被炸物体上常常留下颜色深浅程度不同的烟痕，应注意观察炸坑尘土的颜色，比如三硝基甲苯炸药产生黑色烟痕，硝酸铵炸药产生灰白色烟痕，黑火药产生黑色或灰白色烟痕等。

（3）爆炸残留物质的查勘。爆炸残留物质主要是指炸药未完全爆炸的部分和炸药的起爆装置等，这些物质是分析炸药类型和引爆装置的重要依据。比如寻找未爆炸药颗粒和粉末、导火索及雷管碎片等，观察和寻找时要十分注意，不要遗漏。提取的残留物质要包装好，记好标签，以便分析检验。

（4）抛出物的查勘。抛出物是指爆炸时从炸点向周围抛射出去的物质（也包括一部分残留物质）。这里所指的抛出物一般有三种：一是炸点的物质（尘土、地板、水泥等）；二是炸点周围的物质；三是炸药的包装物、捆绑物等。根据爆炸模拟实验结果，这三类物质往往分布在同一方向。对抛出物的查勘，要注意抛出物属什么物质，抛出的方向以及抛出的距离，这些都要仔细测量并记录。根据检验结果，玻璃包装的炸药，爆炸后包装物原来的形态会起变化，无色玻璃会变为灰白色石灰状物；捆绑物铝丝、麻绳等，爆炸后也会变形，应注意观察。寻找抛出物，可先从炸点开始，向外围仔细观察寻找，也可圈定范围，分段进行查找。根据爆炸模拟实验结果，这些抛出物大都能在距离炸点周围 15 米范围内找到。

2. 非炸药化学爆炸事故现场查勘的重点

非炸药化学爆炸往往是指分散的气体、粉尘与空气按适当比例结合，在一定能源的作用下生成连锁反应，在此过程中释放出大量的光、热和冲击波，这类爆炸与炸药爆炸不一样，查勘重点亦不一样。非炸药化学爆炸事故现场查勘的重点往往有以下几方面：

（1）找出起爆能源。起爆能源在现场很不易找到，必须通过细致的查勘和现场实验来解决。

(2) 找出可爆物来源。可爆气体或粉尘从何而来,是如何泄露、如何集聚,为何没有热排除,均要认真查勘。可爆物一定具有如下几个特性,否则是不能引起爆炸的:①可燃爆的还原性固体粉末物质,如煤粉、淀粉、棉粉、麻粉、铝粉、铁粉等。这些具有还原性的物质与空气按比例混合后,可能起氧化还原反应,与此同时产生大量热与气体。②可燃爆的还原性气体物质,如甲烷、乙烷、甲醇、乙醇、丙酮、苯、一氧化碳、甲苯等。这些气体与空气按比例混合后亦能起氧化还原反应,与此同时亦能产生大量热与气体。

可爆物的可燃性与分散性是引起爆炸的必要条件。在查勘可爆物的来源时,对气体要找出泄露点,对粉尘要查勘粉尘存在的可能性,主要看粉尘管理情况。

(四) 炸药爆炸事故现场查勘的主要内容

由于各类炸药爆炸事故的现场环境不同、爆炸的炸药种类与性能不同,以及爆炸所造成的事故不同,在现场查勘中应当采用的方法和步骤也不尽一致。一般说来,要查明爆炸事故的原因和性质,应包括如下主要内容:

1. 做好现场调查访问

现场调查访问的对象主要是有关责任人、知情人和了解爆炸发生前后现场情况的人。询问的内容主要包括事故发生的过程,现场存放炸药的种类、数量和存入保管条件,爆炸发生时产生的声、光、烟、火、味等爆燃现象,爆炸发生后的抢救情况,发生爆炸的次数和位置,有关人员在爆炸时的现场位置及活动等。如果现场起火燃烧,则还应问明是先起火后爆炸,还是先爆炸后起火。对于发生在生产制造过程中的爆炸事故,应当了解爆炸是在生产进行到哪一个阶段发生的。通过现场访问得到的情况,应当与实地勘验掌握的情况相互对照,以查明爆炸事故的客观事实。

2. 现场破坏范围的查勘

现场破坏范围包括爆炸产物的直接作用范围和冲击波的作用范围。爆炸产物直接作用的最大范围,也称爆炸产物的极限作用半径,一般为原炸药半径的10—13倍。当离爆炸中心的距离小于爆炸炸药半径的14—20倍时,爆炸产物与冲击波共同起作用;当离爆炸中心的距离大于爆炸炸药半径的14—20倍时,主要是冲击波起破坏作用。爆炸产物的直接作用主要是对周围介质或物体产生压力、粉碎和抛掷,能够形成破裂、穿孔、剥离等痕迹。冲击波的破坏作用能够造成人员的挫伤、骨折、内脏破裂、死亡,使建筑物断裂、倒塌、门窗玻璃破碎等。准确地查勘现场破坏范围,对于查明爆炸的破坏程度、判定炸药量和被炸受害者与爆炸的关系有着重要的作用。

在查勘爆炸产物的直接作用时,应注意现场物体有无受过高温作用,作用面积有多大;对被压缩的介质,应测量其压缩层厚度;对伤亡人员,应注意其衣服的损坏状况,是破碎还是撕裂,有无穿孔现象等;对爆炸抛掷物,应查清现场抛掷物的分布状况、抛出方向及其与爆炸中心的距离等,重要抛掷物还应逐一测量其外形尺寸和重量,观察其表面有无烟痕、燃烧痕迹、击碎痕迹等。

在查勘冲击波的破坏作用时,可以采取从中心到外围或从外围到中心的方法。查勘时要客观地查明被破坏介质的材质和坚固程度、与爆炸中心的距离、被损坏的程度、所处的方位及其与冲击波作用方向的关系等情况。

3. 现场伤亡人员的检验

炸药爆炸对人体的作用方式是多种多样的。爆炸造成的直接损伤主要有炸碎伤、炸裂伤、炸烧伤、超压伤、抛击伤等,爆炸间接作用造成的损伤主要有抛坠伤、摔伤、压伤等。检验时应当检查损伤的种类、部位、受伤面积以及造成该损伤的原因、作用过程等情况。全面检验伤亡人员的受害情况,是判定受害人在爆炸时所在位置姿势和行为活动的重要依据。伤亡人员的检验应由专业技术人员进行。

4. 爆炸中心的勘验

爆炸中心也称炸点,是炸药爆炸时产生能量高度集中的中心区域。根据现场破坏范围的查勘和伤亡人员的检验,依据爆炸能量球面状辐射的特点,一般不难确定爆炸中心。爆炸中心是炸药和起爆能源同时存在的部位,因而也是重点勘验的部位。

由于爆炸的性质、炸药猛度大小、炸药所处位置、炸药周围介质等情况的不同,炸点的形状也多种多样,常见的炸点形状包括锥形、塌陷、孔洞、截断、粉碎、悬空等。勘验时应记录爆炸介质的组成和性质、炸点形状、粉碎区和压缩区的范围等,还要注意收集炸点内的烟痕、气味和爆炸残留物;同时,应重点查找起爆能源,包括环境条件是否过热,能否自燃引爆,有无明火、火星、火花等火源产生的条件。必要时还应检查电气线路或进行模拟实验。

5. 炸药爆炸原因分析判断

炸药爆炸必须是炸药物质与起爆能源同时存在才能发生。找出起爆能源往往是查明炸药爆炸事故的关键。起爆能源既可来自炸药外部也可来自炸药内部。外部起爆能源包括火焰、火星、火花、高温过热物体、雷管爆炸等,其中电气故障、机械摩擦和静电产生的火星或火花常常是形成外部起爆能源的主要原因,逐一排除现场中能产生外部起爆能源的客观条件,是分析、判定炸药爆炸事故原因的常用方法。在认定外部起爆能源时,还必须考虑到炸药的性质,有些炸药的安全性较高,用火柴的火焰直接点烧都不会引起爆炸,而必须用雷管爆炸这种较大的能量才能引爆。因此,认定的外部起爆能源还应与炸药的引爆性能相一致,这类点火型爆炸事故常见于炸药的生产和使用过程。

内部起爆能源来自炸药自身的分解。一切炸药都有热分解作用。在常温常压下,炸药的分解速度是十分缓慢的。影响炸药分解反应速度的因素有温度、湿度、压力、通风条件等。比如环境温度、湿度增大,压力增加,散热条件不好,炸药分解释放出的热量就会在内部积聚,并促使炸药分解速度加快,当分解加剧至一定程度、达到炸药的爆炸点时,就会发生自燃、自爆。因此,对炸药爆炸事故的现场查勘,在全部排除了外部起爆能源的情况下,应根据炸药的外部环境条件、存放的时间和方式、炸药的种类和性能,分析炸药是否具备自燃、自爆的条件。这类自燃型爆炸事故多见于炸药的储存和运输过程。

(五) 可燃气体爆炸事故现场查勘的主要内容

1. 可燃气体爆炸事故

可燃气体爆炸是指在空气中能够发生燃烧的气体或液体的蒸汽,与氧气或空气混合到一定比例时,遇到点火源不是发生燃烧而是发生爆炸的现象。我们可以看出,发生这类事故必须存在可燃气体或可燃液体的蒸汽,这些气体与氧气或空气混合必须达到一定的浓度,同时还必须有点火源参与作用,缺少任何一个要素,这类爆炸事故都是不能发生的。

常见的各种具有爆炸性的可燃气体与空气混合的爆炸浓度如表 11-1 所示。

表 11-1 常见可燃气体的爆炸浓度

| 名称 | 爆炸极限(%) | 最佳混合比 |
| --- | --- | --- |
| 液化石油气 | 2—15.2 | |
| 甲烷 | 5—15 | 8 |
| 乙烷 | 2.5—81 | 18 |
| 苯 | 1.4—7.1 | 4 |
| 丙酮 | 3.0—11 | 6 |
| 乙醚 | 1.9—48 | 5 |
| 乙醇 | 4.3—19 | 12 |
| 乙烯 | 3.1—3.2 | 2.5 |
| 氢 | 4—75 | 35 |
| 异丙醚 | 1.4—21 | 3 |
| 丙烷 | 2.2—9.5 | 5 |

常见的可燃气体爆炸事故有以下几种情况：

（1）点火型爆炸。在与大气相通的管道、容器内部或生产作业场所中存在的爆炸性气体，遇到过失或意外产生的火星、火花等点火源而发生的爆炸事故。

（2）泄露型爆炸。在密闭容器或管道内部的爆炸性气体，因阀门未关闭或容器、管道有裂缝等产生泄露，与外部点火源或高温物体相接触而发生的爆炸事故。

（3）其他事故引起的二次事故。火灾、压力容器爆炸等事故引起的密闭容器内可燃性气体大量喷出，并迅速与外界空气相混合形成可爆性混合气团或蒸汽云，在气体高速流出产生的静电火花或容器碎片撞击产生的火星的作用下发生的爆炸事故。

可燃气体爆炸事故与炸药爆炸事故虽然同属于化学爆炸，但两者发生的条件、地点及爆炸所产生的作用各有不同。炸药爆炸一般要由炸药（固体）、起爆物或起爆能源等要素构成，爆炸时不需要外部的供氧条件，受起爆物或起爆能源作用可自行发生高速反应，因而爆炸的发生不受地点、环境的限制，在地面、地下、空中、水中皆可发生。可燃气体爆炸需要有可燃性气体或蒸汽存在，并有与空气混合达到爆炸浓度的固定空间（如房间、地道、船舱、矿井等），以及有点火源或高温物体等条件才能发生，因而可燃气体爆炸受地点、环境的限制，不是在任何地方都能发生的。炸药爆炸产物在爆炸发生的一瞬间仅占有爆炸前本身的体积，能量高度集中，爆炸后体积膨胀的倍数很大，因而一般具有明显的炸点，击碎力强，能将炸点附近的物体炸成较小的碎片并将其抛出，烟痕多分布在炸点周围的介质上。可燃气体爆炸产物所占体积相对较大，能量也不像炸药爆炸那样高度集中，爆炸后体积膨胀的倍数相对小一些，击碎力较弱，因而一般不能形成明显的炸点，抛出物的体积较大、数量较少，或没有抛出物，烟痕不集中，通常分布于可燃气体存在空间的整个表面。炸药爆炸与可燃气体爆炸的这些差异，在爆炸事故现场查勘中认定爆炸事故性质时应注意加以区别。

2. 可燃气体爆炸事故现场查勘的主要内容

（1）判明爆炸事故的性质。爆炸事故现场查勘中最先需要解决的问题是判明爆炸事故的性质，即所发生的爆炸事故是炸药爆炸、可燃气体爆炸、压力容器爆炸和粉尘爆炸中的一种，还是具有因果关系的多种类型的爆炸事故。解决这一问题，首先要注意观察爆炸事故现场的碎片和所造成的破坏情况，包括破坏了哪些介质或物体，破坏的轻重程度，人员伤亡程度，有无炸点，有无残留物、抛出物及其分布情况等；更重要的是要掌握爆炸发生时产生的声、光、火、烟、味等各种爆炸现象及爆炸力的作用方法，据以判明爆炸事故的性质。

（2）查找可燃气体的来源。在确定爆炸事故的性质是可燃气体爆炸之后，必须找出可燃气体的来源或产生可燃气体的原因。一般来说，可燃气体爆炸事故现场必定存在产生可燃气体的条件。在矿井（特别是煤矿）内生产作业场所的可燃气体，通常是从煤层、岩层或采空区中释放出来的，在通风不良的情况下，很容易发生爆炸。在容器、管道内部的可燃气体，多数是因泄露而释放到大气层中，常见的泄露原因有阀门未关或未关紧，容器、管道的连接、焊接部位有裂缝等。现场查勘中，应当全面检查，找出可燃气体的泄露点，并进一步查明泄露的原因是操作人员的失误还是设备本身的质量缺陷。

（3）找出起爆能源。起爆能源是可燃气体发生爆炸事故的必备条件之一。在工业生产中，可能存有可燃气体的场所或装有可燃气体的密闭容器、管道周围都是绝对禁火区。在这些区域内产生的起爆能源包括生产作业人员违反安全规程使用明火，因工作人员疏忽大意或操作失误产生的火星、火花，因设备故障（如电气线路短路、接触不良等）而产生的火星、火花等。在火灾事故现场查勘一节介绍的几种起火源都有可能构成可燃气体的起爆能源。起爆能源都处在现场的爆炸中心，随着爆炸的发生，能够证明起爆能源的各种客观证据往往都被破坏，现场查勘中必须认真、细致，既不能放过中心现场的任何蛛丝马迹，又要结合可燃气体的种类、性能和现场情况进行综合判断，必要时还需通过现场实验进行验证。

（4）分析研究可燃气体聚集的原因。可燃气体与空气混合达到一定比例是发生可燃气体爆炸的另一重要条件。少量可燃气体的爆炸不致造成大的破坏性事故，大量可燃气体的产生往往与环境温度的突然升高和化学反应的失控等因素有关，现场查勘中应当注意和了解这些方面的情况。此外，在可能产生可燃气体聚集的场所或空间，一般采用排风的办法控制可燃气体的浓度，如果排风设备发生故障、排风通道阻塞或排风设计能力不足都可能导致可燃气体聚集。因此，凡没有排风装置的现场，查勘中都应对排风通道进行全面、彻底的检查，并注意了解排风时间、有无送风装置及其工作状态等方面的情况。

（六）压力容器爆炸事故现场查勘的主要内容

1. 压力容器及爆炸事故

广义的压力容器泛指那些在生产、生活和科研活动中使用的，能够在一定温度下承受压力且具有爆炸危险性的特种设备。压力容器发生爆炸事故的危害程度，与压力容器的工作介质、工作压力和容积有关。

压力容器爆炸事故是指压力容器在使用或试压时本体发生破裂，使工作压力瞬间降至外界大气压力而引发爆炸的事故。压力容器爆炸的实质是容器内气体膨胀释放能量。

爆炸时,一方面,容器破裂并使破裂形成的碎片以高速向四周飞散,造成人身伤害或周围设备的损坏;另一方面,爆炸能量对周围空气做功,产生一定强度的冲击波,能够摧毁厂房等建筑物,具有极大的破坏作用。如果容器内部的工作介质是可燃气体,那么在容器破裂后,它可与周围空气混合形成爆炸性气团,并在容器片撞击设备产生的火花或高速气流产生的静电作用下发生二次化学爆炸,高温燃气向四周扩散,还将进一步引起火灾。如果容器的工作介质是有毒气体,那么大量毒气将随容器的破裂向周围传播,造成大面积的中毒和严重的大气污染。因此,压力容器爆炸事故历来是工业发达国家重点防范的事故之一。

压力容器爆炸与炸药爆炸和可燃气体爆炸不同,它属于物理爆炸,爆炸只改变物质的状态或物质所占有的体积,没有新物质生成,因而没有火光、燃烧、烟痕等化学爆炸现象。压力容器爆炸事故主要包括容器在工作压力下破裂和超压破裂两种基本形式。

2. 压力容器爆炸事故现场查勘的重点

(1) 现场调查。压力容器爆炸事故的现场调查主要包括事故发生过程的调查和容器既往情况的调查。在事故发生过程的调查中,首先应当了解爆炸发生的经过,包括爆炸前有无爆炸先兆反应或各种不正常现象,如压力波动、漏气、异常声响等,这些现象开始出现的时间,是否采取了应急措施并产生了哪些变化,安全装置是否符合规定等。其次应当着重了解爆炸发生的时间,爆炸容器和现场有关人员的相互位置关系,爆炸时产生的响声次数、闪光、烟雾等爆炸现象。此外,还应当了解爆炸后是否引起火灾、中毒、第二次事故以及现场抢救情况。爆炸发生过程的有关情况是现场查勘的第一手资料,查勘人员应当尽可能全面掌握。

容器既往情况的调查对确定事故发生的原因往往有重要意义。调查的方法包括查阅设备的档案和操作规程,组织有关人员进行座谈、回忆。调查的内容主要包括:①操作人员的情况。包括操作人员是否合格,其技术水平、熟练程度、应急能力及工作经历等。②容器的历史情况。包括容器的制造厂、出厂日期、有无产品合格证及材质检验证明(对有些容器还应有材料复验证明)、已使用的年限、最后一次检修的日期、检修的内容,以及检修发现的问题和处理方法等。③容器的使用条件。包括操作规程所规定的正常工作压力、温度、介质成分或浓度和其他主要控制指标,以及使用中的实际执行情况。应特别注意介质中是否有可燃气体或者生产可燃气体或产生可燃气体的可能性,介质对容器有无腐蚀作用,容器在使用过程中压力与温度的波动或变化的周期及范围,容器是否带病工作等。④容器的安全装置情况。包括安全装置的类型、规格、安装和日常维护情况,以及最后一次检验校正的日期等。

(2) 现场实地勘验。现场实地勘验的内容主要包括:①现场破坏程度和范围的检查。压力容器爆炸的破坏作用包括爆炸的直接破坏作用、冲击波的破坏作用、碎片打击的破坏作用以及燃烧和毒气扩散的破坏作用等。爆炸的破坏作用往往使容器本身破裂、破碎、变形、位移甚至飞出,也能造成周围设备、门窗、建筑物开裂、破碎或倒塌。勘验中应当全面检查现场的破坏情况,包括破坏的方式,破坏作用的方向,物体被破坏的程度(是开裂还是倒塌、是变形还是全部破坏),被破坏物与爆炸容器的距离,以及被破坏物的材质、大小、面积、厚度等。根据物体所处位置及被破坏的程度,初步划定爆炸的破坏范围,并应注意区别爆炸的作用范围与燃烧、中毒的作用范围。②现场伤亡人员的检查。人员的伤亡情况主要包括受伤程度和致伤原因。受伤程度有耳膜破裂、骨折、内脏损伤等;致伤原因有冲击波形成的内伤、碎片的打击伤,以及烧伤、烫伤、中毒等。根据检查结果,能够分析出爆炸产生了哪些破坏作用、伤亡人员在爆炸发生时所处的位置,以及致伤物的作用方向等方面的情况。③容器本体情况的检查。容器本体情况的检查是进行断口分析和检查事故原因的基础。对容器的不同破裂形式,应分别检查、测量不同的内容。对仅产生裂痕的容器,应与容器原周长、壁厚进行比较,估算破裂后的周长伸长率及壁厚减薄率;对破裂成数块的容器,应尽可能找全破裂块,按原来部位拼接起来进行测量和估算,还应详细测量并记录主要碎片的重量、飞出距离。除对破裂情况的检查外,还要对容器的内外表面进行检查,包括光泽、颜色、光洁程度和有无腐蚀、磨损、硬伤等表面损伤及表面残留物。表面损伤检查有助于判断容器壁厚是否因腐蚀或机械作用而减薄,残留物检查可以发现金属的腐蚀产物或其他不正常状态下生成的反应物。④监控、指示仪表情况的检查。压力容器一般配有反映内部压力、温度、流量、液面高度等参数的指示仪表,以监视、控制容器内部的状况。监控、指示仪表发生故障也能导致爆炸事故。检查时应注意监控、指示仪表通路有无堵塞、内部零件有无脱落或损坏、是否在爆炸前已经失灵等情况,必要时可通过实验予以验证。⑤安全装置情况的检查。压力容器一般都设有泄压安全装置,检查时应注意安全装置是否完好,能否正常工作,有无阻塞、锈蚀、卡死等现象,开放压力是否符合规定,并特别注意检查时安全装置有无泄压排放的迹象。安全装置情况的检查内容主要是判断压力容器的爆炸是在正常工作压力下还是在超压下发生的,这对于查明事故原因有重要作用。⑥爆炸能量的推算。压力容器的爆炸能量,来自容器内部的压力。对于破裂型爆炸事故,可以利用容器壳体的壁厚强度推算爆炸能量;对于破碎型爆炸事故,可以利用容器壳体碎片的重量及被抛出的距离推算爆炸能量;此外,还可以利用爆炸对周围建筑物的破坏情况和建筑物与容器的距离推算爆炸能量。通过推算各种情况下压力容器的爆炸能量,就能够推断出爆炸时容器所处的状态。

3. 压力容器爆炸事故原因分析中的技术检验与鉴定

压力容器发生破裂或爆炸的形式是多种多样的。为了确定事故的性质,查明事故发生的种种原因,在现场实地查勘之后,常常还要对查勘中所发现的各种痕迹或物质进行检验与鉴定,以便找出某一客观事实是否确已发生的证据。

(1) 材料成分和性能的检验。①化学成分检验。化学成分检验是指运用各种理化方法和各类分析仪器,对容器所用材料进行的定性、定量分析,以查明所用材料能否达到原设计要求。②机械性能检验。金属材料的机械性能一般是指其强度指标(抗拉强度、抗压强度、剪切强度等)、塑性指标(伸长率、断面收缩率)、韧性指标(冲击值、断裂韧性)和疲劳指标等。检验结果既能够验证容器所用材料是否与设计要求相符,又能够判定材料的机械性能在加工(焊接、铸造、锻造、热处理等)过程中是否发生显著变化,还能够推断出容器的破裂形式和爆炸能量等。③金相检验。金相检验是通过金相显微镜观察金属材料组成相态的一种物理检验方法。通过金相检验,可以看出材料的组织是否正常,还可以鉴别材料在冶炼过程中存在的缺陷,如夹杂物、气泡、砂眼及热加工过程中产生的缺陷(过热、表面脱碳等)。金相检验对查明容器的裂纹性质、判断压力容器爆炸事故的原因常常有重要作用。

(2) 断口分析与破坏形式。通过对各种压力容器爆炸事故的研究与分析，其断口特征和爆炸破坏的形式主要有以下几种：①塑性破坏。塑性破坏是指压力容器器壁承受的压力超过材料强度极限而发生的爆炸破坏。塑性破坏的断口特征是枣核形，断面为45°撕裂，一般有较大的残余变形，破裂后的壳体周长有较大增长，其容积增大率可达10%左右，爆炸破裂时一般不产生碎片或偶有少量碎片。产生塑性破坏的原因多为超温超压、安全阀失灵、发生误操作、年久失修或腐蚀严重、壁厚减薄等，而在设计、制造质量上没有问题。②脆性破坏。脆性破坏是指容器在低压状态下瞬时发生爆裂，器壁断裂速度快，无明显变形，有碎片，若能找齐碎片，则可拼对复原成原容器形状，断口齐整，有人字纹和结晶状金属，金相检验组织有异常。产生脆性破坏的原因主要是容器在低温影响下脆性倾向大，容器制作或材料有埋藏缺陷（如裂纹）并不断扩展，容器内工作介质发生化学反应，压力骤然增大等。③疲劳破坏。疲劳破坏是指容器材料因疲劳使用使强度降低而发生爆炸事故。断口特征是没有明显的塑性变形，经放大可找到贝纹，多发生在容器的接口、接管、焊缝或几何形状变化较大的压力集中区域，容器有时可能发生先期泄露，破裂断面常可见裂纹形成并逐步扩大和脆断。产生疲劳破坏的原因主要是容器长期处于频繁的间歇工作状态，压力、温度经常波动，周围有较强震动源，制造时有裂纹缺陷等。④腐蚀破坏。腐蚀破坏是指因工作介质对容器器壁不断腐蚀使强度降低而发生爆炸破裂。其断裂处壁厚明显减薄，变形较大，断口处通过显微镜观察可找到腐蚀产物。产生腐蚀破坏的原因主要有设计不良、制造质量差、选材不当、材料有杂质、防腐层破坏、使用操作有异常、工作介质有变化等。

 **拓展阅读**

### 保险业快速处理"3·21"响水爆炸事故

2019年3月21日14时48分许，江苏省盐城市响水县陈家港镇天嘉宜化工有限公司（以下简称"天嘉宜"）化学储罐发生特大爆炸事故，给当地经济发展和群众生产生活带来重大的人身伤害和财产损失。经过一系列救援工作和理赔服务，4月13日9时，人保财险、太保产险、平安产险、紫金财险4家保险公司及其聘请的民太安、泛华、恒量、根宁翰4家公估公司进入封锁区，出动102人次对江苏响水"3·21"特大爆炸事故中天嘉宜等16家投保企业客户正式开展查勘工作。其中，人保财险、恒量公估、民太安公估、根宁翰公估出动31人次，对江苏天嘉宜、瑞和新材、响水富梅化工、锦标化工、华控大和、瑞普医药、大明化工、天波化工8家企业进行查勘，制订工作方案；太保产险、民太安公估、泛华公估、恒量公估出动10人次对联化科技、之江化工2家企业进行查勘；平安产险、民太安公估、泛华公估出动54人次对台舍化工、瑞邦化学、森达热电、南方化工、大和氯碱5家企业进行查勘；紫金财险、恒量公估出动7人次对江苏华旭进行查勘。

截至2019年4月14日16时，盐城保险业共接到报案1 373起，预估赔付金额12 697.93万元，已支付赔款1 972.42万元（含3月26日江苏人保财险向江苏响水"3·21"特大爆炸事故预付1 000万元首期赔款）。其中，车险共接到报案1 034起，预估赔付金额1 754.9万元，已支付赔款539.11万元；企财险共接到报案96起，预估赔付金额8 335.3万元，已支付赔款 40.25 万元；责任险共接到报案 22 起，赔付 1 106.34 万元；家财险共接到报案 60 起，预估赔付金额 30.18 万元，已支付赔款 27.04 万元；人伤（亡）共接到报案 128 起，已支付赔款 251.55 万元；意外险共接到报案 31 起，预估赔付金额 33.23 万元，已支付赔款 8.13 万元；其他报案 2 起，预估赔付金额 6 万元。盐城市寿险公司共排查出险客户 128 人次，计 122 人，有 5 名客户同时为其他公司的出险客户。

资料来源：保险业进入响水爆炸封锁区查勘 预估赔付金额已超 1.2 亿[EB/OL].(2019-04-16)[2020-08-31].http://xw.sinoins.com/2019-04/16/content_289005.htm，有删改。

## 本章讨论案例

高某驾驶的车辆与杨某驾驶的车辆发生交通事故，杨某就此次事故承担全部责任，杨某所驾驶车辆在阳光保险公司投保交强险及商业第三者责任险。事故发生后，高某驾驶的车辆达到全损程度，故阳光保险公司（甲方）、杨某（乙方）与高某（丙方）签订《事故车辆一次性定损协议书》，约定：①丙方事故车辆出险时实际价值为 139 900 元，残值金额为 84 000 元。②经甲、丙双方协商扣除车辆残值金额，由甲方核实定损赔偿丙方车辆损失 139 000 元；甲方一次性赔付丙方损失 55 000 元。③此方案为一次性定损协议，不予追加。④丙方必须积极配合甲方将事故车辆过户到拍卖公司买受人名下，并提供一切该车过户所需材料（必须但不限于车辆购置税凭证、机动车登记证书、车辆行驶证、保险单、购车发票等），过户费用与乙方无关；乙方必须积极配合甲方清点该车所有残值，并提供相关出厂手续。该协议还约定了其他内容。协议签订后，高某共收到阳光保险公司及拍卖公司支付的 139 000 元。现高某以其购买该车辆时缴纳车辆购置税 9 750 元、保险费 6 663.86 元为由诉至法院，要求杨某及保险公司赔偿其车辆购置税及保险费。法院经审理判决驳回了高某的诉讼请求。

资料来源：交通事故案件中车辆全损赔偿后能否继续主张车辆保险费及购置税损失[EB/OL].(2018-12-11)[2020-08-31].http://bjgy.chinacourt.gov.cn/article/detail/2018/12/id/3604913.shtml，有删改。

【讨论的问题】
1. 我国机动车辆保险赔付的具体方式有哪些？
2. 目前实务中机动车辆保险的理赔程序是什么
3. 商业性机动车辆保险的责任范围有哪些？

## 复习思考题

【基础知识题】
1. 财产与责任保险核保的具体内容是什么？
2. 财产与责任保险理赔的具体程序和步骤有哪些？
3. 从保险人承保和理赔角度谈谈，财产保险公司如何做好风险防范？
4. 试说明通融赔付的优缺点。
5. 如何查勘火灾保险事故现场？

**【实践操作题】**

1. 浏览渤海财产保险股份有限公司网站（http：//www.bpic.com.cn），了解该公司是如何进行核保的。

2. 浏览天安财产保险股份有限公司网站（http：//www.tianan-insurance.com），了解该公司是如何进行核赔的。

**【探索研究题】**

根据食品市场层出不穷的安全问题，试开发一款食品类的保险产品。

# 第十二章 财产与责任保险欺诈及其防范

## 学习目标

- 了解财产与责任保险欺诈的性质界定及危害
- 掌握财产与责任保险欺诈的构成要件
- 掌握财产与责任保险欺诈的处理
- 掌握财产与责任保险欺诈的防范和策略
- 综合运用:能够运用所学知识防范机动车辆保险欺诈

 导读案例

广东衡量行保险公估有限公司(以下简称"衡量行")在一起索赔案的调查中,抽丝剥茧,查获70多万元的涉嫌骗保系列案件,有效地阻止了骗赔事件的进一步发生,挽回了保险公司的损失,维护了保险人的合法权益。

2003年5月7日,衡量行受中国人民保险某支公司委托,核查曾某索赔一案。

2003年3月6日,被保险人曾某向人保某支公司提出索赔。曾某述说,1月3日,在东莞市某镇解放西路段本人驾驶的车撞伤骑自行车的陈志生,遂将其送入东莞市某医院治疗,根据第三者责任险的有关规定,提出索赔医疗费用及其他经济赔偿费共计87 338.06元,并提供了索赔所需的证明——东莞市某医院的住院证明书、收费单据、费用明细汇总清单和交警大队道路交通事故责任认定书、调解书、赔偿凭证等。

衡量行医疗核损部人员在审核曾某提供的材料时,发现东莞市某医院方面的资料有如下疑点:①"住院证明书"中诊断名称医学术语不专业。②发票上医疗费用为41 227.41元,已交医疗费用为20 000元,还欠费21 227.41元。据了解,医院都是先交清欠费才能给予办理出院手续的,这显然不合常规。③费用明细汇总清单多处出现差错及非专业用语。④道路交通事故责任认定书在1月6日认定由曾某负全责,这是在发生事故3天后认定,不符合一般交警处理规律。⑤道路交通事故损害调解书和经济赔偿凭证的日期都为3月3日。就上述疑点,衡量行反复研究后,成立了专案组,立即展开调查。5月12日,衡量行医疗核损部工作人员来到东莞市某医院求证。经医院核实,该院无住院证明书上署名的"黄其辉"医生;而医院的出院证明书是手写的并有编号;医院的住院号不是六位数;如还欠费,是不可能出院的;发票底单记录的不是陈志生的名字;费用明细汇总清单中的项目代码和价钱与医院的不相符。该医院验证后表示,收费专用章和诊断证明专用章都是伪造的。当日上午,工作人员又来到东莞市交警某大队,经求证,1月3日在东莞市某镇解放西路段未发生交通事故。下午,工作人员来到东莞市交警另一大队,该队负责人验证,事故有关法律文书全是伪造的,公章和承办人的印章也是伪造的,并就此出具了证明。

衡量行医疗核损部专案组基于上述情况,总结分析认为:事故的经过和材料都是编造的;所有的文书都是电脑设计打印的;索赔手续完备,对保险理赔业务熟悉,不是一般人能做到的。事隔几日,衡量行又有新发现,在江门某保险公司同一人正在办理索赔手续。经进一步调查核实,作案手法与上述案件的手法一样。5月22日,衡量行将调查材料和证明文件交给公安机关,公安机关展开调查和布控工作。6月4日,公安机关在南海区小塘镇将嫌疑人曾某抓获归案,并在其家中搜出伪造的各类型印章42枚,包括公安局各交通警察大队公章9枚,广东省各市人民医院收费专用章7枚,南海区及三水区各工厂、商店、市场印章20枚,冒名私人印章6枚。嫌疑人曾某被依法逮捕。

 **案例详情链接**

保险欺诈案例[EB/OL].(2019-03-23)[2020-08-31].https://wenku.baidu.com/view/925ed38317 fc700abb68a98271fe910ef12daeb7.html,有删改。

 **你是不是有下面的疑问**

1. 财产与责任保险欺诈在实务中的具体表现是什么?
2. 案例中的保险欺诈实施途径什么?
3. 除了案例中的保险欺诈,保险欺诈还有哪些表现形式?
4. 保险人如何在理赔中做好保险欺诈的防范?

保险欺诈不但侵犯了保险人的权益,而且侵害了社会财产和社会安全,重要的是保险欺诈所带来的逆选择将慢慢摧毁整个保险业。

## 第一节 财产与责任保险欺诈概述

### 一、财产与责任保险欺诈的性质界定

#### (一)财产与责任保险欺诈的内容

财产与责任保险欺诈,学术界的认识不尽相同,一般指投保人方面的欺诈,也称道德危险,主要表现为利用保险谋取不正当利益,具体指投保人、被保险人和受益人以骗取保险金为目的,以虚构保险标的、编造保险事故或保险事故发生原因、夸大损失程度、故意制造保险事故为手段,致使保险人陷入错误状态而支付保险金的行为;还包括保险人方面的欺诈,主要表现为缺乏必要的偿付能力、非保险业非法经营保险业务以及利用拟定保险条款和保险费率的机会欺骗投保人或被保险人;此外,还包括保险关系以外的第三人方面的欺诈,如冒充保单持有人进行索赔的,也属保险欺诈范围。

## （二）财产与责任保险欺诈的表现形式

国际上保险欺诈没有统一确定的定义。一般来说，保险欺诈具有四个特征：①以图谋诈骗为手段；②以从保险公司的赔偿中得到钱财或其他利益为目的；③欺诈是一种故意而自愿的行为；④是与法律相违背的。在各类保险欺诈案件中，欺诈手法及主要表现形式不尽相同，一般来说有如下几种：

1. 隐瞒不利事实

为了以最有利的承保条件（如支付较低的保险费）得到保险公司的承保或得到保险公司的赔偿，投保人故意隐瞒对己不利的事实，如隐瞒以往的索赔记录，或者先出险后投保，骗取保险金。

2. 高额投保

高额投保是指采取提供虚假的资产评估报告、财务数据等方法，使保险金额高于保险财产实际价值，以便索赔时能得到额外的赔偿。相反，不足额投保则是指故意降低保险金额，使其低于保险财产实际价值，这样不仅节约了保险费，而且如果保险公司没有察觉，则索赔时又能得到足额赔偿。

3. 重复保险

欺诈者就同一保险标的同时向两家以上保险公司投保，如果各保险公司之间无法共享一些信息，欺诈者就很容易获得高额赔偿。

4. 投保人故意虚构保险标的以骗取保险金

故意虚构保险标的是指投保人为骗取保险金，在与保险人订立保险合同时，违背诚实信用原则，故意虚构根本不存在的保险对象与保险人订立保险合同，或者以发生保险事故之名，就未投保的保险对象作为已投保的保险标的，向保险人提出索赔。如投保人以无经济利益的他人车辆、财物虚报为己有经济利益进行投保。

5. 未发生保险事故而谎称发生保险事故

未发生保险事故而谎称发生保险事故是指投保人在未发生保险事故的情况下，虚构事实，谎称发生保险事故，向保险人提出赔偿或给付保险金的请求，以骗取赔款。包括伪造、变造与保险事故有关的证明、资料和其他证据，或者指使、唆使、收买他人提供虚假证明、资料或其他证据，编造虚假的事故原因或夸大损失程度等。比如，在机动车辆保险业务中，被保险人伪造虚假的交警证明或第三方医药费清单向保险公司谎称是单方事故而重复索赔；在货物运输保险业务中，在保险人不能现场查勘的情况下，收货人任意夸大损失数量和程度，或与查勘人员同谋，编造损失原因，合伙欺诈保险公司；在家庭财产保险业务中，被保险人报案称家中财物被盗，提出索赔，经保险公司调查、警署立案侦查，发现该户家庭因考虑一年保险期限将近，该笔保费白交却没有获得收益，故自己制造被盗假象，构成诈赔。

6. 投保人、被保险人故意造成财产损失的保险事故

故意造成财产损失的保险事故是指在保险合同有效期内，故意造成使保险标的出险的保险事故，致使保险财产损失，从而骗取保险金的行为，或者利用犯罪手段，诈骗保险赔

款。如被保险人因违章导致翻车,为索取保险金,使用炸药使其彻底破坏并谎称是他人炸毁;有的被保险人经营亏损,却故意高额投保,并在保险期间纵火;有的被保险人乘暴雨之机有意将滞销商品浸湿,企图骗取保险赔偿金以弥补经营亏损。

## 二、财产与责任保险欺诈的构成要件

财产与责任保险欺诈属一般侵权的民事行为,其构成要件应满足一般侵权行为的构成要件。

### 1. 必须具有欺诈的故意

即在主观上,投保人、被保险人或受益人必须出于故意,过失不构成保险欺诈。首先,投保人、被保险人或受益人明知其行为不真实,而故意制造假象并有可能使保险人陷入错误状态。其次,投保人、被保险人或受益人意识到自己的欺诈行为会使自己或第三人牟利、保险人遭受损害而故意为之。

### 2. 必须实施了欺诈行为

即在客观上,投保人、被保险人或受益人必须实施了保险欺诈行为。仅有欺诈的故意,没有欺诈行为,也不构成欺诈。保险欺诈行为可以是积极的行为,如虚构保险标的、编造发生保险事故的原因、夸大保险标的的损失程度等;也可以是消极的行为,如故意不告知保险人有关保险标的的重要事项等。

### 3. 必须有保险人因错误而为意思表示的结果

这是指保险欺诈的构成不仅要有使保险人陷入错误状态这一事实要件,而且要有因错误而为意思表示的结果要件,比如做出赔付保险金这一决定。如果保险人遭受欺诈人的欺诈行为但并未陷入错误状态,或虽陷入错误状态但出于主客观原因而无意思表示,则无法构成保险欺诈。

### 4. 保险金的赔付与欺诈行为具有因果关系

即投保人、被保险人或受益人的欺诈行为使保险人因受欺诈而支付了保险金,如保险人对对方虚构的保险标的、编造的保险事故或保险事故发生原因等信以为真而支付了保险金。只有当投保人、被保险人或受益人的欺诈行为与错误的赔付之间存在因果关系时,才能构成保险欺诈。而且不管保险人是因欺诈行为造成动机上的错误还是目的上的错误,只要是因欺诈而支付了保险金,两者就具有因果关系。

## 三、财产与责任保险欺诈行为的危害

财产与责任保险欺诈行为具有如下危害:

第一,使保险公司面临经营风险,影响保险公司的盈利水平。保险欺诈风险一旦发生,它所涉及的保险赔款或给付金额就非常巨大。保险欺诈风险不仅降低了保险公司的经营绩效,而且在一定程度上削弱了保险的经济补偿功能,必然导致保险公司经营惨淡,甚至倒闭。保险欺诈行为如果不加以防范,任其发展下去,就有可能最终导致保险公司经营失败。

第二,保险欺诈的受害者不仅仅是保险公司,其他被保险人也会以多支付保险费的方式为之付出代价。保险欺诈行为导致保险公司经营出现问题,如保险费减少、赔付率增加。为维持发展,保险公司往往会采取一些措施(如提高费率、限制承保条件、严格赔付手续等)来稳定经营,这些措施的实行对依法办事、承保记录良好的被保险人来说是不公平的,他们不仅要多支出保险费,还要受额外条件的制约。保险欺诈骗取的是其他保户交纳的保险费。欺诈者多骗取一点,其他保户获得的赔偿就会少一点,保险公司考虑到自身长期经营中的欺诈风险,就会一定幅度地上调保险费。据估计,在某些国家的保险市场上,诚实的保户必须为一些保险险种额外支付10%—20%的保险费,这样对被保险人造成了侵害。

第三,增加道德风险,诱发犯罪行为。被保险人投保时,只需交纳少量的保险费,便可取得数倍于保险费的经济保障。这对那些道德意识、法律意识低下特别是又面临经济困境的人或企业来说,不失为一条获得不正当利益的途径。由于大多数的保险赔偿是以保险标的遭受意外损失为理赔条件的,欺诈者为达到目的往往去犯罪。因此,保险欺诈行为若不加以制止,整个社会的道德水准就会下降,并将严重败坏社会风气,扰乱社会秩序,给国家财产和他人生命财产造成威胁。巨额保险金的诱惑,致使不少人不惜铤而走险、以身试法,采取纵火、爆炸等残忍手段骗取保险金,这些人使得道德风险频频发生,给社会治安增添了许多不安定的因素,造成了极大的社会危害。

**四、保险欺诈的处理**

我国《保险法》第二十七条规定:"未发生保险事故,被保险人或者受益人谎称发生了保险事故,向保险人提出赔偿或者给付保险金请求的,保险人有权解除合同,并不退还保险费。投保人、被保险人故意制造保险事故的,保险人有权解除保险合同,不承担赔偿或者给付保险金的责任;除本法第四十三条第一款另有规定外,不退还保险费。保险事故发生后,投保人、被保险人或者受益人以伪造、变造的有关证明、资料或者其他证据,编造虚假的事故原因或者夸大损失程度的,保险人对其虚报的部分不承担赔偿或者给付保险金的责任。投保人、被保险人或者受益人有前三款所列行为之一,致使保险人支付保险金或者支出费用的,应当退回或者赔偿。"

保险欺诈是基于不良的主观动机而积极实施的行为,其构成要件只能是故意。从行为方式来看,它包括未发生保险事故而谎称发生了保险事故,以虚假证据编造事故原因或者夸大损失程度,故意制造保险事故等三种情形。从民事法律后果来看,它主要包括:①未发生保险事故而谎称发生保险事故的,保险人有权解除保险合同,且不退还保险费;②以虚假证据夸大损失程度的,保险人对其虚报部分不承担责任;③故意制造保险事故的,保险人有权解除保险合同,除法律另有规定者外,不退还保险费;④因欺诈行为致使保险人支付保险金或者支出费用的,应当退回或者赔偿。若保险欺诈行为达到犯罪构成条件,则构成保险诈骗罪。根据我国《刑法》第一百九十八条,对保险诈骗罪可给予罚金、没收财产、拘役、有期徒刑等多方面的刑事处罚。同时还规定,保险事故的鉴定人、证明人、财产评估人故意提供虚假的证明文件,为他人诈骗提供条件的,以保险诈骗的共犯论处。

通过伪造证明、编造事故原因、虚报损失等手段向保险公司进行欺诈性索赔的人和事很难杜绝,其中的原因之一在于,太多的人将上述行为仅仅视作"不正之风""占便宜",而并未意识到其属于犯罪行为。社会公众甚至一些职能部门的人员,出于成人之美的"善意"为索赔人出具虚假证明和提供帮助的事件,时至今日仍屡见不鲜。这是我国保险业的不幸,更是我国法制的不幸。帮助虚假索赔的人去达成目的,也许会得到这个特定对象的感激,但毒化保险经营环境的结果,将直接贻害全体被保险人。

 拓展阅读

### 美国的反保险欺诈体系

美国在20世纪90年代由于缺乏保险欺诈的基本法律,保险欺诈行为屡见不鲜。美国兰德公司在1995年的调查结果显示:美国1995年由于保险欺诈造成的行业损失不少于1 200亿美元,平均到每个美国家庭超过1 400美元。为了根本有效地防范保险欺诈行为,美国逐渐建立了较为完善的法律环境。一方面,相继成立多维度保险反欺诈机构;另一方面,从联邦层面到下属各州,相继制定各种法案。从反欺诈成效来看,美国司法部公布的报告显示,1987—2015年反欺诈执法机构在医疗和福利方面共计处理837件非分享罚金诉讼和6 179件分享罚金诉讼的案件,追回损失达311.4亿美元。近年来,美国在医疗和福利欺诈方面的新增诉讼比20世纪90年代大幅增长,同时呈现逐年递增趋势。这表明政府加大打击保险欺诈力度,在反欺诈方面成效显著。

美国保险反欺诈机构由全国及州立机构、保险人自设机构和民间机构三个维度构成,全国机构作为集中化机构提供交流平台,协同领导其他维度机构多角度合作,形成完善的保险反欺诈机构体系。

(一)设立全国和各州保险犯罪防治机构

美国在1992年成立全美反保险欺诈办公署(National Insurance Crime Bureau,NICB),它是第一个全美范围的保险反欺诈机构,是近1 100家保险公司和自保险公司赞助创建的非营利性组织。它主要有以下职能:

(1)建立联邦政府和州政府立法者交流平台,协助其立法及制裁。

(2)分享保险欺诈信息,加强公众反欺诈意识。例如,NICB每年都制作年报,包括当年发生的保险欺诈大案,剖析犯案过程并将裁决结果在新闻媒体上报道等。

(3)为会员机构提供包括专业培训及应对大型突发事件的建议,提高公司免遭资产损失的能力。统计显示,2006年NICB帮助其会员避免了多达1 300万美元的损失。2014年NICB在册的会员机构已发展至274家,包括保险公司、汽车租赁公司等。

(二)各州成立保险反欺诈机构

截至2015年12月,已有44个州设立了保险欺诈防治局(Insurance Fraud Bureau,IFB),其中一部分州在州总检察长办公室、州警察局等设立替代性部门,承担当地保险反欺诈工作。保险欺诈防治局负责当地保险公司反欺诈工作的指导、对保险欺诈大案的调查、公众宣传教育等事务。保险欺诈防治局在州府设立总部,部分城市设立分部,各分支与当地其他相关政府部门(如警局、检察机关)合作,共同打击保险欺诈。

(三)保险公司建立内部欺诈防范机构

保险公司多设有特别调查科(Special Investigation Unit,SIU),作为保险公司反欺诈的内部常设机构。部分没有设立 SIU 的保险公司则聘请外包的调查机构负责保险欺诈的调查工作。该组织由一批业内专家组成,包括法学教授或资深法律行业从业者,专门负责协助保险欺诈案件的调查和起诉。

(四)其他民间保险欺诈防治机构

1993 年,由政府机构、保险公司和保险消费者共同组建的非营利性联盟——美国反保险欺诈联盟(Coalition Against Insurance Fraud,CAIF)成立。它通过倡议、建立公众平台和调查的方式,让社会公众认识到保险欺诈的性质和危害,进而对抗各种形式的保险欺诈。

除以上提到的专门从事反保险欺诈的机构外,还有一些非保险欺诈专业研究机构如美国保险信息协会(Insurance Information Institute)和保险研究委员会(Insurance Research Council)等,可以为保险欺诈提供数据并向公众宣传反欺诈知识。保险信息协会每年都会公布最新、最全面的保险行业数据,其宗旨是增进社会大众对保险的了解,包括保险的目的及运作方式。保险研究委员会于 1977 年成立,由多个保险公司支持,提供基于最新数据及行业政策得出的分析结论等。这些机构虽不直接从事保险反欺诈事务,但所涉及的工作为其他专门机构及保险人提供了数据统计和技术支持,在美国保险反欺诈体系中必不可少。

资料来源:徐炜珩,曾立新.美国保险反欺诈法律环境分析及其借鉴[J].上海保险,2016(7):50-53。

## 第二节　财产与责任保险欺诈成因

保险欺诈的产生原因是多方面的,既有社会原因,又有投保人、被保险人和受益人的原因,还有保险人自己的原因。

### 一、行为主体

(一)行为人法制观念淡薄

从保险从业人员方面来看,我国保险业不仅缺乏复合型的保险专业人才,而且人员素质良莠不齐,钻管理制度不完善的空子为己谋私利的现象屡见不鲜。比如少数从业人员在承保理赔时收取被保险人的"好处费",甚至为被保险人提供各种假证明袒护被保险人,乃至个别从业人员与保户私下串通骗取保险金。这些人为风险客观上助长了保险欺诈风险的产生。从投保人、被保险人方面来看,他们对保险方面的法规不熟悉,仅把保险诈骗看成一种贪利行为,根本不知道情节严重会构成犯罪,认为即使诈骗行为被识破,充其量不过是被拒赔或者退赔,守法意识不强,自以为骗赔手段诡秘,可以瞒天过海。

(二)保险客户违背诚信原则

保险运行的基本原理是组织社会千家万户、各行各业的需求者,分险种类别组合成各个基本同质的群体,并按各类风险出险率及损失平均值计收保险费,从而筹集起相当规模的保险基金,用以补偿或给付少数遭灾受难者,实现"一人困难,众人分担"。保险对个别投保人或被保险人而言,其交付的保险费是很小一部分,而一旦发生保险事故则可获得众人的帮助,最终可获取大数额的保险金。保险制度的这一运行机制特点不可否认会被不良用心的投保人恶意利用,企图骗取保险金。

### (三) 低成本高收益在一定程度上为保险欺诈提供了动力源泉

马克思曾经说过,如果有300%的利润,就会有人铤而走险,敢冒上绞刑架的危险。少数怀有获利心态的不法之徒已把作案目标对准保险业,有的钻承保的空子超额投保,伺机诈赔;有的利用保险人不能及时赶赴现场之机,伪造现场,谎报案情,虚报损失;有的甚至人为制造保险事故,多方勾结。这种获利心态日趋膨胀,而且愈演愈烈,最终酿成欺诈风险。

## 二、社会环境

### (一) 社会公众对保险欺诈普遍持宽容态度

外在社会环境变迁带来的道德标准和规范显著变化,是产生保险欺诈的较深刻社会原因,也是产生保险欺诈的首要原因。在当今社会,竞争日趋激烈,生活压力更加沉重,个体与群体更加隔离,使得有些人丧失了社会道德意识,他们不愿为了社会整体利益牺牲自身利益,不能容忍自身生活享乐的微小损失。这种自私与竞争压力所导致的对安全的渴求,就使得现代人试图通过保险转移各种风险并提高索赔金额,以满足个人的需要和欲望。这种不顾社会利益的个人需要和欲望的满足,是保险欺诈产生的理想温床。

### (二) 某些社会不良风气为保险欺诈提供了土壤

部分代理机构片面追求利润,少数行政执法机关及一些职业道德低下、法制观念淡薄之徒,为一时之利而置国家法律、职业道德于不顾,或开假证明、假发票,或提供假鉴定,成为保险欺诈的共犯。保险从业人员防范意识不强,避险措施不完善,专业素质不高,给欺诈者留下可乘之机。缺乏足够的专业打击人员和设备以及各执法机关的密切配合,导致反欺诈工作事倍功半,难以形成持续有效的打击。

### (三) 保险公司之间缺乏信息交流

不少保险公司视同行为竞争对手,很少互相通报公司内部保险欺诈的相关信息,也担心别的保险公司嘲笑自己,因而不愿意公开欺诈案例,也不愿意让别的保险公司引以为鉴,致使保险欺诈者更加有恃无恐。比如震惊全国的广州胡氏四兄弟保险欺诈案就是一个很好的例证。胡氏四兄弟从1995年11月21日至1997年5月27日短短一年多时间,制造了27起保险欺诈案,将同一标的在几个保险公司及其分支公司进行重复投保,骗取保险赔款近150万元。

### (四) 对保险欺诈行为打击乏力

长期以来,保险市场法制建设严重滞后,法律制裁不力,强化了欺诈动因。司法实践中,有关部门对惩处保险欺诈的法律依据认识模糊。从政府监管机构到保险公司内部,都没有设立专门的反保险欺诈部门,已有的防范技术手段落后。罪与非罪界定不准,公安机关立案难,错过侦破时机。行动上打击不力,骗徒往往得不到应有的定罪和制裁,主观上助长了欺诈动机。我国自1979年《刑法》正式颁布至《保险法》颁布前,一直是以"诈骗罪"惩治保险欺诈犯罪的,而在我国的保险实践中,一些骗赔行为被识破后,一般也只是对"骗赔未遂者"进行批评教育,有时因保险金未被骗到手,法律上也不能对"施骗人"定罪,而一旦保险金被骗到手,保险公司想追回来又非常困难,因此欺诈案屡见不鲜,但欺诈者因保险诈骗罪而入狱服刑者比较罕见。1997年7月1日开始实施的新《刑法》第一百九十八条虽然针对保险诈骗罪制定了处罚条例,但其构成条件很严格:一是要有欺诈行为;二是要有骗得保险金之结果;三是骗得的保险金要达到一定的数额。另外,《保险法》第二十七条仅仅规定对诈赔处以拒赔和不退还保险费,对保险欺诈者无法追究刑事责任。正是因为法律的局限性,使得保险欺诈现象呈增多趋势。

许多保险公司在被诈骗后,顾及自己的信誉和各方面的影响,为了拓展业务、提高市场份额,更为了稳住固有的业务来源,对欺诈现象一般采取被动、消极的态度,多采取不声张的做法低调处理,使保险欺诈者更加有恃无恐,这种轻者不闻不问、重者批评教育的态度,实际上纵容了欺诈风险的扩张。

### 三、保险人

#### (一)保险公司自身的失误

保险公司自身的失误也是促成保险欺诈行为快速蔓延的一个重要因素。长期以来,保险公司领导决策层对反保险欺诈未予应有重视,往往偏重于保险费的"进口",忽视了欺诈赔付的"出口"。保险公司一直过低地估计了保险欺诈行为所产生的严重后果,乐观地以为只要在设计条款及费率时把欺诈因素考虑在内就可高枕无忧了。在保险市场竞争激烈的现实状况下,保险公司为了妥善处理与保户的关系,更大地占有保险市场份额,却错误地舍弃了曾经行之有效的风险控制机制,如审查保户的资产状况及社会信誉等。在处理日常赔案的过程中,保险公司在是否采取有效的措施反对保险欺诈行为的问题上表现得过于谨慎。一方面,诚实的保户在向保险公司提出索赔时,往往会感到保险公司通过有利于自身的条款解释想方设法地扣减保户应得的赔偿;另一方面,不诚实的保户通过制造夸大的保险事故向保险公司提出索赔又屡屡得手(即使被发现,保险公司会从保住客户的角度予以容忍)。一旦诚实的保户看到自身与不诚实的同伴之间并没有太清晰的区别时,保险欺诈行为日趋增多也就不足为奇了。所有这些保险公司自身的失误,都为潜在的保险欺诈者创造了有利的条件。保险公司顾及各种社会影响,低调处理骗赔案,使欺诈案件反复出现;理赔时即使发现有欺诈行为,因怕影响各种社会关系一般只做劝诫或做部分拒赔,很少进行法律上的追究;部分保险公司甚至将"以赔促保"(指滥赔)作为增收保险费的策略。同时,尽管各保险公司对规章制度建设相当重视,但在实际工作中往往放松执行规章制度的自觉性,核保核赔出现疏漏,使欺诈者有机可乘。

#### (二)保险公司缺乏必要的内控机制

一些保险公司采取粗放式经营方式,抱着"捡到篮里都是菜"的态度,一方面,不验险承保,即在签订保险合同时没有详细评估标的的风险状况,同时缺乏严密的核保制度,为追求业务量而随意放宽投保条件,不遵守核保程序,承保大量高风险的标的;另一方面,一些基层公司为了完成层层加码的保险费收入任务,不择手段甚至不惜牺牲保险公司的长远利益违规承保,造成承保质量急剧下降。在理赔制度方面,有些保险公司不是根据实情合理核定损失、计算赔款,而是根据自己的理赔权限确定赔款额度,并尽量使之接近理赔权限的最高限额边缘;缺少核损手段和对付各种骗赔行为的鉴别手段,甚至搞人情赔款;在现场查勘中,不执行双人查勘、集体领导研究赔案制度,而是由一人定损,使理赔工作失去制约和监督机制。可见,承保质量低下为保险欺诈风险的发生打开了方便之门,而理赔核损制度的松懈则可能直接促成欺诈风险的发生。

 **拓展阅读**

### 《反保险欺诈指引》颁布实施

《反保险欺诈指引》由中国保监会于2018年2月11日印发。本指引共四章四十七条,自2018年4月1日起施行。(以下节选)

#### 第一章 总则

**第一条** 为提升保险业全面风险管理能力,防范和化解保险欺诈风险,根据《中华人民共和国保险法》《中华人民共和国刑法》等法律法规,制定本指引。

**第三条** 保险欺诈(以下简称"欺诈")是指假借保险名义或利用保险合同谋取非法利益的行为,主要包括保险金诈骗类欺诈行为、非法经营保险业务类欺诈行为和保险合同诈骗类欺诈行为等。除特别说明,本指引所称欺诈仅指保险金诈骗类欺诈行为,主要包括故意虚构保险标的,骗取保险金;编造未曾发生的保险事故、编造虚假的事故原因或者夸大损失程度,骗取保险金;故意造成保险事故,骗取保险金的行为等。

本指引所称保险欺诈风险(以下简称"欺诈风险")是指欺诈实施者进行欺诈活动,给保险行业、保险消费者及社会公众造成经济损失或其他损失的风险。

#### 第二章 保险机构欺诈风险管理

**第六条** 保险机构应当承担欺诈风险管理的主体责任,建立健全欺诈风险管理制度和机制,规范操作流程,妥善处置欺诈风险,履行报告义务。

**第七条** 保险机构欺诈风险管理体系应包括以下基本要素:

(一)董事会、监事会、管理层的有效监督和管理;
(二)与业务性质、规模和风险特征相适应的制度机制;
(三)欺诈风险管理组织架构和流程设置;
(四)职责、权限划分和考核问责机制;
(五)欺诈风险识别、计量、评估、监测和处置程序;
(六)内部控制和监督机制;
(七)欺诈风险管理信息系统;
(八)报告和危机处理机制。

##### 第一节 制度体系与组织架构

**第八条** 保险机构应制定欺诈风险管理制度,以明确董事会及其专门委员会、监事会(监事)、管理层、相关部门在欺诈风险管理中的作用、职责及报告路径,规范操作流程,严格考核、问责制度执行。

##### 第二节 内部控制与信息系统

**第十八条** 保险机构应基于全面风险管理框架构建反欺诈管理体系,合理确定各项业务活动和管理活动的欺诈风险控制点,明确欺诈风险管理相关事项的审核部门和审批权限,执行标准统一的业务流程和管理流程,将欺诈风险管控覆盖到机构设立、产品开发、承保和核保、理赔管理、资金收付、单证管理、人员管理、中介及第三方外包服务等关键业务单元。

### 第三节 欺诈风险识别、评估与应对

第二十六条 保险机构应建立欺诈风险识别机制,对关键业务单元面临的欺诈风险进行收集、发现、辨识和描述,形成风险清单。

第二十七条 保险机构应在风险识别的基础上,对欺诈风险发生的可能性和危害程度进行评估。

第二十八条 保险机构应针对欺诈风险事件,综合考虑欺诈风险性质和危害程度、经营目标、风险承受能力和风险管理能力、法律法规规定及对保险行业的影响,选择合适的风险处置策略和工具,控制事件发展态势、弥补资产损失,妥善化解风险。

第三十一条 保险机构应当建立欺诈风险管理报告制度,明确报告的内容、频率、路径。保险机构应及时报送欺诈风险信息和报告。

第三十二条 保险机构应定期分析欺诈风险趋势、欺诈手法、异动指标等。

统计分析至少应每季度进行一次。

第三十三条 保险机构在依法合规前提下,可适当借助公估公司等机构力量开展反欺诈工作。

### 第四节 考核、宣传教育及举报

第三十四条 保险机构应针对欺诈风险管理下建立明确的内部评价考核机制。

第三十五条 保险机构应当通过开展案例通报和警示宣传、发布风险提示等方式,提高保险消费者对欺诈的认识,增强保险消费者防范欺诈的意识和能力。

第三十六条 保险机构反欺诈职能部门应定期向公司管理人员和员工提供反欺诈培训,培训内容应包括公司内部反欺诈制度、操作流程、职业操守等,针对承担反欺诈职能的员工还应进行欺诈监测方法、欺诈手法、关键指标、内部报告等培训。

第三十七条 保险机构应当建立欺诈举报制度,向社会公众公布欺诈举报渠道、方式等,并采取保密措施保证举报信息不被泄露。

## 第三章 反欺诈监督管理与行业协作

第四十一条 保监会及其派出机构应指导保险机构、保险行业协会和保险学会深入开展行业合作,构建数据共享和欺诈风险信息互通机制,联合开展打击欺诈的行业行动,深化理论研究和学术交流,强化风险处置协作,协同推进反欺诈工作。

第四十四条 中国保险信息技术有限公司应在保监会的指导下,探索建立多险种的反欺诈信息管理平台,充分发挥大数据平台集中管理优势,为保险行业欺诈风险的分析和预警监测提供支持。

## 第四章 附则

## 第三节 财产与责任保险欺诈防范

为了树立保险欺诈风险意识和防范意识,保险公司应广泛加强保险欺诈及其防范的宣传,通过报纸、电视、网络、民意调查等多种途径向公众阐明保险欺诈的严重性和危害

性，鼓励检举和揭发身边发生的保险欺诈事件，让公众切身感受到保险欺诈给个人、集体和国家带来的危害。同时，保险公司内部应积极促使广大保险从业人员尤其是各级领导干部进一步端正经营思想，切实树立风险意识和防范意识，提高对欺诈行为的识别能力；另外，对全体员工经常进行防范欺诈风险的教育，使大家认识到任何放松和忽视欺诈风险的行为都会造成严重的经济损失，从而使员工自觉将防范和化解欺诈风险贯穿整个经营始终。

## 一、财产与责任保险欺诈防范对策

### （一）完善反保险欺诈法律法规建设，优化反欺诈外部环境

**1. 加强和完善相关立法**

1995年实施的《中华人民共和国保险法》，使保险立法分散而缺乏统一体系的状况得到改观；《保险法》也对保险诈骗罪做了较明确的界定；2015年新修订的《保险法》的实施，进一步健全了保险法律体系；2018年颁布实施了《反保险欺诈指引》及其配套指引。但就目前我国保险业反欺诈的现状来看还远远不够，还要尽快出台更完善的法律配套措施，在法律和制度层面加强对保险欺诈的约束；推动完善反保险欺诈法律法规建设，进一步细化《保险法》和《刑法》相关法条内容，降低立案门槛，加强惩治力度。

**2. 严格执法，加大打击力度**

执法难的问题在保险欺诈方面同样存在。执法部门应迎难而上，采取坚决措施遏制保险欺诈蔓延；加强法制建设和加大执法力度，严厉打击保险欺诈行为，形成社会威慑力。《保险法》与《刑法》的出台，使惩罚保险欺诈有法可依。当前保险反欺诈十分紧迫的问题是如何依据法律加强执法。国家的公安、检察、审判机关应忠实履行自己的职责，认真查处各类保险欺诈案件，做到执法必严；同时，在办理各类保险欺诈案件中，应及时将保险欺诈的状况、动态以及预防保险欺诈的经验教训以建议书的形式通知保险机构，促使其及时调整和改进防范措施。保险界、司法界及各级政府部门都要高度重视，严惩欺诈犯罪活动。新闻媒体要及时揭露违法犯罪案件的危害性和本质意图，对典型案例要进行专题评析，以达到教育各界、提高公众辨别能力的目的，发动社会公众一起参与打击保险欺诈活动，最终形成社会威慑力。政府部门应优化反欺诈外部环境，加强案例宣传和警示教育，提高社会公众对欺诈危害性的认知程度，涤荡纵容包庇欺诈犯罪的不良风气，通过举报等多种途径建立人人参与的反欺诈机制。

### （二）保险公司建立健全反欺诈机制，加强风险内控

**1. 进行细致的风险评估工作**

细致的风险评估工作既是保险业务的要求，又是防范保险欺诈的一种手段。保险工作者在承保前应详细询问和调查投保人或被保险人地址，先前的保险人及过往的赔款等；对有疑问的投保人更应进行细致的调查，其中包括对未来保户的家庭背景、财务状况、过往经历、工作或雇主的常规变化分析等。通过详细的询问和调查，一方面可以从中发现是否有可疑之处，另一方面也为保险公司避免日后纠纷提供依据。在有些标的价值比较大的保险业务中，进行详细的风险查勘是风险评估的首要内容。这种查勘一方面在于评估

物质风险,核对保险金额适当与否,确认将要保险的财产是否处于良好的状态等;另一方面通过与保户家庭成员、邻居、雇员的接触及交谈获得道德风险印象。

2. 加强理赔工作

保险欺诈是在承保前已有不实行为,承保后又制造保险事故或索赔的行为。在保险事故发生后,针对保户的索赔要求,保险公司必须认真调查事故发生原因、时间、地点、方式、周围人的意见等,从中寻找可疑点,避免被欺诈。在理赔阶段,保险公司应特别注意两点:第一,要对承保的保险事故的发生做出快速反应,使欺诈者没有准备的时间,减少欺诈机会;第二,要对损失进行实地查勘,询问保户及证人,现场拍照及收集证据,做到较准确地定损。

3. 加强对保险公司内部员工、保险代理人的管理工作

近年来,保险从业人员在承保、查勘过程中或因缺乏必要的技术知识,或因敬业精神不强、缺乏职业道德而与保户合谋骗保的现象时有发生,这些在客观上助长了保险欺诈。对于保险公司内部员工,要强化其爱岗敬业的精神,制定严格的规章制度,提高其业务水平;特别是对承保人员和定损人员,要求其持相关的资格证上岗,实行优胜劣汰的用人机制。对于保险代理人,应注重提高其综合素质,同时制定严格的制度来约束和规范其行为,还要改革仅以保费收入提成代理手续费的制度。

(三) 加强反欺诈的保险监管力度,形成合力

保险机构的经营制度、资金运营制度、代理制度等都是保险业健康、安全、有序发展的保证,为了使这些制度不形同虚设,必须设专人或部门监督实施,保险监管活动必须经常而持久地开展。保险监管的基本职能可概括为:规范保险市场行为,调控保险业的发展。一套完善的保险监管制度应由四部分组成:保险公司内部的监管制度、行业同业间的自律监管制度、国家政府专业部门的监管制度和社会公众的监管制度。努力完善并实施保险监管能有效地减少保险欺诈的发生。

1. 建立多部门大数据交换机制

保险监管部门主导,与公安、社保、发改、民政、市场、税务、卫生、财政等主管部门就相关业务数据实现资源共享,并就联合调查做出制度安排,建立穿透式反欺诈工作模式,避免出现由于各部门之间信息沟通不畅而导致的信息壁垒,缓解调查难、取证难、立案难问题。以数据共享推动深化警保合作,利用互联网与大数据的优势,实施全方位监控和实践操作层面的信息共享,及时分析保险欺诈动向,快速掌握欺诈证据,节约警力,提高精准打击效率。

2. 发挥行业反欺诈组织的作用

强化省级反欺诈中心、各市工作站等平台建设,集行业之力,以专业人才为依托实现反欺诈专职化、运作系统化,优化行业协同作战能力,识别、化解风险。通过信息收集和共享,预防、监测和防范保险欺诈;不定期开设反欺诈课程,通过课堂式、学院式等培训方式满足反保险欺诈调查的技能和专业知识的学习需要,提高行业反保险欺诈的能力。

3. 建立反欺诈多方激励机制

引导法人机构树立欺诈风险治理理念,完善反欺诈组织架构和人员配备,以反欺诈工

作评价和惩戒制度激励实现行业治理目标;对反欺诈专职人员,提供职务晋升、补贴等奖励;对为查处重大违反社会保险法律、法规或规章的行为提供主要线索和证据的举报人,提供奖金和荣誉激励;对参与反欺诈的其他机构和主体、公安专项行动实施奖励等。省级反欺诈中心可以发起建立反欺诈专项基金,用于直接的经费开支和激励投入,并实行封闭运作,专款专用。

4. 建立理赔人员从业资格认证及理赔责任追究制度

保险监管部门应指导和推动各地保险行业协会做好以下几个方面的工作:一是严把理赔人员的进入门槛。通过保险行业协会对查勘定损、核价核赔等关键岗位实行从业资格认证和注册制管理。理赔人员违反有关法律、法规和职业操守的,根据规定取消其从业资格。二是规范理赔人员劳动用工。将劳务派遣、临时聘用等不同的用工形式统一为全日制合同。三是落实理赔责任追究制度。落实各级机构的理赔(给付)服务责任人制度,对于因渎职和徇私舞弊而导致的重大案件,要追究相关责任人的责任。

## 二、财产与责任保险欺诈防范具体方法

### (一) 关键指标法

关键指标法是发达国家保险公司广为采用的以某些重要指标为判定和识别保险欺诈案件依据的一种方法。该方法主要依托理赔人员的日常经验积累,具有很强的经验性特征,也很方便、实用,准确性也比较高。常见的方式是编制一些关键指标表,一旦理赔人员发现一起赔案出现表中所列特征,就应当引起高度重视,并结合案件的其他具体情况,做出是否存在异常或是否需要展开进一步调查的判断。

关键指标法在业务中的应用大致可以分为"总结—应用—修订"这样一个反复不断的过程。首先,应当充分发挥富有经验的员工的积极性,集思广益,总结出一套适合所在公司、所处理险种的关键指标,制作成工作手册,以方便工作人员携带和查阅。其次,应当采取多种方法积极推广和使用已经制定好的关键指标。可以考虑将部分重要的关键指标的审核纳入工作流程,如将对关键文件、签字、印章真伪的初步判断纳入接案后的初审工作;对关键指标进行再分类。要求员工至少要对基本关键指标进行逐一审查,那些非基本关键指标则可以考虑不纳入员工的考核指标。已经制定好的关键指标在应用过程中还会出现不足和缺陷,这就需要相关人员定期和不定期地对关键指标进行修订,使得关键指标更为实用和可靠。

### (二) 内部数据查询

内部数据查询是保险公司防范欺诈的常用方法,主要依托公司的业务查询系统进行数据配对查询,以识别和发现保险欺诈。具有反欺诈功能的业务查询系统可以设计成公司综合业务处理系统的一部分或者单独设置,但不管怎样,业务查询系统的正常运转需要公司综合业务处理系统的支持。这种支持主要是数据方面的,要保证可能与欺诈有关的各类业务信息能够及时地(最好是同步地)向业务查询系统集中,只有满足这样的技术要求,业务查询系统才能真正发挥识别和发现保险欺诈的作用。通过内部数据查询发现保险欺诈的过程实质上就是一个数据挖掘过程,也即充分利用公司现有的数据资料分析某起赔案的疑点,看其是否构成欺诈。首先,必须依托公司的综合业务处理系统产生相应的

数据库；其次，业务查询系统应当具备基本的数据分类功能，能够自动地将数据按不同的要素进行分类，如按被保险人的姓名、事故类型、事故发生地、事故发生时间、索赔时间、事故处理负责人、赔付金额等进行分类；最后，业务人员能够利用业务查询系统在多个终端进行不同级别的查询和输出。内部数据查询是一种主要用于应对保险公司老顾客欺诈的行之有效的防范方法。只要保险公司拥有先进的综合业务处理系统，能够随时将有关的数据资料进行联网、归类、汇总，就会很快形成有关客户的各类资料，业务人员深入分析这类资料之间的内在关系，就可以较为容易地发现欺诈的蛛丝马迹。

（三）内部和外部结合

随着社会经济的发展，保险欺诈形态日益多样化，隐蔽性更强，识别保险欺诈也变得更加困难。在这种背景下，仅凭保险公司自身的力量，已经难以有效防范保险欺诈，这就需要加强保险公司和外部机构的交流与合作，把保险公司内部的调查力量和外部机构的调查优势结合起来，实现信息共享，开展联合调查，共同打击保险欺诈。保险公司与外部机构互动的形式多样，主要包括设立重大欺诈案件的报告制度，建立信息联网制度，多部门联合调查，建立社区性的防范欺诈组织等。重大欺诈案件报告制度要求各保险公司就发现的重大欺诈案件及时向监管部门的反保险欺诈机构报告，其合理性在于可以凭借监管部门的反保险欺诈机构对欺诈案件展开直接的调查。保险公司内设的反保险欺诈机构不属于国家司法机关，其调查权仅限于公司内部有关的数据和文件，而且所获得的证据的合法性往往受到对方的质疑。监管部门的反保险欺诈机构属于国家行政机关，通过特别的法律授权，往往具有准司法机构的性质，拥有多方面的调查权。一般而言，保险公司需要将涉及一定额度的欺诈案件在24小时内向监管部门的反保险欺诈机构报告，这些机构要对接到的案件进行审查，以给予保险公司必要的支持和帮助，或者自行开展独立调查，或者与保险公司及其他机构展开共同调查。建立信息联网制度对于构造全社会的反保险欺诈网络具有十分重要的意义。

（四）结案后审查

导致超额赔付的原因比较复杂，既有投保人骗保方面的，又有保险公司内部管理方面的，不能简单地将超额赔付归因于投保人骗保。超额赔付这个概念传递给我们的信息是：降低和减少超额赔付是保险公司利润改善的源泉。超额赔付是保险公司在维持和不降低对投保人的赔付（承诺）的条件下可以避免的赔付支出，也是在保险产品费率趋于下降的背景下改善保险公司盈利水平的唯一选择。结案后审查与结案前审查的出发点及核心是：发现和识别保险公司容易发生超额赔付的环节，并采取有效的措施加以防范。

结案后审查是指选取一些典型的已赔案件，交由专业的理赔人员进行逐一审查，分析和找出容易发生超额赔付的环节，在此基础上结合企业的实际情况设计出降低超额赔付水平的方案。

（五）强化理赔管理

强化理赔管理是遏制和防范保险欺诈的根本方法。从理赔管理的角度来看，我国保险公司普遍存在的问题是：没有一套理赔从业人员专业技术系列化的培训、教育体系，理赔管理专业化水平不高；理赔业务流程不尽合理，难以防范保险欺诈事件的发生；理赔质量管理环节薄弱，难以协调好理赔质量和欺诈防范的关系。

根据发达国家的经验,理赔管理应是一个终身教育的专业化的技术体系。首先,优化人员招募。从理赔人员的招募开始,要求进入理赔行业的人必须达到一定的基准。在进入理赔行业后,保险公司应根据不同的年资给不同级别的理赔人员设计不同的课程,以考试加年限的方法逐步升级。虽然我国一些保险公司也设有首席理赔师、独立的首席承保人等制度,但由于缺乏有效的专业化人才培训体系,这些职位多流于形式上的人事安排,对公司防范保险欺诈作用还不大。其次,优化理赔程序。为提高业务管控力度,多数保险公司实行的是业务集中管理,理赔业务流程的设计主要是解决地市级公司和县支公司的业务分工问题,强调的是同城范围内理赔业务的集中处理,对非同城支公司的理赔业务继续实行授权管理,这使得现行的理赔业务流程的主要内容成为有关业务处理的权限归属问题。提高理赔质量是做好防范保险欺诈工作的重要环节,应由理赔部门的负责人或保险公司的内审人员对近期处理过的所有赔案进行仔细的评价,每件赔案都要从赔付的准确性、程序的差错率、赔付金额的差错率和审查周期四个方面进行审核,发现差距,并逐步加以改进。

(六)现代科技的应用

现代科技的应用不仅能够大大提高业务处理的效率和质量,而且有助于人们发现和识别保险欺诈,因此在引入新技术改进承保、理赔业务管理系统的同时,应当考虑到防范保险欺诈的需要,依据这样的思路设计出来的保险公司业务处理系统除有利于提高业务处理效率外,还具备另一项重要的职能,即遏制和发现保险欺诈。就我国保险公司的整体情况来看,文件转换和内容管理技术可以在短期内实现大量数据的电子化,丰富了保险公司的电子仓库,为分析保险欺诈的基本特征和趋势提供了前提条件;多界面共享的技术模式则可以实现承保、理赔两个业务部门的数据共享,对遏制和防范保险欺诈很有帮助。

**拓展阅读**

### 大数据技术助力保险业反欺诈

面对汹涌而来的大数据时代,保险公司的反欺诈工作应如何开展?能否借助大数据分析方法有效地遏制、打击保险欺诈这一"顽疾"?

**一、大数据分析的特点和优势**

2011年6月,麦肯锡公司发布了"大数据"报告,对"大数据"的影响、关键技术和应用等进行了详尽的分析,"大数据"这一概念开始进入人们的视野。大数据是指无法在可承受的时间范围内用常规软件工具进行捕捉、管理和处理的数据集合,是需要新处理模式才能具有更强的决策力、洞察发现力和流程优化能力来适应海量、高增长率及多样化的信息资产。IBM公司总结了大数据的5V特点,即Volume(大量)、Velocity(高速)、Variety(多样)、Value(价值)、Veracity(真实性)。大数据分析的主要优势在于:

一是采用对所有数据进行分析的方法,扩大样本范围。大数据分析不再使用传统的抽样调查,而采用对所有数据进行分析的方法,即"样本=总体",对数据进行深度分析,挖掘出海量数据中潜藏的价值。

二是通过关联关系,实现"预测"功能。大数据分析采用不同的数据挖掘方法,对结构化和非结构化数据进行整合、分析,探索、发现,挖掘数据之间潜藏的关联联系,以此实现"预测"功能。

三是能够实现数据的再利用,充分发挥数据的价值。大数据分析改变了传统数据资源的"一次性"使用方式,多次使用数据,发挥更大的作用。全球零售业巨头沃尔玛"啤酒+尿布"的促销手段,就是通过对消费者购物行为数据的重复使用、分析得出的结果,是大数据分析的成功应用案例。

### 二、大数据分析方法在防范保险欺诈中的应用场景

(一)获取海量的数据作为分析的基础

要想在防范保险欺诈中使用大数据分析方法,首先需要采集海量的数据。这需要保险公司去汇总、收集所辖不同层级、不同分支机构在经营中产生的所有相关数据。层级越高,效果越好,总公司层级的数据采集,能够有效地避免受制于层级、分支机构所造成的数据不准确问题。如果保险行业之间共享数据,分析结果就会更加精准。

(二)对数据进行加工整理

对数据进行加工整理,统一标准、口径。由于采集到的海量数据包含文本、语音记录、图片等半结构化或非结构化数据,容易出现数据混杂的问题,甚至对于同一种问题,由于分属不同的分支机构,涉及地域、人文差异,也会出现多样化的描述。这需要利用文本挖掘、图片挖掘等数据分析工具,对文本、图片格式等内容进行特征抽取,通过文本或图片的分类、聚类等操作,统一标准、口径,为深入分析做准备。

(三)进行数据分析,构建动态的欺诈风险模型

首先,对获取的数据抽取关键风险场景要素,如出险时间、出险地点、驾驶人员、报案人电话号码、事故类型、损失部位、赔偿金额、领款人账号、电话等,获得基础数据。

其次,对上述数据进行多维度分析,发现关联关系。可以从领款人、损失部位、修理地点、事故地点、同一组照片等维度进行分析,发现关联关系。某保险公司反欺诈工作人员在对数据进行分析的过程中发现一个有趣的关联关系:A号小轿车(三者车,未在公司投保)多次与公司承保的不同车辆(多为大货车)在高速公路上发生交通事故,且赔款金额相近,每次事故的时间大概在晚上8时左右,出险地点涉及多个城市。多起事故的相同点只有一个,那就是发生事故的高速公路是相同的。分析人员继续分析,发现A号小轿车是沿高速公路从南到北,不停寻找时机,故意剐蹭大货车,重复索赔。车辆欺诈风险和高速公路之间竟然也有关联关系,而在这之前,很少被人们注意到。分析人员根据这条线索推测,A号小轿车很有可能继续实施欺诈行为,而欺诈行为很有可能发生在高速公路前方的甲市。分析人员随即向甲市发送欺诈风险预警,果然不久,包含A号小轿车作为三者车的报案信息就出现了。

最后,风险聚合,构建动态的欺诈风险模型。传统的风险控制体系,由于涉及不同的层级、不同的分支机构,从每一个分支机构所获得的信息来看,欺诈风险可能并无异常。大数据分析方法实现了风险聚合,结合数据分析所发现的关联关系,构建出欺诈风险模型,及时向分支机构发出欺诈风险预警;同时结合分支机构的实际运用结果,及时修改、完善,真正实现模型的动态调整,反欺诈能力必然会大幅提升。

资料来源:梁晓攀.浅析大数据分析在保险反欺诈领域的应用[J].上海保险,2016(11):34-36。

## 本章讨论案例

中国成为全世界汽车产销第一大国已无悬念,高度繁荣的汽车供销市场理应发展为发达的汽车保险市场,但是车险行业经营结果远不尽如人意。首先是客户不满意,抱怨保险价格高、理赔难、服务差;其次是监管部门不满意,违规经营现象严重,投诉率居高不下,不得不重拳出击整顿规范车险市场;最后是保险公司不满意,车险占用的人力、物力、信息技术资源最多,经营效果与预期相差甚远,各保险公司在经营特色方面缺乏竞争力,没有独特的生存发展能力,产品、服务、运行管理模式同质化。无论是监管、行业自律,还是保险公司的自控,都难以改变目前的车险市场现状,基本上是治标不治本,难以根除车险市场的弊端。

车险问题的症结:一是缺乏到位的奖优罚劣机制,良莠不分导致"劣币驱逐良币",客户忠诚度低;二是委托同一中介代销售、代修理、代索赔,销修赔合一的车险市场运行模式致使道德风险难以控制。此外,车险市场信息不对称。在信息不对称的市场上,市场参与人中拥有更多信息的一方,在缔约谈判过程中处于有利地位,会利用信息优势损害其他方利益,以增加自身的利益。车险市场信息不对称的表现为:①保险人和投保人之间的交易关系。因标的风险信息不对称,对高、低风险客户收取同样的保费对价,导致劣质客户驱逐优质客户的博弈失衡。②保险人和保险人之间的竞争合作关系。因客户风险信息不共享,行业各方出于竞争考虑,会打破合作均衡的自律约束。③保险中介与保险人和投保人之间的委托代理关系。保险中介掌握委托双方的信息而处于信息优势地位,损害委托方利益。

汽车修理中介既代保险人销售车险,又代被保险人索赔,实质上充当了保险人和被保险人的双方代理人,形式上可能规避了法律约束,难以维护两个被代理人的利益。车险市场的健康发展需要各方利益主体的均衡,要想达到均衡,就应建立一个合理的机制,打破车险市场保险人、中介机构、被保险人等参与主体间信息不对称的格局,优化车险经营生态环境。我国现有的"无赔款优待"奖励,实质上已成为各保险公司"降价"竞争的手段之一,并没有起到奖优罚劣的效果。而且,正是因为有奖无罚,2003年由各大保险公司自由确定费率时,行业保费规模迅速下滑导致保费充足率不够,监管部门不得不紧急叫停,采取7折的限折令,并随后于2006年重新回到统一的条款费率。

建立有效机制优化车险经营生态环境,培育车险盈利的新型市场模式是未来各保险公司的核心竞争能力。一是建立合理的奖优罚劣费率浮动机制。设计一种有效的制度,通过激励机制,引导拥有信息的交易者出于自身利益的考虑而主动地显露真实信息,以改善信息不对称造成的效率缺失和市场失灵。二是车险销售和理赔必须分离以解决道德风险管控问题,这将是未来车险销售模式的突破方向。

资料来源:车险行业如何走出经营困境——优化创新环境用浮动费率奖优罚劣[EB/OL].(2019-08-17)[2020-08-31]. https://wenku.baidu.com/view/670c9091b207e87101f69e3143323968001cf450.html,有删改。

**【讨论的问题】**

1. 我国车险市场发展中存在什么问题?
2. 无赔款优待模型的理论意义是什么?目前实务中作用如何?
3. 如何进一步规范我国车险市场的经营与发展?

**复习思考题**

【基础知识题】

1. 保险欺诈的具体内容是什么?
2. 保险欺诈的构成要件是什么?
3. 分别从投保人和保险人角度谈谈保险欺诈的成因。
4. 保险欺诈的防范措施有哪些?

【实践操作题】

1. 浏览中国平安保险(集团)股份有限公司网站(http://www.pa18.com),了解公司是如何进行反欺诈的。
2. 浏览安信农业保险股份有限公司网站(http://www.aaic.com.cn),了解公司是如何进行核赔的,列举其主要的核赔组织架构。

【探索研究题】

如何构建我国机动车辆保险的反欺诈方法体系?

# 参 考 文 献

1. 安徽.国际货物运输与保险[M].北京:清华大学出版社,2010.
2. 陈津生.EPC总承包项目工程保险实操指南[M].北京:中国电力出版社,2020.
3. 陈玲.财产保险[M].上海:立信会计出版社,2019.
4. 冯文丽.农业保险概论[M].天津:南开大学出版社,2019.
5. 谷明淑.财产保险[M].北京:经济科学出版社,2018.
6. 郭颂平.责任保险[M].天津:南开大学出版社,2006.
7. 黄开旭.财产保险公司保险调查理论与实务[M].北京:中国金融出版社,2007.
8. 江生忠,祝向军.保险经营管理学[M].2版.北京:中国金融出版社,2017.
9. 教材编写组.财产保险公司合规指南[M].北京:中国时代经济出版社,2018.
10. 李加明.保险学[M].上海:上海财经大学出版社,2014.
11. 栗芳.财产保险学[M].上海:上海财经大学出版社,2019.
12. 梁景禹.财产保险理论与业务实训[M].北京:首都经济贸易大学出版社,2014.
13. 刘凤麟.吉祥鸟诗选[M].长春:时代文艺出版社,1989.
14. 刘凤麟.吉祥鸟楹联选[M].长春:时代文艺出版社,1989.
15. 刘俊青,宋立温.财产保险实务[M].北京:中国人民大学出版社,2018.
16. 刘亚群,谢鹭.企财险理赔查账指要[M].北京:中国图书出版社,2006.
17. 陆荣华.英美责任保险理论与实务[M].南昌:江西高校出版社,2005.
18. [美]肯尼斯·S.亚伯拉罕.责任的世纪:美国保险法和侵权法的协同[M].武亦文,赵亚宁,译.北京:中国社会科学出版社,2019.
19. [美]马克·S.道弗曼.风险管理与保险原理(第九版)[M].齐瑞宗,译.北京:清华大学出版社,2009.
20. [美]乔治·E.瑞达.风险管理与保险原理(第十版)[M].刘春江,王欢,译.北京:中国人民大学出版社,2010.
21. [美]特瑞斯·普雷切特,琼·丝米特,海伦·多平豪斯,詹姆斯·艾瑟林.风险管理与保险[M].孙祁祥等,译,孙祁祥,校.北京:中国社会科学出版社,1998.
22. [美]詹姆斯·J.马卡姆.财产损失理算(第二版)[M].张洪涛,主译.北京:中国人民大学出版社,2004.
23. [美]詹姆斯·R.琼斯.责任理赔实务[M].张洪涛,主译.北京:中国人民大学出版社,2004.
24. 乔林.财产保险火灾风险管理[M].上海:上海科学技术文献出版社,1998.
25. 任自力.保险法学[M].北京:清华大学出版社,2010.
26. 沈婷.国际保险[M].上海:上海人民出版社、格致出版社,2010.
27. 石兴.保险产品设计原理与实务[M].北京:中国金融出版社,2006.
28. 宋孟晖.汽车定损与理赔[M].北京:人民邮电出版社,2010.
29. 汤沛,邬志军.汽车保险与理赔[M].长沙:中南大学出版社,2019.
30. 庹国柱,李军.农业保险[M].北京:中国人民大学出版社,2005.
31. 王静.保险案件裁判精要[M].北京:法律出版社,2019.
32. 王静,姚久荣,康宁.财产保险业务(教师用书)[M].北京:中国财政经济出版社,20133.
33. 王静,姚久荣,康宁.财产保险业务(学生用书)[M].北京:中国财政经济出版社,2010.

34. 王卫国.保险合同前沿问题研究[M].北京:中国财政经济出版社,2018.

35. 王绪瑾.财产保险(第二版)[M].北京:北京大学出版社,2017.

36. 王永盛.车险理赔查勘与定损(第4版)[M].北京:机械工业出版社,2019.

37. 王玉春,谢恽,李洪福.国际货物运输与保险:理论、实务、案例、实训[M].大连:东北财经大学出版社,2019.

38. 吴青.财产保险实务[M].北京:电子工业出版社,2007.

39. 谢军.保险认知同步训练[M].北京:高等教育出版社,2019.

40. 许飞琼.责任保险[M].北京:中国金融出版社,2007.

41. 杨波.财产保险原理与实务[M].南京:南京大学出版社,2010.

42. 〔英〕C.E.霍尔.财产保险——风险的估计与控制[M].谢盛金,田志刚,译.北京:中国金融出版社,1990.

43. 袁建华,金伊林.海上保险原理与实务(第六版)[M].成都:西南财经大学出版社,2020.

44. 张代军.保险经营管理学[M].上海:立信会计出版社,2019.

45. 赵培全,裴晓明,韩广德,等.车险理赔定损全程通[M].北京:化学工业出版社,2020.

46. 中国保险行业协会.财产保险承保实务[M].北京:中国财政经济出版社,2019.

47. 周玉坤.出口信用保险理论与实务[M].北京:中国金融出版社,2020.

## 教辅申请说明

北京大学出版社本着"教材优先、学术为本"的出版宗旨,竭诚为广大高等院校师生服务。为更有针对性地提供服务,请您按照以下步骤通过**微信**提交教辅申请,我们会在1~2个工作日内将配套教辅资料发送到您的邮箱。

◎ 扫描下方二维码,或直接微信搜索公众号"北京大学经管书苑",进行关注;

◎ 点击菜单栏"在线申请"—"教辅申请",出现如右下界面:

◎ 将表格上的信息填写准确、完整后,点击提交;

◎ 信息核对无误后,教辅资源会及时发送给您;如果填写有问题,工作人员会同您联系。

**温馨提示**:如果您不使用微信,则可以通过以下联系方式(任选其一),将您的姓名、院校、邮箱及教材使用信息反馈给我们,工作人员会同您进一步联系。

### 联系方式:

北京大学出版社经济与管理图书事业部
通信地址:北京市海淀区成府路205号,100871
电子邮箱:em@pup.cn
电　　话:010-62767312 / 62757146
微　　信:北京大学经管书苑(pupembook)
网　　址:www.pup.cn